Bark, Schoner und Galeass

Die Motorsegler der Krupp-Germaniawerft

von

Herbert Karting

Das Titelbild zeigt einen der
typischen Kruppschen Fünfmaster, die „Christel Vinnen“, beim Einlaufen in die Weser.
(Gouache von Roger Chapelet, in der Sammlung des Verfassers.)

Autor: Herbert Karting, Itzehoe
Satz: Rundschau KG, Itzehoe
Gesamtherstellung:
Druckhaus Heinrich Möller Söhne GmbH & Co. KG, Rendsburg

ISBN: 3-87550-084-9
1987

Inhaltsverzeichnis

Vorwort und Danksagung

Die Beschäftigung mit den in der deutschen Schiffahrtsliteratur bisher wenig behandelten Motorseglern der Kieler Fried. Krupp A.G. Germaniawerft erwies sich als außerordentlich reizvoll. Das lag zum einen an der Vielfalt der zu behandelnden Schiffstypen, zum anderen an den fast immer bemerkenswert bewegten Lebensläufen der einzelnen Schiffe. Hinzu kam, daß es sich bei diesen Fahrzeugen um eine zusammenhängende und gut zu überschauende Gruppe handelt, deren Schicksal nahezu lückenlos aufgeklärt werden konnte.

Daß es dazu überhaupt hatte kommen können, verdanke ich einer Vielzahl von Informanten, ohne deren Hilfe ein solches Werk kaum zustande kommen kann.

Den Anstoß zu dieser Arbeit erhielt ich von Herrn *Friedrich Chr. Blaas,* einem langjährigen Brieffreund, der sich seit je mit der Kieler Schiffahrt und dem dortigen Schiffbau beschäftigt. Er, der ursprünglich selbst vorhatte, ein Buch über die Germaniawerft zu schreiben, stellte mir großzügig seine Ergebnisse langwieriger Ermittlungen zur Verfügung. Hierbei waren seine Nachforschungen in den damaligen Kieler Tageszeitungen und Fachzeitschriften sowie seine gründlichen Recherchen zum Schicksal der Schoner »KOMET« und »METEOR« von besonderer Bedeutung. Ihm möchte ich hier an erster Stelle danken.

Gleiches gebührt aber auch meinem Freund und Mitstreiter in Sachen Kleinschiffahrt, Herrn *Joachim Kaiser* aus Glückstadt, der mit seinem reichhaltigen Material nicht minder großzügig umging. Auch er stellte uneigennützig zur Verfügung, was er in vielen Jahren zusammengetragen hatte. Neben seltenen Fotos und Angaben zu verworrenen Eigentumsverhältnissen war es seine gewissenhaft durchgeführte Untersuchung des einstigen Schoners »BALDUR« bzw. dessen, was davon noch übrig war, die mir von besonderem Wert schien. Wegen ihrer vielen Aussagen technischer Art ist diesen Untersuchungsergebnissen ein eigenes Kapitel gewidmet, das somit für Modellbauer von besonderem Interesse sein dürfte.

Herr *Vicco Meyer* aus Buxtehude erklärte sich dankenswerterweise bereit, Art und Wirkungsweise der in die Kruppschen Motorsegler eingebauten Dieselmotoren zu beschreiben. Seinen gründlichen Nachforschungen ist ein besonderes Kapitel am Schluß des Buches gewidmet, das sicher manche Wissenslücke zu schließen vermag.

Eigenständige Kapitel sind auch die Jugenderinnerungen, die z. B. Herr *Hermann Kleemann* über seine Fahrtzeit auf der »ARKONA«, Herr *Kurt Wulf* auf »ANTJE«, Herr *Ewald Pütz* auf »KOMMODORE JOHNSEN« und Herr *Ludwig Schirrmeister* (†) auf »WERNER VINNEN« zu Papier gebracht hatten. Sie tragen ganz wesentlich dazu bei, den ansonsten reichlich trockenen Stoff dieses Buches etwas aufzulockern. Für die Erlaubnis, sie veröffentlichen zu dürfen, habe ich ganz herzlich zu danken. Im Fall der Kapitäne *Schirrmeister* und *Pütz* gilt dieser Dank der Schriftleitung des »Albatros«, der Zeitschrift der »Cap-Horniers«.

Großen Dank schulde ich auch den Mitarbeitern des Historischen Archivs der Fried. Krupp GmbH in Essen, die sich stets hilfsbereit und großzügig zeigten und sogar einige ihrer wertvollen Originale vertrauensvoll aus der Hand gaben.

Ohne die verständnisvolle Hilfe der Herren in den Seeschiffsregistern, ganz besonders in Hamburg, aber auch in Kiel und Itzehoe, wären viele Fakten und Ereignisse im dunkeln geblieben. Ebenso verhält es sich mit den ehemaligen Seeämtern in Hamburg und Flensburg, die inzwischen leider nicht mehr in ihrer bisherigen Form existieren. Die bis auf den heutigen Tag aufbewahrten Seeamtsprotokolle bildeten eine der ergiebigsten Quellen.

Beim Seewetteramt Hamburg fand ich freundliche Unterstützung bei der Auswertung der dort lagernden Wettertagebücher der Vinnen-Segler. Sie ermöglichten die Aufstellung des größten Teils der ausgeführten Reisen.

Von Herrn *Dr. Jürgen Meyer,* Bremen, stammen nicht nur viele nützliche Hinweise und Anregungen, sondern auch eine ganze Reihe seltener Aufnahmen. Herrn *Theodor Tedsen,* Flensburg, danke ich für die Beschaffung der Gregersen-Skizzen aus der dortigen dänischen Zentralbibliothek. Ein Aufsatz von Herrn *Helmut Harksen,* Hamburg, bildete eine Grundlage zur Beschreibung der »MAGDALENE VINNEN«. Hinweise über die Reisen, aber auch Fotos, lieferten meine Kollegen, die Elblotsen *Gerd Braren* (†), *Ernst Lipstreu* und *Peter Vogeler*, die ihre Segelschiffahrtszeit auf diesem Viermaster abgeleistet hatten.

Weitere Hinweise gaben mir u. a. die Herren *H. J. Abert* aus Ratzeburg, *W. Buhr* aus Hamburg, *Kapt. J. Eils* aus Emden, *J. E. Hellmann* aus Nordstrand, *Kapt. W. Kuppe* aus Itzehoe, *H. Löschmann* aus Berlin, *Th. F. Siersdorfer* aus Essen, *U. Szempisz* aus Krefeld.

Große Hilfe erhielt ich vom Handels-og Søfartsmuseet in Helsingør, von wo ich nicht nur Fotos bekam, sondern auch Kopien der Aufzeichnungen des verstorbenen *Olaf Kure* sowie Kopien des Registers von *Frederik Frederichsen.* Weitere Lücken konnte das Skibsregistret in Kopenhagen dankenswerterweise schließen.

In Schweden waren es *Dr. Robert Boman* aus Uppsala, *Tomas Johannesson* aus Viken und *Carl Gustav Nyström* aus Helsingborg, die vor allem mit erstklassigen Fotos helfen konnten.

Und schließlich möchte ich auch noch eines alten Freundes in Holland, *Frits R. Loomeijer* aus Groningen, gedenken, aus dessen Sammlung ebenfalls eine Reihe schöner Aufnahmen stammt.

Sicher ist an dieser Stelle trotz der langen Aufzählung nicht jeder Informant genannt worden. Es waren ihrer zu viele! Weitere Einsender finden sich noch am Ende eines jeden Kapitels unter den Quellenangaben sowie unter den Bildbeschreibungen. Sollte dennoch jemand übergangen worden sein, so bitte ich um Nachsicht. Allen, egal ob hier nun genannt oder nicht, möchte ich herzlich für die dargebotene Hilfe danken. Daß sie damit beigetragen haben, das vorliegende Buch lesenswerter zu machen, mag ihnen eine kleine Genugtuung sein. Ohne diese Hilfe hätte eine solche Arbeit nicht ausgeführt werden können.

Itzehoe, Sommer 1987 **Herbert Karting**

Einleitung

Als sich die Germaniawerft im Herbst 1919 entschloß, für eigene Rechnung einige Dutzend verschiedenartiger Motorsegler zu bauen, war das eine in der deutschen Schiffbaugesschichte einzigartige Entscheidung. Die dann ab Mitte 1920 in kurzen Abständen nacheinander vom Stapel gelaufenen Einheiten umfaßten folgende Typen:

3 Dreimasttoppsegelschoner	von je 645 tdw
2 Dreimasttoppsegelschoner	von je 625 tdw
4 Dreimasttoppsegelschoner	von je 290 tdw
4 Zweimastgaffelschoner	von je 175 tdw
8 flachbodige Galeassen	von je 195 tdw
12 scharfgebaute Galeassen	von je 115 tdw

Mit Ausnahme der fünf großen Dreimastschoner, die für die eigene Reederei gebaut wurden, waren alle anderen Schiffe zum späteren Verkauf bestimmt.

Die Gründe, die zum Bau dieser außergewöhnlichen Flotte geführt hatten, legte der mit ihrer Konstruktion beschäftigte Maschinenbau-Ingenieur *R. Erbach* in einem Aufsatz dar, der in der April-Ausgabe 1920 der nautischen Zeitschrift »Hansa« veröffentlicht wurde:

»1.) Es mußte Arbeitsgelegenheit für die Werft geschaffen werden, und dies war nur möglich unter Verwendung meist leichterer Materialien, welche die Werft noch vom Kriegsschiffbau her auf Lager hatte und welche nur für Schiffe von 125 bis 600 t Tragfähigkeit ausreichten.

2.) Die Germaniawerft entschloß sich, diese Schiffe als Motorsegler und nicht etwa als kleine Dampfer, Leichter oder Schuten zu bauen, weil sie das Bedürfnis der deutschen Reedereien nach Schiffen erkannte, die möglichst im transatlantischen Verkehr beschäftigt werden konnten. Dampfer und Leichter jener Größe sind aber nur in der Küstenfahrt verwendbar, wo die Frachten viel zu schlecht sind.

3.) Die Werft wollte zeigen, daß sie selbst volles Vertrauen in die technische und wirtschaftliche Brauchbarkeit von Motorschonern setzte und so durch dieses Beispiel in Verbindung mit den beim Bau der Schiffe gewonnenen Erfahrungen bahnbrechend für den Bau von Motorseglern in Deutschland vorangehen . . .«

Den Hauptgrund jedoch hatte der Autor verschwiegen: Der Germaniawerft, die bis Kriegsschluß überwiegend Kriegsschiffe hergestellt hatte, war durch den Versailler Vertrag die Basis entzogen worden. Kriegsschiffe durften von deutschen Werften nun gar nicht mehr gebaut werden, und Handelsschiffe nur in begrenzter Zahl und Größe. Hinzu kam, daß Baumaterial, insbesondere Schiffbaustahl, nicht zu bekommen war. Lediglich Gegenstände, die vom Abbruch deutscher Kriegsschiffe herrührten, durften zu reinen Handelszwecken Verwendung finden. *»An das Ausland dürfen sie weder verkauft noch überlassen werden«*, fügte der Artikel 189 des Friedensvertrages erschwerend hinzu. Dies bewirkte, daß die Werft ihre kleinen Motorsegler alle erst unter deutscher Flagge in Fahrt zu bringen suchte, was ihr z. T. nur nach langen Wartezeiten gelang. *»Die Entwicklung hat gezeigt«*, heißt es in jenem Hansa-Artikel weiter, *»daß die Germaniawerft mit ihrem Vorgehen, welches anfangs von vielen Seiten skeptisch betrachtet wurde, auf dem richtigen Wege gewesen ist. Dies wird bewiesen dadurch, daß fast alle deutschen großen und kleinen Reedereien sich um die im Bau befindlichen Motorsegler bewerben und eine große Anzahl von Anfragen auf neue Motorschoner mittlerer Größe vorliegen, die leider wegen Materialmangels meist abschlägig beschieden werden mußten.«* Nun, bei Durchsicht der einzelnen Lebensläufe wird man feststellen, daß das Interesse der deutschen Reeder so groß nicht gewesen sein kann. Nicht ein einziges Schiff wurde an eine Großreederei verkauft, nur wenige gingen an deutsche Eigner, und nur mit Mühe konnten die übrigen nach monatelangem Aufliegen an ausländische Schiffer verkauft werden. Hauptgrund für diese Entwicklung wird der inzwischen in katastrophale Tiefen gefallene Frachtenmarkt gewesen sein, der zu einer weltweiten Krise in der Schiffahrt geführt hatte. Die deutschen Schiffseigner, denen jegliches Kapitalpolster fehlte, waren davon ganz besonders hart betroffen. Und trug sich dennoch einer mit dem Gedanken, sich ein Schiff zuzulegen, so konnte er das leicht und wohlfeil auf dem Secondhand-Markt verwirklichen.

Die Germaniawerft jedenfalls blieb auf dem größten Teil der mit so großen Erwartungen gebauten Flotte sitzen. Neben den fünf Rahschonern mußte nun auch eine ganze Reihe der kleineren Einheiten von der werfteigenen Reederei in Fahrt gesetzt werden. Die übrigen, soweit sie nicht inzwischen einen Käufer gefunden hatten, wurden aufgelegt. Um sich aus dieser mißlichen Lage zu befreien, veranstaltete die Werft am 18. Juni 1921 in der Kieler Bucht vor geladenen Gästen eine Demonstrationsfahrt, bei der von einem Begleitdampfer aus die See- und Segeleigenschaften der verschiedenen Typen beobachtet werden konnten. Seine dabei gewonnenen Eindrücke hat Kapitän *Reinicke* aus Hamburg in einem »Hansa«-Artikel (58. Jahrgang, S. 699) veröffentlicht:

Vorführungsfahrt von Motorseglern der Germania-Werft in Kiel am 18. Juni 1921.

Von Kapitän Reinicke, Hamburg.

Um 8 Uhr vormittags versammelte sich eine zahlreiche, von der Germania Werft geladene Gesellschaft beim Begleitdampfer, der bei schönem Wetter und bei im Kieler Hafen allerdings nur wenig gefühlten NNW bald darauf seine Fahrt antrat. Schon in der Föhrde blies der NNW-Wind so wohlige Frische von dänisch Wold her, daß alles Lee und Sonne suchte. Sobald der Leuchtturm Friedrichsort passiert war, fing der Dampfer an, der entgegenrollenden Dünung seine ersten Verbeugungen zu machen, die, um diesen Punkt gleich zu erledigen, draußen an Tiefe und Beweglichkeit nichts zu wünschen übrig ließen und die meisten Damen, sowie einige oder auch viele nicht recht seefeste Herren veranlaßte, die guten Dinge, die die Werft ihren Gästen bot, zu verabscheuen oder den weißlockigen Nereustöchtern zu opfern, bis später in der Föhrde auch der menschliche Magen sich seiner natürlichen Funktionen wieder erinnerte.

Die Motorsegler waren zwischen Bülk- und Gabelsflach-Feuerschiff unter Segel. Wind NNW, Stärke etwa 7, zuweilen etwas weniger, zuweilen etwas mehr, wie das nördliche Winde an sich zu haben pflegen; Seegang verhältnismäßig hoch, von der Schlei her oder aus der Eckernförder Bucht herausrollend.

Zunächst kam eine Galliot (etwa 190 t Tragf.) unter vollen Segeln und mit auspuffendem Motor in die Nähe des Begleitdampfers. Die Galliot wehrte sich gut gegen den Seegang, wendete, hielt ab, halste, wie es bei dem Winde und dem Seegange kaum erwartet werden konnte und ohne mitlaufenden, also auch wohl mit schiebenden Motor (wiewohl dies nicht recht klargestellt wurde), kaum der Fall oder überhaupt möglich gewesen sein würde.
Das zweite Schiff, eine Galeasse (etwa 115 t Tragf.) unter vollem Großsegel und gerefftem Besahn – dieses Schiff sah ganz besonders hübsch aus – versagte ein paarmal beim Wenden, was keinem Seemann verwunderlich war. Auch das über Stag gehen gelang, je nachdem Glück und Geschick beim Ruderlegen, bei der Bedienung der Segel dabei im Spiele waren. Glück oder Pech insofern, als auch dieses Schiffchen, wie jedes andere Segelschiff, wenn es gerade in der Wendung ein paarmal recht schwer in heranrollende Seen einhaute, die Fahrt verlor und vielleicht doch weiter drehte oder wieder abfiel. Natürlich halfen in solchen Fällen Ruderlegen, ausholen der Stagfock und dergl. manchmal, manchmal aber auch nicht. Jedenfalls leistete dieses Fahrzeug was man von ihm füglich verlangen konnte und wehrte sich gut gegen die See; vom Begleitdampfer aus gesehen, sogar ganz besonders gut.
Dem dritten Schiffe, einem Zweimastschoner von etwa 175 t Tragf., machte der Seegang beträchtlich weniger aus, schon seiner Größe wegen, vielleicht auch weil weiter draußen, wo er manövrierte, der Seegang gleichmäßiger war. Er luvte oder hielt ab, wendete und halste, soweit es zu sehen war, ohne Schwierigkeiten.

Auch das letzte Schiff, ein Dreimastraaschoner von etwa 300 t Tragf., dem der Seegang verhältnismäßig wenig ausmachte, wendete, halste und tat, was ihm durch Signale aufgetragen wurde, ohne weiteres.
Als Ergebnis läßt sich zusammenfassen: alle vier vorgeführten Motorsegler haben das, was der Nautiker von ihnen verlangen konnte, glatt geleistet. Ob und inwieweit die Motore dabei geholfen haben, konnte vom Begleitdampfer aus nicht in allen Fällen festgestellt werden. Andererseits kann zugegeben werden, daß das eine oder das andere Schiff bei mehr Glück oder mehr Geschick noch mehr geleistet haben würde. Dies ändert aber nichts an der Tatsache, daß die Schiffe 1. gut aussahen und 2. sich unter den obwaltenden Umständen vom nautischen Standpunkte aus bewährt haben.

Die Umstände müssen freilich wohl als sehr günstig angesehen werden. Der Seegang war hoch genug, einem passierenden, tiefbeladenen Dampfer mit Schlagseite oder den Leichtern eines Bremer Schleppzuges beständig Wasser über Deck und Luken zu spülen und zu zeigen, wie dagegen die halb oder dreiviertel beladenen oder eigentlich wohl beballasteten Motorsegler leicht und lebendig auf dem Wasser lagen. Sie waren steif und hatten mit dem an Bord befindichen und sicher doch wohl zweckmäßig verteilten Gewicht Beharrungsvermögen genug zu sicherem Manövrieren. Wie sich die Schiffe unter möglichster Ausnutzung ihrer Trag- oder Ladefähigkeit mit schwerem oder leichtem Gut beladen oder gar mit Holz und Deckslast betragen haben würden oder werden, konnte auf der Probefahrt natürlich nicht vom nautischen und erst recht nicht vom wirtschaftlichen Standpunkte aus beurteilt werden.

HAMBURG-AMERIKA LINIE

Telegramm-Adresse:
OCEANFAHRT HAMBURG.

Hamburg, den 20. Juni 1921.

An die
Fried. Krupp A. G. Germaniawerft,
Kiel-Gaarden.

Zurückgekehrt von der sehr interessanten Probefahrt der von Ihrer Werft erbauten Motorsegler, stehe ich nicht an auszusprechen, daß nach meinen Beobachtungen, die vorgeführten Motorsegler sich als gute Seeschiffe gezeigt haben, da sie bei dem stürmischen WNW Wind und in der bei diesem Wind auf Stollergrund und Gabelsflach laufenden recht unangenehmen See, sehr gut zu Wasser lagen, gut segelten und auch gut manöverierten. Daß einer der Segler nicht gleich beim ersten Mal über Stag gehen wollte, lag nach dem allgemeinen Urteil der seemännischen Teilnehmer, weniger an der Manövriereigenschaft des Fahrzeuges, als daran, daß die Führung nicht alle seemännischen Kniffe anwandte und dem Fahrzeug nicht alle technischen Hilfen angedeihen ließ.

Zusammengefaßt, kann nach der Vorführungsfahrt erklärt werden, daß Seeeigenschaften, Segelleistungen und Manövrierfähigkeit der gezeigten Motorsegler, durchaus gute sind.

gez. Reichenbächer.
Kapitän und Vorstand der Nautischen Abtg. der H. A. L.

„Weſer Zeitung“ vom 22. Juni 1921.

Vorführungsfahrt von Motorſeglern der Germaniawerft.

Obwohl die Germaniawerft als Großſchiffswerft in der Hauptſache den Bau großer Motorſegler anſtrebt, entſchloß ſie ſich doch notgedrungen zum Bau von 33 kleinen Fahrzeugen von fünf verſchiedenen Typen, als im Jahre 1920 die Materialbelieferung für den Großſchiffbau infolge der Kohlenſchwierigkeiten völlig darniederlag. Die Lagerbeſtände, vorwiegend leichtes Walzmaterial, reichten für den Bau dieſer kleinen Fahrzeuge aus. Ein größerer Teil der ſo entſtandenen Schiffe befindet ſich bereits ſeit längerer Zeit in Fahrt, der Reſt iſt zum Verkauf geſtellt. Die Germaniawerft hat am 18. Juni während der Kieler Woche eine Vorführungsfahrt mit Schiffen vier verſchiedener Typen, einer Galeaſſe von 110 To. Tragfähigkeit, einem Plattbodenſchwertſchiff (Galiote) von 195 To., einem Zweimaſtgaffelſchoner von 175 To. und einem Dreimaſttoppſegelſchoner von 290 Tonnen in der freien Oſtſee veranſtaltet. Da ſie den Standpunkt vertritt, daß Motorſegler in erſter Linie gute Segelſchiffe ſein müſſen, wollte ſie hierbei beſonders die guten Segeleigenſchaften der Fahrzeuge nachweiſen. Hierzu boten der Sturm aus Nordnordweſt, Stärke 8, in Verbindung mit der hohen, ſteilen See, die er auf dem Übungsfeld öſtlich des Stollergrundes aufgewühlt hatte, die beſte Gelegenheit. Die Schiffe waren teils voll, teils halb beladen und brauchten trotz des Sturmes die Segel nicht zu reffen. Während bei einem ſolchen Wetter andere Segler dieſer Klaſſen, wenn irgend möglich, unter Schutz von Land vor Anker beſſeres Wetter abzuwarten pflegen, konnten die vorgeführten Schiffe das harte Wetter ohne jede Schwierigkeit durchhalten und bewieſen ſo ihre vorzügliche Seefähigkeit. Für Freunde der Segelſchiffahrt boten die auch äußerlich hübſchen Schiffe mit ihrer gefälligen Form und der ſchmucken Takelage ein reizvolles Bild. Leider war es der Werft nicht möglich, auch noch den fünften Typ, einen Dreimaſtſchoner von 640 To. Tragfähigkeit, der ſich als beſonders ſchneller Segler erwieſen hat, an der Fahrt teilnehmen zu laſſen, da die Schiffe dieſer Klaſſe ſich zurzeit ſämtlich im Auslande befinden. An großen Motorſegelſchiffen hat die Germaniawerft zurzeit ſechs im Bau.

„Nordweſtdeutſche Zeitung“ vom 24. Juni 1921.

Die Vorführungsfahrt von Motorſeglern der Germaniawerft.

Während die Germaniawerft ſich früher in der Hauptſache durch hervorragende Leiſtungen im Kriegsſchiffbau und beſonders im Bau von Unterſeebooten ausgezeichnet hat, hat ſie nach der mit bemerkenswerter Schnelligkeit erfolgten Umſtellung ihrer Betriebe auf den Handelsſchiffbau auch in dieſem für ſie verhältnismäßig neuen Zweige ſchöne Erfolge erzielt.

Um den zahlreichen Intereſſenten aus allen Kreiſen von Reederei und Schiffahrt, ſowie auch der Tages- und Fachpreſſe Gelegenheit zu geben, ſich von den See-Eigenſchaften der Schiffe zu überzeugen, hat die Germaniawerft am 18. Juni während der Kieler Woche eine Vorführungsfahrt mit Schiffen vier verſchiedener Typen, einer Galeaſſe von 110 To. Tragfähigkeit, einem Plattboden-Schwertſchiff (Galiote) von 195 To., einem Zweimaſt-Gaffelſchoner von 175 To. und einem Dreimaſt-Toppſegelſchoner von 290 To. in der freien Oſtſee veranſtaltet. Die Schiffe waren teils voll, teils halb beladen, brauchten trotz des Sturmes die Segel nicht zu reffen und konnten das harte Wetter ohne jede Schwierigkeit durchhalten. Trotz des hohen Seeganges, in dem die Schiffe derart ſtampften, daß das ganze Vorſchiff austauchte, gelang das Wenden und Halſen ohne Zuhilfenahme des Motors vorzüglich. Die an der Fahrt teilnehmenden Fachleute äußerten unverhohlen ihr Urteil dahin, daß die Segler durch dieſe Sturmfahrt ihre vorzüglichen Segeleigenſchaften bewieſen hätten.

Dieser wohltuend sach- und fachkundige Artikel, zu denen sich ähnlich geartete in fast allen norddeutschen Zeitungen gesellten, scheint endlich die bis dahin noch unentschlossen gewesenen Schiffseigner mobilisiert zu haben. Im Herbst 1921 jedenfalls war auch der letzte kleine Motorsegler verkauft.
Interessant, wenn nicht gar merkwürdig, ist dabei die Herkunft der Käufer. Da scheinen sich wie auf Verabredung ganze Gemeinschaften für einen bestimmten Schiffstyp entschieden zu haben.

Die fünf großen Schoner, die anfangs für Krupp selbst fuhren, gingen nach Ablauf eines Jahres geschlossen an eine Hamburger Gesellschaft. Von den vier kleineren Dreimastern waren drei an der deutschen Ostseeküste beheimatet und einer in Groningen. Die vier Zweimastschoner fanden ebenfalls anfangs deutsche Eigner, später waren drei davon in der Zementfahrt zwischen Gotland und der schwedischen Ostküste eingesetzt. Ausgeprägter wird es dann bei den flachgehenden Galeassen, von denen nicht weniger als sieben längere Zeit in Groningen beheimatet waren, – und die achte wäre vielleicht auch noch dort gelandet, wäre sie nicht vorher untergegangen. Dieser Typ, der mit seinen Seitenschwertern und Klappmasten holländischer Bautradition am nächsten kam, erfreute sich bei den Groningern größter Wertschätzung. Übertroffen wurden diese nur noch von den Schiffern aus Egernsund an der Flensburger Förde, die im Laufe des Jahres 1921 zehn von den zwölf kleinen Galeassen erwarben. Kann es sein, daß letztere, die inzwischen durch Abstimmung wieder zu Dänemark gekommen waren, einen Wiedergutmachungsanspruch an ihr ehemaliges Vaterland hatten? Warum dann aber nur diese, und nicht auch Schiffseigner in Sonderburg oder Apenrade oder Hadersleben? Vielleicht war das ganze aber auch nur eine »Mode«? Die Beantwortung dieser Frage könnte einen Wirtschaftswissenschaftler beschäftigen.

Bevor es aber überhaupt erst zu Entwicklung und Bau dieser relativ kleinen Motorsegler gekommen war, hatte die Werft für die Bremer Segelschiffsreederei *F. A. Vinnen* den Auftrag zum Bau einer großen Viermastbark hereinnehmen können. Dieser Auftrag war um so erstaunlicher, als man die Zeit der Segelschiffe ein für allemal für abgelaufen hielt. In Verbindung mit einem Hilfsmotor jedoch glaubte man, solche Schiffe dennoch gewinnbringend einsetzen zu können. Nachdem auch der eigens für solche Vorhaben gegründete »Reichsausschuß für die Motorsegler« dem Plan Verständnis und Wohlwollen entgegenbrachte, konnte im April 1920 der Kiel zu diesem als Versuchsschiff geltenden Großsegler gelegt werden.

Die mit dieser Viermastbark gemachten Erfahrungen veranlaßten die Reederei Vinnen, fünf weitere große Motorsegler bei der Germaniawerft zu bestellen, die dann im Laufe des Jahres 1922 abgeliefert wurden. Es waren die neuartig getakelten Fünfmast-Rahschoner, deren Erscheinen weltweit größte Aufmerksamkeit erregte. Ihre ausführliche Beschreibung, wie auch die der übrigen Schiffe, folgt in den anschließenden Kapiteln.

Gleichzeitig mit den für eigene Rechnung gebauten Schiffen mittlerer Größe wurde im Winter 1920/21 ein weiterer Dreimastschoner fertiggestellt, den die Kieler Kreiselkompaßfirma *Anschütz* als Versuchs- und Vorführungsschiff in Auftrag gegeben hatte. Die Pläne zu diesem yachtartigen Fahrzeug stammten von *Max Oertz,* dem seinerzeit wohl bekanntesten und erfolgreichsten deutschen Yachtkonstrukteur.

Das veranlaßt zu der Frage, wer wohl der Konstrukteur der übrigen Motorsegler gewesen sein mag. *Max Oertz'* Einfluß ist dabei unverkennbar. Das ist auch naheliegend: hatte er doch bereits seit 1908, als die legendäre »GERMANIA« nach seinen Plänen auf der Germaniawerft entstand, engsten Kontakt zur Werftleitung. 1909 und 1914 wurden dann auch noch die beiden Kaiseryachten »METEOR«, Nummer IV und V, hier nach seinen Entwürfen gebaut. Da aber nur beim Anschütz-Schoner ausdrücklich darauf hingewiesen wird, daß er von *Oertz* entworfen sei, muß man davon ausgehen, daß die anderen Schiffe im Zeichenbüro der Werft entstanden. Hier war es der Chefkonstrukteur und spätere Prokurist der Werft, Diplomingenieur *R. Erbach,* der wohl als eigentlicher Vater dieser Motorsegler zu gelten hat. Eine Anzahl von Aufsätzen und Vorträgen zu diesem Thema, veröffentlicht in den Zeitschriften »Kruppsche Monatshefte«, »Hansa« und »Schiffbau«, weisen ihn als gründlichen Kenner der Materie aus. Bei späteren Seeamtsverhandlungen wurde er oft als Sachverständiger hinzugezogen, wenn es darum ging, Konstruktionsmerkmale von verunglückten Einheiten dieser Bauserien zu erörtern.

Von wessen Zeichenbrett die Schiffe auch immer gestammt haben mögen, so kann ihnen eines bescheinigt werden: es handelte sich um außergewöhnlich formschöne Fahrzeuge. Leider hatte die Werft des Guten zu viel getan und die scharfgeschnittenen Rümpfe mit einer übermäßig hohen und schweren Takelage versehen. Sie galten daher als rank, in unbeladenem Zustand sogar als unstabil, jedenfalls solange Segel geführt wurden. Gut beballastet oder mit schweren Gütern beladen zeigten sie sich jedoch als hervorragende Segler, die in der Lage waren, manchem Trampdampfer das Heck zu weisen.

Es ist erstaunlich, daß diese bemerkenswerten Schiffe in der deutschen maritimen Fachliteratur kaum Erwähnung fanden. Lediglich die Viermastbark und die Fünfmastschoner der Reederei Vinnen bilden hier eine Ausnahme. Zwar hat *Dr. Jürgen Meyer* in seinem »Hamburger Segelschiffe« die großen Dreimastschoner und auch einige der Galeassen erwähnt, und auch *Joachim Kaiser* in »Segler in der Zeitenwende« widmet ihnen einen kurzen Abschnitt, doch blieb es in beiden Fällen bei einem Anschneiden des Themas. *Hans Szymanski,* Altmeister der deutschen Schiffahrtshistoriker, hält sie noch nicht einmal einer Erwähnung für würdig. Im Ausland allerdings war man schon bald auf diese Schiffe aufmerksam geworden. Der bekannte englische Fachbuchautor *Harold A. Underhill* geriet beim Anblick der kleinen Kruppsegler geradezu ins Schwärmen. Das gute Aussehen, die gefällige Form und das ausgewogene Rigg dieser *»very pleasing little ships«* begeisterten ihn: *»I am interested in these ships on account of their good looks and shapely lines which one cannot help admiring . . .«*

Zum Abschluß noch einige Worte über die Bauwerft. 1865 gründete der Schiffbaumeister *Theodor Christian Bruhn* aus Bornhöved in Kiel-Gaarden eine kleine Werft, die schon zwei Jahre später an eine Kapitalgesellschaft verkauft wurde. Beträchtlich erweitert hieß der Betrieb ab 1867 *»Norddeutsche Schiffbaugesellschaft«.* Schon bald mußte die Gesellschaft aufgelöst werden, um kurz darauf als *»Norddeutsche Schiffbau Aktiengesellschaft«* neu zu entstehen. Leiter war anfangs *Georg Howaldt,* der spätere Gründer der *Howaldtswerke.* 1879 war auch dieser Betrieb bankrott und mußte stillgelegt werden.

Zur Neugründung kam es 1882, als die Werft von der *»Märkisch-Schlesische Maschinenbau- und Hütten-A. G. vormals F. A. Egells«,* Berlin, übernommen wurde und als *»Schiffs- und Maschinenbau A. G. Germania«* den Betrieb wieder aufnahm. In den folgenden Jahren bis 1889 wurden die letzten Frachtsegler auf der Werft gebaut. 1896 wurde die Betriebsführung an die Firma *Fried. Krupp* in Essen übertragen. Drei Jahre später erfolgte die Abtretung des Werftgeländes an die *»Kaiserliche Werft«* und die Neuanlage am Ostufer des inneren Kieler Hafens. 1902 übernahm Krupp das Gesamteigentum, worauf der Betrieb den endgültigen Namen *»Fried. Krupp A. G. Germaniawerft«* erhielt.

Im zweiten Weltkrieg fast vollständig zerstört, wurden die verbliebenen Reste nach Kriegsende demontiert und die Werft aufgelöst.

Bevor wir uns nun dem eigentlichen Thema dieses Buches zuwenden, lassen wir den bereits erwähnten Dipl.-Ing *Erbach* zu Wort kommen, der in den »Kruppschen Monatsheften« ausführlich beschreibt, wie es überhaupt zum Bau dieser Motorsegler gekommen ist.

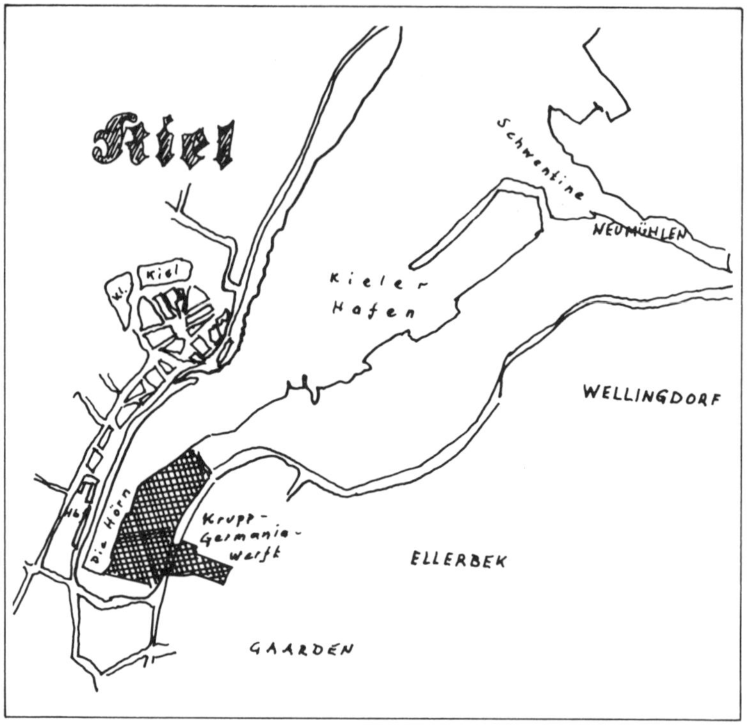

Fried. Krupp A. G. Germaniawerft
Kiel-Gaarden

1 Fallwerk
2 Eisen- u. Metallgießerei
3 Elektrische Zentrale I
4 Druckluft-Zentrale
5 Kesselschmiede
6 Modellschreinerei
7 Portier
8 Hammerschmiede
9 Portier
10 Lokomotiv-Schuppen
11 Verwaltungsgebäude
12 Feuerwache
13 Öl und Farben
14 Probierraum
15 Kupferschmiede
16 Montage
17 Dreherei
18 Magazin
19 Derrickkran (15 t)
20 Uferkran (150 t)
21 Schwimmkran (150 t)
22 Tischlerei
23 Malerei
24 Brabank
25 Taklerei
26 Schlosserei
27 Elektrische Zentrale II
28 Kesselhaus
29 Torpedobootshelling
30 Nieten u. Schrauben
31 Werkzeugmagazin
32 Werkzeugschmiede
33 Uferkran (40 t)
34 Schiffbauschuppen
35 Winkel- u. Schiffsschmiede
36 Richtplatten u. Spantenplan
37 (oben) Schnürboden
38 Winkel- u. Profilstahllager
39 Plattenbeize
40 Plattenlager
41 Plattenlagerkran
42 Frühstückshalle

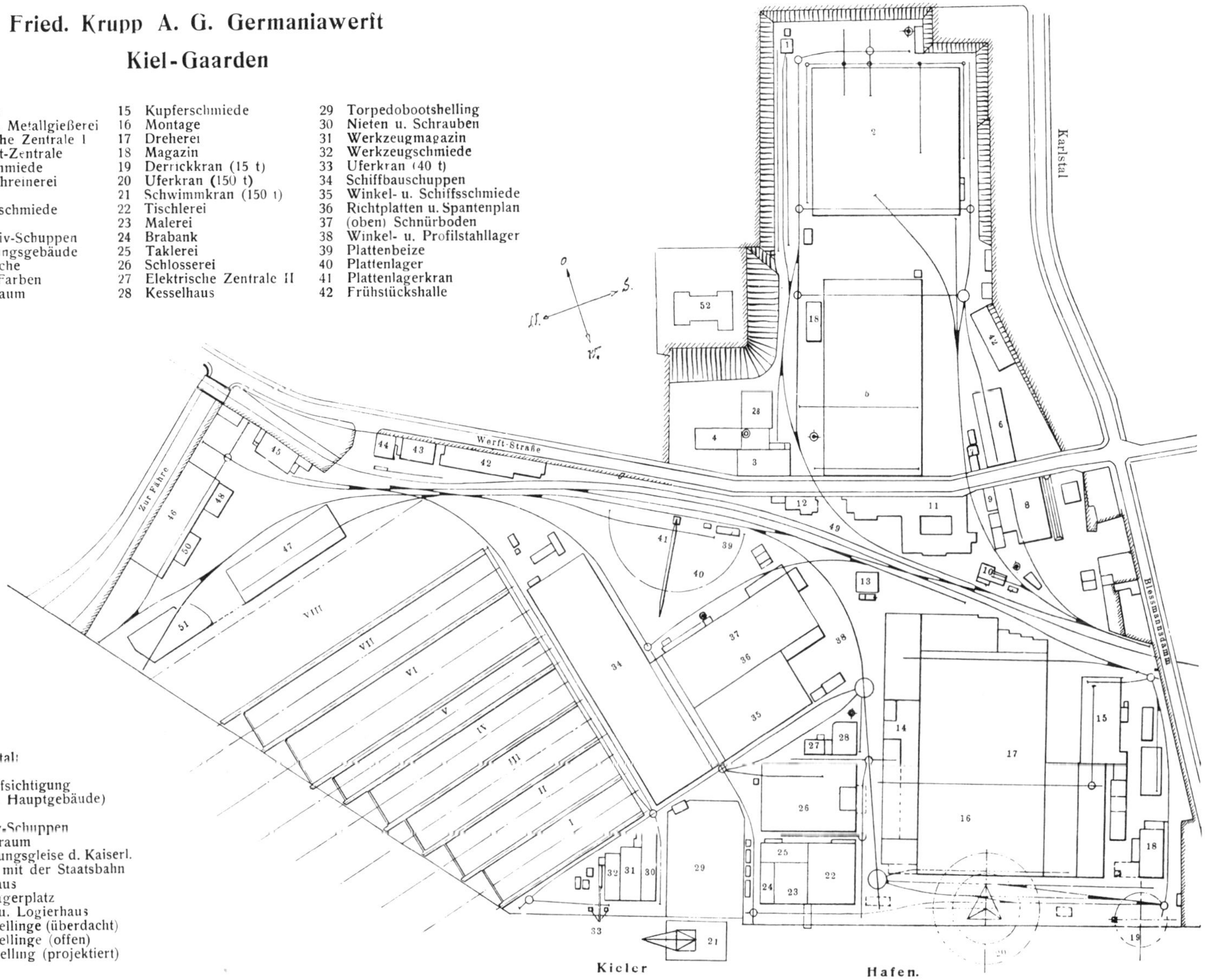

43 Badeanstalt
44 Portier
45 Baubeaufsichtigung (ehem. Hauptgebäude)
46 Sägerei
47 Nutzholz-Schuppen
48 Trockenraum
49 Verbindungsgleise d. Kaiserl. Werft mit der Staatsbahn
50 Kesselhaus
51 Kohlenlagerplatz
52 Speise- u. Logierhaus
I bis IV Hellinge (überdacht)
V „ VII Hellinge (offen)
VIII Helling (projektiert)

Die Motorsegler und ihr Bau auf der Germaniawerft

Von Dipl.-Ing. R. Erbach, Oberingeniör des Handelsschiffbaubüros der Germaniawerft, Kiel.

I.

Mit der Einführung der Dampfmaschine verlor die Segelschiffahrt mehr und mehr an Bedeutung. Zunächst fiel den Dampfern nur die Personen- und Eilgutbeförderung zu; der Versuch, durch besondere Schnellsegler – „Klipper“ – in den 50er Jahren dieses Gebiet den Dampfern streitig zu machen, mißlang, nachdem er vorübergehend zu einer neuen Blüte der Segelschiffahrt geführt hatte. Die Klipper mußten infolge ihrer geringen Wirtschaftlichkeit bald den Personen- und Eilgutverkehr den Dampfschiffen überlassen, die in diesem Gebiete die Alleinherrschaft übernahmen. Dagegen konnte der Segler die Vorherrschaft im Frachtverkehr bis in die 80er Jahre behaupten. Besonders in Deutschland bestand der größte Teil der Handelsflotte aus Seglern, die namentlich zahlreich in der Ostsee beheimatet waren. So zählte 1885 die deutsche Handelsflotte nur 650 Dampfer mit 414000 Netto-Reg.-Tonnen Raumgehalt, dagegen 3600 Segelschiffe mit 880000 Netto-Reg.-Tonnen; davon waren in der Ostsee 1400 Segelschiffe mit 315000 Netto-Reg.-Tonnen und nur 321 Dampfer mit 118000 Netto-Reg.-Tonnen beheimatet.

Während man aber in der Dampfschiffahrt durch Ausnutzung aller schiffbau- und maschinen-technischen Errungenschaften rastlos vorwärts strebte, hielten die Segelschiffreedereien an dem Althergebrachten fest; so war der größte Teil der Segler noch aus Holz gebaut. Noch 1890 wurde für die Reederei Rickmers ein großes Vollschiff von etwa 2700 t Tragfähigkeit aus Holz gebaut. Selbst für kleine Dampfer hatte man damals schon längst diesen Baustoff verlassen. Auch hinsichtlich ihrer geschäftlichen Organisation war die Segelschiffahrt durchaus der Dampfschiffahrt unterlegen. Unaufhaltsam ging deshalb die Segelschiffahrt dem Zusammenbruch entgegen. Die Einführung der Dreifach-Expansionsmaschinen, das stetige Anwachsen der Dampferabmessungen und schließlich der Bau des Suez-Kanals, der den Welthandel auf neue, wegen ihrer nautischen Verhältnisse für die Segelschiffe nicht geeignete Wege leitete, haben zu diesem Zusammenbruch hauptsächlich beigetragen.

Wohl versuchte man – namentlich in England – um das Jahr 1890 herum der Segelschiffahrt neues Leben einzuflößen, indem eine größere Anzahl eiserner Segler erbaut wurde, die bis zu 6000 t Tragfähigkeit hatten und als Vollschiffe und Barken mit 3 oder 4 Masten getakelt waren. Aber diese Maßnahmen konnten das Ende nicht verhindern; um die Jahrhundertwende setzte ein völliger Stillstand im Bau großer Segelschiffe ein, wenn man von den in den Jahren 1897 bis 1902 auf Grund eines ganz ungesunden Subventionsgesetzes in Frankreich gebauten großen Seglern absieht. Sowohl in der Reederei als auch auf den Werften war nicht mehr viel Interesse für Segelschiffe vorhanden.

Im Gegensatz zur großen Segelschiffahrt hat der Dampfer die Schiffahrt mit kleinen, etwa 50 bis 200 t tragenden Segelschiffen an den Küsten nicht verdrängen können. Bedarf für Schiffe, die nur kleine Ladungsmengen befördern, wird stets vorhanden sein. Da sowohl der Dampfer wie auch in gewissen Fällen das reine Motorschiff bei kleinen Abmessungen nicht wirtschaftlich sind, wird das kleine Segelschiff auch weiterhin stets lohnende Beschäftigung finden.

Mehr noch als bei großen und mittleren Segelschiffen ist die Entwicklung der Kleinsegelschiffahrt durch zähes Festhalten am Überlieferten gekennzeichnet. Wies doch 1895 die deutsche Handelsflotte kaum ein eisernes kleines Segelschiff auf, wenn man von einigen, mehr für die Flußschiffahrt bestimmten schutenartigen Fahrzeugen – „Ewern“ – absieht. In der Nordsee waren die plattbodigen, plumpen Galioten, Kuffen, Tjalken und Schniggen üblich; in der Ostsee die Galeassen, Schaluppen, Jachten und Gaffelschoner, die erheblich bessere Form und stärkere Besegelung aufwiesen. Erst dieses Jahrhundert hat in der Kleinsegelschiffahrt einige Fortschritte gezeitigt. Auch in der Nordsee wurden mehr und mehr die scharfgebauten, stählernen Gaffelschoner und Galeassen heimisch, wie denn auch Eisen nunmehr fast durchweg als Baustoff in Anwendung kommt. Wie sich die Dinge geändert haben, zeigen folgende Zahlen: 1895 waren von 860 seegehenden Seglern unter 125 Netto-Reg.-Tonnen nur 11 aus Eisen gebaut, 1914 hingegen waren von 870 Küstenseglern 360 aus Eisen, wobei die Fischereifahrzeuge nicht eingerechnet sind.

Abbild. 1.
Motorſegelſchiff ‚Annen' unter vollen Segeln.

II.

Durch die Einführung der Verbrennungsmaſchinen und ihre weitere Entwicklung wurden der Technik neue Wege und Möglichkeiten gewieſen. Die Maſchine ſelbſt, welche die gebundenen Naturkräfte in freie Kräfte umwandelt, wurde ſo Ausgangspunkt zur erneuten Heranziehung der freien Naturkräfte – Waſſer und Wind –, die zuerſt von ihr in den Hintergrund gedrängt worden waren. Die wirtſchaftlichen Vorteile bei der Ausnutzung der freien Naturkräfte ſind immer erkannt worden; es fehlte aber an techniſchen Hilfsmitteln, um die Nachteile dieſer Kräfte, vorzugsweiſe ihre Unſtetigkeit, zu beheben. Die von der Verbrennungsmaſchine, dem Ölmotor, mächtig belebte Technik hat dieſe Mittel geſchaffen und damit auch die Naturkräfte wieder in den Vordergrund gerückt.

Bei der Segelſchiffahrt lag der Gedanke nahe, ihren gegenüber dem Dampfer ausſchlaggebenden Nachteil der unſtetigen Betriebskraft durch eine Hilfsmaſchine zu beheben. Verſuche in dieſer Richtung mußten fehlſchlagen, da die einzige Kraftmaſchine der damaligen Zeit – die Dampfmaſchine – ſich dafür nicht eignete. Ihre Inbetriebſetzung forderte ſtundenlange Vorbereitung, während doch gerade ſchnelle Bereitſchaft der Hilfskraft dringendes Erfordernis iſt. Hinzu kommt, daß die Dampfmaſchine mit ihrer Keſſelanlage und den Vorratsräumen für Kohlen einen beträchtlichen Teil der Tragfähigkeit und damit des Laderaumes wegnimmt. Die erforderliche Bedienungsmannſchaft, die in der Hauptſache aus Heizern beſtehen muß, verurſacht hohe Koſten und iſt zudem oft wochenlang beſchäftigungslos, wenn das Schiff ſegelt.

Den erſten größeren Verſuch mit einer Dampfmaſchine als Hilfskraft machte 1891 die Reederei Rickmers in Bremerhaven mit der Fünfmaſtbark ‚Maria Rickmers'. Das unglückliche Schickſal dieſes Schiffes – es ging auf der erſten Reiſe mit Mann und Maus verloren – wurde vielfach der Hilfsmaſchine zugeſchrieben und war ſicher mit ein Grund, daß lange Jahre hindurch kein weiterer Verſuch gemacht wurde. Im Jahre 1905 verſuchte dieſelbe Reederei durch Einbau einer Hilfsdampfmaſchine in die große Fünfmaſtbark ‚R. C. Rickmers' erneut die Frage durch die Dampfkraft zu löſen. Das Schiff fuhr bis Kriegsausbruch im Dienſte dieſer Reederei und wurde während des Krieges, als es unter feindlicher Flagge fuhr, verſenkt. Die Betriebserfahrungen ſollen nicht beſonders günſtig geweſen ſein, was bei den Mängeln der Dampfmaſchine als Hilfskraft nicht wundernehmen kann.

Der Löſung der Hilfsmaſchinenfrage konnte man erſt näher kommen, als die Verbrennungsmaſchine entwickelt wurde. Dieſe Kraftmaſchine zeichnet ſich gerade durch die Eigenſchaften aus, die für den Einbau in Schiffe beſonders in Betracht kommen: ſchnelle Betriebsbereitſchaft, geringes Gewicht, mäßiger Brennſtoffverbrauch, geringer Raumbedarf der ganzen Anlage. Da beim Segelſchiff ein Dauerbetrieb der Hilfsmaſchine ſeltener vorkommt und da nach Tagen des Betriebes meiſt längere Zeit des Stillſtandes kommt, ſo hat die Bedienungsmannſchaft reichlich Zeit, die Motoranlage ſorgfältig zu überholen. Die Nachteile der Verbrennungsmaſchine, ihre größere Empfindlichkeit namentlich bei Dauerbetrieb und ihr größeres Bedürfnis nach Wartung und Inſtandſetzung gegenüber der Dampfmaſchine, fällt ſomit beim Segelſchiff nicht ins Gewicht. Die Entwicklung des Verbrennungsmotors für Schiffsbetrieb brauchte naturgemäß Zeit; die Anforderungen an eine Schiffsmaſchine ſind erheblich größer als an eine ortsfeſte Maſchine. Andererſeits ſtellten ſich dem Motorſegelſchiff die Schwierigkeiten entgegen, geeignete Bedienungsmannſchaft zu erhalten, und die ſtarke Zurückhaltung der Reedereien gegenüber dieſer neuen Maſchine. Möglicherweiſe wäre die Entwicklung des Motorſegelſchiffes ſchneller erfolgt, hätte man nicht gleich auf die größten Anlagen hingearbeitet, ſondern die Entwicklung von klein auf begonnen. Die vor dem Kriege da und dort gebauten kleineren Segelſchiffe mit Hilfsmotoranlage ſind reine, als Zweimaſt- und Dreimaſt-Gaffelſchoner getakelte Küſtenſegler; die meiſten dieſer Segler ſind wenig glückliche Bauten, ſo daß ſie für die Weiterentwicklung des Motorſeglers wenig Bedeutung hatten.

Der Krieg und ſein Ausgang haben die Lage vollſtändig zugunſten des Motorſeglers verſchoben, ſowohl im allgemeinen wie im beſonderen für Deutſchland. Auf der einen Seite erwuchſen für die Dampfſchiffahrt durch die gewaltige Steigerung der Preiſe, die Kohlenknappheit und die hohen Löhne große Schwierigkeiten, auf der anderen Seite entwickelte ſich die Ölmaſchine zur vollkommen betriebsſicheren Schiffsmaſchine; außerdem wurden in ihrer Bedienung ſo viele Mannſchaften ausgebildet, daß für Motorſegler geeignete Maſchinen-

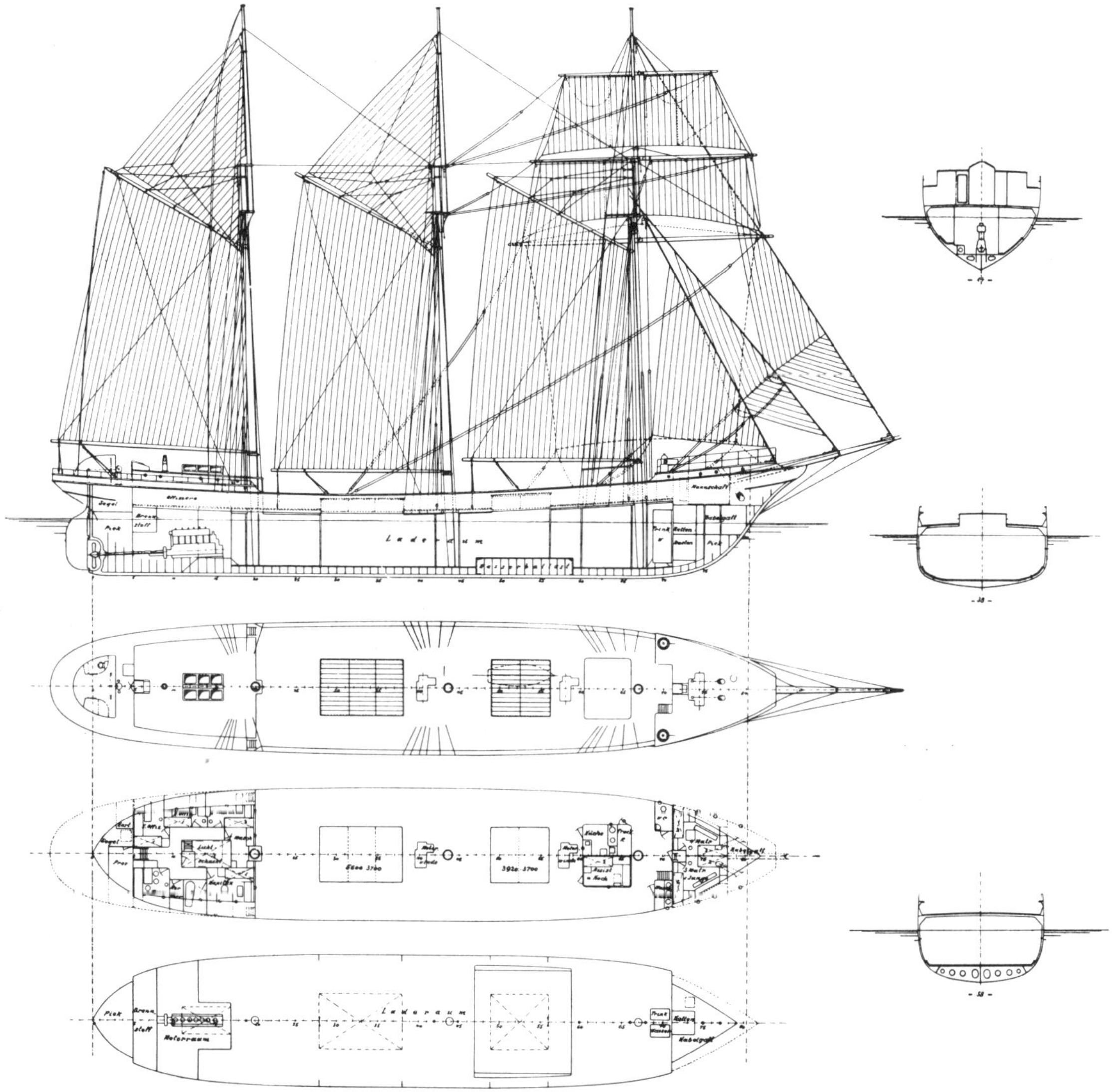

(Zahlenangaben ſiehe Liſte Seite 100).

Abbild. 2. Dreimaſt-Motorſchoner. – S. 378/80. – Klaſſe: Germaniſcher Lloyd ✠ 100$\frac{A}{4}$.

mannſchaften nunmehr vorhanden ſind. Beſonders in Deutſchland weiſen die Umſtände auf den Bau von Motorſeglern hin. Die deutſchen Reedereien müſſen ja nach dem Verluſt faſt all ihrer Schiffe von vorne anfangen; ſie können ſich daher leichter auf eine neue Schiffsart einſtellen als Reedereien mit großem Dampferbeſtand. Man muß aber auch von klein auf beginnen, und es hat ſich daher eine beſondere Vorliebe für die kleinen Motorſegler gerade in letzter Zeit herausgebildet. Die ungeheuren Koſten großer Schiffe, die Knappheit an Bauſtoffen und ſchließlich die Ungewißheit der ganzen Lage wirken dem Bau großer Motorſegler wie

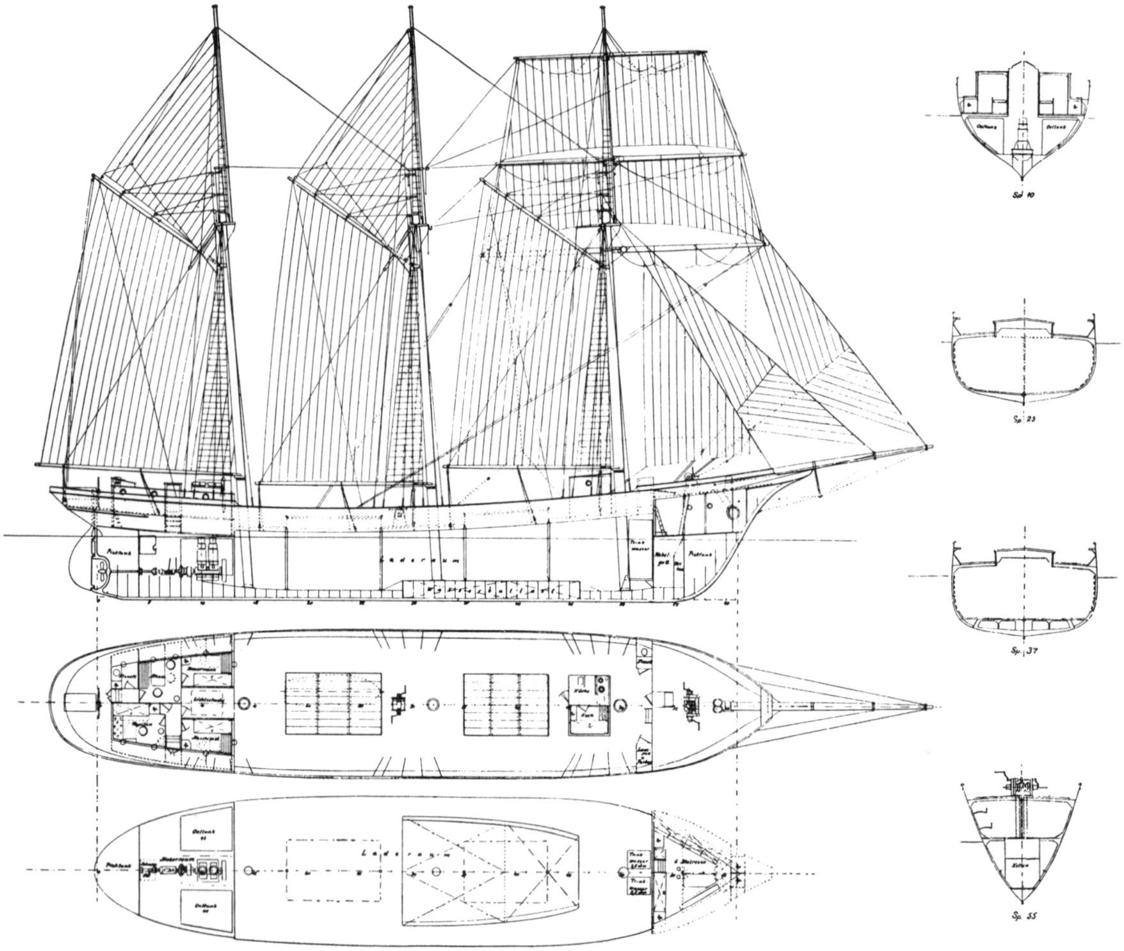

(Zahlenangaben ſiehe Liſte Seite 100).

Abbild. 3. Dreimaſt-Motorſchoner. – S. 381-384. – Klaſſe: Germaniſcher Lloyd ✠ $100\frac{A}{4}$.

dem großer Schiffe überhaupt hemmend entgegen. Der kleine Motorſegler gibt den Reedereien doch die Möglichkeit, die Fäden des Überſeeverkehrs wieder zu knüpfen und wenigſtens einen kleinen Stamm von Seeleuten zu beſchäftigen und zu erhalten.

III.

Die Germaniawerft erkannte gleich nach Kriegsende die günſtigen Ausſichten für den Bau von Motorſeglern und begann ſofort mit den Vorarbeiten. Als die Werft im April 1919 vor die Frage geſtellt wurde, ob ſie einen Auftrag auf eine große Viermaſtbark von 5200 t Tragfähigkeit für die Reederei F. A. Vinnen & Co. in Bremen annehmen wolle, entſchloß ſie ſich, den Bau von großen Segelſchiffen aufzunehmen, obwohl ſie ſeit Mitte der achtziger Jahre kein großes Segelſchiff mehr auf Stapel gelegt hatte. Es war der Germaniawerft von vornherein klar, daß der Einbau eines Hilfsmotors in dieſe große Viermaſtbark, obſchon vom Reeder zunächſt nicht beabſichtigt, mit Naturnotwendigkeit kommen mußte.

Bei dem Beſtreben, Motore in große Segler einzubauen, galt es, viele Vorurteile gegen den Einbau eines Hilfsmotors zu überwinden. Insbeſondere war die Anſicht vertreten, daß man bei einem Schiff mit vielen Raaſegeln einen ſehr ſtarken Motor einbauen müſſe, um bei Wind von vorn das Schiff mit genügender Schnelligkeit vorwärts zu treiben. Da der Windwiderſtand eines Raaſchiffes größer iſt als beim Schoner, ſagte man vielfach dem Schoner mit Motor eine gute Zukunft voraus und ſprach dem großen Raaſchiff mit Motor die Wirtſchaftlichkeit ab. Die Eigenart der Beſegelung bringt es mit ſich, daß der ſelbſt mit 5 Maſten gebaute Schoner nicht viel mehr als 2500 t Tragfähigkeit erreichen kann und daß er für die Fahrt in Gegenden mit viel ſtürmiſchem Wetter lange nicht ſo geeignet iſt wie die Raaſegelſchiffe. Sollte daher der Motorſegler eine wichtige Rolle im transatlantiſchen Verkehr ſpielen, ſo mußte die Aufgabe gelöſt werden, große Raaſegelſchiffe mit Motoren zu verſehen. Im Zuſammenhang mit Erörterungen, die die Germaniawerft mit Seeleuten von Ruf, mit der Seewarte und mit Reedern mündlich und in der Fachpreſſe hierüber anſtellte, entſtand im Deutſchen Seeſchiffer-Verein, der der Motorſegelei ebenfalls lebhaftes Intereſſe entgegenbrachte, der Gedanke, die Frage der Verwendungsmöglichkeit des Hilfsmotors auf Segelſchiffen auf lange Fahrt vom techniſchen, ſeemänniſchen und wirtſchaftlichen Standpunkt durch einen beſonderen Ausſchuß zu prüfen. In dieſem Ausſchuß fiel die Prüfung der techniſchen Fragen hauptſächlich den Vertretern der Germaniawerft zu. Sehr wertvolle Ergänzungen dieſer Unterſuchungen wurden durch ſyſtematiſche Probefahr-

Abbild. 4. Motorſegelſchiff ‚Annen‘ im Hafen der Kruppſchen Friedrich-Alfred-Hütte zu Rheinhauſen.

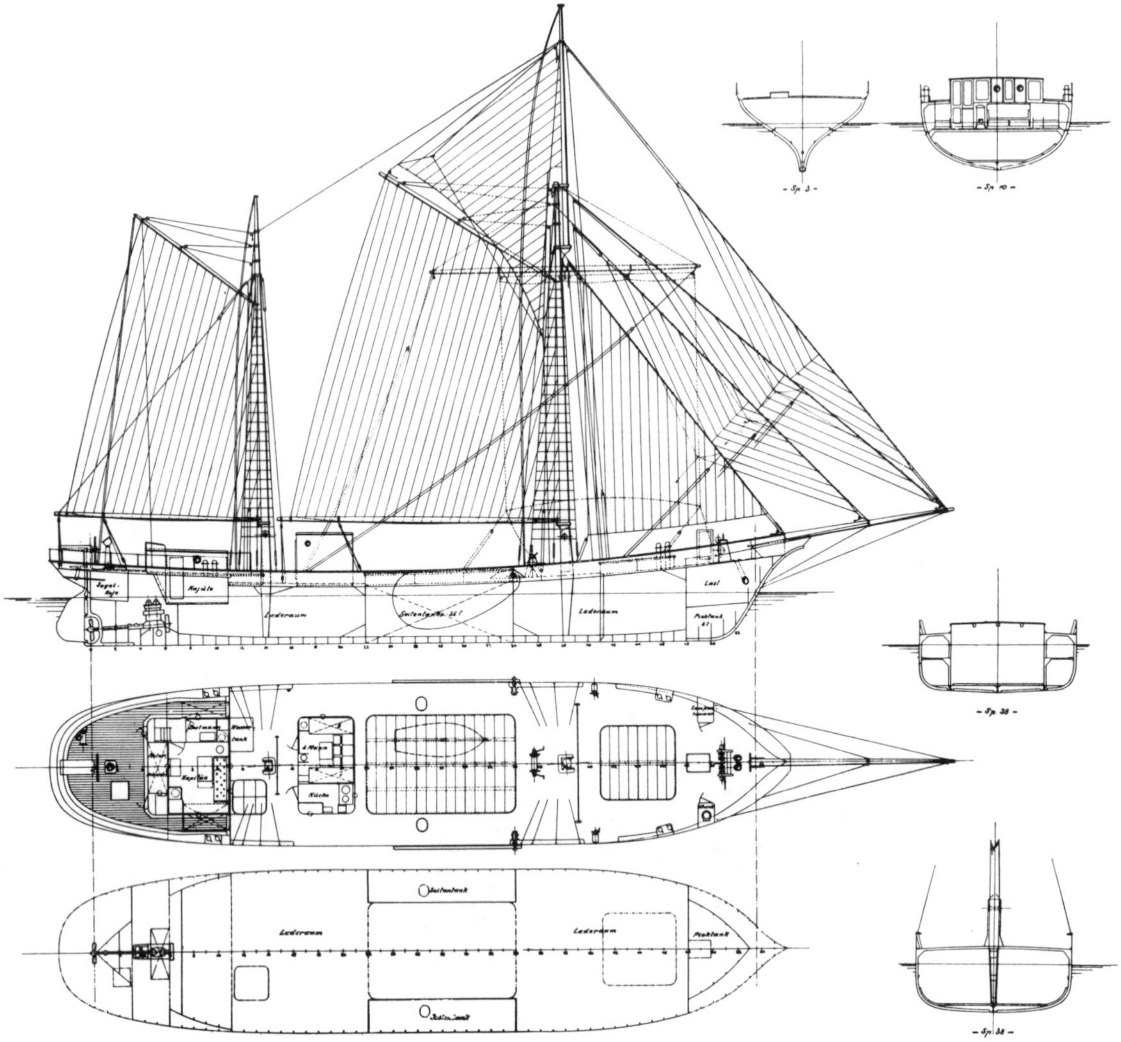

(Zahlenangaben ſiehe Liſte Seite 100).

Abbild. 5. Motorgaliote von etwa 195 t Tragfähigkeit. – S. 389/96.

ten gewonnen, die wiederum bezüglich der techniſchen Seite von Vertretern der Germaniawerft bearbeitet wurden und zu denen der Deutſche Schulſchiffs-Verein in entgegenkommender Weiſe ſeine mit einem Hilfsmotor verſehene Dreimaſtbark ‚Großherzog Friedrich Auguſt' zur Verfügung ſtellte. Die eingehenden Verſuchsfahrten brachten wertvolle Aufſchlüſſe über die Geſchwindigkeit eines Raaſegelſchiffes bei verſchiedenen Windrichtungen und Windſtärken bei Benutzung des Motors allein und in Verbindung mit Segeln. In der Hauptſache wurde feſtgeſtellt, daß die auch von der Germaniawerft vorgeſchlagene Geſchwindigkeit von 6 Knoten bei ruhigem Wetter genügend iſt und daß der Verluſt an Fahrgeſchwindigkeit durch Gegenwind nicht ſo groß iſt wie allgemein angenommen wurde. Wenn das Schiff bei ruhigem Wetter eine Geſchwindigkeit von etwa 6 Knoten erreicht, so ist es noch imstande bei der Windstärke 6, also einer recht starken Brise, mit einer noch genügenden Geschwindigkeit gegen den Wind anzufahren.

Der Schlußbericht des Ausschusses wurde auf dem Deutschen Seeschiffahrtstag in Bremen am 15.4.1920 gegeben und konnte den Seeschiffartstag davon überzeugen, daß das Motorsegelschiff für lange Fahrt vom technischen und seemännischen Standpunkte aus sehr zu empfehlen ist.

So wurde der wichtige Schritt getan, durch einen großzügigen Versuch die Frage der Motorsegler auf langer Fahrt zu klären. Inzwischen ist der Auftrag auf weitere 5 große Motorsegelschiffe erteilt worden.

Durch diese Erfolge ist die Germaniawerft in bezug auf den Bau großer Motorsegler führend geworden, denn große Raaschiffe mit Motoren sind bisher auch im Auslande nur ganz vereinzelt erbaut worden. Es läßt sich heute noch nicht übersehen, ob der anscheinend so vielversprechende Anfang im Bau großer Motorsegelschiffe für den Wiederaufbau der deutschen Handelsflotte von entscheidender Bedeutung sein wird oder nicht.

Abbild. 6. Motorsegelschiff ‚Annen' mit Motor fahrend.

Schon vorher aber hatte die Germaniawerft einen schönen Erfolg zu verzeichnen, indem nach langen Verhandlungen mit der Reederei und dem Reichsausschuß für den Wiederaufbau der deutschen Handelsflotte der Einbau des Motors in die oben erwähnte Viermastbark beschlossen wurde. Die Germaniawerft konnte deshalb im April 1920 das erste große, nach neuzeitlichen Grundsätzen entworfene Motorsegelschiff auf Kiel legen.

Im Auslande sind während des Krieges fast nur Dampfer gebaut worden, weil der Dampfer eine größere Leistungsfähigkeit im Befördern von Ladung hat und diese Eigenschaft in den Zeiten, in denen Brennstoffersparnis bei den hohen Frachten keine Rolle spielte, den Dampfer vorteilhafter erscheinen ließ als den

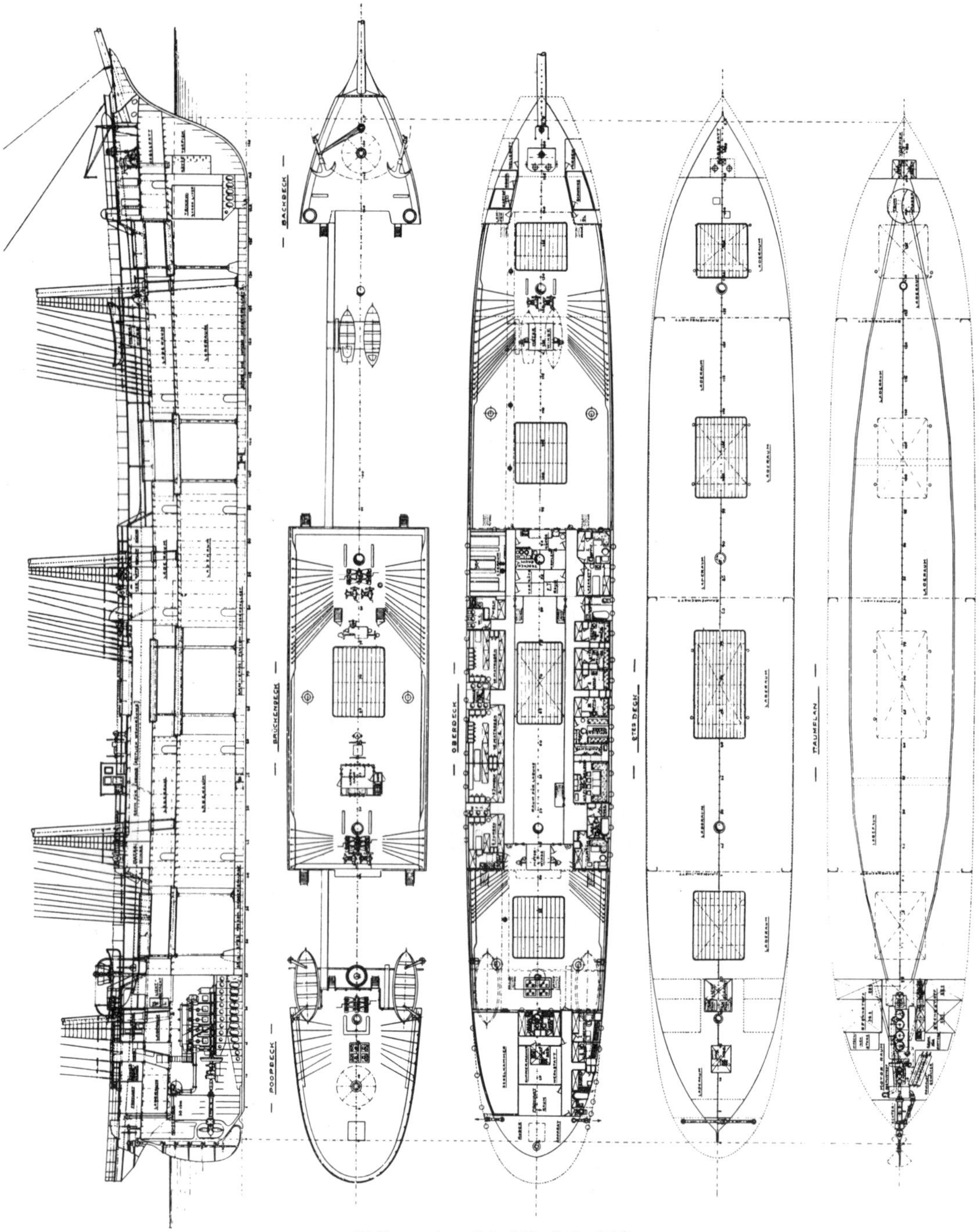

(Zahlenangaben siehe Liste Seite 100.)

Abbild. 7. Viermastbark mit Hilfsmotor. – ‚Magdalene Vinnen'. – Klasse: Germanischer Lloyd ✠ $100\frac{A}{4}$.

Segler. Die Probe auf die Wirtſchaftlichkeit und damit das endgültige Urteil über die Leiſtungsfähigkeit des Seglers wird erſt möglich ſein, wenn durch den mit Sicherheit zu erwartenden Frachtenſturz der Vorzug des Motorſeglers, nämlich die Billigkeit ſeiner Betriebsmittel, zum Tragen kommt.

IV.

Mit größerer Sicherheit iſt den mittleren und kleinen Motorſeglern eine Zukunft vorauszuſagen. Es werden ſich immer Fahrten finden, für die ein großer Dampfer nicht geeignet iſt. Hier iſt der Motorſchoner von etwa 150 bis 1000 t Tragfähigkeit die gegebene Schiffsart, mit deren Bau ſich die Germaniawerft ebenfalls eingehend befaßt hat.

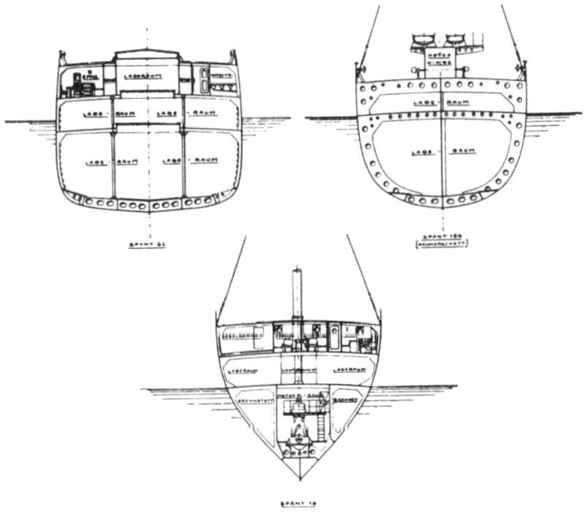

Abbild. 8. Viermaſtbark mit Hilfsmotor. Querſchnitte.

Als im Herbſt 1919 zu überſehen war, daß die Germaniawerft wie alle deutſchen Werften für lange Monate hinaus nur mit ganz geringen Mengen von Schiffbaueiſen beliefert werden würde, mußte, um Arbeiterentlaſſungen zu vermeiden, das auf Lager befindliche Walzmaterial – in der Hauptſache leichte Bleche und Profile – zu Schiffen verarbeitet werden. Die Werft entſchloß ſich, aus dieſem Eiſen eine große Anzahl von mittleren und kleinen Motorſeglern zunächſt auf eigne Rechnung zu bauen. Sie ſagte ſich, daß große Schiffe bei den Schwierigkeiten, die ihrem Bau durch den Friedensvertrag, durch die Werkſtoffknappheit und die erforderlichen bedeutenden Geldmittel entgegen ſtehen, ſo ſchnell nicht zu beſchaffen ſein werden, während die deutſche Reederei es freudig begrüßen müßte, ſchnell kleinere Schiffe zu erhalten, um mit ihnen den deutſchen Schiffsverkehr nach überſeeiſchen Ländern wieder beginnen zu können. Mit einem Segler von kleinen Abmeſſungen laſſen ſich viel beſſer und wirtſchaftlicher lange Seereiſen machen, als mit einem kleinen Dampfer, der im ſchweren Wetter viel von ſeiner Geſchwindigkeit und ſeinen Manövriereigenſchaften verliert; außerdem iſt es auch nicht möglich, den für lange Reiſen erforderlichen Kohlenvorrat mitzunehmen, ohne die Ladefähigkeit allzuſehr zu vermindern.

Die weitere Entwicklung hat gezeigt, daß die Germaniawerft auf dem richtigen Wege war, denn die im Bau befindlichen kleinen Motorſegler finden das regſte Intereſſe bei allen Reedereien. Wichtig iſt es auch für die Werft, daß ſie techniſche Fragen an den vielen Typen, die im Bau ſind, eingehend prüfen und Erfahrungen für die großen Motorſegelſchiffe ſammeln kann.

Die Germaniawerft nahm folgende mittlere und kleinere Motorſegler in Bau:

5 Dreimaſt-Toppſegelſchoner v. etwa 600 t Tragfähigkeit,
4 „ „ „ 300 t „
4 Zweimaſt-Gaffelſchoner „ „ 175 t „
8 flachgehende, auch für die Fahrt auf Binnenwaſſerſtraßen geeignete Segler (Galioten) von etwa 190 t Tragfähigkeit
12 Galeaſſen von etwa 115 t Tragfähigkeit.

Außer dieſen auf eigene Rechnung erbauten Schiffen nahm ſie noch einen Dreimaſtſchoner in Bau, deſſen Linien- und Takelriſſe von dem bekannten Jachtenerbauer Dr.-Ing. Oertz entworfen ſind.[1]) Dieſer Dreimaſtſchoner iſt ein jachtartiges Fahrzeug mit beſonders gefälligen Formen und großer Betakelung, ſoll aber auch der Frachtbeförderung dienen.

Insgeſamt nahm alſo die Germaniawerft 34 mittlere und kleinere Motorſegler in Bau. Es würde zu weit führen, hier auf die techniſchen Einzelheiten der Schiffe einzugehen. Aus den in den Abbildungen wiedergegebenen Plänen uſw. und der Liſte Seite 100 ſind die Hauptangaben und die Bauart der wichtigſten Typen zu erſehen. Es ſei nur kurz der Grundgedanke der Konſtruktion für dieſe Schiffe erwähnt.

[1]) Dr.-Ing. Oertz hat ſ. Z. die bekannten Rennjachten ‚Germania' (1907) des Herrn Krupp von Bohlen und Halbach ſowie ‚Meteor' (1908) und ‚Meteor' (1914) des Kaiſers entworfen.

Liſte der auf der Germaniawerft gebauten oder im Bau befindlichen Motorſegler.

Typ		S. 372	S. 373	S. 376/77	S. 378/80	S. 381/84	S. 385/88	S. 389/96	S. 397/408	S. 420/24
		Viermaſt-bark	Dreimaſttoppſegelſchoner				Zweimaſt-Gaffel-ſchoner	Galiote	Galeaſſe	Fünfmaſt-ſchoner
Länge zw. Loten	m	97,900	43,400	45,000	45,000	33,000	26,000	28,40	22,770	77,000
Breite auf Spt. . .	„	14,600	8,700	8,996	8,996	7,480	6,250	6,750	5,600	13,450
Seitenhöhe	„	8,720	4,870	4,100	4,100	3,350	3,090	2,400	2,300	6,600
Tiefgang	„	7,460	4,570/4,330	3,840	3,905	3,150	2,910	2,060	2,275	–
Tragfähigkeit . .	t	5212	345	625	645	290	175	195	115	2400
Brutto Verm. . .	Rgt.	etwa 3200	etwa 400	456	456	etwa 192	125	139	78	etwa 1810
Netto „ . . .	„	„ 2600	–	339	339	„ 144	91	98	57	„ 1400
Waſſerballaſt . . .	cbm	480	75	59	59	40	23	41	5	210
Klaſſe		G. L. ✠ 100 $\frac{A}{4}$ 1	Büro Veritas 1	G. L. ✠ 100 $\frac{A}{4}$ 1	G. L. ✠ 100 $\frac{A}{4}$ 1	G. L. ✠ 100 $\frac{A}{4}$ 1	G. L. ✠ 100 $\frac{A}{4}$ K 1	G. L. ✠ 100 $\frac{A}{4}$ K 1	G. L. ✠ 100 $\frac{A}{4}$ N. O. 1	G. L. ✠ 100 $\frac{A}{4}$ 1
Antrieb		4-Takt-Dieſel	4-Takt-Dieſel	4-Takt-Dieſel	4-Takt-Dieſel	2-Zyl.-Glühk.	2-Zyl.-Glühk.	Zyl.-Glühkopf	Glühkopf	4-Takt-Dieſel
PS_e		550	160	160	160	80	50	40	25	275
Geſchwindigkeit	kn	etwa 6,0	8,0	7,5	7,5	etwa 6	6	5	5	etwa 6,5
Brennſtoffvorrat	t	110	22	12	12	8	2	1,5	1,5	40
Segelfläche	m²	3392	1050	883	883	490	308	340	225	1863

Die Germaniawerft vertritt den Standpunkt, daß ein Motorſegler vor allen Dingen ein vorzüglicher Segler ſein muß und daß weder der Erbauer, noch der Reeder, noch der Schiffsführer irgendeine der Eigenſchaften, die ein vollwertiger Segler haben muß, vernachläſſigen darf, weil das Schiff einen Hilfsmotor hat. Die vielfach vertretene Anſicht, der Motorſegler ſei ein Zwiſchending zwiſchen Segler und Motorſchiff oder Dampfer, hat zu Schiffstypen geführt, die infolge der ſchlechten Schiffsformen, der ungenügenden Betakelung und ungeeigneten Beſatzung als Segelſchiffe verſagt und als reine Motorſchiffe wegen unzureichender Maſchinenſtärke und nicht betriebsſicherem Motor wenig günſtig gearbeitet haben. Der Motorſegler iſt ein Segelſchiff und kein Zwittergebilde, und die Erfahrungen der letzten Zeit haben dieſe Überzeugung auch in den Kreiſen der Reeder und Seeleute aufkommen laſſen, was auch in den Beſprechungen auf dem Seeſchiffahrtstage lebhaft zum Ausdruck kam.

Von beſonderem Intereſſe iſt, daß die Fried. Krupp Aktiengeſellſchaft in Eſſen 5 Motorſchoner von etwa 600 t Tragfähigkeit für ihre eigene Reederei erworben hat. Dieſe Schiffe können gelegentlich auch unmittelbar Ladung von und nach den Rheinhäfen nehmen. Der Tiefgang geſtattet es bei nicht zu niedrigem Waſſerſtand, den Rhein bis Köln zu befahren; die drei großen Maſten ſind zum Umklappen eingerichtet, um unter den Brücken durchfahren zu können. Dieſe Aufgabe war techniſch nicht leicht zu löſen. Abbild. 4 (Seite 95) zeigt das Schiff auf der erſten Reiſe im Hafen von Rheinhauſen. Die Anregung, die Schiffe für die Rheinfahrt einzurichten, ging von der Germaniawerft aus, die dabei zunächſt eine unmittelbare Verbindung zwiſchen Duisburg und Kiel zur Belieferung der Werft mit Kohlen und Eiſen im Auge hatte. Abgeſehen von dieſer Fahrt dachte man auch an weitere Reiſen in überſeeiſche Länder.

Inzwiſchen haben die erſten dieſer, von der Firma Krupp ſelbſt erbauten Motorſegler, die die Namen ‚Annen‘, ‚Buckau‘, ‚Datteln‘, ‚Hamm‘ und ‚Gaarden‘ führen, damit begonnen, Kruppſche Erzeugniſſe über See zu tragen und Zeugnis abzulegen, daß in Deutſchland Wagemut und Arbeitsfreudigkeit trotz widriger Zeiten noch fortleben.

VERLAG: FRIED. KRUPP AKTIENGESELLSCHAFT / ESSEN

Verantwortlicher Schriftleiter: Dipl.-Ing. K. F. Steinmetz, Eſſen. ▫ Druck: Graphiſche Anſtalt der Fried. Krupp Aktiengeſellſchaft, Eſſen.

Bezugspreis: Für Deutſches Reich: 12,00 M. für den Jahrgang (12 Hefte). – Einzelhefte 1,50 M. – (Einzelhefte können nur in beſchränkter Zahl abgegeben werden.) Die für das Ausland geltenden Preiſe werden auf Anfrage mitgeteilt. **Nachdruck** der Aufſätze und Wiedergabe der Abbildungen nur mit Genehmigung der Schriftleitung geſtattet. – Alle **Anfragen,** die dieſe Zeitſchrift oder ihren Inhalt betreffen, an: Fried. Krupp Aktiengeſellſchaft, Schriftleitung der Kruppſchen Monatshefte, Eſſen.

Blick auf die Krupp-Germaniawerft in den zwanziger Jahren
(Sammlung Fr. Chr. Blaas/Altenholz)

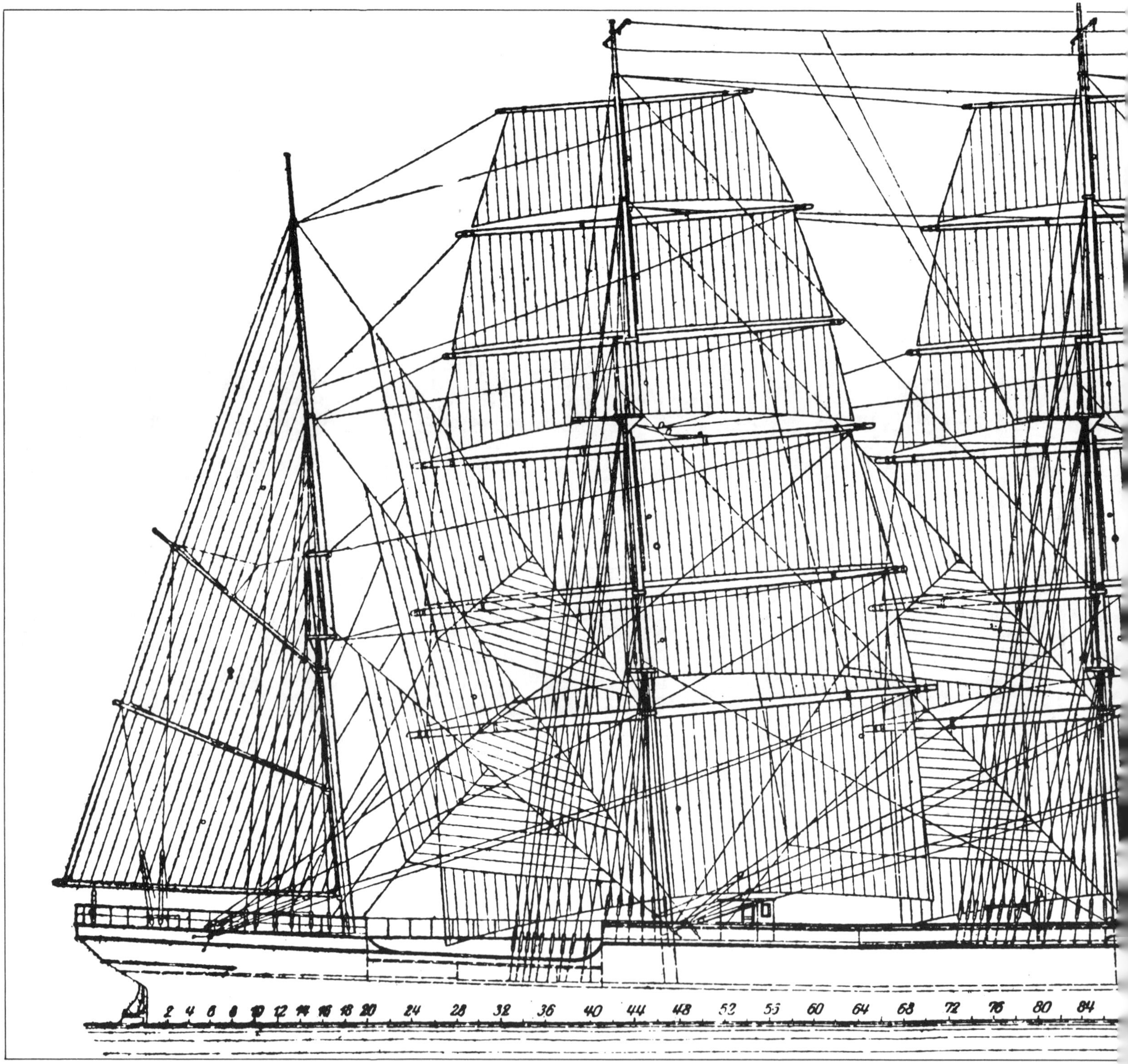
2 4 6 8 10 12 14 16 18 20 24 28 32 36 40 44 48 52 56 60 64 68 72 76 80 84

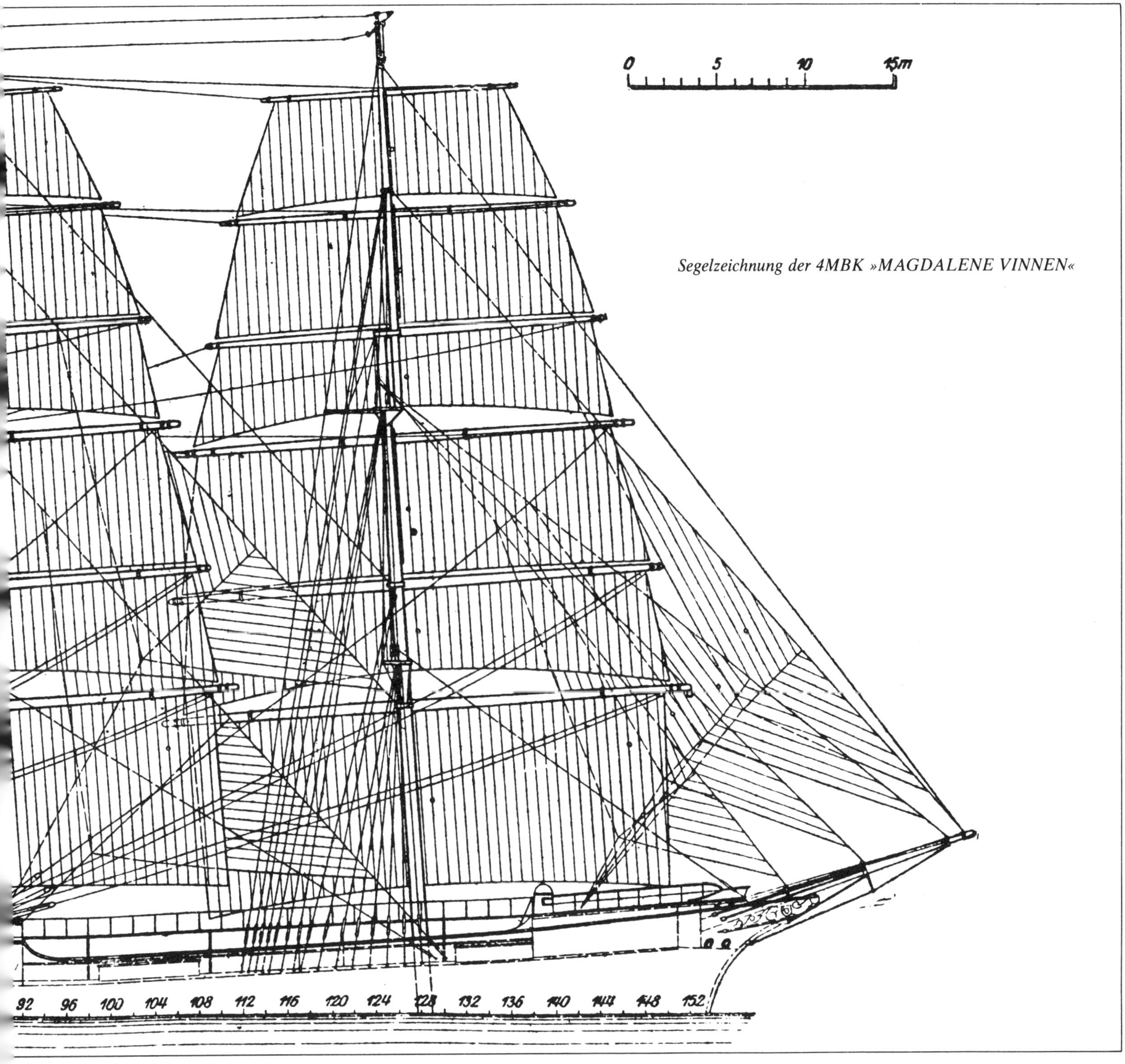

Segelzeichnung der 4MBK »MAGDALENE VINNEN«

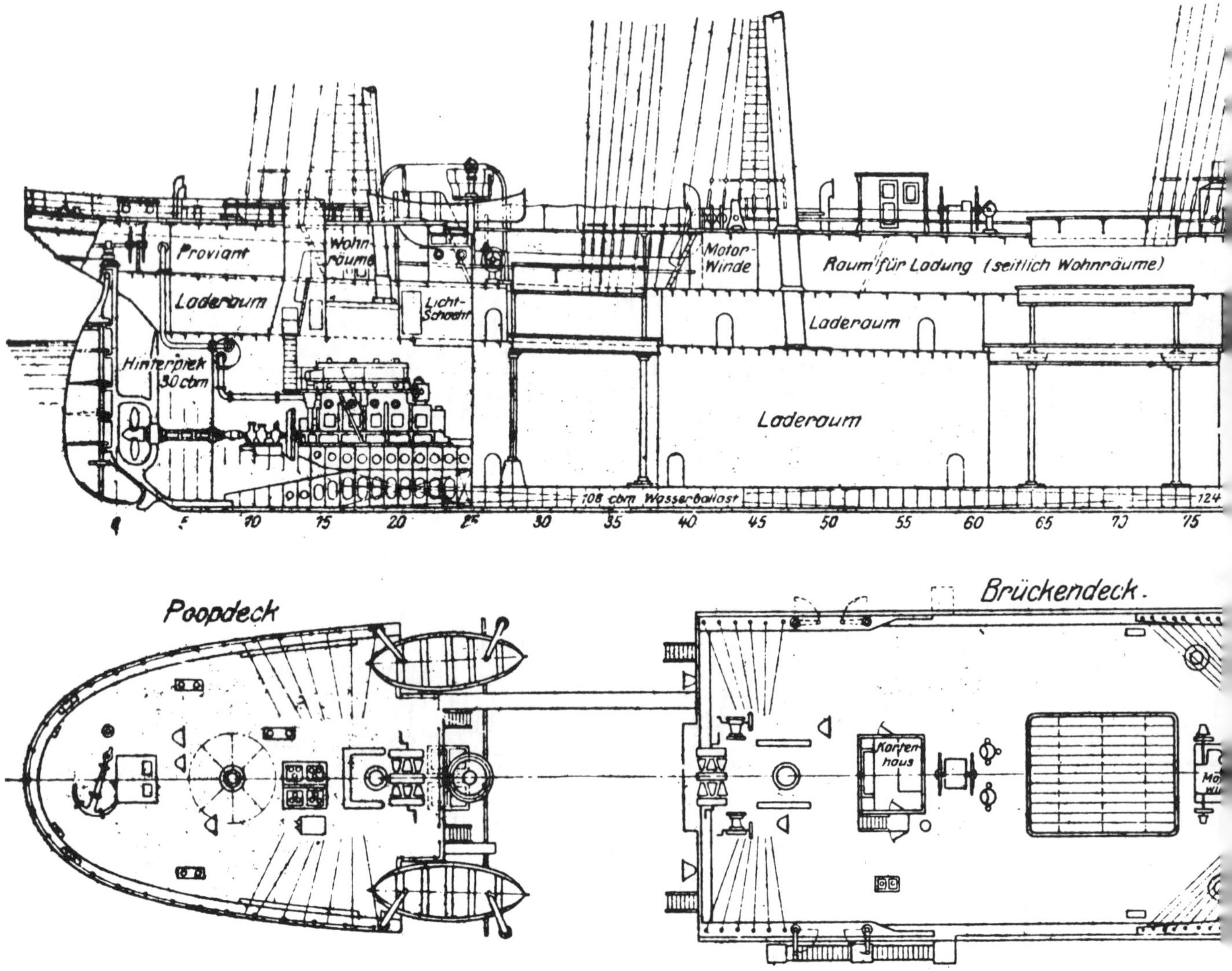

Proviant
Wohn-räume
Laderaum
Licht-Schacht
Hinterpiek 30 cbm
Motor-Winde
Raum für Ladung (seitlich Wohnräume)
Laderaum
Laderaum
108 cbm Wasserballast
Poopdeck
Brückendeck.
Karten-haus

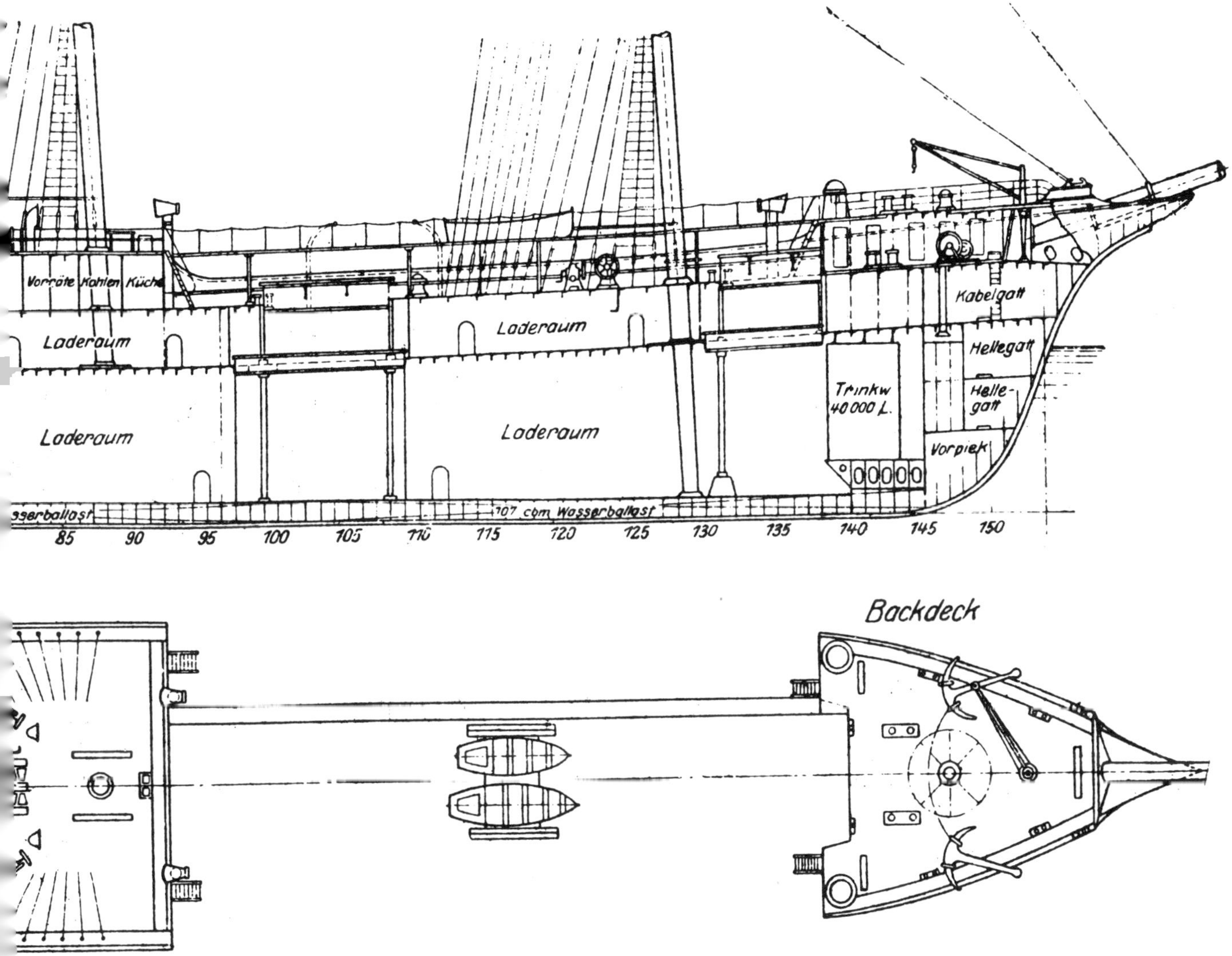

Längsschnitt und Deckspläne der Hochdecks der 4MBK »MAGDALENE VINNEN«

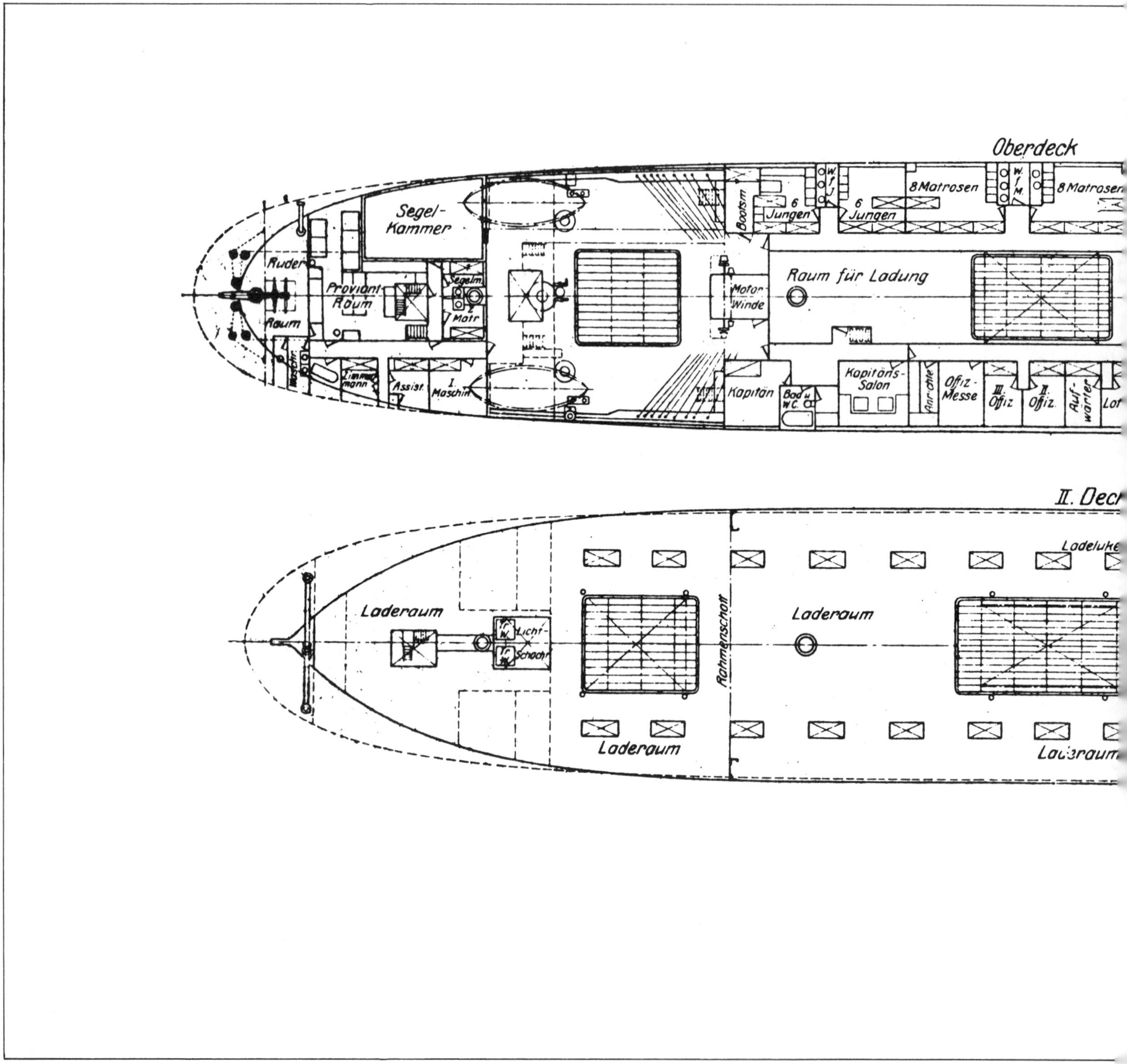
Oberdeck
Segel-
Kammer
Ruder
Raum
Proviant-
Raum
Segelm.
2 Matr
Zimmer-
mann
Assist.
I.
Maschin
Bootsm.
6
Jungen
6
Jungen
8 Matrosen
8 Matrosen
Motor-
Winde
Raum für Ladung
Kapitän
Bad u.
W.C.
Kapitäns-
Salon
Anrichte
Offiz.-
Messe
III.
Offiz
II.
Offiz.
Auf-
wärter
II. Deck
Ladeluke
Laderaum
Licht-
Schacht
Rahmenschott
Laderaum
Laderaum

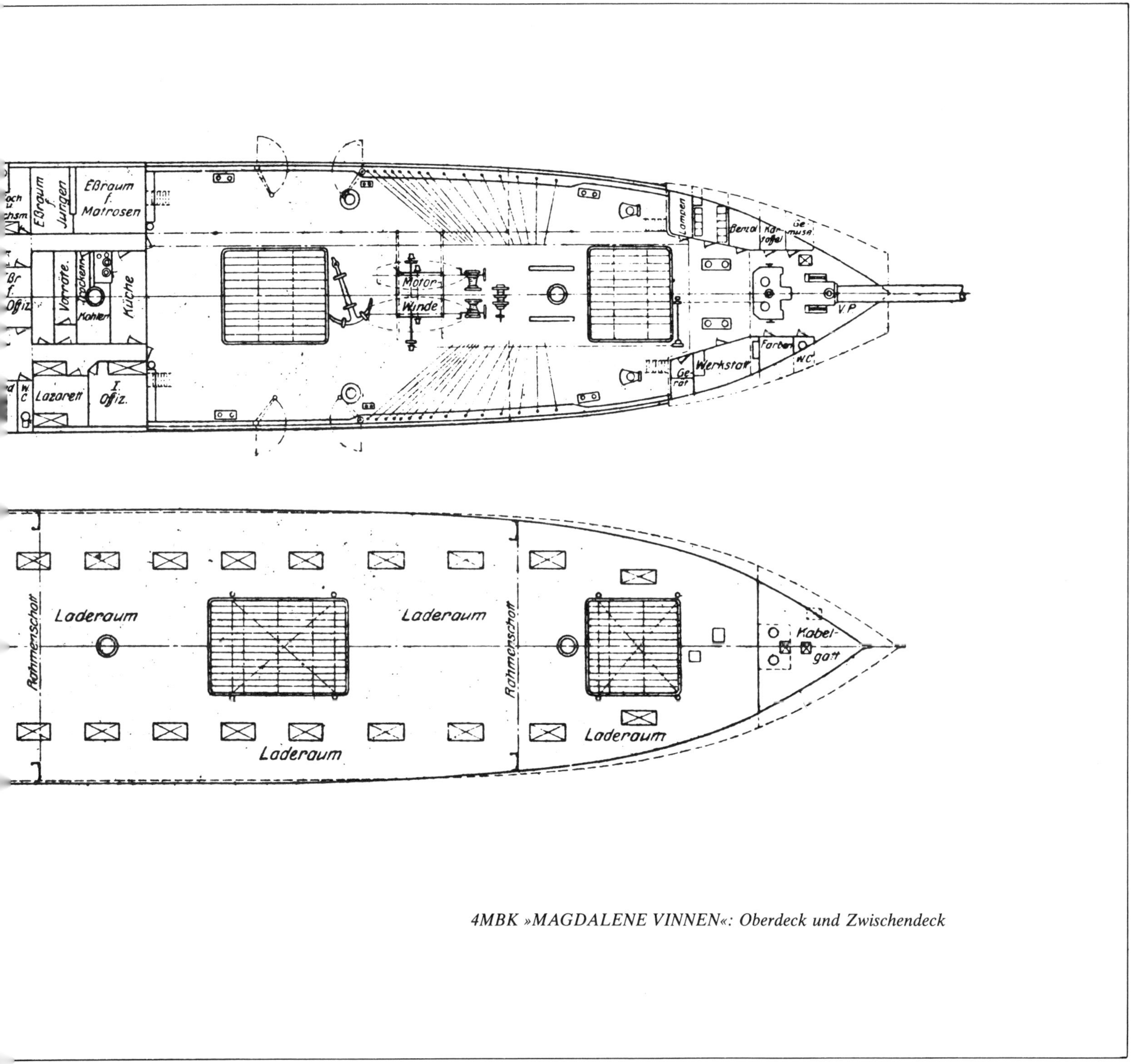

4MBK »MAGDALENE VINNEN«: Oberdeck und Zwischendeck

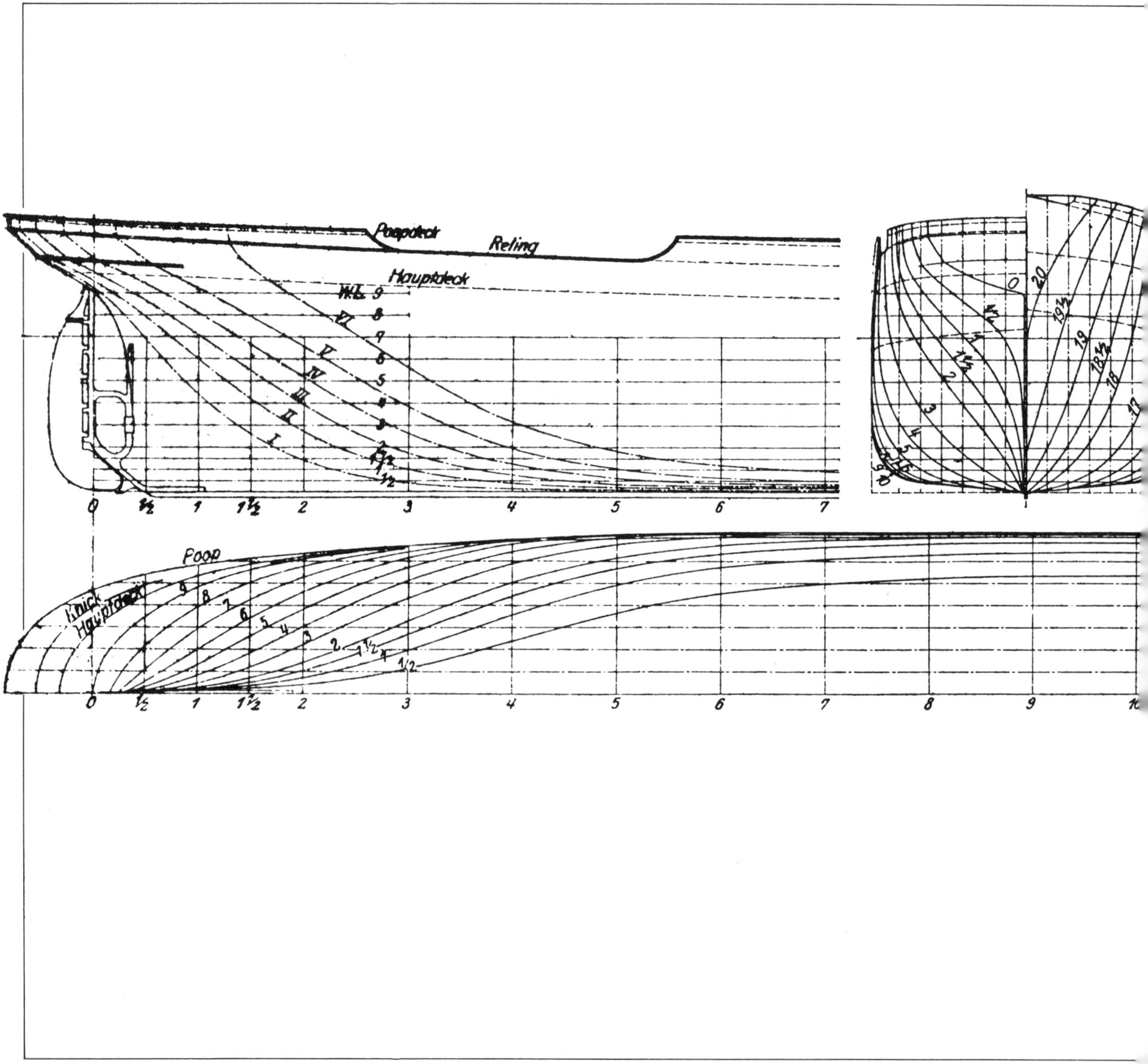

Poopdeck
Reling
Hauptdeck
WL 9
Poop
Knick
Hauptdeck

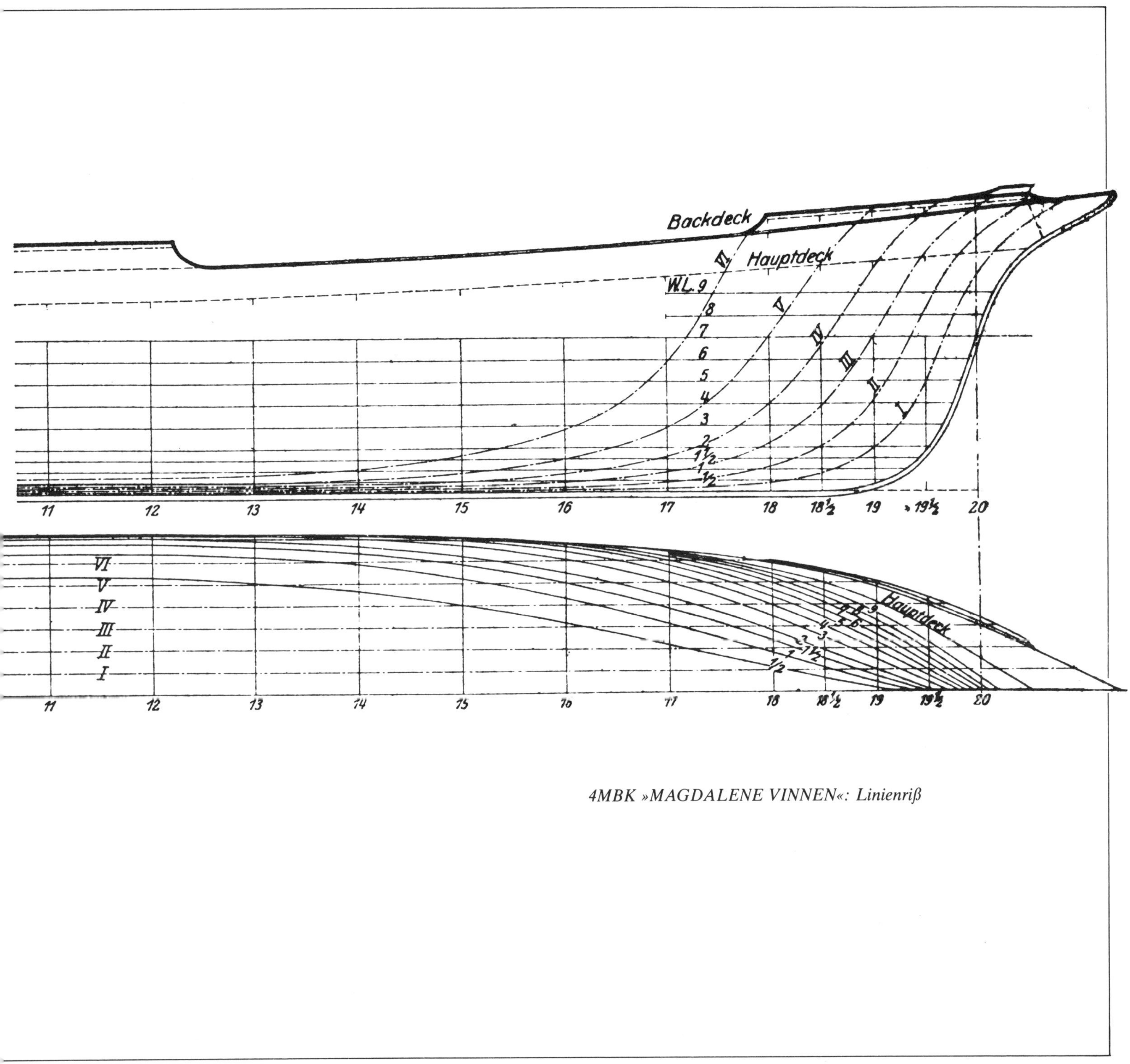

4MBK »MAGDALENE VINNEN«: Linienriß

Baunummer 372: Viermastbark »Magdalene Vinnen« / »Kommodore Johnsen« / »Sedov«

»Als die Werft im April 1919 vor die Frage gestellt wurde, ob sie einen Auftrag auf eine große Viermastbark von 5200 t Tragfähigkeit für die Reederei F. A. Vinnen & Co in Bremen annehmen wolle, entschloß sie sich, den Bau von großen Segelschiffen aufzunehmen, obwohl sie seit Mitte der achtziger Jahre kein großes Segelschiff mehr auf Stapel gelegt hatte . . .«, so konnten wir es den bereits eingangs zitierten »Kruppschen Monatsheften« vom Mai 1921 entnehmen. Da der Werft klar war, daß es sich nur um ein Fahrzeug mit Hilfsantrieb handeln konnte, dies vom Auftraggeber jedoch anfangs durchaus nicht beabsichtigt war, hatten weitere lange Verhandlungen zu folgen. Die guten Erfahrungen, die man bei Probefahrten mit der motorisierten Dreimastbark »GROSSHERZOG FRIEDRICH AUGUST« gemacht hatte, führten schließlich zur Umwandlung des Bauauftrags vom reinen Segler zum Motorsegler. *»Die Germaniawerft konnte deshalb im April 1920 das erste große, nach neuzeitlichen Grundsätzen entworfene Motorsegelschiff auf Kiel legen.«*
In »Das Logbuch« 1977, Heft 1 wird von *H. Harksen* der Grundgedanke der Konstruktion beschrieben: *»Das Schiff sollte ein erstklassiger Segler sein, der Hilfsmotor sollte bei Windstille und beim Anlaufen der Häfen benutzt werden. Außerdem sollte er das Kreuzen unterstützen und das Schiff bis zu einer gewissen Windstärke gegen den Wind fortbewegen können. Um mit den Dampfern konkurrieren zu können, mußten die Einrichtungen so ausgelegt sein, daß alle Anforderungen, die man damals an Dampfer stellte, möglichst erfüllt wurden. Dabei durften die Eigenschaften als Segler nicht vernachlässigt werden.*

In einem Doppelboden, von der Höhe der für Segler üblichen Bodenwrangen, sowie im hinteren Piektank konnten ca. 470 t Wasserballast eingenommen werden. Da diese Menge bei Ballastreisen jedoch nicht ausreichte, mußte zusätzlicher Ballast in Form von Sand o. ä. eingenommen werden. Bei Ballastfahrt sollte der Propeller so tief im Wasser liegen, daß er auch bei Seegang noch gute Wirkung zeigte. Dies konnte durch Trimmänderung des Wasserballastes erreicht werden, da der Doppelboden in mehrere Abteilungen unterteilt war.

Trotz Einbau des Motors, der dazugehörigen Bunker, der Hilfsmaschinen, sehr umfangreicher Wohneinrichtungen, Mittellängsschott und Ballasttanks konnte noch eine Gewichtsersparnis im Vergleich zu ähnlichen Segelschiffen erreicht werden. Diese ergab sich aus einer zweckmäßigeren Anordnung der Verbände sowie durch Ersatz von schweren Bauteilen durch gleichwertige leichtere. Auf die schwere hölzerne Bodenwegerung im Bereich der Laderäume wurde verzichtet. Sie wurde nur unter den Lukenschächten ausgeführt. Auch konnte auf dem Hauptdeck der Holzbelag gespart werden, da die Bedienung der Segel fast ganz von den mit Holz belegten Aufbaudecks erfolgte.

Neuartig war die Abstützung der Decks. Die Belastung der Decks wurde durch die Decksbalken auf ein eisernes Mittellängsschott übertragen. Im Bereich der Luken dienten die Lukenlängssülle als Unterzüge, die an den vier Ecken durch Rohrstützen abgestützt waren. Im Brückendeck ersetzten die durchlaufenden eisernen Schotten, welche die Wohnräume begrenzten, die Längsträger und machten die Unterzüge überflüssig. Die Laderäume waren daher frei von den sonst auf Segelschiffen üblichen Stützenreihen. Für Schüttgutladungen mußte das Mittellängsschott unter den Luken durchgeführt werden. Im Bereich der Luken wurden große Flügeltüren, die je nach Lukenlänge aus zwei oder vier Flügeln bestanden, eingebaut. Wenn sie nicht benutzt wurden, konnten sie an den festen Teil des Mittellängsschotts herangeklappt werden. Beim Aufbau der Schotten wurden die Flügel nur aufgeklappt, verriegelt und mit Spannketten am Doppelboden und an den Süllen befestigt.

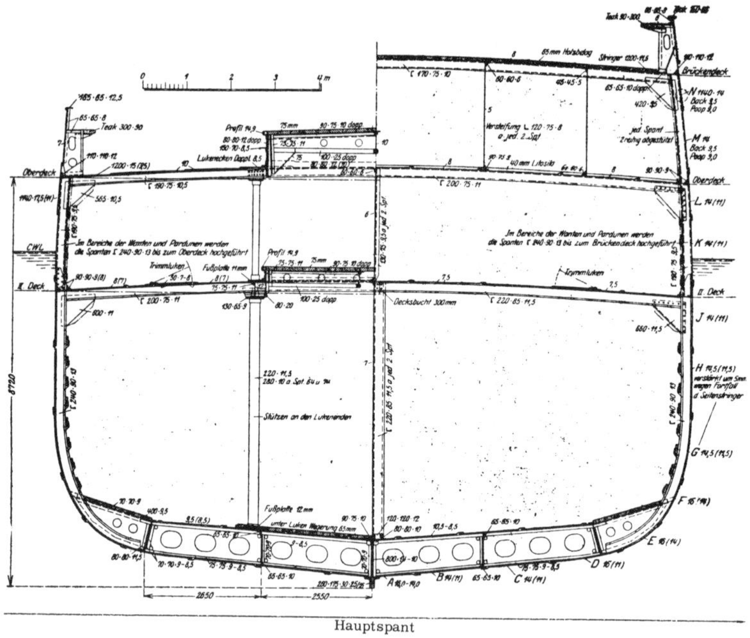

Hauptspant

»MAGDALENE VINNEN«: Hauptspant

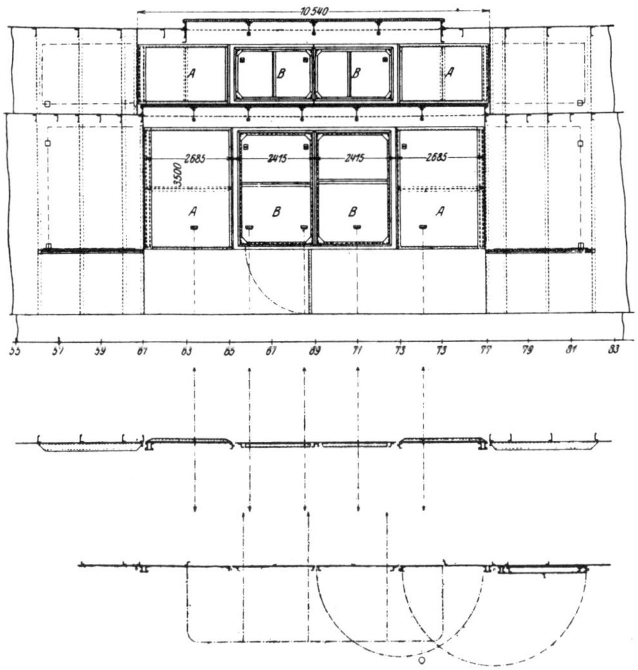

längsschiffs

Klappbare Mittellängsschotte im Bereich der Luken

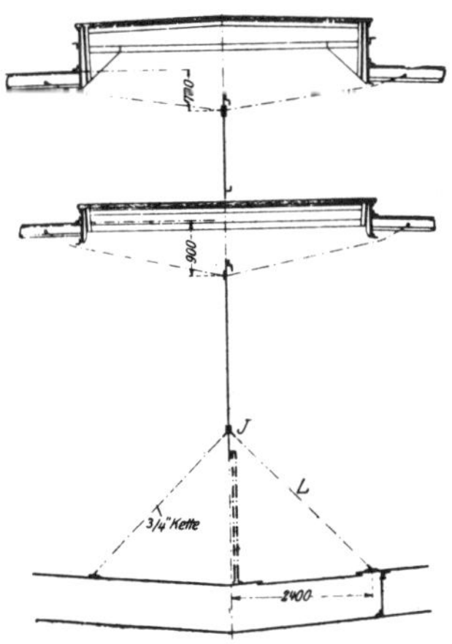

querschiffs

Um das Längsschott nicht zu unterbrechen und Gewicht zu sparen, wurden Groß- und Kreuzmast nicht bis zum Kiel, sondern nur bis zum Zwischendeck durchgeführt. Das unter den Masten verstärkte Längsschott verteilte den Druck gleichmäßig auf eine größere Länge. Der Besanmast wurde mit Rücksicht auf den Motor nicht in den Raum geführt.
Die Rahmenschotten sind als hohe Rahmenspanten mit großen Knieblechen und besonders hohen Decksträgern ausgebildet worden. Im Bereich des stehenden Gutes mußten Verstärkungen angebracht werden.

Durch ein langes Brückenhaus erreichte man günstige Festigkeits- und Stabilitätsverhältnisse. Für Wohnzwecke wurden nur die Schiffsseiten des Brückenhauses benutzt. In der Mitte befanden sich Vorratsräume und ein Decksladeraum . . .
Das Schweberuder wurde von Hand betätigt. Dieses geschah vom Brückenhaus aus. Ballast- und Lenzpumpen konnten maschinell betrieben werden. Die früher auf Segelschiffen üblichen Petroleumlampen wurden durch elektrische Beleuchtung ersetzt. Um beim verhältnismäßig geringen Lichtbedarf während der Segelfahrt nachts nicht die elektrischen Maschinen in Betrieb zu halten, war eine Batterie vorhanden. Zwei Trinkwassertanks konnten 40 t fassen. Ferner wurde eine Frischwasser-Erzeugungsanlage von 1000 Litern Tagesleistung eingebaut(!).
Die Takelage hatte eine Anzahl von Verbesserungen aufzuweisen. Alle Rahen sowie Besanbaum und Gaffeln sind aus nahtlosem Mannesmann-Rohr angefertigt worden. Da das Mannesmann-Walzverfahren beim großen Durchmesser dieser Spieren nur bedingt angewandt werden konnte, sind die schweren Rahen nahtlos geschweißt worden. Die leichteren Rahen, Besanbaum und Gaffeln bestanden ganz aus Mannesmann-Rohr, während die mittleren Rahen geschweißt waren, an ihren Enden aber eingeschrumpfte M-Rohre besaßen. Dadurch konnte eine Gewichtsersparnis von ca. 7 t erreicht werden.
Der von der Werft eingebaute Dieselmotor war ein einfach wirkender, kreuzkopfloser Viertaktmotor (der Firma Krupp), der bei 215 Umdrehungen pro Minute 500 PSe leistete. Seine Höchstleistung betrug 550 PSe. Der Motor war nicht umsteuerbar. Er war mit einer Preßluft-Wendeschraubenanlage gekuppelt und diese mit der Drehflügelschraube verbunden. Das Umsteuern der Schraube wurde durch zwei Preßluftmotoren erreicht, die durch zwei Spindeln das Umsteuerlager mit Keil in der Längsrichtung verschoben und dadurch die Flügel in jede gewünschte Stellung brachten. Ohne die Drehzahl des Motors zu ändern, konnten auf diese Weise alle Fahrtstufen zwischen ›voll voraus‹ und ›voll zurück‹ eingestellt werden. Der besondere Vorteil der Wendeschraube lag darin, bei Segelfahrt die Flügel in Segelstellung, d. h. Längsschiffsrichtung stellen zu können. Der Schraubenwiderstand wurde hierbei auf ein Minimum beschränkt.
An Hilfsmaschinen wurden drei Motorladewinden von 2,5 t Hubkraft und ein Glühkopfmotor zum Antrieb des Ankerspills eingebaut . . .« Soweit die ausgezeichnete Konstruktionsbeschreibung aus der Feder von Herrn Harksen.
Wie schon die Einrichtung mit den fest installierten Mittellängsschotten vermuten läßt, war das Schiff hauptsächlich für den Getreidetransport bestimmt. Es sollte, den Geschäftsverbindungen der Reederei mit Süd-

amerika Rechnung tragend, vorwiegend in der La Plata-Fahrt eingesetzt werden. Die Viermastbark war ein echter »Kap Horner« vom modernen Drei-Insel-Typ mit Back, Hochdeck und Poop. Der Linienriß zeigt ein im Mittschiffsbereich völlig gehaltenes Fahrzeug mit scharfen Enden, das bei großer Tragfähigkeit gute Segeleigenschaften verspricht. Und in der Tat ist die Viermastbark später auch als schnelles Schiff bekanntgeworden, wenngleich ihre Leistungen wegen der vorhandenen Hilfsmaschine, auch wenn diese kaum benutzt wurde, nie recht anerkannt wurden. Untermasten und Marsstengen bestanden aus einem Stück, die Bramstenge war in üblicher Weise aufgesetzt und zum Streichen eingerichtet. Der Besanmast war ebenfalls aus zwei Teilen gefertigt. Die jeweiligen Rahen der drei Masten waren von gleicher Länge und somit untereinander austauschbar, ebenso natürlich die entsprechenden Segel. Wie auf deutschen Schiffen allgemein üblich, war der Besan zweigeteilt. Die Bark führte an den drei vollgetakelten Masten ein modernes Rigg mit doppelten Mars- und Bramsegeln sowie Royals. Insgesamt konnten 18 Rah- und 14 Schratsegel mit einer Gesamtfläche von 3392 m^2 gesetzt werden. Trotz dieser gewaltigen Segelfläche und der schweren Takelage war das Schiff dank eingebauter Brass- und Fallwinschen verhältnismäßig leicht zu handhaben. In genügender Zahl vorhandene Käpsel und die Spillköpfe der aus den Deckshäusern ragenden Motorwinden dienten der weiteren Arbeitserleichterung.

Der relativ lange Rumpf besaß lediglich im Vor- sowie im Achterschiff je ein wasserdichtes Schott. Für die Ladung stand ein durchgehender Raum zur Verfügung, der in Unterraum und Zwischendeck unterteilt war. Die drei hier vorhandenen Rahmenschotten dienten nur der Querfestigkeit und hatten keine raumteilende Aufgabe. Unter dem Hauptdeck befanden sich vorn das Kabelgatt, zwei übereinanderliegende Hellegatts, der Kettenkasten, die Vorpiek und der 40-t-Frischwassertank. Achtern lag der Maschinenraum mit der Achterspiek, darüber das bis ins Heck reichende Zwischendeck des Laderaumes, durch den hindurch je ein Licht- und Treppenschacht in die Maschine führte.

Die Deckspläne zeigen alle Errungenschaften eines modernen Tiefwasserseglers. Auf der Back über die üblichen Poller und Nagelbänke zur Bedienung der Leinen und des laufenden Gutes der Vorsegel, ferner die beiden Leuchttürme für die Seitenlampen, ein Gangspill, mit dem die Ankerwinde angetrieben werden kann, sowie der Ankerkran. Die Back endet vorn in einem kleinen Querschott, durch welches das Bugspriet führt. Um die vordere Ladeluke bequem erreichen zu können, ist das Backdeck hier eingezogen worden. Unter Deck befindet sich die von einem Glühkopfmotor angetriebene Ankerwinde sowie an beiden Seiten kleinere Abteilungen für Werkstatt, Lampen, Farben, Treibstoff und Frischgemüse.

Auf dem dann folgenden Hauptdeck befinden sich hintereinander die Luke I, der Fockmast mit seinen Nagelbänken, eine Handlenzpumpe, ferner zwei Fallwinden für die Obermars- und Oberbramrahen. Das dann folgende Deckshaus birgt eine Motorladewinde, deren Spillköpfe zu beiden Seiten herausragen. Über einen Treibriemen können sie mit der Lenzpumpe gekoppelt werden. Auf dem Haus sind in Klampen zwei

Blick auf das Hauptdeck mit den beiden vorderen Ladeluken, dem Deckshaus für die Motorwinde, mit Fockmast und Back. Auf dem Deckshaus die leeren Klampen für zwei Boote, dahinter die Laufbrücke zwischen Hochdeck und Back. Zwei Schweine des lebenden Bordproviants tummeln sich an Deck in Höhe des Fockmastes. (Sammlung U. Szempisz, Krefeld)

Die Takelage von Fock- und Großmast in ihrer verwirrenden Vielfalt. Aber nicht eins der Taue ist überflüssig.
Der Blick geht von der Backbordseite des Hochdecks nach vorn. Rechts am Bildrand wird noch eine Ecke des Kartenhauses angeschnitten. Davor die Luke drei und das Deckshaus für die dazugehörige Ladewinde, deren Spillköpfe zu beiden Seiten herausragen. Auf seinem Dach der Wassertank zur Versorgung der Kombüse und der Offizierskammern. Links vom Deckshaus der Niedergang zu den Mannschaftsräumen, daneben eine Fallwinde und links im Vordergrund ein Käpsel mit Handkurbelantrieb.
(Sammlung U. Czempisz, Krefeld)

Verkehrsboote aufgestellt. Zwischen dem Windenhaus und der Luke II ist der Reserveanker auf Deck gebolzt. Je ein Gangspill an der Hinterkante der Fockwanten vervollständigen die Einrichtung des Vordecks. Dieses ist, wie schon erwähnt, aus Gründen der Gewichtsersparnis ohne Holzbelag und dürfte bei schlechtem Wetter für die am Fockmast arbeitenden Seeleute eine unangenehme glatte Angelegenheit gewesen sein.
Dagegen bot das außergewöhnlich lange Brücken- oder Hochdeck eine um so bessere Arbeitsplattform. Groß- und Kreuzmast haben hier beide noch Platz gefunden und mit ihnen die zu ihrer Bedienung notwendigen Nagelbänke mitsamt den Fall- und Brasswinden. Zwischen Großmast und Luke III steht ein weiteres Windenhaus, auf dessen Dach sich ein großer Frischwassertank zur Versorgung der Kombüse und der Wohnräume befindet. Beidseitig davon die Niedergänge zu den Unterkünften der Besatzung. Zwischen der Großluke, wie man die Luke III auch nannte, und dem Kreuzmast befindet sich der Steuerstand mit seinem Doppelruder und das aus Teak gebaute Kartenhaus. Ein Niedergang an Steuerbord führt hier zu den Wohnräumen des Kapitäns.
Die gesamte seemännische Besatzung war in diesem großen Mittschiffsaufbau untergebracht. An Steuerbord befanden sich die Kammern der Schiffsleitung, während die Mannschaft an Backbord wohnte. Der dazwischenliegende Raum diente als oberes Zwischendeck der Ladung mit Ausnahme des vorderen Teiles, wo die Kombüse, einige Vorratsräume und die Unteroffiziersmesse untergebracht waren. An Steuerbord lag ganz vorn die große Einzelkammer für den 1. Offizier, gefolgt vom Hospital mit WC und Baderaum. Vier kleinere Kammern für Lotsen, Stewards, 2. und 3. Offizier sowie Messe und Pantry ergänzten den Trakt der Steuerleute. Der Bereich des Kapitäns war durch eine Tür hiervon getrennt. Diesem standen im hinteren Teil des Aufbaus ein Salon mit Pantry, eine große Einzelkabine und ein Bad mit WC zur Verfügung.

An Backbord fand sich vorn je eine Messe für Matrosen und Jungen und eine Doppelkammer für Koch und Kochsmaat. Danach folgte ein WC-Raum, weiter zwei Logis für jeweils acht Matrosen, die durch einen Waschraum voneinander getrennt waren, ferner zwei Logis für je sechs Jungen, ebenfalls durch einen Waschraum getrennt. Den hinteren Abschluß machte die Bootsmannskammer, die ihren Zugang vom hinteren Hauptdeck hatte. Vom Ladungs-Zwischendeck waren diese Wohnräume durch einen langen Gang getrennt, von dem man sowohl aufs Haupt- als auch aufs Brückendeck gelangen konnte.
Das nur kurze hintere Hauptdeck, die sogenannte Kuhle, wurde im wesentlichen von der Luke IV vereinnahmt. Im vorderen Teil, noch unter dem Brückendeck, stand ein drittes Windenhaus, während hinter der Luke der Lichtschacht des Maschinenraums aufragte. Das Poopdeck war in diesem Bereich nach vorn verlängert und bildete so eine Art Dach über dem Schacht und den Eingängen zur Poop. An Steuerbord war hier die Kammer für den Maschinisten und seinen Assistenten »in splendid isolation« *(Underhill)* untergebracht. Sie waren auf diese Weise zwar dicht bei ihrer Maschine, von den übrigen »wahren« Seeleuten aber in der Tat sehr abgeschnitten. Da hier aber auch die Segelkammer untergebracht war, wohnten der Segelmacher und zwei ihm zugeteilte Matrosen sowie

Das Doppelruder und das Kartenhaus auf »MAGDALENE VINNEN«. Im Vordergrund die beiden Steuerkompasse, auf dem Ruderapparat die Glasenglocke. Auf dem Peildeck Seeleute beim Putzen vom Maschinentelegrafen und Peilkompaß. Der Steuerstand wurde später beim Lloyd auf das Achterdeck verlegt und das Kartenhaus durch ein größeres aus Stahl ersetzt.
(Sammlung U. Czempisz, Krefeld)

der Zimmermann ebenfalls unter der Poop. Die mittlere Partie der Poop nahm der große Proviantraum ein, den hinteren Abschluß bildete schließlich der Ruderraum. Hier stand ein doppeltes Reserveruder, von wo aus der oder die Rudergänger über ein Skylight die Segel des Kreuzmastes beobachten konnten.
Vor den Besanwanten standen in Klampen die beiden Rettungsboote unter Schwingdavits. Zwischen ihnen, auf einer runden Plattform, befand sich der Peilkompaß. Auf dem Poopdeck dann von vorn nach hinten: die Brasswinde für den Kreuzmast, der Besanmast mit seiner Nagelbank, dann ein zweites Oberlicht für die Maschine, daneben der Niedergang zu den Wohnräumen, ein Gangspill für Verholzwecke und schließlich das bereits erwähnte Oberlicht für den Reserverudergänger.
Back-, Brücken- und Poopdeck waren mit Holz beplankt und untereinander durch eine an Backbord auf Stützen ruhende Laufbrücke verbunden. Mit ihren vorbildlichen Unterkünften und den arbeitsparenden Vorrichtungen an Deck, aber auch mit den vielen neuen Konstruktionsmerkmalen zählte diese Viermastbark zu den modernsten Einheiten der Welt-Segelschiffsflotte. In ihr waren alle Erfahrungen einer Jahrhunderte dauernden Entwicklung vereint. Darüber hinaus galt sie als eins der bestaussehendsten Schiffe ihrer Zeit.

Ihre wichtigsten Konstruktionsdaten lauteten:

Länge zwischen den Loten	97,90 m
Breite auf Spanten	14,60 m
Seitenhöhe	8,72 m
Tiefgang	7,46 m
Verdrängung	7381 t
Tragfähigkeit	5212 t
Bruttoraumgehalt	3476 t
Nettoraumgehalt	3017 t
Inhalt der Laderäume auf Wegerung	7860 cbm
Inhalt der Laderäume ohne Wegerung	8677 cbm
Wasserballast	468 cbm
Brennstoffvorrat	110 t
Frischwasser	40 t
Segelfläche	3392 m^2
Besatzung einschließlich Kapitän	33 Mann

Demgegenüber lauteten die amtlichen Vermessungsergebnisse:

Länge zwischen den Steven	100,20 m
Größte Breite	14,66 m
Tiefe des Schiffsraumes	8,19 m

Länge der Back	12,28 m
Länge der Brücke	32,64 m
Länge der Poop	16,50 m

Das Schiff wurde nach den Vorschriften und unter Aufsicht des Germanischen Lloyd gebaut und erhielt dessen Klasse »+100 A4«.
Nachdem im April 1920 die Kiellegung erfolgt war, verzögerte sich wegen Schwierigkeiten bei der Materialbeschaffung der Stapellauf bis zum März 1921. Die Fertigstellung und Übergabe an die Reederei fand im August gleichen Jahres statt.
Das auf den Namen »MAGDALENE VINNEN« getaufte Schiff konnte am 1. September 1921 seine erste Reise antreten. Es war bereits die zweite Viermastbark dieses Namens. Die Vorgängerin, ein 1892 als »DUNSTAFFNAGE« bei *Potter & Sons* in Liverpool gebautes Dreiinselschiff, war 1911 aus England angekauft worden und hatte nach dem ersten Weltkrieg an Italien abgeliefert werden müssen.

Überhaupt hatte die Reederei *F. A. Vinnen* unter den Folgen des verlorenen Krieges ungeheuer zu leiden gehabt. Noch 1914 gehörte sie mit 12 Großseglern zu den bedeutendsten deutschen Segelschiffsreedereien. Ein Auszug aus dem GL-Register von 1916 möge dies verdeutlichen:

1. ADOLF VINNEN (RLNP) ex ALSTERDAMM ex SOMALI
   4MBk 3410 BRT 3259 NRT
   1892 Pt. Glasgow, Russel & Co.
2. ALBERTUS VINNEN (RJGL) ex ALSTERTHAL
   ex OTHMARSCHEN
   Freg. 1777 BRT 1696 NRT
   1891 Glasgow, C. Connel & Co.
3. ARNOLDUS VINNEN (RJQW) ex ALSTERKAMP ex FLOTOW
   Freg. 1860 BRT 1789 NRT
   1892 Glasgow, C. Connel & Co.
4. BARTHOLD VINNEN (RLTD) ex ALSTERSCHWAN
   ex ALCEDO
   4MBk 2460 BRT 2307 NRT
   1891 Liverpool, T. Royden & Sons
5. CARL RUDGERT VINNEN (QJVR) ex DUNFERMLINE
   4MBk 2903 BRT 2768 NRT
   1890 Liverpool, W. H. Potter & Sons
6. CHRISTEL VINNEN (RKTG) ex ALSTER ex CALIFORNIA
   4MBk 3076 BRT 2936 NRT
   1890 Belfast, Harland & Wolff Ltd.

Kiel mit Krupp-Werft im Sommer 1921. Im Hintergrund werden die Segel der »MAGDALENE VINNEN« angeschlagen.
(Postkarte, Sammlung Löschmann)

7. HELWIG VINNEN (RLHV) ex PERSIMON ex DRUMROCK
4MBk 3100 BRT 2827 NRT
1891 Leith, Ramage & Ferguson
8. J. C. VINNEN (QJTB) ex OSBORNE
4MBk 3149 BRT 2959 NRT
1892 Liverpool, W. H. Potter & Sons
9. LUCY VINNEN (RPNB) ex ALSTERFEE ex ORANASIA
4MBk 2706 BRT 2565 NRT
1892 Pt. Glasgow, Russel & Co.
10. MAGDALENE VINNEN (QJVK) ex DUNSTAFFNAGE
4MBk 3350 BRT 3183 NRT
1892 Liverpool, W. H. Potter & Sons
11. SUSANNE VINNEN (RKVC) ex ALSTERUFER
ex NORTH STAR
4MBk 2739 BRT 2597 NRT
1892 Alloa, Grangemouth Dockyard Co.
12. WERNER VINNEN (QJTG) ex FORTEVIOT
4MBk 3145 BRT 2962 NRT
1891 Liverpool, W. H. Potter & Sons

Von all diesen Schiffen blieb nach Beendigung des Krieges der Reederei nicht ein einziges! So hatte sie 1920 nach dem Verlust ihrer gesamten Flotte praktisch zu existieren aufgehört. Der Neubeginn mit der Indienststellung von sechs modernen Motorseglern, nämlich der hier beschriebenen Viermastbark und den noch folgenden fünf Fünfmastschonern, war eine bemerkenswerte unternehmerische Leistung.

Die neue »MAGDALENE VINNEN« trat am 1. September 1921 unter Kapitän *Lorenz Peters* ihre erste Reise an, ein Ereignis, das von der Fachpresse der gesamten Welt mit großer Aufmerksamkeit verfolgt und kommentiert wurde.

»MAGDALENE VINNEN« nach ihrer Fertigstellung Ende August 1921 im Kieler Hafen.
(Sammlung Löschmann)

»MAGDALENE VINNEN« in Ballast bei Antritt ihrer ersten Reise.
Je zwei Mann machen die Unterbramsegel los, während weitere Seeleute in die Großmastwanten steigen, um als nächstes das Großsegel klarzumachen.
(Sammlung Dr. Jürgen Meyer)

Die »Kruppschen Monatshefte« brachten in ihrer Dezember-Ausgabe 1922 nähere Angaben über die Bewährung des Schiffes nach Ablauf des ersten Jahres. Die in den Motorsegler gesetzten Hoffnungen seien dabei weit übertroffen worden. Die Bark habe sich nicht nur als außerordentlich schneller Segler gezeigt, sondern auch bewiesen, daß der Gedanke, einen Hilfsmotor einzubauen, in ihr besonders glücklich verwirklicht worden sei. Der Motor habe sich dabei von großem navigatorischen und wirtschaftlichen Wert gezeigt. Er vermochte dem in Ballast bei Windstille fahrenden Schiff eine Geschwindigkeit von acht Knoten zu geben, während in beladenem Zustand noch sechs Knoten erreicht wurden. Außerden konnten in den Häfen in den meisten Fällen die starken Schlepper eingespart werden. Beste Erfahrungen wurden auch bei Windstärken gemacht, gegen die man mit Segel oder Motor allein nicht mehr hätte aufkreuzen können. Mit Segel und Motor zusammen jedoch hätte man dann immer noch guten Fortschritt gemacht.

»MAGDALENE VINNEN« unter Sturmbesegelung in schwerer See. Blick von der Back zum Hochdeck.
(Sammlung Deutsches Schiffahrtsmuseum)

Eine besonders schnelle Reise habe Kapitän *Peters* auf der Fahrt von England nach Buenos Aires gemacht, als er nach 30 Tagen seinen Bestimmungshafen erreichte. Es sei dies die schnellste Segelschiffsreise überhaupt gewesen. Mit einer durchschnittlichen Geschwindigkeit von 8¼ Knoten sei man nicht wesentlich langsamer als ein Frachtdampfer gewesen. Nur an sieben Tagen sei die Maschine gebraucht worden und hierbei gegen eine normale Segelschiffsreise 15 Tage gewonnen worden. Auch habe man nur 20 t Öl verbraucht, während ein Dampfer gleicher Größe etwa 600 t Kohle bzw. ein Motorschiff etwa 200 t Brennstoff benötigt hätte. Da diese außerdem entsprechend weniger Ladung hätten mitführen können, würden die Vorteile des Motorseglers deutlich erkennbar werden . . .

Über die Reisen der »MAGDALENE VINNEN« kann keine lückenlose Aufstellung beschafft werden. Ich habe versucht, sie aus einer Reihe von Veröffentlichungen zusammenzustellen, doch bleiben noch viel »weiße Flecken«. Von besonderem Wert waren die im Hamburger Seewetteramt aufbewahrten meteorologischen Tagebücher der Jahre 1929 bis 1935, die einen fast vollständigen Reiseverlauf dokumentieren.

Während der ersten Jahre war die Bark hauptsächlich im Verkehr von und nach Südamerika eingesetzt, und zwar sowohl zur Ost- als auch zur Westküste. Die Rekordreise von 1922 nach Buenos Aires wurde bereits erwähnt.
1925/26 machte das Schiff zwei Kap-Hoorn-Reisen zur Westküste nach Chile, von denen die erste Heimreise von Iquique nach Santander in Nordspanien in 76 Tagen gemacht wurde. Die nächste ging von Cardiff/England nach Mejillones in 62 Tagen, während man heimkommend von Antofagasta nach Granville/Frankreich 79 Tage benötigte.
1926/27 kann eine Reise von Danzig nach Bahia Blanca/Argentinien in nur 52 Tagen nachgewiesen werden. Eine weitere 1928 vom La Plata nach Greenock/Schottland in 50 Tagen. Zwischendurch hatte der Segler in Antwerpen im Dock gelegen, wo im Mai 1927 die Klasse neu bestätigt worden war.
1929 war die Bark ausschließlich in der Argentinienfahrt eingesetzt. Ende Januar hatte man Antwerpen mit Ziel Buenos Aires verlassen. Nachdem man drei Tage wegen Nebels beim Wandelaar-Feuerschiff geankert hatte, ging es am 3. Februar weiter. Der Kanal war am 6. durchlaufen, am 26. überschritt man bereits den Äquator auf 23° West und konnte am

18. März morgens auf der Außenreede von Buenos Aires vor Anker gehen. Von Wandelaar in der südwestlichen Nordsee bis zum La Plata hatte man nur 43 Tage benötigt.
Ende Mai 1929 wurde Buenos Aires zur Heimreise in Richtung Azoren for Order verlassen. Am 1. Juli stand man querab von Cap Polonio auf 35° Süd und 53° West, am 19. war die Linie erreicht. Nachdem man am 10. Juli Order für Rotterdam erhalten hatte, wurde der Meridian von Greenwich im Kanal am 21. Juli durchlaufen, womit die Tagebucheintragungen enden. Von der nächsten Rundreise des Jahres 1929 liegen keine Aufzeichnungen vor, doch war man Anfang November wieder in Antwerpen, um für Buenos Aires und Rosario Ladung einzunehmen. Die Schelde wurde am 13. November verlassen. Im Nordatlantik geriet die Bark in anhaltende Stürme, die unter Sturmsegeln mit Motorunterstützung tadellos überstanden wurden. So hatte man vom 18. bis 19. und vom 21. bis 29. November orkanartige Stürme aus SW abzuwettern, der dazwischenliegende 20. zeichnete sich durch absolute Windstille und wilde Dünung aus, wobei sich der Motor erneut als segensreich erwies. Anfang Dezember herrschte Windstille, doch war inzwischen der Motor defekt geworden. Die Ilhas Salvages bei Madeira wurden am 6. Dezember gesichtet, zehn Tage später stand man auf dem Äquator, und schließlich konnte am 3. Januar 1930 der La-Plata-Lotse beim Ricalada-Feuerschiff übernommen werden. Von Lotse bis Lotse hatte man 51 Tage benötigt.
Am 14. März 1930 passierte die »MAGDALENE VINNEN« ausgehend erneut das Feuerschiff, um sich auf die Heimreise von Santa Fé nach Antwerpen zu begeben. Wegen fehlenden Windes blieben die Segel bis zum 16. März mittags festgemacht, doch mußte man vom 17. bis zum 19. März erneut motoren, ebenso am 21. und am 23. Die Linie wurde am 2. April 1930 überschritten, am 22. passierte man die Insel Pico, und am 4. Mai hatte man bei Lizard den Kanal erreicht, 51 Tage nach Absetzen des Lotsen. Nachdem Dover am 5. Mai bei dichtem Nebel unter Motor passiert wurde, machte die Bark zwei Tage später in Antwerpen fest.
Mit der nächsten Reise wurde völliges Neuland betreten: Die Bark lud eine volle Ladung Schnittholz in Finnland, bestimmt für Südafrika. Am 19. August 1930 ging es ab Kotka über Skagen zum Kanal. Nachdem mehrfach wegen Nebel geankert werden mußte, konnte Dover am 29. August passiert werden.
Am Äquator auf 26° West war man am 21. September und vor Kapstadt am 22. Oktober, wo man um 17.00 Uhr bei der Robbeninsel vor Anker ging, 54 Tage ab Dover und 64 Tage ab Kotka. Die Tagebucheintragungen enden hier, doch ist anderen Auflistungen zu entnehmen, daß das Schiff nach Port Natal, dem heutigen Durban, weiterbeordert wurde, wo es nach einer Gesamtreisezeit von 84 Tagen ankam.
Von Port Natal wurde »MAGDALENE VINNEN« in Ballast zum Spencer-Golf in Südaustralien beordert, um dort eine volle Ladung Weizen für Europa zu laden. Nach einer Überfahrt von 33 Tagen ankerte Kapitän *Peters* vor Port Lincoln an. Ab Port Victoria, dem Ladehafen,

Unter Fock und Marssegeln auf Steuerbord-Bug.
(Ernst Lipstreu, Kuden)

ging es am 17. Juni 1931. Innerhalb von 89 Tagen war Lizard am Westausgang des Kanals erreicht, wo man Order bekam, nach London weiterzulaufen. Hier konnte man am 16. September festmachen, nach einer Reise von 91 Tagen.

Von den Fahrten 1931/32/33 liegen nur bruchstückhafte Nachrichten vor, sie seien daher auch nur stichwortartig aufgeführt:

1931: London – Port Victoria 87 Tage

1932: Port Victoria (21. Februar ab) – London (27. Mai an) 96 Tage

1932: Gibraltar – Melbourne 81 Tage

1933: Sydney (15. März ab) – Niton (15. Juni an) 92 Tage

(Anm.: Niton ist eine Ansteuerungsmarke auf der Insel Wight im englischen Kanal, also kein Löschhafen).

Die anschließende Ausreise führte die Viermastbark von Blumenthal an der Weser nach Barcelona. Am 5. Juli 1933 wurde die Weser verlassen. Gegen Wind und See motorte man mit gesetzten Stagsegeln bis zum Mittag des 10. Juli, als der Westausgang des Kanals erreicht war. Nach anfänglich stürmischen Winden wurde es gegen Abend des 12. Juli so flau, daß man wieder die Maschine anwarf. Am 19. Juli wurde Cap St. Vincent passiert, einen Tag später Gibraltar. Bei totaler Windstille setzte man die Reise ohne Segel unter Motor bis Barcelona fort, wo man am 24. Juli 1933 nach 19 Tagen morgens den Lotsen nehmen konnte.

Von Barcelona lief die Bark am 26. Juli 1933 zur Reise nach der Insel Assumption aus, einer kleinen britischen Besitzung an der Ostküste Afrikas zwischen Tanganyika und Madagaskar.

Der Reiseverlauf ergibt sich aus der hier gezeigten Routenkarte. Die ersten drei Tage bis zum Passieren von Cap Spartel am 29. Juli mußte man wieder motoren, danach ging es unter vollen Segeln südwärts bis Las Palmas, vor dessen Hafen man am 3. August aufdrehte. Die weitere Reise verlief parallel zur afrikanischen Küste über die Cap Verde-Inseln bis zur Höhe von Sierra Leone, wo man auf den NO-Passat stieß. Hier wendete man nach Südwesten und lief unter Ausnutzung der vorherrschenden Winde und Strömung auf der Segelschiffsroute in den westlichen Südatlantik. Die Linie wurde am 17. August auf 20° West passiert. In Höhe von

Wegekarte der Viermastbark »MAGDALENE VINNEN«, Kpt. Lorenz Peters, im südlichen Indischen und Pazifischen Ozean 1933/1934. Reise Barcelona – Assumption – Mahé – Townsville – Auckland – Port Victoria – Plymouth.
(lt. Wettertagebuch Nr. 7775 im Seewetteramt Hamburg)

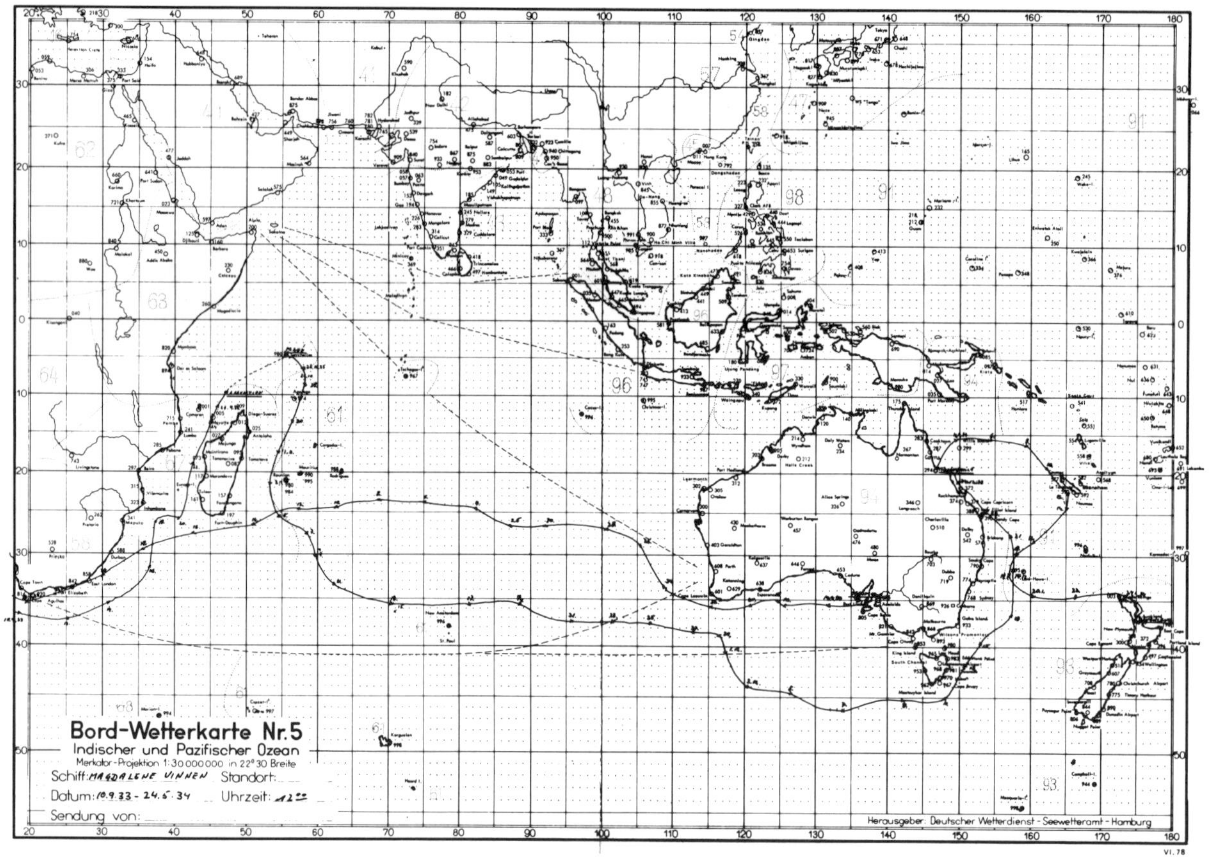

Rio steuerte man bereits Süd, um dann vom 25. August an langsam auf östliche Kurse einzuschwenken. Man befand sich nun bereits in der Zone der braven Westwinde, die einen guten Fortgang der Reise sicherten. Kap der guten Hoffnung hatte man am 10. September quer, allerdings in einem Abstand von etwa 200 Seemeilen. Der Kurs ging dann nordwärts entlang der Westküste von Madagaskar, bis am 26. September 1933 der Anker auf der Reede von Assumption fallen konnte, 61 Tage nach Abgang von Barcelona, 57 Tage seit Las Palmas.

Leider geben die Wettertagebücher selten Hinweise auf die Art der Ladung. So wissen wir auch nicht, was hier umgeschlagen wurde, doch nehme ich an, daß die Bark mit Guano beladen wurde, wie es einige Jahre später auch unter der Lloydflagge geschehen sollte. Am 17. Oktober jedenfalls waren die Arbeiten beendet und Kapitän *Peters* konnte die 600 Seemeilen lange Reise zum Ausklarieren in Port Victoria auf der Seychellen-Insel Mahé antreten. Nach 5½ Tagen hatte man auch das geschafft.

Am 24. Oktober 1933 wurde von Mahé aus die Reise nach Townsville/Queensland in Australien angetreten. Wieder ging es erst südwestwärts zwischen Madagaskar und Reunion hindurch, bis man hier auf westliche Winde stieß und Kurs auf Australien nehmen konnte. Kapitän Peters wählte eine nördliche Route, die geradewegs auf Cap Leeuwin, die Südwestecke des fünften Kontinents, zuführte. Hier erst änderte er nach Süden in die Westwinddrift, ging südlich um Tasmanien herum, das am 10. Dezember passiert wurde, um dann sein weit im Norden gelegenes Ziel anzusteuern. Am zweiten Weihnachtstag abends um 23.50 Uhr ging endlich der Anker in den Grund auf Reede von Townsville. Zwei Monate und zwei Tage hatte man für diesen Reiseabschnitt benötigt.

Nach nur einwöchiger Liegezeit, bei der sicher nur ein Teil der Ladung gelöscht werden konnte, ging es weiter nach Auckland auf Neuseeland, das nach 23 Tagen am 25. Januar 1934 erreicht wurde. Hier lag man genau einen Monat und lief am 25. Februar nach Melbourne in Australien »for order« aus. Am 14. März ankerte die Bark vor Port Broughton.

Die Beladung mit einer vollen Weizenlast erfolgte in Port Victoria (das nicht mit dem gleichnamigen Hafen auf Mahé verwechselt werden sollte). Am 12. April 1934 verließ »MAGDALENE VINNEN« diesen Hafen, um sich auf die lange Reise in Richtung Azoren »for order« zu begeben. Kapitän *Peters* entschied sich für den wettermäßig günstigeren Weg westwärts um das Kap der guten Hoffnung, und nicht für Cap Hoorn. Leeuwin wurde am 22. April gesichtet; von hier steuerte man nördlicher, hinein in die gemütlichen Breiten der zwanziger Grade. Der Kurs führte

»MAGDALENE VINNEN« unter Stagsegeln und Maschine vor der neuseeländischen Küste.
(Marine-Photos, Auckland, N. Z.)

Mannschaft der »MAGDALENE VINNEN«
(Sammlung Dr. J. Meyer, Bremen)

»MAGDALENE VINNEN« vor Kapstadt.
(Sammlung Verfasser)

südlich von Madagaskar auf die afrikanische Küste bei Durban zu. Hier kam man in den kräftigen Agulhas-Strom, der mit 2–3 Knoten südwärts setzt und den Segler am 23. Mai das Kap der guten Hoffnung passieren ließ. Auf nordwestlichem Kurs segelte man nun vorbei an St. Helena, wo man am 7. Juni passierte, zur Linie, die am 15. Juni erreicht wurde und wo man den Kurs der Ausreise auf gleicher Länge kreuzte. Nachdem die Azoren am 4. Juli durchsteuert waren, stand man bereits 4 Tage später vorm Kanal und konnte am 12. Juli 1934 auf Reede von Plymouth zu Anker gehen. 91 Tage hatte man von Port Victoria bis hier gebraucht. Von Plymoth wurde die Bark nach Dublin als Löschhafen beordert, wo sie anschließend ins Dock ging, um einen neuen Bodenanstrich zu erhalten.

Am 22. August 1934 mittags verließ die »MAGDALENE VINNEN« den irischen Hafen in Ballast, um nach Ancona in der Adria zu versegeln. Nachdem am 31. Gibraltar passiert war, lief man nach einer 18 Tage dauernden Reise am 9. September morgens auf die Reede von Ancona. Beladen mit etwa 4000 ts Schwefelkies ging der Viermaster am 22. September 1934 ab Ancona nach Kapstadt. Gibraltar passierte man am 4. September, die Linie am 26. auf 24° West und erreichte Kapstadt am 22. November nach einer 61 Tage dauernden Passage.
Nachdem die Schwefelkiesladung gelöscht war, verließ die Bark am 7. Dezember 1934 die Tafelbucht zur Ballastreise nach Perth in Australien »for order«. Am 10. Januar 1935 stand man vor der Einfahrt zum Spencer Golf, wo man Order erhielt, in Port Lincoln eine volle Ladung Weizen einzunehmen. 25 Tage hatte Kapitän Peters für die Überfahrt benötigt. Port Lincoln konnte am 8. Februar 1935 um 14.30 Uhr verlassen werden. Am 26. März stand man erneut vor dem Kap der Guten Hoffnung, hatte jedoch wegen der in dieser Fahrtrichtung ungünstigeren Wetterbedingungen 46 Tage gebraucht, konnte dann am 17. April den Äquator überschreiten und ankerte am 19. Mai 1935 vor Falmouth, 99 Tage nach Verlassen von Port Lincoln. Von Falmouth bekam das Schiff Bescheid, die Weizenladung in London zu löschen.
(Von dieser etwa ein Jahr dauernden Rundreise Dublin – Südafrika – Australien – London handelt ein Buch von W. Leffler, das die Eindrücke aus der Sicht eines Jungen und Leichtmatrosen schildert. Siehe Anhang.)
Nachdem man von London nach Antwerpen in Ballast verholt hatte, wurde hier eine Stückgutladung für die La Plata-Häfen übernommen. Das Abreisedatum von der Schelde ist nicht überliefert. Am 9. Juli 1935 stand der Segler bereits auf 48,6° Nord und 5,8° West zwischen Lizard und Quessant. Den Äquator erreichte man am 28. Juli und konnte 20 Tage später die Ansteuerungstonne von Bahia Blanca passieren.
Zurück ging es am 10. November 1935, nachdem man fast ein viertel Jahr auf dem La Plata gelegen hatte, mit voller Ladung, bestimmt für Le Havre. Im Nordatlantik wurde die Bark von einer Reihe schwerer Herbststürme heimgesucht, die für etliche Tage Positionsbestimmungen unmöglich machten. So mußte am 30. Dezember 1935 wegen unsicheren Bestecks vor dem Eingang zum Kanal im Weststurm Stärke 9–10 aufgedreht werden, um Wetterbesserung abzuwarten. Nach 53 Tagen Gesamtreise konnte dann am 1. Januar 1936 der Zielhafen Le Havre angesteuert werden.
Die letzte Ausreise unter der Vinnenflagge habe ich bisher nicht ermitteln können. Bekannt ist, daß die Viermastbark 1936 in 56 Tagen von Las Palmas nach Buenos Aires segelte. Die Heimreise wird, wie üblich, mit Getreide vom La Plata zu einem Nordeuropäischen Löschhafen gegangen sein.

Sehr schön stellen sich auf diesem Foto die auslaufenden Gänge der Achterschiffskonstruktion dar: »MAGDALENE VINNEN« im Trockendock
(Sammlung U. Czempisz, Krefeld)

Nr. 373
Als »Kommodore Johnsen« unter Lloydflagge von 1936 bis 1945

Am 9. August 1936 wurde die »MAGDALENE VINNEN« an den *Norddeutschen Lloyd* in Bremen verkauft und von der reedereieigenen Werft in Bremerhaven als frachtfahrendes Schulschiff hergerichtet. Neben mehr Wohnräumen für Kadetten, die im Zwischendeck untergebracht wurden, erhielt das Schiff auf dem Wohndeck ein größeres stählernes Kartenhaus, das auch für Schulungszwecke eingerichtet war. Der Ruderstand erhielt einen neuen Platz an der Stelle des bisherigen Windenhauses vor der Luke III.

Als »KOMMODORE JOHNSEN«, benannt nach dem Führer des Lloyd-Schnelldampfers »BREMEN«, wurde das Schulschiff am 16. September 1936 in Dienst gestellt. Es galt bereits zu dieser Zeit als das größte Segelschiff der Welt.

Unter dem Kommando von *Otto Lehmberg* ging die erste Ausreise mit 4850 t Steinkohle am 8. Oktober 1936 ab Bremen nach Montevideo. Erster Offizier war *Gottfried Clausen,* der dafür vorgesehen war, das Schiff nach der ersten Reise zu übernehmen. Der Bestimmungshafen wurde nach 58 Tagen am 6. Dezember 1936 erreicht. Die durchsegelte Distanz hatte 6820 Seemeilen betragen.

Einen Monat später konnte am 8. Januar 1937 die erste Heimreise ab Buenos Aires, beladen mit 4963 t Weizen, angetreten werden. Die Beladung hatte einige Schwierigkeiten ergeben, da der Weizen zum größten Teil lose geliefert und nur ein geringer Prozentsatz in Säcken übernommen wurde. Wegen des Gewichts des Weizens konnten die Räume nicht vollgestaut werden, doch behalf man sich damit, die freien Oberflächen mit Persenningen und reichlich Stauholz zu bedecken und mit Sackgut in mehreren Lagen festzustauen. Da diese freien Flächen sich nur im Vor- und Hinterende des Unterraumes befanden, trat man die Heimreise guten Mutes an. Die Fahrt verlief ohne besondere Vorkommnisse, bis man Anfang März in Höhe der Azoren in so schlechtes Wetter geriet, daß man das Schiff beidrehen mußte. Das ist an sich nichts Außergewöhnliches und bedeutete lediglich, daß man einen Kuhsturm in halbwegs erträglicher Weise abwetterte, wobei man in Kauf nehmen mußte, keinen Fortgang zu machen. Als aber das Schiff immer heftiger nach Lee rollte und stetig immer etwas mehr Wasser schöpfte, als bald das Wasser auf Lee gar nicht mehr weglief, wurde klar, daß weder Wind noch See die zunehmende Krängung verursachten, sondern daß etwas mit der Ladung nicht stimmte. Bei einer Kontrolle der Räume wurde dann festgestellt, daß das Mittellängsschott unter der Luke III gebrochen und die Ladung nach Backbord übergegangen war. Mit der gesamten Mannschaft wurde nun versucht, den Weizen zurückzutrimmen, doch was man gerade mühsam hochgeschafft hatte, wurde mit der nächsten See wieder zurückbefördert. Die Lage wurde immer bedrohlicher: orkanartige Böen

»KOMMODORE JOHNSEN« mit voller Ladung auf Heimreise (Sammlung Dr. J. Meyer, Bremen)

fielen über das Schiff, dabei selbst das Hochdeck und die Nocken der Unterrahen ins Wasser tauchend. Kapitän *Lehmberg* ließ »SOS« geben, worauf zwei nicht allzu weit entfernte Tanker ihre Hilfe anboten. Endlich, am Abend des 3. März, nachdem die Tankdampfer auf der Wetterseite Öl zur Wellenberuhigung über Bord gegeben hatten und der Wind etwas abflaute, hatten die verzweifelten Arbeiten in den Laderäumen des Seglers Erfolg. Nach fast 24 Stunden konnten die Trimmarbeiten eingestellt und die beiden Tanker mit Dank entlassen werden. Man war noch einmal davongekommen! 15 Tage später lief die »KOMMODORE JOHNSEN« in Hamburg ein. Für die 7822 Seemeilen lange Reise hatte man 68 Tage benötigt.
Am 1. April 1937 wurde *Gottfried Clausen* das Kommando, wie vorgesehen, von seinem bisherigen Kapitän übertragen. Ihm sollten noch drei weltweite Reisen bevorstehen, bis der dann ausbrechende Weltkrieg solchen Fahrten ein Ende machte. Kapitän Clausens erste Ausreise ging mit 1500 t Ballast am 19. April 1937 von Hamburg nach Port Lincoln in Australien, wo man nach 90 Tagen am 18. Juli ankam. 14371 Meilen hatte man in dieser Zeit hinter sich gebracht. Nach Beladung von 4807 t Weizen konnte am 22. August 1937 die Heimreise mit Bestimmung »Falmouth for order« angetreten werden. Hier wurde nach 15667 Meilen und einer Reisedauer von 118 Tagen am 18. Dezember geankert und auf Order gewartet. Am zweiten Weihnachtstag 1937 ging es endlich weiter nach London, wo man wegen widriger östlicher Winde erst am 2. Januar 1938 festmachen konnte.

Die dritte Lloydreise konnte innerhalb von vier Monaten abgewickelt werden. Am 20. Januar ging es in Ballast nach Buenos Aires. Nach 37 Tagen, einer sehr guten Passage, in denen man 6384 Meilen abgefahren hatte, wurde der Ladehafen erreicht. Nach Einnahme von 4728 t Getreide, bestimmt für Hamburg, konnte Buenos Aires am 19. März 1938 verlassen werden, worauf man nach Zurücklegung von 7784 Meilen am 15. Mai 1938 in der Hansestadt eintraf. Mit 57 Tagen Reisedauer hatte Kapitän *Clausen* seinen Vorgänger von der ersten Reise auf der gleichen Strecke um volle 11 Tage unterboten.

Die vierte Ausreise hatte ein völlig neues Gebiet zum Ziel. Beladen mit 1500 t Ballast ging es am 9. Juli 1938 ab Hamburg zu den Seychellen im Indischen Ozean. Die Hauptinsel Mahé wurde nach 79 Tagen am 26. September erreicht. Die zurückgelegte Distanz auf dieser Reise hatte 11863 Seemeilen betragen. Nachdem das Schiff in Mahé einklariert und die Proviant- und Wasservorräte ergänzt waren, ging es zur 400 Meilen entfernten Insel Providence Island, um dort eine volle Ladung Guano für Neuseeland einzunehmen. Am 23. Oktober 1938 war die Beladung beendet. Mit 4870 t Guano ging es in drei Tagen zurück nach Mahé zum Ausklarieren und von dort am 27. Oktober auf die 7790 Seemeilen lange Reise bis Golden Bay in der Cook-Straße, wo man Order erhielt, die halbe Ladung in New Plymouth zu löschen. Heiligabend 1938 konnten die Segel in diesem ersten Löschhafen auf der Nordinsel von Neuseeland festgemacht werden. Am 19. Januar 1939 ging es weiter nach Auckland,

»KOMMODORE JOHNSEN« in australischem Ladehafen. Statt des bisherigen grauen Anstrichs erhielt die Bark beim Norddeutschen Lloyd einen schwarzen Außenbordanstrich, abgesetzt vom roten Unterwasserschiff durch einen weißen Wasserpaß.
(A. Duncan, Gravesend)

Kreuz- und Großmast der »KOMMODORE JOHNSEN«
(Foto: Ernst Lipstreu/Kuden)

Blick in den Fockmast
(Foto: Ernst Lipstreu, Kuden)

Die Segelpyramide des Großmastes
(Foto: Peter Vogeler, Heidenau)

Blick vom Hauptdeck in die Takelage des Kreuzmastes
(Foto: G. Braren, Itzehoe)

Kreuz-Royal und -Obermarssegel werden ausgewechselt
(Ernst Lipstreu, Kuden)

Blick vom Poopdeck über die »Kuhle« nach vorn auf die Untersegel des Kreuzmastes.
(Gerd Braren, Itzehoe)

das nach drei Tagen erreicht wurde, um dort die Restladung an Land zu geben. Beladen mit 1300 t Ballast wurde Neuseeland am 11. Februar zur Reise nach Port Lincoln in Südaustralien verlassen. Die 2500 Seemeilen lange Reise konnte in 19 Tagen ausgeführt werden. Am 2. März wurde der Spencergolf erreicht und sogleich mit den Arbeiten zur Übernahme einer Weizenladung für Irland begonnen. Sechs Tage später lief auch die Laeisz'sche Viermastbark »PADUA«, von Valparaiso kommend, in Port Lincoln ein, um ebenfalls eine Ladung Weizen für England einzunehmen. Es sollten die letzten deutschen Großsegler sein, die in Australien mit Weizen beladen wurden. Zu einer Regatta zwischen den beiden Schiffen kam es dennoch nicht, denn Kapitän *Clausen* wählte den bequemeren Weg ums Kap der Guten Hoffnung, während »PADUA« westwärts um Kap Hoorn segelte. Es sollte sich zeigen, daß Kapitän *Richard Wendt* mit seinem schnellen P-Liner dem Lloydschiff erheblich überlegen war. Nachdem »KOMMODORE JOHNSEN« sich am 26. März 1939 mit 4884 t Weizen auf den Weg gemacht hatte, lief »PADUA«, beladen mit 4484 t, eine Woche später aus. Die jeweiligen Kaps wurden von beiden Schiffen etwa zur gleichen Zeit umrundet und auch auf der Linie stand man fast gleichzeitig, obwohl »PADUA« einen erheblich weiteren Weg zurückzulegen gehabt hatte. Auch auf der restlichen Strecke zeigte sich der reine Segler aus Hamburg gegenüber dem Bremer Motorsegler überlegen. »PADUA« konnte bereits am 8. Juli 1939 im Löschhafen Glasgow festmachen, während »KOMMODORE JOHNSEN« am 11. Juli auf Queenstown-Reede anlangte, um von dort zu seinem Bestimmungshafen Cork in Irland geschleppt zu werden. Für die 13800 Seemeilen lange Strecke hatte Kapitän *Clausen* 107 Tage benötigt, gegenüber 93 Tagen von Kapitän *Wendt. Gottfried Clausen* stand ohnehin in dem Ruf, ein sehr sorgfältiger aber auch vorsichtiger Schiffsführer zu sein, der seine Segel lieber zu früh verkleinerte als ein Risiko einzugehen. Die Beinahe-Katastrophe von 1937 war noch längst nicht vergessen, nach welcher er von seiner Direktion mit auf den Weg bekommen hatte: *»Unseretwegen bleiben Sie 200 Tage auf See, aber fahren Sie sicher!«*

Am 5. August verließ »KOMMODORE JOHNSEN« Cork mit 960 t Ballast und konnte kurz vor Ausbruch des Krieges Bremerhaven am 12. August 1939 erreichen. Die dann vorgesehene nächste Reise, die mit Koks nach Argentinien gehen sollte, fiel aus naheliegenden Gründen aus. Insgesamt hatte die Bark unter der Lloyd-Flagge während der vier Reisen von 1936 bis 1939 eine Strecke von 97469 Seemeilen zurückgelegt: das entspricht dem viereinhalbfachen Erdumfang.

»KOMMODORE JOHNSEN« auf ihrer letzten Reise vor der australischen Küste. (Sammlung H. Harksen, Hamburg)

„Providence-Island." — Kennt ihr die Insel im Indischen Ozean, deren markanteste Punkte drei Kasuarinibäume sind, die Peilobjekte für den großen Segler, der sich ihr nähert, vorsichtig, um nicht auf dem heraufdräuenden Korallenriff, welches schützend sich vor dieses Eiland legte, zu stranden? — Das wäre doch gar zu vorzeitig. Man kommt ja nicht her, um sich die Kokospalmen anzuschauen, man will Guano laden, ganz recht, „Guano", jenen Stoff, den wir den fleißig fressenden — Kenner wissen, daß man es eigentlich gegenteilig ausdrücken müßte — Seevögeln verdanken. Hier muß ihre Tätigkeit aber schon vor vielen Jahren beendet worden sein, denn auf den ursprünglich steinig-felsigen Nistplätzen sind schon große Palmen gewachsen. Auf dem Segler steht alles klar an Brassen und Fallen. Mit kleinen Segeln nähert man sich dem Ankerplatz unter ständigem Peilen und Loten. — Die Karte wurde mit dem Storchschnabel selbst vergrößert, um überhaupt Eintragungen machen zu können. Alles ist auf dem Posten.

Doch was ist das? Muntere Negerlein in allen Schattierungen hüpfen am Vordeck herum, machen kugelrunde Augen und schauen erfreut nach dem Inselchen. Ja, sogar Mamies erscheinen mit ihren Schokoladenbabies — entzückend anzuschauen. Eine lustige Ladung — das Segelschulschiff „Kommodore Johnsen" als Passagier-, ja, -dampfer kann man nicht sagen.

Kommandos vom Hochdeck. — Völlig unverständlich für des Laien Ohr — dem Seemann vertrauteste Worte seines Alltagslebens. Eine verzauberte Sprache, deren Wortschatz immer mehr schrumpft und in hochtönende Namen technischer Wunderwerke übergeht. — Klar bei Groß-Kreuz-Besans-Stengestagsegelniederholern, klar bei Geitauen und Gordings! Fier weg! — Gei auf! — So trifft es die Ohren der Männer an den Stationen. Es rauscht, klirrt, pfeift, summt und surrt.

Braß rund achtern! — Die Fahrt kommt aus dem Schiff — leise nur gluckern die Wellen an die Bordwand. — „35 Meter", der Ruf des Mannes am Lot — Fallen Backbord Anker! — Alle Segel fest! — Und dabei strahlender Sonnenschein — helle Reflexe auf dem unruhigen Spiel der blauen Wellen. Tiefgrün grüßt der Palmenwald herüber und weißer Sand leuchtet. Rötlich schimmert das Riff.

Eine kleine Sinfonie der Farben, wenn man noch an die weißen Wolken denkt, die in bizarren Formen ruhig unter der tiefblauen Glocke des ewigen Gewölbes hingleiten.

Stimmung der Poesie, rauh nun unterbrochen vom Zwang zur Pflicht. Boote werden gefiert, und zum Land hinüber streben die ersten.

Es lag ja noch einiges vor diesem Augenblick. — Eine Seereise auf einer der größten Viermastbarken, der alten „Magdalene Vinnen", der späteren „Kommodore Johnsen", benannt nach einem Seemann, der zu den Großen der Seefahrt gehörte. Ja, eine Segelreise mit allem Freud und Leid der sonnigen Passate, der rauhen Stürme in Nord und Süd. Um das Kap der guten Hoffnung zu den Seychellen, jener Inselgruppe, die einst den Franzosen gehörte, nun den Engländern untertan ist. Zu ihr gehören auch die Guano-Inseln und zu diesen wieder „Providence Island" — Insel der Vorsehung —, als ob die braven Möwen gewußt hätten, daß nach vielleicht hundert Jahren dort, wo seinerzeit die Vogelmuttis ihre Vogelkinder zur Welt brachten, ein großes Segelschiff kommen würde, um ihre „Erinnerungen" zu neuseeländischen Farmen zu bringen, um auch dort Fruchtbarkeit dem Boden zu schenken. —

In Port Victoria auf Mahé, der größten Insel, klarierten wir ein, nahmen Wasser aus einem uralten Prahm und ließen 150 Eingeborene mit Sack und Pack — Kind und Kegel — an Bord marschieren. Sie schauten ängstlich und doch zugleich mit Protest in den Augenwinkeln um sich.

So ganz freiwillig waren sie ja nicht gekommen. Man hatte sie etwas unsanft aus dem schon länger anhaltenden „dolce far niente" aufgerüttelt. — „Was wollt ihr denn? — Wir haben ja noch ein paar centjes für den morgigen Tag. — Nur nichts übereilen!" — Naja, es half nichts. Sie wurden gebraucht, es gab so etwas wie einen Vertrag, und der reiche Mann gab Vorschuß. — Nun Jubel, Trubel und schließlich auch an Bord. Daß sie erwartungsfroh der wichtigen Aufgabe des Guano-Verladens entgegensahen, konnte man beim besten Willen nicht behaupten. Aber sie nahmen's mit Gleichmut, lebten sich schnell ein, schufen sich ihr behagliches Plätzchen in den Zwischendecks der Laderäume, begannen auf schnell gebautem Herd zu brutzeln und bald schon verhieß hörbares Schmatzen satte Zufriedenheit.

Ein fröhliches Völkchen, das uns auf der Zwei-Tage-Reise mit Tanz, Spiel und Gesang unterhielt und deren markanteste Persönlichkeiten von unseren Jungs Spitznamen erhielten, wie: Old Joe, Tom Mix, Rumba Jonny usf.

Und all dieses geschah in den Tagen, die später in die Geschichte eingingen als die „Tage von München", September 38.

Wir wußten und ahnten nichts und waren glücklich! —

Unsere Sorgen lagen auf anderen Sektoren. Wir hatten zu laden und mußten viel vorbereiten. Es sollte gut und schnell gehen.

Und am anderen Morgen um 6 Uhr rasselten unsere kleinen Winden, die Brandungsboote kamen längsseits, taktfest gerudert von braunen Jünglingen. — Pick an! — Hiev up! — Let go!

Wir schnupperten und schauten. — Nein, stinken tat das Zeugs nicht, gelbbraun wie Phosphat sah es aus und — staubte phantastisch! Nun sollte drei Wochen lang der gelbe Staub über dem Schiff liegen und noch jahrelang nachher in allen schwer zugänglichen Ecken des stolzen Seglers. — Noch kurz vor Kriegsende wurden die letzten Spuren gefunden. — Eine schööööne Ladung! — Wir trimmten selbst und standen mit Schwämmen vor Mund und Nase oft stundenlang in undurchdringlichem Staub. Von oben wurden die Säcke geleert und der Guano fiel dann durch die Luke in den Raum, daß es nur so wirbelte. — Tagesanzug Badehose. — Aber Vorsicht! — Die Sandflöhe wurden gratis mitgeliefert.

Die Jungs sangen nach der Melodie eines damals gängigen Schlagers:

Guano — Du bist die schönste Ladung, die es gibt,
Guano — in Deinen Staub da bin ich ganz verliebt!

„Dascha noch gaanichts", meinte einer von den ganz altbefahrenen sailors. „Anner Westküste hatten wir alles viel frischer, da war'n auch noch Vogelleichen mang — und der Geruch — nee, Geruch is dafür 'n unpassender, viel zu ungenauer, vornehmer Ausdruck. — Na dja, Ihr wißt schon — Tschah! Anner Westküste, damals auf der alten norwegischen Bark!" —

Alles staunte, grinste, lachte und meinte: „Hör auf! Uns genügt dies auch."

Und von morgens bis abends rasselten die Winden und alle Mann freuten sich am Guano.

Der erste Offizier bekam immer grauere Haare, man sah sie sogar unter dem gelben Staub, der alles, aber auch alles überzog.

Na, es gibt Schlimmeres. Wir nahmen es mit Humor und gingen zum Ausgleich an Land und zum Schwimmen.

Stippvisite im Paradies

Ja, an Land — da war so ein richtiges kleines Paradies. Die Insel ist eineinhalb Seemeilen lang und eine Seemeile breit. Außer den markanten drei Kasuarinibäumen nur Kokospalmen, reich behangen mit den schönen Früchten. — Es war Tradition, daß uns beim Betreten der Insel die noch grünen Kokosnüsse geöffnet gereicht wurden und als Willkommenstrunk die wunderbar schmeckende, kühle, frische Kokosmilch durch unsere trockenen Kehlen rann. — Und rundherum standen unsere Freunde, die schwarzen Gesellen, die nun fleißig den Guano in die Boote luden, aber es sich niemals nehmen ließen, uns zu begrüßen.

Paradiesisch! — Einige Hütten, ein Bungalow, ein offener Schuppen — das waren die Bauwerke. Der Strand schneeweiß. Die seltensten Muscheln und Schnecken lagen herum, direkt für die Händler von kitschigen Souvenirs gemacht. — Alles Natur! — Einer bekam die Sammelwut, alle wurden angesteckt. Schneckenrennen, Dwarslöperwettbewerbe. — Und schwimmen, toben — Mensch, Kind, Tier sein am sonnigen Strand. — Freie glückliche Stunden zwischen den Pflichten.

Und die Fische, sie schienen gerade parlamentarische Zusammenkunft an diesem Inselchen zu haben. So zahlreich waren sie und so willig bissen sie an, auch auf die magersten Brocken.

Ein Eldorado für Angler und selbst absolute Gegner dieses besinnlichen Sports wurden hier durch die sensationellen Fangergebnisse zu Anhängern. — Um nicht des Anglerlateins durch monströse Zahlenangaben verdächtigt zu werden, sage ich nur: Wir haben geschwelgt! — Und unsere Negerlein noch mehr, sie angelten auf Vorrat, und auf unserer Back war noch wochenlang nachher der Duft getrockneten Fisches an Schoten und Niederholern zu spüren.

Eine Anglerepisode aber wäre doch erzählenswert, wenn sie auch wahrhaft unglaublich klingt. Einer der sailors hatte seine Angelschnur achtern über's Heck gefiert und wartete nun auf das bekannte Zucken. Ein bißchen döste er wohl auch, denn mit einem Mal gab's einen Ruck, man hörte einen Plumps und ein größeres Geschrei. — Hilfsbereit eilten die Kameraden herbei — neugierig und ob des großen Fischzuges gespannt. Die Augen fielen ihnen fast aus den Köpfen. An der verhältnismäßig dünnen, wenn auch kräftigen Angelschnur, die immer mit vier bis sechs Haken versehen war, hing — ja hing — ein Hai! Ein Mordsbursche, soweit wir erkennen konnten. —

Gehorsam folgte er dem Zug der Leine, bis der dicke Kopf unterm Heck war, zog man weiter, wirbelte er mit der Schwanzflosse und tauchte. Wir gaben lose und warteten, dann zogen wir wieder und unser Hai kam friedlich angewedelt. Er mußte die Haken verschluckt haben, und nun piekten sie ihn heftig in den Eingeweiden. Was tun? — So bekamen wir ihn nicht raus und laufenlassen, diese Beute, kam überhaupt nicht in Frage. Der angelnde sailor war schon längst in den Hintergrund getreten, um uralterfahrenen Haifängern Platz zu machen.

Gespannt hatten die Brandungsbootruderer diese Aktion verfolgt. Nun schritten sie ein, ließen Guano, Guano sein und hauten dem Hai ordentlich eins auf den Kopf, jagten ihm ein paar lange Messer in den Leib, mitsamt unserer Harpune und mit List und Tücke bekamen sie ihn schließlich in's Boot. Oh, er ließ nicht so schnell locker, aber sobald man kräftig an der Angelschnur zog, wurde er zahm und endlich entfleuchte seine Seele in die Fischhölle, Abteilung Räuber der Meere.

Großer Jubel, großes Fest, großes Kai-Kai. — Am nächsten Tag fingen die braven Dunkelmänner erst mittags mit der Arbeit an. Stolz brachten sie Gebiß und Rückgrat mit. — Es hat noch die ganze Reise gest . . ., denn der Medikus wollte es doch präpariert nach Hause bringen. Die Schwanzflosse aber zierte den Klüverbaum. —

Doch auch in den Himmel der Sanftmütigen entfleuchte eine brave Seele. Elvira, die große Seeschildkröte, von den Eingeborenen uns als feierliches Präsent verehrt, mußte ihr sicher langes Leben nun lassen. — Turtle-Soup wollten die Männer essen und die Negermamies mit ihren Babies freuten sich auf die „Ping-Pong-Bälle", so wurden die etwa 70 Eier getauft, die im Kreis angeordnet bei der Schildkrötenmutti im Bäuchlein lagen. Wieder große Freude, großes Palaver und leckere Düfte durchzogen das Schiff.

All diese kleinen, fröhlichen Akzente gaben den harten Tagen heitere Lichter und verscheuchten Unmut und Ärger ob des nie endenwollenden Staubes. —

Aber alles kommt einmal zum Schluß, und auch die 4900 Tonnen Guano waren eines Tages im Schiff, unermüdlich herangefahren von den Brandungsbooten.

Und dann stand im Tagebuch der bekannte Tenor: „Vor Antritt der Reise wurde das Schiff in allen Teilen seeklar gemacht. Die Besatzung ist vollzählig und gesund, Proviant in genügender Menge und guter Beschaffenheit an Bord." — Nicht zu vergessen: viele schöne, mit Kokosnüssen gefüllte Säcke. Ein Labsal für kommende Tage in den „roaring forties" — eine Erinnerung an Sonne und Palmen, an Providence Island.

Kapitän Ewald Pütz

Bericht über die Seychellen-Reise 1938.
(aus »Albatros«, Heft 1/1975)

Eine weitere Aufnahme aus dem Winter 1939 in Elsfleth.
(Foto: Peter Vogeler, Heidenau)

Im Winter 1939 auf der Hunte bei Elsfleth.
Das Foto aus der Kreuzmars zeigt den vor die Luke III verlegten Steuerstand und die beiden neugestalteten Teakholzniedergänge zu den Wohnräumen.
(Foto: Peter Vogeler, Heidenau)

Den ersten Kriegswinter verbrachte die Bark in Elsfleth auf der Hunte, wo sie zusammen mit dem »SCHULSCHIFF DEUTSCHLAND« lag. Obwohl die Reederei den Schulschiffsbetrieb einstellen wollte, wurde von den Behörden verlangt, daß die Nachwuchsausbildung auch während des Krieges weitergeführt werden sollte. Somit entschloß man sich, das Schiff in die Ostsee zu verlegen. Für die bevorstehende Passage durch den Kaiser-Wilhelm-Kanal mußten von der Besatzung die Stengen gefiert werden, was sich als mühselige und schweißtreibende Arbeit entpuppte. Waren die Stengen doch seit Indienststellung vor 20 Jahren nicht ein einziges Mal bewegt worden. Im April 1940 ging es dann im Schlepp nach Zoppot-Reede, das als Basisstation für die kommenden Reisen diente, wo man Ausrüstung und Proviant ergänzte und gelegentliche Wartungsarbeiten vornehmen konnte. Von Mai bis Dezember 1940 wurden auf Fahrten von jeweils fünf bis sechs Wochen Dauer Langzeitreisen simuliert, bei denen man insgesamt 12305 Meilen unter Segeln zurücklegte.

»KOMMODORE JOHNSEN« bei herrlichem Segelwetter 1940 in der Ostsee. Der Blick geht von der Back über die Laufbrücke nach achtern.
(Foto: Peter Vogeler, Heidenau)

Zwischenstation auf Zoppot-Reede, wo das schöne Wetter von der Crew zur Zeugwäsche ausgenutzt wird.
(Foto: Peter Vogeler, Heidenau)

. . . aber auch die persönliche Reinlichkeit kommt dabei nicht zu kurz!
(Foto: Peter Vogeler, Heidenau)

Besatzung auf Stellagen bei Außenbordarbeiten.
(Ernst Lipstreu, Kuden)

»KOMMODORE JOHNSEN« bei leichter Brise in der Ostsee. Blick nach achtern auf Großluke und Kartenhaus auf dem Hochdeck. Kapitän Clausen (links im Bild) wirft einen kritischen Blick aufs Kielwasser.
(Foto: Gerd Braren, Itzehoe)

»KOMMODORE JOHNSEN« 1944 an Anker vor Memel.
(Ernst Lipstreu, Kuden)

Eine neunmonatige Werftzeit verbrachte die Bark zwischen Januar und Oktober 1941 beim Technischen Betrieb des NDL in Bremerhaven, wo u. a. die Maschine »eingemottet« wurde, da das Schiff in jener brennstoffknappen Zeit als reiner Segler fahren sollte. Die Schraube wurde abgenommen und das Schraubengatt dichtgeschweißt. Dadurch segelte das Schiff, wie sich später herausstellte, wesentlich besser. Um die Kadettenunterkünfte von 60 auf 90 erhöhen zu können, wurde die sogenannte »Kuhle« zwischen Kreuz- und Besanmast dichtgebaut, wodurch ein bis achtern durchgehendes Hochdeck entstand.

Am 5. Oktober 1941 verließ die Bark die Werft, um zur Überwinterung nach Flensburg geschleppt zu werden. Vom 22. Januar bis zum 4. April 1942 lag »KOMMODORE JOHNSEN« eingefroren auf der Förde vor Wassersleben. Am 14. Juni 1942 ging es endlich im Schlepp von Flensburg-Wassersleben nach Stettin-Frauendorf, doch konnten für den Rest des Jahres Übungsfahrten wegen drohender U-Boots-Gefahr nicht wieder aufgenommen werden.

Erst am 8. Mai 1943 wurde die Bark unter Schlepp von Stettin nach Zoppot verholt und von dort am 6. Juni weiter nach Dünamünde bei Riga. Von hier aus wurden während der nächsten vier Monate im engen Rigaer Meerbusen 4600 Seemeilen abgesegelt. Die letzte Fahrt des Jahres ging am 22. Oktober 1943 ab Pillau nach Flensburg, wo man wieder überwinterte.

Die Ausbildungszeit des Jahres 1944, die am 16. April in Flensburg begann und am 12. Oktober dort wieder endete, wurde die ergiebigste des ganzen Krieges. Mit Basis Memel wurden in dieser Zeit 8 Seetörns mit insgesamt 125 Tagen unternommen, wobei 546 Seemeilen im Schlepp und 15707 Seemeilen unter Segel hinter sich gebracht wurden. An einzelnen Segelmanövern fielen dabei an: Wenden 134mal, Halsen 204mal, Segel setzen oder festmachen 465mal, Segel reffen 6mal, Segel wechseln 32mal, und »Boje über Bord« 6mal. 847 verschiedene Segelschiffsmanöver in 125 Tagen: das ist wesentlich mehr, als der Besatzung bei normalen Reisen in weltweiter Fahrt jemals zugemutet worden wäre.

Auch der Winter 1944/45 wurde wieder in Flensburg verbracht. Zu einer erneuten Ausfahrt sollte es dann nicht mehr kommen. Nachdem am 9. Mai 1945 Deutschland kapituliert hatte, wurden sämtlich Kadetten im Juni durch die Engländer von Bord geholt und interniert. Einigen allerdings gelang die Flucht aus dem Lager und die Rückkehr aufs Schiff. Im August 1945 trat die Bark ihre letzte Reise als »KOMMODORE JOHNSEN« im Tau eines Schleppers an, um in Hamburg-Waltershof einem ungewissen Schicksal entgegenzusehen. Hier erfolgte am 22. Dezember 1945 die Übergabe an die englische Besatzungsmacht, die aber mit dem Segler nichts besseres anzufangen wußte, als ihn sogleich an die Russen weiterzugeben. Im Januar 1946 wurde in Swinemünde erstmals die rote Fahne mit Hammer und Sichel an der Gaffel dieses letzten deutschen Großseglers gesetzt.

Im letzten Dienstjahr mußte sich der friedliche Segler sogar noch die Aufstellung einer Flak gefallen lassen. Die hier in Ruhe ihre Freiwache verdösenden Seeleute scheint's wenig gestört zu haben.
(Ernst Lipstreu, Kuden)

Mit dem Ende des Schiffes unter deutscher Flagge soll an dieser Stelle auch seines langjährigen letzten Kapitäns gedacht werden.
Gottfried Clausen wurde am 23. März 1902 in Hannover geboren. Seine Segelschiffahrtszeit begann 1917 auf dem Vollschiff »PRINZESS EITEL FRIEDRICH«, die noch bis vor kurzem als polnische »DAR POMORZA« fuhr. Reisen als Leichtmatrose in der Nord- und Ostsee sowie im Mittelmeer folgten. 1920 war er Leichtmatrose auf der neuerbauten Viermastbark »PRIWALL« und erlebte unter Kapitän *Jürs* jene denkwürdige 1. Reise mit Passagieren und Schiffsbesatzungen für die an der Westküste Südamerikas während des Krieges festgehaltenen deutschen Segelschiffe. Danach wurde er Matrose auf der Viermastbark »MAYOTTE« (ex »TAMARA VI« ex »LUCY VINNEN« ex »ALSTERFEE« ex »ORANASIA«), die in der Südafrikafahrt eingesetzt war. Als Matrose, 2. Bootsmann, 3. und 2. Offizier fuhr er danach auf den Viermastern der Reederei *F. Laeisz* »PARMA«, »PAMIR« und »PASSAT«. 1927 bewarb er sich beim *Norddeutschen Lloyd,* wo er als 3. Offizier eingestellt wurde, um ein Jahr später 1. Offizier auf der angekauften Bark »BREMEN« (ex »LISBETH« ex »RENE«) zu werden. Als aufgrund der schlechten Wirtschaftslage die »BREMEN« abgewrackt wurde, erhielt Clausen die Leitung der Schleppschiffahrt des NDL in Hamburg. Nachdem der Lloyd dann 1936 die »MAGDALENE VINNEN« gekauft hatte, begann seine fast neunjährige Karriere auf diesem Viermaster. Von 1946 bis 1950 führte Kapitän Clausen den Seebäderdampfer »GLÜCKAUF«, danach die Neubauten der Reederei in den verschiedensten Fahrtgebieten, zuletzt den Schnellfrachter »FRIESENSTEIN« in der Ostasienfahrt. Als Gottfried Clausen 1969 pensioniert wurde, konte er auf eine fünfzigjährige Seefahrtzeit zurückblicken, davon 32 Jahre als Kapitän. Er hatte seine Patente A5 und A6 mit Auszeichnung bestanden und war 1937 mit 35 Jahren der jüngste Schiffsführer des Norddeutschen Lloyd. Alle, die mit ihm zusammen waren, schätzten seine großen seemännischen Kenntnisse und seine hohen menschlichen Qualitäten, die ihm Achtung und Verehrung einbrachten.
Eine kleine Episode aus den Erinnerungen eines seiner Leichtmatrosen aus der Kriegszeit ist wohl bezeichnend: *»Als wir (1944) Memel anlaufen wollten, gab es nicht einmal mehr Schlepper im Hafen. Da lief der Alte unter Segeln in den Hafen, ließ Bug- und Heckanker fallen und stand mit dem Schiff einen Leinenwurf von der Kaje entfernt . . .«* Dieser Leichtmatrose Bergmann, der noch bis zur Übergabe der Bark an die Engländer an Bord blieb, notierte am 20. Dezember 1945 in seinem Tagebuch: *»Mußten heute unsere Siebensachen packen. Der Kapitän heulte, und uns allen waren die Augen feucht.«*
Als Gottfried Clausen am 12. Januar 1986 in Wedel starb, verlor die deutsche Sektion der Cap Horniers ihren letzten *»Albatros«,* der noch als Kapitän das gefürchtete Kap Hoorn umrundet hatte.

Kapitän Gottfried Clausen 1942 in Stettin.
(Ernst Lipstreu, Kuden)

Eine Aufnahme der »SEDOV« aus den fünfziger Jahren.
(G. Braren, Itzehoe)

Nr. 373: Als »Sedov« seit 1945 unter russischer Flagge

Seit seiner Übernahme durch die Russen im Jahre 1946 trägt der Viermaster den Namen des russischen Polarforschers *Georgij Sedov,* der 1914 bei einer Expedition in der Arktis ums Leben kam.

Bis 1966 war »SEDOV« zusammen mit ihrem einstigen Rivalen »PADUA«, die als »KRUZENSHTERN« ebenfalls unter Hammer und Sichel fährt, als ozeanographisches Forschungsschiff eingesetzt. Danach wurde »SEDOV« in Kronstadt aufgelegt und galt lange Zeit für westliche Kreise als nicht mehr existent. Ende der siebziger Jahre jedoch wurde die Bark im Auftrag des sowjetischen Fischereiministeriums erneut aktiviert, um zur Ausbildung künftiger Fischereikapitäne und -steuerleute eingesetzt zu werden. Umbau und Restaurierung sollen mehr als drei Millionen Rubel verschlungen haben. Das Schiff verfügt nun über Unterkünfte für 240 Mann, die im ausgebauten Zwischendeck eingerichtet wurden. Besondere Attraktion und auf einem Segelschiff wohl einmalig dürfte der glasüberwölbte Festsaal mit Bühne sein, an den sich ein kleines Museum zur Geschichte des Schiffes und seines Namensgebers anschließt. Ein Film- und Videoraum mit Bar vervollständigen die Räume zur Freizeitgestaltung. Die einstigen Zwischendeck-Laderäume wurden für Schulungszwecke und als Unterrichtsräume hergerichtet. Gefahren wird der jetzt in Riga beheimatete Motorsegler, dessen Maschinenanlage natürlich wieder reaktiviert wurde, von Kapitän *Alexej Prevozchikov,* einem erfahrenen Segelschiffsmann, dem vorher schon die »KRUZENSHTERN« unterstand. An Bord befinden sich neben der 70 Mann starken Stammbesatzung 164 Kadetten und sechs Lehrer. Lehrer und Kadetten kommen von den Seefahrtschulen Kaliningrad (Königsberg) und Murmansk und absolvieren an Bord eine dreimonatige Ausbildungszeit. Das Schiff wird als reines Schulschiff eingesetzt. Die erforderliche Stabilität erhält es durch 500 t Ballast in fester Form und 1000 t in den Doppelbodentanks in Form von Ballast- und Trinkwasser sowie Brennstoff.

Die »SEDOV« im Sommer 1986 vor Bremerhaven unter Stagsegeln und Maschine.
(Foto: W. Fuchs, Hamburg)

Die »SEDOV« im Mai 1982 in Hamburg. Die schöne Schnitzerei am Vorsteven, das sog. Scrollwork, ist leider verschwunden. Das macht den Steven etwas kahl und nüchtern. Eine weitere Errungenschaft der Neuzeit ist die Radarantenne mit ihrem Schutzkorb über der Fockrah.
(Foto: Verfasser)

Die »SEDOV« im Mai 1982 an der Hamburger Überseebrücke.
(Foto: Verfasser)

An der Besegelung hat sich nichts geändert. Sie ist mit 4192 m^2 Segelfläche angegeben, die sich auf 3117 m^2 Rah- und 1075 m^2 Schratsegel verteilen. Gegenüber den 3392 m^2 aus den alten Werftangaben ist das eine Steigerung von 800 m^2, deren Herkunft nicht erklärlich ist.
Wie »Phönix aus der Asche« lief »SEDOV« im August 1981 das dänische Horsens als ersten westlichen Hafen an. Inzwischen war sie häufiger und stets gerngesehener Gast auf den verschiedensten »Windjammertreffen«. Im Mai 1982 besuchte sie überraschend anläßlich des 793. Hamburger Hafengeburtstags die Hansestadt. Hier stattete auch ihr alter Kapitän *Gottfried Clausen* »seinem« Schiff einen Besuch ab, wo er freundliche Aufnahme fand und von Kapitän *Prevozchikov* herzlich empfangen wurde.
1982 trafen sich die ehemaligen Lloyd-Kadetten anläßlich ihres Jahrestreffens auf der in Bremerhaven liegenden Bark. Den Besuch des Schiffes in seinem alten Heimatrevier nahm damals die Stadt Bremerhaven zum Anlaß, eine Ausstellung über die Geschichte der einstigen »KOMMODORE JOHNSEN« ex »MAGDALENE VINNEN« zu veranstalten.
In einer Zeit, in der ein 25 Jahre altes Schiff bereits als veraltet und kaum noch einsetzbar gilt, ist es fast als Wunder anzusehen, daß die 65jährige Viermastbark immer noch über See geschickt werden kann. Das ist neben den heutigen russischen Betreibern des Schiffes wohl sicher auch den damaligen Schiffbauern an der Kieler Förde zu verdanken.

Quellen und Literaturangaben zur »MAGDALENE VINNEN« und ihre Reisen:

Meteorologische Tagebücher der Jahre 1929/35 Nr. 7717, 7685, 7718, 7774, 7775, 7781, 7782, 7783 im Seewetteramt Hamburg
Register des Germanischen Lloyd 1923, 1928, 1933
Handbuch für die deutsche Handelsmarine 1926, 1927, 1928, 1935, 1938
Handschriftliche Reisenaufstellung von Herrn H. Harksen, Hamburg
Zusammenstellung der Lloydreisen 1936–45, mitgeteilt von meinem Kollegen Kpt. Peter Vogeler
Kruppsche Monatshefte, Mai 1921: Dipl.-Ing. R. Erbach »Die Motorsegler und ihr Bau auf der Germaniawerft«
dieselben, Dezember 1922: »Die großen Motorsegler der Germaniawerft«
Logbuch, 13. Jahrgang 1977, Heft 1: »Magdalene Vinnen, eine Viermastbark mit Hilfsmotor«, von Helmut Harksen, Hamburg, dem ein Aufsatz aus »Werft, Reederei, Hafen«, Jahrgang 1923 zugrundelag.
»Schiff und Zeit« Nr. 11/1980: »Einer gab nicht auf – Die Rettung der 77 Mann der ›Kommodore Johnsen‹« von H. Schopper, Hamburg
»Hamburger Abendblatt« vom 5. August 1981: Die »SEDOV« ist wieder aufgetaucht
»Schiff & Hafen, Kommandobrücke«, 1982, Heft 30 »Die SEDOV ist wieder da«, von H. H. Böhm
dito »Kapitän Gottfried Clausen 80 Jahre«, von E. Memmen
dito, 1986, Heft 2: »Kapitän Gottfried Clausen«, von E. Memmen
»Die Yacht«, 1982, Heft 12: »Die SEDOV zu Gast in Hamburg«
dito, 1983, Heft 6: »SEDOV kommt nach Bremerhaven«
dito, 1983, Heft 14: »Für viele war es das erste Wiedersehen«
Höver, Otto: »Von der Galiot zum Fünfmaster«, Bremen, 1934
J. F. Colten: »Last of the square-rigged ships«, New York, 1937
H. A. Underhill: »Deepwater-Sail« (mit Plänen), Glasgow, 1952
H. A. Underhill: »Sail Training and Cadett Ships«, Glasgow, 1954
J. Brennecke: »Windjammer«, Herford, 1968
Grube-Richter: »Das große Buch der Windjammer«, Hamburg, 1976
O. Schäuffelen: »Die letzten großen Segelschiffe«, Bielefeld, 1977
R. Simper: »Sail, the surviving tradition«, London, 1984
W. J. Brouwer: »International Register of Historic Ships«, Oswestry, 1985
W. Leffler: »Schiffsjunge auf einem Getreidesegler«, München 1986
J. Kaiser, »Deutsche Segelschiffe, Restbestand«, Glückstadt, 1986

Baunummern 420 bis 424: Die Fünfmast-Rahschoner der Reederei Vinnen

Wohl wenige Schiffsneubauten aus der Zeit nach dem Ersten Weltkrieg haben in Fachkreisen mehr Aufmerksamkeit erregt als die von der Germaniawerft für die Bremer Reederei *F. A. Vinnen & Co* gebauten fünf Fünfmaster. War es an sich schon erstaunlich genug, daß in jenen Jahren überhaupt noch ein Reeder Großsegler in Auftrag gab, so sorgte das ungewöhnliche Aussehen dieser Schiffe für ganz besondere Beachtung.

Die Fahrzeuge waren als Fünfmastschoner entworfen und führten somit an allen Masten Gaffelsegel. Darüber hinaus aber hatten sie am vorderen und mittleren Mast noch Rahtoppsegel erhalten. Eine solche Aufteilung hatte es bisher noch nie gegeben, und entsprechend gingen auch die Meinungen der Betrachter auseinander. Sie reichten von entschiedener Ablehnung bis hin zu begeisterter Zustimmung. Die meisten der fast immer sehr konservativ eingestellten Seeleute bezeichneten die Schiffe schlichtweg als häßlich, doch würde man ein solches Urteil heute sicher nicht mehr fällen. Es waren im Gegenteil sogar sehr gut aussehende Fahrzeuge, deren Aussehen ohne Zweifel noch verbessert worden wäre, hätten sie alle Rahsegel nur am Fockmast geführt. Doch war es natürlich weder der Werft noch dem Auftraggeber darum gegangen, etwas besonders Hübsches in die Welt zu setzen (was ihnen aber wohl dennoch gelungen ist), sondern einen wirtschaftlichen Fahrzeugtyp zu entwickeln. Man hatte sich für ein Schonerrigg entschieden, weil ein damit ausgerüstetes Schiff im Gegensatz zum Rahsegler wesentlich einfacher getakelt ist. Ein Schoner ist somit billiger im Bau und in der Unterhaltung, er erfordert weniger Leute zur Bedienung, da er leichter zu manövrieren ist und bietet bei Fahrten unter Motor weniger Windwiderstand. Seine Nachteile sind, daß er vor dem Wind nicht so gut segelt wie ein Rahschiff und daß seine im Seegang hin und her schlagenden großen Gaffelsegel leicht außer Kontrolle geraten können. Um diese Nachteile auszugleichen, wurden am vorderen Mast, wie dies auch bei den Dreimastschonern geschehen war, Rahsegel angeordnet. Da bei einem Fünfmaster die Rahsegelfläche reichlich klein ausgefallen wäre, würde man sie nur am Fockmast setzen können, wurden weitere Rahen am Mittelmast angebracht. Das ergab zwar ein ungewohntes Bild, das zu den eingangs erwähnten Unmutsäußerungen führte, doch zeigte sich später, daß man mit dieser Anordnung die richtige Wahl getroffen hatte. Die »Kruppschen Monathefte« berichten im Dezember 1922, daß diese Schoner bei steifem Wind mit den Rahsegeln allein über 13 Knoten gelaufen hätten. Sie würden somit, wenn sie im Seegang vor dem Sturm laufen müßten, ihrer Gaffelsegel nicht bedürfen. Dadurch würde die Schwäche des Schoners vermieden, ohne daß seine Vorteile preisgegeben würden. Mit Motor allein hätten sie die vorzügliche Geschwindigkeit von neun Knoten erreicht, doch könne man besonders gute Ergebnisse erwarten, wenn Segel und Motor zusammen benutzt würden.

Nun, ganz so toll, wie in der Firmenpostille beschrieben, liefen diese Fünfmaster nicht. Bei Durchsicht einer Reihe meteorologischer Tagebücher weist kaum eine Wache eine Fahrt von zehn Knoten auf. Selbst in den »brüllenden Vierzigern« auf dem Weg nach Australien wird diese Geschwindigkeit nur äußerst selten erreicht. Nur auf einer einzigen Wache wurden hier einmal 43 sm geloggt, was einer Fahrt von 10,75 kn entspricht. Die Durchschnittsfahrt lag bei fünf bis sechs Knoten, unter Maschine bei sieben Knoten.

Die Benennung des neuen Schonertyps führte zu den eigenartigsten Bezeichnungen. Das langte vom skurrilen englischen »A three-mast-schooner chasing a two-mast-schooner« bis zum umständlichen deutschen »Fünfmast-Rah-Gaffel-Toppsegel-Schoner«. *Underhill* nennt sie »Two-Topsail-Schooner«, was sich nicht gut übersetzen läßt. Am einfachsten und trotzdem treffend ist wohl »Fünfmast-Rahschoner«. Die Masten wurden wie folgt benannt: Schoner-, Vinnen-, Groß-, Kreuz- und Besanmast. Entsprechend war auch die Benennung der jeweiligen Gaffelsegel. Einige Kapitäne dieser Schoner allerdings zogen eine ganz prosaische Numerierung vor. Bei diesen hieß es dann »Gaffelsegel I, II, III usw.«. Die Bezeichnung der Rahsegel war die allgemein übliche: Fock, Vor-Untermars- und -Obermarssegel sowie Vor-Bramsegel am Fockmast und entsprechende Namensgebung am Großmast.

Die Höhe aller fünf Masten war gleich, wenn auch die Untermasten wegen der verschieden hoch angeordneten Decks nicht die gleiche Länge hatten. Somit waren nur die Gaffelsegel der drei mittleren Masten von gleicher Größe und daher untereinander austauschbar. Das am Fockmast sitzende Schonersegel war kleiner, der Besan hingegen wesentlich größer als die übrigen drei Gaffelsegel. Fock- und Großmast führten je vier Rahen, an denen doppelte Mars- und einfache Bramsegel gesetzt wurden. Zusätzlich konnte ein auf einer T-Schiene unter den Unterrahen fahrendes Segel nach den Rahnocken hin ausgeholt werden. Diese sogenannte »Gardinenfock« war eine Spezialität der Germaniawerft, die uns später auch bei den kleinen Motorseglern wieder begegnen wird. Rahen und Segel beider vollgetakelter Masten hatten ebenfalls gleiche Abmessungen und waren somit im Notfall wiederum untereinander auszuwechseln.

Anstelle der Rahsegel besaßen die übrigen drei Masten dreieckige Gaffeltoppsegel, die an hölzernen Mastringen an den Stengen angeschlagen waren.

An Vorsegeln wurden Stagfock, Innen- und Außenklüver und ein Jager gefahren. Laut Werftanlage betrug die Gesamtfläche dieser 20 Segel 1863 m^2; im »Handbuch für die deutsche Handelsflotte« wird sogar eine Fläche von 2321 m^2 angegeben.

Sämtliche Masten, Stengen, Bäume und Gaffeln waren aus nahtlosen Mannesmannrohren gefertigt. Das stehende Gut war auf Spannschrauben gesetzt; statt der üblichen Webeleinen aus Tauwerk besaßen die Unter- und Stengewanten hölzerne Latten, die ein wesentlich bequemeres und sichereres Aufentern ermöglichten.

Trotz dieses nicht alltäglichen Riggs waren die Vinnenschoner gutaussehende und formschöne Schiffe. Der Schwung des Vorstevens und das gutgeformte Heck konnten es mit jedem klassischen Segelschiff aufnehmen. Ungewöhnlich war das weit voraus gezogene Quarterdeck

Blick auf die Fried. Krupp Germania-Werft im Juni 1922. Ganz links ragt die noch ungetakelte »CHRISTEL VINNEN« (BNr. 420) ins Bild, in der Mitte die fast fertige »CARL VINNEN« (BNr. 422) und rechts »WERNER VINNEN« (BNr. 423). (Sammlung H. Löschmann, Berlin)

mit der aufgesetzten kleinen Poop, die dem Rudergänger bessere Sicht nach vorn gestattete. Durch die ebenfalls sehr lange Back ergab sich ein relativ kurzes Hauptdeck. Wie alle Bauten der Germaniawerft besaßen auch diese Schiffe einen ausgeprägten Sprung, der ebenfalls viel zu ihrem guten Aussehen beitrug.

Die Deckseinrichtung war die eines modernen Segelschiffes mit einer Fülle von arbeitsparenden Ausrüstungsgegenständen. So stand hinter jedem Mast eine Fallwinde, die die laufenden Parten der Piek- und Klaufallen der Gaffelsegel aufnahm. Käpsel mit Handkurbelantrieb gehörten zu jeder Gaffelschot mit Ausnahme des Besans. Die holenden Parten wurden jeweils auf Pollern belegt, die links und rechts neben diesen Spillen standen. Ein großes Gangspill befand sich auf der Back, zwei weitere beim Besanmast auf dem Quarterdeck. Zum Ankerhieven stand ein schweres Pumpspill zur Verfügung. Der Ladungsumschlag erfolgte mit Motorwinden, von denen zwei auf dem Hauptdeck in stählernen Deckshäusern standen, während eine dritte auf dem Achterdeck vor Luke 4 ihren Platz hatte. Die aus den Deckshäusern ragenden Spillköpfe konnten ebenfalls beim Bedienen der Segel mitverwendet werden. All diese Winden waren natürlich weniger aus Gründen der Nächstenliebe eingebaut worden, sondern vielmehr, um die Zahl der Besatzungsmitglieder möglichst gering halten zu können.

Die Schiffe waren mit je einem Stock- und einem modernen Patentanker ausgerüstet. Letzterer hing an Steuerbord und diente als Anker für kürzere Liegezeiten, während der schwere Stockanker für problematische Ankergründe und längere Wartezeiten benutzt wurde. Auch dies hatte ökonomische Gründe, denn die Stockanker ließen sich nur mit dem Ankerdavid bearbeiten, was wieder mit dem Einsatz mehrerer Leute verbunden war.

Das Backdeck hatte einen geraden vorderen Abschluß wie auf der Viermastbark »MAGDALENE VINNEN«. Das Achterschott war in der Mitte eingezogen, um Platz für die Vorluke zu schaffen. Der Fockmast stand im hinteren Drittel, umgeben von einer Nagelbank und der Fallwinde. Links und rechts davon befanden sich zwei Skylights für die Kombüsenentlüftung, ferner zwei kleinere Nagelbänke für die Vorsegelschoten und schließlich an der Reling die Feuertürme für die Seitenlappen, die vom darunterliegenden Raum bedient wurden. Weitere Nagelbänke fand man im Bereich der Fockwanten und über dem Klüverbaum. Der Ankerdavid stand zwischen den beiden Klüsen, die zum Ankerspill führen. Zwei Festmacherpoller waren beidseitig des Gangspills angebracht, dahinter lief über die halbe Backbreite der Leuwagen für die Fockschot.

Das Hauptdeck wurde im wesentlichen von den drei relativ großen Ladeluken eingenommen. Zwischen diesen stand jeweils ein Mast mit den bereits erwähnten Kurbelspillen davor und den Fall- und Ladewinden dahinter. Zur Aufnahme des Schotunterblocks waren jeweils kurze stählerne Leuwagen aufs Deck genietet. Je ein Poller zum Festmachen war in Bordwandnähe zu beiden Enden des Hauptdecks angebracht. Ein Arbeits- und Verkehrsboot hatte seinen Platz auf der Vorluke.

Über kleine Treppen gelangte man nun auf das Achterdeck, wo im Bereich der Masten wieder die beschriebene Windenanordnung zu finden war. Ein großes Deckshaus hinter dem Besanmast diente als Maschinenoberlicht und gleichzeitig als Niedergang zu den Wohnräumen unter Deck. Die Rettungsboote hatten ihren Platz unter Schwingdavids beidseitig der Achterluke. Während der Ladungsarbeiten wurden sie üblicherweise unter die Wanten des Achtermastes verholt. Die Gangwaypforte befand sich an der Vorkante des Achterdecks.

Das kleine abschließende Poopdeck wurde fast ausschließlich von einem halbrunden Aufbau eingenommen, der nach vorn offen war und dem hier postierten Rudergänger vorzüglichen Schutz gegen Wind und Wetter und von achtern überkommende Seen bot. An Steuerbord befand sich hier noch eine kleine Wachkammer mit Sofa und Kartentisch, auf der anderen Seite waren ein WC und einige kleinere Nebenräume untergebracht. Der Haupt- und Peilkompaß stand auf einem erhöhten Podest zwischen Poopdeck und Maschinenoberlicht.

Der Schiffskörper war durch drei wasserdichte Schotten unterteilt. Zur Aufnahme des Wasserballastes dienten neben der Vor- und Achterpiek zwei Doppelbodentanks von 6,82 und 22,90 Metern Länge, in denen zusammen ca. 210 t Wasser gefahren werden konnten. Frischwasser wurde in zwei Tanks gefüllt, die im Vorderteil des vordersten Unterraumes eingesetzt waren. Der Laderaum bestand im Bereich der Luke 1 und Luke 4 aus Zwischendeck und Unterraum, im Mittschiffsbereich hingegen nur aus einem einzigen Raum. Schiffbauliche Details, wie sie beim Bau der »MAGDALENE VINNEN« angewendet wurden, sind von den Schonern zwar nicht überliefert, doch darf angenommen werden, daß auch hier die neuesten Erkenntnisse bezüglich Festigkeit und Gewichtsersparnis berücksichtigt wurden.

Die Unterbringung der Besatzung erfolgte nach den an Bord üblichen hierarchischen Gesichtspunkten, nämlich: Schiffsleitung achtern und »Leute« vorn. Fangen wir vorn an, so finden wir als vordersten geschlossenen Raum einen Farbenstore, dem ein ähnlicher auf der gegenüberliegenden Seite entspricht. Der Platz dazwischen wurde als Kabelgatt und Arbeitsplatz für seemännische Arbeiten bei schlechtem Wetter benutzt. Durch eine Tür gelangte man auf jeder Schiffsseite in einen Betriebsgang, von dem die verschiedendsten Räume abzweigten. Auf beiden Seiten fand sich je ein Logis für vier Matrosen, gefolgt von einer Kammer für zwei weitere Seeleute. Als nächstes kam auf jeder Seite der Raum für die Leuchttürme der Seitenlampen, denen an Backbord eine Werkstatt und an Steuerbord eine weitere Zweimannskammer folgte. Den achteren Abschluß bildeten die Wasch- und Sanitärräume auf der einen und eine Unteroffiziersmesse auf der anderen Seite. Zwischen diesen beiden Abteilungen lag im Bereich des Fockmastes die Kombüse, die Mannschaftsmesse sowie mehrere Vorratsräume.

Der Kapitän hatte sein Reich an Steuerbordseite des Achterdecks, wo er über einen Schlaf- und Tagesraum, ein Bad und einen kleinen Salon verfügte. Die Koch- und Stewardkammer sowie ein Hospital schlossen daran an. An Backbord lagen die Kammer des ersten Offiziers, des ersten Maschinisten, des zweiten Offiziers, ein Bad sowie die Kammer des zweiten Maschinisten. Hier schloß sich der Proviantraum an. Die Vor- und Achterkante des Quarterdecks wurden vom Zwischendeck des Laderaums sowie von der Segelkammer eingenommen.

Auch diese Schiffe waren nach Vorschrift und unter Aufsicht des Germanischen Lloyd gebaut und hatten dessen höchste Klasse »+100 A4« erhalten.

Ihre Abmessungen wurden von der Bauwerft wie folgt angegeben:

Länge zwischen den Loten:	77,00 m
Breite auf Spanten:	13,45 m
Seitenhöhe:	6,60 m
Tragfähigkeit:	2400 t
Brutto-Vermessung:	ca. 1810 BRT
Netto-Vermessung:	ca. 1400 NRT
PSe:	275
Brennstoffvorrat:	40 t
Geschwindigkeit:	ca. 6,5 kn

Demgegenüber lauteten die amtlichen Vermessungsergebnisse 79,80×13,50×5,82/6,60 m, woraus sich eine Tonnage von 1827 BRT und 1524 NRT ergab. Die Länge der Back wird mit 16,88 m angegeben, die des Quarterdecks mit 25,40 m. Als Antrieb diente ein von der Fried. Krupp A. G. Germaniawerft in Kiel gebauter Viertakt-Diesel, dessen 4 Zylinder eine Leistung von 350 PS erbrachten. Die Schiffe waren mit elektrischem Licht, Echolot, Funkpeiler und Telegrafie ausgerüstet und stellten somit das Modernste dar, was sich unter Segeln bewegte.

Daß sich ihr Bau und Einsatz wirklich lohnte, darf bezweifelt werden. Nicht umsonst hat die Reederei, nachdem sie lange an ihren Seglern festgehalten hatte, sich 1930 vom ersten Schoner getrennt, um bald darauf zwei weitere zu reinen Motorschiffen umzubauen. Als 1936 auch ihre Viermastbark verkauft wurde, behielt sie zur Ausbildung ihres seemännischen Nachwuchses nur noch »CARL VINNEN« zurück.

Sowohl der Werft als auch der Reederei aber darf bescheinigt werden, daß sie mit großem Mut einen allerletzten Versuch gewagt hatten, sich der erdrückenden Übermacht der Dampfschiffe entgegenzustellen. Die Hoffnung, daß ihr Beispiel Nachahmer finden würde, ging nicht in Erfüllung. Die relative Unabhängigkeit der Motorsegler von Brennstoffen konnte ihre Windabhängigkeit und die damit verbundene Unzuverlässigkeit in der Reisedauer nicht wettmachen.

Eine eindrucksvolle Aufnahme der »CARL VINNEN« von der ersten Ausreise unter Kapitän J. Olthaus.
(aus Kruppsche Monatshefte, Dez. 1922. Historisches Archiv Fried. Krupp GmbH)

Segelzeichnung der Vinnenschoner, Maßstab: 1:250. (Zeichnung v. Verfasser)

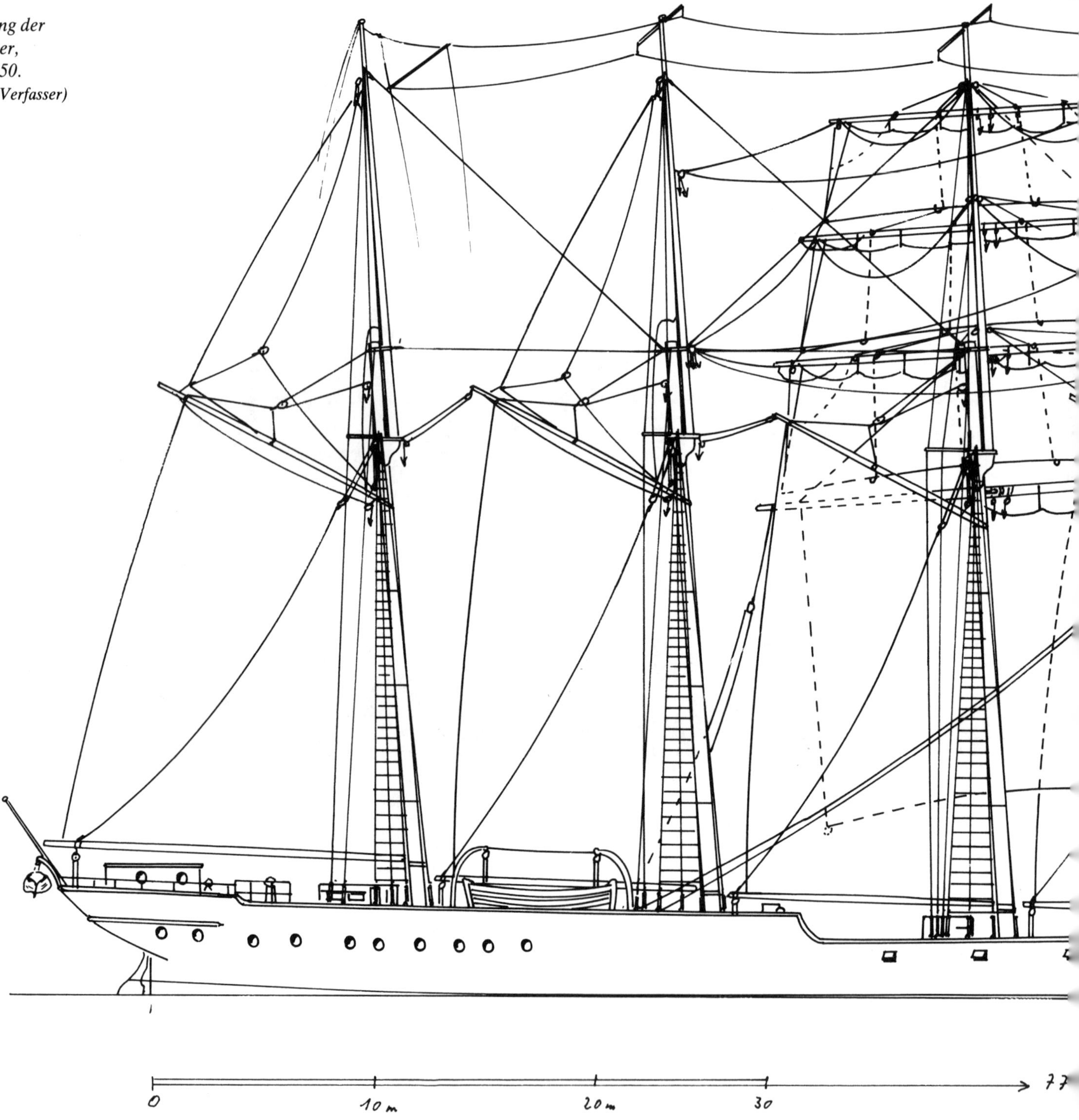

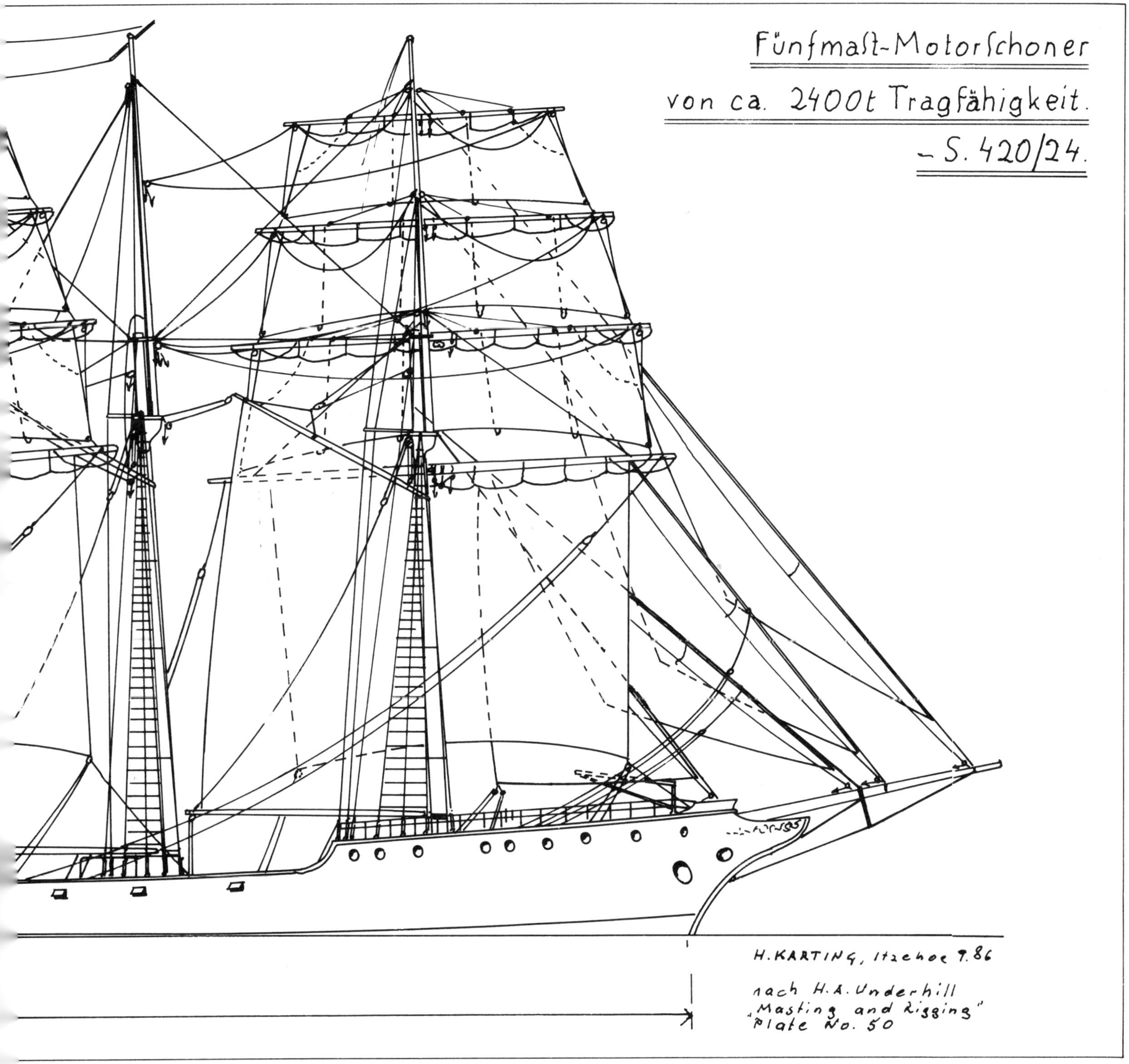
Fünfmast-Motorschoner
von ca. 2400t Tragfähigkeit.
– S. 420/24.
H. KARTING, Itzehoe 9.86
nach H. A. Underhill
„Masting and Rigging"
Plate No. 50

Schnitt und Draufsicht der Vinnenschoner, Maßstab: 1:250. (Zeichnung v. Verfasser nach Underhill)

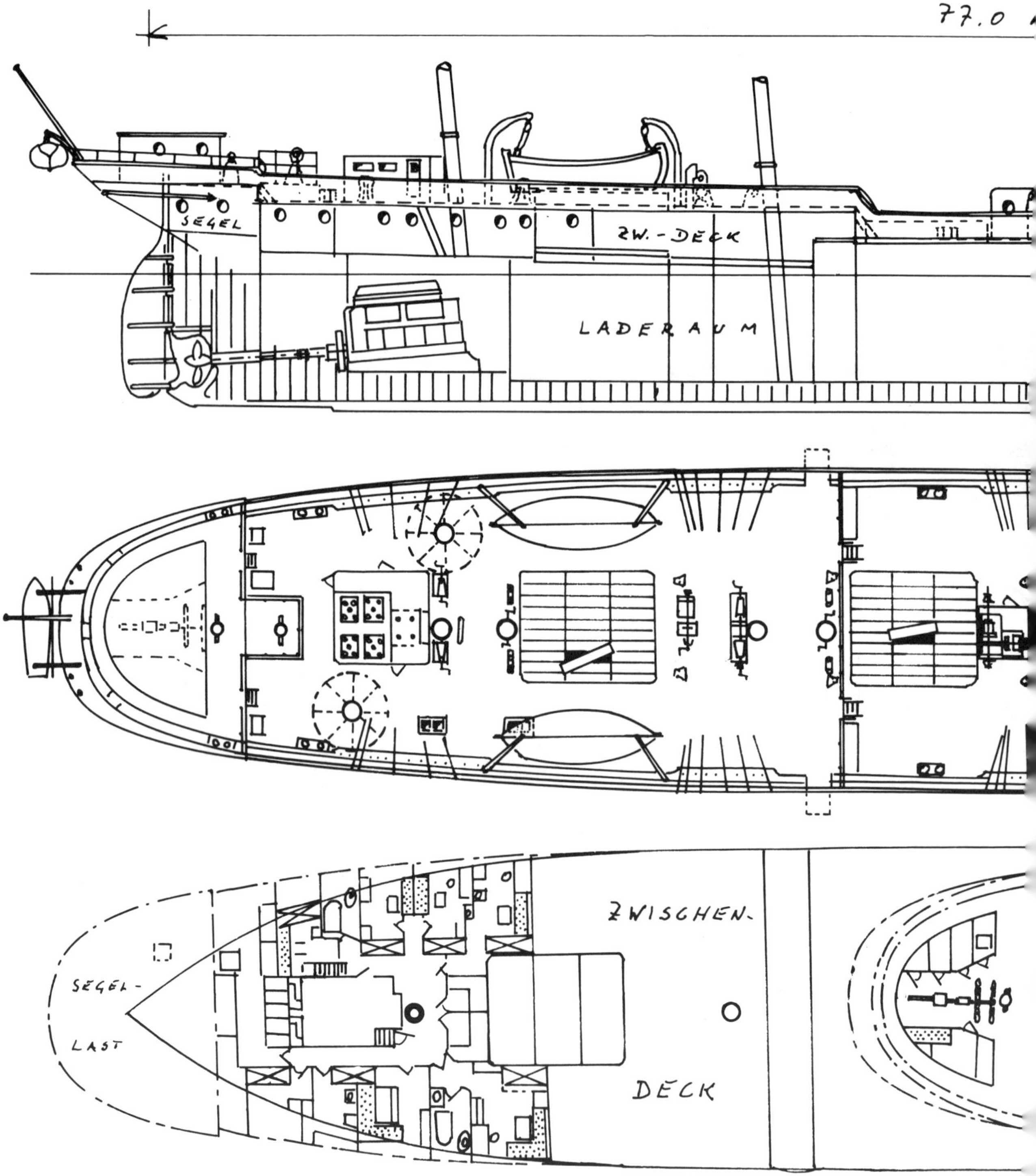

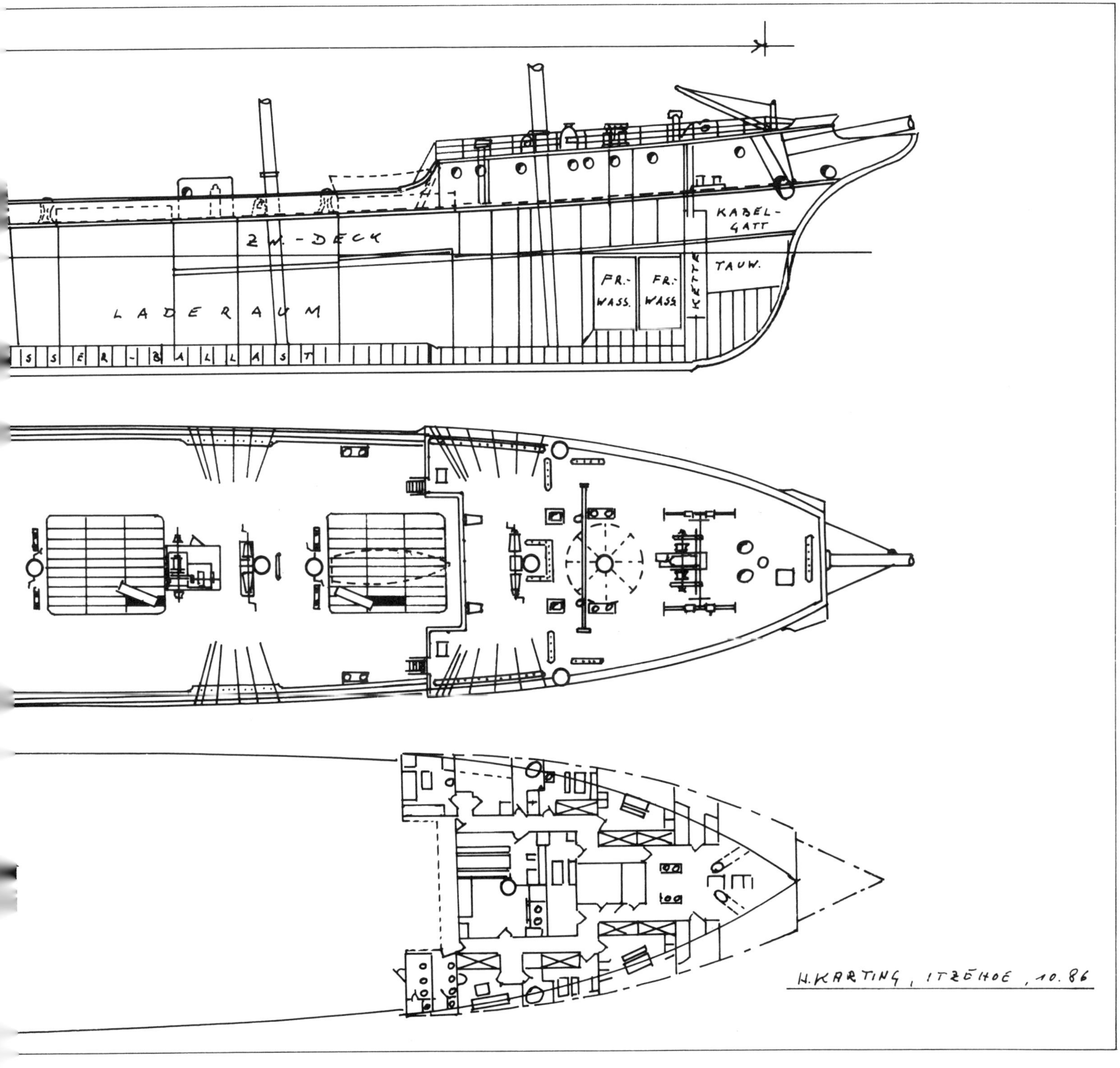
ZW.-DECK
LADERAUM
KABEL-
GATT
TAUW.
FR.-
WASS.
FR.
WASS.
KETTE
H. KARTING, ITZEHOE, 10.86

Baunummer 422: Fünfmastschoner »Carl Vinnen«

Bau und Ablieferung der fünf großen Schwesterschiffe erfolgte nicht, wie man es erwarten würde, in der Reihenfolge ihrer Baunummern, sondern bunt durcheinander. Als erstes kam im Februar 1922 die Nummer 422 zu Wasser, die den Namen »CARL VINNEN« erhielt. Die Fertigstellung nahm einige Monate in Anspruch, während derer noch zwei weitere Fünfmaster vom Stapel liefen.

Am 23. Mai 1922 meldete die »Kieler Zeitung«: *». . . Am Kai der Germaniawerft schwimmen jetzt drei für Bremen bestimmte Motor-Segelschiffe. Es sind ›Werner Vinnen‹ (NB 423), ›Carl Vinnen‹ (NB 422) und ›Christel Vinnen‹ (NB 420) . . .«*

Am 2. Juni meldete die gleiche Zeitung: *»Der Fünfmaster ›Carl Vinnen‹ ist im Schwimmdock der Deutschen Werke aufgenommen. Er wird für die in der nächsten Woche angesetzten Probefahrten vorbereitet . . .«* Nach erfolgreichem Abschluß der mehrtägigen Erprobungstouren verholte der Schoner Mitte Juni 1922 nach Travemünde, um dort während der Travemünder Woche als Regatta-Begleitfahrzeug zu dienen.

Eine letzte Meldung findet sich in der Lokalzeitung vom 6. Juli 1922: *»Der Fünfmaster ›Carl Vinnen‹ hat nach beendeter Abnahmefahrt seine erste Reise nach Schweden angetreten und wird dort Holz für die Südsee laden.«*

Das mit dem Unterscheidungssignal QLNT in Bremen registrierte Schiff stand unter der Führung von Kapitän *J. B. Olthaus,* einem alten Vinnen-Fahrer. Seit 1910 hatte er die 2986 BRT große Viermastbark »J. C. VINNEN« ex »OSBORNE« gefahren, war mit ihr 1914 in Valparaiso interniert worden und hatte das Schiff nach dem Krieg an die Siegermächte ausliefern müssen. Die Übernahme der neuen »CARL VINNEN« mit ihrem ungewohnten Schoner-Rigg stellte diesen erfahrenen Seemann vor neue aber sicher auch reizvolle Probleme.

Die erste Reise des Schoners ging in Ballast von Kiel nach Domsjö bei Örnsköldsvik in Nordschweden, um dort eine Ladung Schnittholz für Melbourne/Australien zu übernehmen.

Anfang September 1922 wurde der Ladehafen verlassen. Über den anfänglichen Reiseverlauf ist nichts bekannt. Das noch erhalten gebliebene meteorologische Tagebuch beginnt erst am 17. September 1922, als sich der Schoner bereits 600 sm westlich von Lizard befand. Madeira wurde am 26. September passiert, die Kanarischen Inseln zwei Tage später. Cap Verde, die afrikanische Westspitze, war am 4. Oktober quer, und der Äquator wurde am 11. Oktober überschritten. Im NO-Passat ging es nun auf SW-Kurse, bis man auf der Höhe von Rio de Janeiro wieder nach SO schwenkte, am 30. Oktober die Insel Tristan da Cunha passierte, um anschließend im Gebiet der »Braven Westwinde« eben südlich des vierzigsten Breitenparallels auf reinen Ostkurs zu gehen. Das Kap der Guten Hoffnung wurde dabei am 11. November in 500 sm Abstand

Fünfmastschoner »CARL VINNEN« auf Erprobungsfahrt unter Maschine in der Kieler Förde.
(Aus Kruppsche Monatshefte, Dez. 1922. Hist. Archiv Fried. Krupp GmbH)

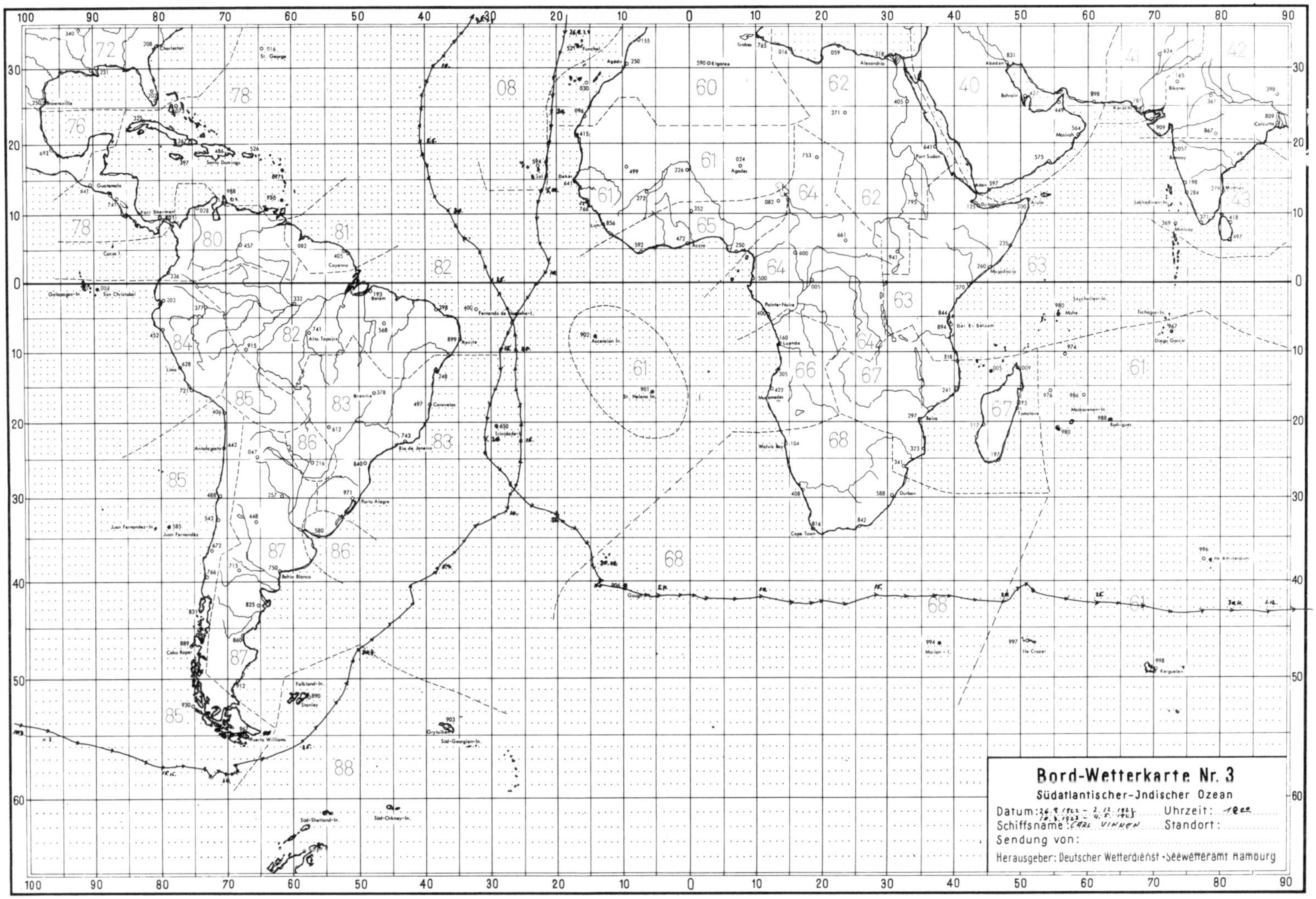

Erste Reise des Schoners »CARL VINNEN« unter Kapitän J. B. Olthaus 1922/23, die von Domsjö (Schweden) nach Melbourne (Australien) und von dort zurück nach Birkenhead führte. Wegekarte für die Strecke im Südatlantik und die angrenzenden Ozeane.
(lt. Wettertagebuch Nr. 7552 im Seewetteramt Hamburg)

passiert, die Inselgruppe der Kerguelen war am 27. November quer, und Cap Leeuwin, die Südwestspitze Australiens, am 11. Dezember. Am 20. Dezember 1922 stand der Schoner vor King-Island in der Bass-Straße, womit die Tagebucheintragungen enden. Von hier bis zum Bestimmungshafen Melbourne war es nur noch eine Tagesreise. Somit wird man Weihnachten 1922 wohlbehalten im sicheren Hafen verbracht haben.

Nach dem Löschen der Holzladung verholte »CARL VINNEN« zum nahegelegenen Hafen Geelong, um hier eine volle Ladung Weizen für Europa zu übernehmen.

Mit Bestimmung »Azoren for Order« wurde Geelong am 10. Februar 1923 verlassen. Kapitän *Olthaus* wählte den Weg um Kap Hoorn, der den schnellsten Reiseverlauf versprach, wegen des zu erwartenden schlechten Wetters aber bei den Seeleuten wenig beliebt, wenn nicht gar gefürchtet

»CARL VINNEN« in den zwanziger Jahren auf einem (wie die an der Gaffel gesetzte Zollflagge erkennen läßt) deutschen Flußrevier. (Sammlung Dr. Jürgen Meyer)

war. Nachdem Neuseeland südlich umrundet war, ging es in das Gebiet der »brüllenden Vierziger und Fünfziger«, die sich um diese Jahreszeit – es herrschte Südsommer – jedoch ungewohnt zahm verhielten. Bei Kap Hoorn gar, das am 22. März 1923 umrundet wurde, herrschten Mallungen, also schwache und umlaufende Winde, die man unter Zuhilfenahme des Motors zu überwinden hatte. Nachdem man am 25. März die Falklands passiert hatte, stand man genau einen Monat später auf dem Äquator, der in 30° W überschritten wurde. Als am 15. Mai die Azoren durchsteuert wurden, erhielt man Order, als Löschhafen Birkenhead bei Liverpool anzulaufen. Am 2. Juni 1923 morgens um 4.00 Uhr war beim Bar-Feuerschiff die erste Weltumsegelung der »CARL VINNEN« beendet. Sie hatte genau neun Monate gedauert.

In Birkenhead übergab Kapitän *J. B. Olthaus* das Kommando an Kapitän *W. A. Müller.* Erster Offizier blieb, wie auch schon auf der vorhergehenden Reise, *C. Pohl.* Ob es sich bei *W. A. Müller* um den gleichen Kapitän *W. Müller* handelt, der im Februar 1923 die nagelneue »ADOLF VINNEN« (NB 424) verloren hatte, entzieht sich meiner Kenntnis. Sollte es der Fall sein, so wäre das ein Beispiel seltenen und ungewöhnlichen Vertrauens einer Reederei ihrem Kapitän gegenüber.

»CARL VINNEN« verließ den Hafen von Penarth am Bristol-Kanal zu seiner zweiten Ausreise am 3. August 1923. Ziel war Funchal auf Madeira, wo man am 12. August vormittags ankam. Über die Art und Menge der Ladung ist nichts überliefert. Funchal wurde am 15. August verlassen; nächstes Ziel war Santa Cruz auf Teneriffa, das am 17. August morgens erreicht wurde. Nachdem auch hier ein Teil der Ladung umgeschlagen war, lief der Schoner weiter nach Buenos Aires. Am 24. August stand das Schiff auf 26,4 N und 17,0 W, am 4. September wurde die Linie auf 24 W überschritten, und am 20. September 1923 passierte man mittags die Insel Lobos vor der La Plata-Mündung, wo kurz darauf der Lotse für Buenos Aires übernommen wurde.

Die weiteren bekannten Reisen mögen, um den Bericht nicht zu langatmig zu machen, in Kurzform folgen:

Okt. 1923 – Nov. 1923	Rosario – Southhampton Kpt. W. A. H. Müller
Jan. 1924	Southhampton – Rotterdam
Jan. 1924 – März 1924	Rotterdam – Buenos Aires Kpt. W. A. H. Müller
April 1924 – Mai 1924	Buenos Aires – Barry Dock/England Kpt. W. A. H. Müller
Juni 1924 – Aug. 1924	Barry Dock – Buenos Aires Kpt. W. A. H. Müller
Aug. 1924 – Sept. 1924	Buenos Aires – Azoren for order Kpt. W. A. H. Müller (Das Schiff hatte nur einen Tag vor Buenos Aires gelegen und war unverrichteter Dinge sofort wieder auf Heimreise gegangen.)

Mai 1925 – Juli 1925	Hamburg – Buenos Aires Reisedauer ab Cuxhaven 46 Tage, 15 Std. Kpt. E. Weitendorf
Aug. 1925 – Sept. 1925	Buenos Aires – Plymouth Kpt. E. Weitendorf
Okt. 1925	Hamburg – Bremen
Okt. 1925 – Dez. 1925	Bremen – Rio de Janeiro Kpt. E. Weitendorf
Dez. 1925 – Feb. 1926	Rio de Janeiro – Fremantle/Australien Kpt. E. Weitendorf
Feb. 1926	Fremantle – Esperanca
März 1926 – Juli 1926	Albany/Australien – Hamburg (126 Tage) Kpt. E. Weitendorf
Sept. 1926 – Okt. 1926	Hamburg – Buenos Aires 2400 t Kochsalz (46 Tage, davon 26 m. Motor) Kpt. E. Weitendorf
Nov. 1926	Buenos Aires – Diamante
Nov. 1926 – Jan. 1927	Diamante – Amsterdam 2439 t Leinsaat (45,6 Tage, davon 20,3 m. Mot.) Kpt. E. Weitendorf
Jan. 1927	Amsterdam – Brevik
Jan. 1927 – März 1927	Brevik – Mar del Plata 2400 t Zement (45,5 Tage; 25,3 m. Motor) Kpt. E. Weitendorf
April 1927	Mar del Plata – Santa Fé
April 1927 – Juni 1927	Santa Fé – Antwerpen Getreide(?) (44,0 Tage, 22,5 m. Motor)
Juli 1927 – Sept. 1927	Antwerpen – Buenos Aires 1400 t Zement, Ziegelsteine, Feuererde, geladen in Antwerpen und 1000 t Eternit, geladen in Capelle au Bois (45 Tage, davon 20 m. Motor u. Segel) Kpt. E. Weitendorf
Sept. 1927	Buenos Aires – Villa Constitucion
Okt. 1927 – Nov. 1927	Villa Constitucion – Hamburg Alteisen – Schrott Kpt. E. Weitendorf
Dez. 1927	Hamburg – Fowey/England
Jan. 1928 – Feb. 1928	Fowey – Buenos Aires 1029 t Chinaclay f. Zarate und 900 t Zement in Fässern von Hamburg für Santa Fé (35 Tage) Kpt. E. Weitendorf
März 1928 – Mai 1928	Santa Fé – Antwerpen Quebracho-Logs Kpt. E. Weitendorf
Juni 1928 – Aug. 1928	Antwerpen – Buenos Aires 2400 t Eternitplatten v. Capelle au Bois (26 Tage m. Motor und Segel)
Sept. 1928 – Nov. 1928	Santa Fé – Antwerpen 12. 11. 1928 nach 63 Tagen in Antwerpen eingelaufen. Die Reise wurde ohne Motor zurückgelegt. Kpt. E. Weitendorf
Dez. 1928 – Feb. 1929	Antwerpen – Buenos Aires Kpt. E. Weitendorf
Feb. 1929	Buenos Aires – Santa Fé
März 1929 – Jun. 1929	Santa Fé – Antwerpen Kpt. E. Weitendorf
Juli 1929 – Aug. 1929	Antwerpen – Buenos Aires Kpt. E. Weitendorf
Nov. 1929 – Jan. 1930	Buenos Aires – Piombino/Italien

Nachdem man auf dieser Reise vom 28. August 1929 bis zum 7. November 1929 im Hafen von Buenos Aires gelegen hatte, konnte man am 9. November endlich den La Plata-Lotsen abgeben, um sich auf die Reise nach Piombino zu begeben. Die Linie wurde am 5. Dezember passiert, Gibraltar am 30. Dezember. Am 6. Januar 1930 setzte plötzlich sturmartiger Wind aus Ost ein, durch den die Vorbram- und Marsstenge oberhalb der Saling brach. Mit den hinteren drei Gaffelsegeln wurde das Schiff auf die See gehalten, um die Schäden notdürftig zu klarieren. Zum weiteren Reiseverlauf notiert Kapitän Weitendorf: *»Ankern am 8. 1. um 9 Uhr vormittags in der Bay von Sanary, die wir als Schutzbucht aufsuchten, um die Takelage im Vortop zu klaren, was uns auf See wegen herrschendem Unwetter nicht möglich war. Nachdem am 11. Januar die Takelage geklart war und das Schiff Seefähigkeitsattest erhalten hatte, setzten unsere Reise nach Porto Vechio di Piombino um 9h50 a. m. fort. Stürmischer SW bis W-Wind Stärke 8–9 brachte uns unserem Ziel schnell näher und wurde am 12. 1. 12h30 a. m. der Anker geworfen, womit unsere Reise beendet war.«*

Feb. 1930	Piombino – Marseille
März 1930 – April 1930	Marsaille – Mar del Plata
Mai 1930	Mar del Plata – Santa Fé
Juni 1930 – Aug. 1930	Santa Fé – Genua Kpt. E. Weitendorf

Hier enden die Tagebucheintragungen von Kapitän *E. Weitendorf*, der die »CARL VINNEN« aber noch bis März 1931 führte, um sie dann an Kapitän *Sandvei* zu übergeben.

Auch *Andreas Sandvei* war ein seit Jahrzehnten im Dienst der Reederei *F. A. Vinnen & Co.* stehender Schiffsführer. Er hatte bereits vor dem Krieg die 2773 BRT große Viermastbark »CARL RUDGERT VINNEN« ex »DUNFERMLINE« geführt, mit der er 1914 in Newcastle/New South Wales in britische Hände fiel. Von 1924 bis 1931 war er Kapitän des Fünfmastschoners »SUSANNE VINNEN« (NB 421), nach dessen Verkauf er nun das Schwesterschiff »CARL VINNEN« übernahm.

Seine erste Reise mit diesem Schiff führte von Trapani/Italien nach Koppervik in Norwegen for order und weiter nach Haugesund. Nachdem man Trapani Ende Februar 1931 verlassen hatte, wurde Gibraltar am 6. März passiert. 15 Tage später, am 21. März, stand man querab von St. Catharines Point im Englischen Kanal, und am 27. März vor der Einfahrt nach Haugesund.

Weitere Reisedaten sind noch aus dem Jahr 1932 überliefert:

Jan. 1932 – März 1932	Santa Fé – Palamos/Spanien (63 Tage)
Mai 1932	Palamos–Torrevieja (1 Tag)
Mai 1932	Torrevieja – Cadiz (4 Tage)
Mai 1932 – Juli 1932	Cadiz – Rosario (48 Tage) (alle Reisen unter Kpt. A. Sandvei)

Für die dann folgenden vier Jahre fehlen die Reisedaten. Die der Jahre 1936/38 stellte mir Kapitän *Johann Eils* aus Emden zusammen, der während dieser Zeit vom Jungen bis zum Leichtmatrosen auf »CARL VINNEN« fuhr. Führer des Schoners war immer noch *Andreas Sandvei.*

April 1936 – Mai 1936	im Hafen von Rotterdam
Mai 1936	Rotterdam – Cadiz (7 Tage), Ballast
Mai 1936 – Juli 1936	Cadiz – Montevideo (33 Tage), Salz
Juli 1936	Montevideo – Buenos Aires
Juli 1936	Buenos Aires – Santa Fé
Juli 1936 – Sept. 1936	Santa Fé – Antwerpen (51 Tage) Quebrachoholz; Ladung war für Palamos in Spanien bestimmt, wurde aber wegen des Bürgerkrieges umbeordert.
Sept. 1936	Antwerpen – Amsterdam, Ballast
Okt. 1936	Amsterdam – Gdingen, Schrott
Nov. 1936	Danzig – London, Schnittholz Am 3. November in der Drogdenrinne vor Kopenhagen aufgelaufen, nach Löschen der Deckslast mit Hilfe zweier Schlepper erst drei Tage später freigekommen. In Kopenhagen Besichtigung (Schäden wurden nicht festgestellt) und erneute Übernahme der Deckslast. Weiterfahrt nach London am 8. November, Ankunft am 16. November.
Dez. 1936	London – Rotterdam, Ballast
Dez. 1936 – Jan. 1937	Rotterdam – Las Palmas–Montevideo (48 Tage), Koks
Feb. 1937	Montevideo – Rosario – Santa Fé
Feb. 1937 – April 1937	Santa Fé – Philadelphia (47 Tage), Knochen
Feb. 1937	Philadelphia – Norfolk (3 Tage), Ballast
Mai 1937 – Juni 1937	Norfolk – Gdingen (27 Tage), Schrott
Juni 1937	Danzig – Hull (6 Tage), Schnittholz
Juli 1937	Hull – Riga – Windau, Ballast
Aug. 1937	Windau – Gent (7 Tage), Grubenholz
Aug. 1937 – Sept. 1937	Gent – Kiel – Königsberg – Danzig In Kiel lag der Schoner 5 Tage in der Germaniawerft, um dort Klassearbeiten auszuführen.
Sept. 1937 – Okt. 1937	Danzig – London (7 Tage), Schnittholz
Okt. 1937	London – Rotterdam (2 Tage), Ballast

»CARL VINNEN« während des Krieges aufgelegt in Cartagena, Spanien.
(Postkarte, Verlag E. Heinemann, Hbg.)

Okt. 1937 – Dez. 1937	Rotterdam – Rosario (54 Tage), Koks	
Jan. 1938 – März 1938	Santa Fé – Hamburg (58 Tage), Getreide	
März 1938	Hamburg – Bremen, Ballast	

Wie dieser Aufstellung zu entnehmen ist, setzte die Reederei den Schoner keineswegs nur in der angestammten La Plata-Fahrt ein, sondern betrieb ihn als reines Trampschiff, dem auch kurze Ostseereisen zugemutet wurden.

Die letzten Reisen dieses inzwischen letzten deutschen Fünfmasters waren folgende:

Sept. 1938 – Okt. 1938	Bremen – Santa Fé (53 Tage)
Nov. 1938 – Jan. 1939	Santa Fé – Rotterdam (50 Tage)
Jan. 1939 – März 1939	Rotterdam – Montevideo (51 Tage)
April 1939 – Juni 1939	Santa Fé – Rotterdam (67 Tage)

Bei Ausbruch des Krieges befand sich »CARL VINNEN« auf erneuter Ausreise nach Argentinien. Auf 37,2 Grad Nord und 10,7 Grad West erhielt Kapitän *Janssen* erste Nachrichten über die bevorstehenden Feindseligkeiten. Er änderte daraufhin Kurs auf die Straße von Gibraltar und brachte das Schiff in den neutralen Hafen Cartagena, wo es für die Dauer des Krieges interniert wurde. Verhandlungen mit der spanischen Marine, die das Schiff gern als Schulschiff übernehmen wollten, führten zu keiner Einigung. Nach Beendigung des Krieges wurde der Schoner den Engländern zugesprochen, die ihn am 15. Oktober 1946 nach Gibraltar verholten, wo er wiederum aufgelegt wurde.

Im Juni 1952 kaufte der Hamburger Reeder *Heinz Schliewen,* unter dessen Flagge bereits die beiden Viermastbarken »PAMIR« und »PASSAT« segelten, den Schoner als drittes Schiff für seine Schulschiffsflotte. Mit 25 Kadetten an Bord sollte es Ende 1952 erneut in Fahrt gesetzt werden. *»Die Engländer haben beim Verkauf zur Bedingung gemacht, daß das Schiff wieder segelt und nicht etwa zum Motorfrachter umgebaut wird«,* sagte *Schliewen. »Daß wir auf der ›Pamir‹ zehn englische Kadetten mitfahren ließen, hat einen guten Eindruck auf der Insel hinterlassen. Der frühere deutsche Eigner, Werner Vinnen, hat keinerlei Ansprüche auf das Schiff erhoben, obwohl ihm 1945 die ›CARL VINNEN‹ von den Alliierten weggenommen worden ist. Der Bremer Reeder freut sich, daß dieses Schiff wieder zur Ausbildung von nautischem Nachwuchs verwendet wird . . .«,* so stand es im »Hamburger Abendblatt« vom 21. Juni 1952.

Im September 1952 traf der Schoner im Schlepp im Hamburger Hafen ein. Aus dem geplanten Umbau jedoch wurde nichts, denn die Reederei *Schliewen* ging kurz darauf in Konkurs. Die in Hamburg aufliegende »CARL VINNEN« wurde am 8. Mai 1953 zwangsversteigert und von der Firma *Böttcher & Gröning* für 135000 DM zum Abwracken erworben. Eine letzte Reise machte das Schiff einige Wochen später im Tau eines Schleppers, der es nach Bremerhaven brachte, wo es unter den Schweißbrennern der Abwracker seine Laufbahn auf traurige Weise beenden mußte.

(Gl-Register 1923/28/33, Met. Tagebücher Nrn. 7552/7576/7609/7617/7626/7634/7674/7672/7673/7698/7699/7745/7752, W. Ebel: »Die Strandung der ›C. V.‹« (Manuskript), W. Heidel: »Die Motorsegler der Reederei Vinnen« in »Seekiste« 11/1961, »Hamburger Abendblatt«: »Das dritte Segelschulschiff« 6/1952, Aufzeichnungen von Herrn C. F. Blaas/Altenholz aus Berichten der »Kieler Zeitung« und »Sea-Breezes«, Mitteilung von Herrn Kpt. Joh. Eils/Emden).

Mit leichter Steuerbord-Schlagseite an der Abwrackwerft liegend, erwartet »CARL VINNEN« ihr Ende.
(Sammlung Dr. Jürgen Meyer, Bremen)

»WERNER VINNEN« unter (fast) vollen Segeln in Ballast auf der Unterelbe. Als einziges Schiff führte »WERNER VINNEN« an den beiden Unterrahen feste Segel (Fock und Großsegel, auf dem Foto nicht gesetzt), während auf den vier Schwesterschiffen die sog. Gardinensegel üblich waren. Vor- und Großgaffelsegel waren auf ersterem entsprechend niedriger geschnitten, um den Rahsegeln besseren Wind zu geben.
(Foto-Fuchs, Hamburg)

Baunummer 423: Fünfmastschoner »Werner Vinnen«

Als zweiter der fünf Vinnen-Schoner lief unter der Baunummer 423 im März 1922 der »WERNER VINNEN« vom Stapel. Die Ablieferung erfolgte im August gleichen Jahres. Die »Kieler Zeitung« hatte auch über dieses Schiff fleißig berichtet: *»Der neue Fünfmaster ›Werner Vinnen‹, ein Schwesterschiff der ›Carl Vinnen‹, ist mit seinen Auftakelungsarbeiten fertig und verholte zur Bodenreinigung ins Dock«* (25. Juli 1922). Am 3. August 1922 hieß es weiter: *»›Werner Vinnen‹ ist mit dem Unterschlagen seiner Segel fertig und wird jetzt seine Probefahrten aufnehmen.«* Zwei Tage später war es dann soweit: *»Der neue Fünfmaster ging vormittags im Schlepp des Dampfers ›Jägersberg‹ zum ersten Male zur Abhaltung von Probefahrten in See.«* Und am 11. August 1922 konnte endlich gemeldet werden: *»Der Fünfmaster ›Werner Vinnen‹ hat seine erste Reise angetreten, ist leer nach dem schwedischen Botten ausgelaufen und soll Holz laden.«* Kapitän des neuen Schoners wurde *D. Dinkela* aus Emden, ebenfalls ein alter Vinnen-Fahrer, der seit 1910 die große Viermastbark »WERNER VINNEN« (1.) ex »FORTEVIOT« gefahren hatte. Am 22. August 1914 war er mit diesem Schiff bei den Kapverden von den Engländern gestellt und nach Freetown eingeschleppt worden. Die Bark kam danach als »YAWRY« erneut unter englischer Flagge, ihre deutsche Besatzung hingegen wanderte ins Internierungslager. Als Führer der zweiten »WERNER VINNEN« läßt sich Kpt. *Dinkela* bis in die dreißiger Jahre nachweisen.

Die erste Reise mit dem neuen Schiff führte ihn Ende September 1922 zurück zur Kieler Werft, wo ein Motorschaden repariert werden mußte. Am 11. Oktober wurde die Förde verlassen und via Skagen die lange Reise nach Port Adelaide in Australien angetreten. Am 19. Oktober stand man auf 48,6 Grad Nord und 7,7 Grad West am Westausgang des Kanals. Nach 14 Tagen in See wurde am 25. Oktober Madeira passiert; am 30. Tag passierte der Schoner die Linie auf 28,6 Grad West, auf der Höhe des Kaps der Guten Hoffnung war am 8. Dezember, dem 58. Tag, und endlich konnte nach 85 Seetagen am 4. Januar 1923 bei Wonga Shoals der Lotse übernommen werden.

(Ein Bericht über den Verlauf dieser Reise aus der Sicht eines dabeigewesenen Matrosen folgt im Angang).

Nach dem Löschen der Holzladung ging der Schoner unter Maschine nach Port Germain westlich von Adelaide, um dort eine Ladung Weizen für Falmouth for order einzunehmen. Port Germain wurde am 14. Februar 1923 verlassen. Kapitän *Dinkela* entschied sich für den Weg westwärts ums Kap der Guten Hoffnung, das am 2. April, dem 47. Tag der Heimreise, passiert wurde. Am 27. April überschritt man den Äquator

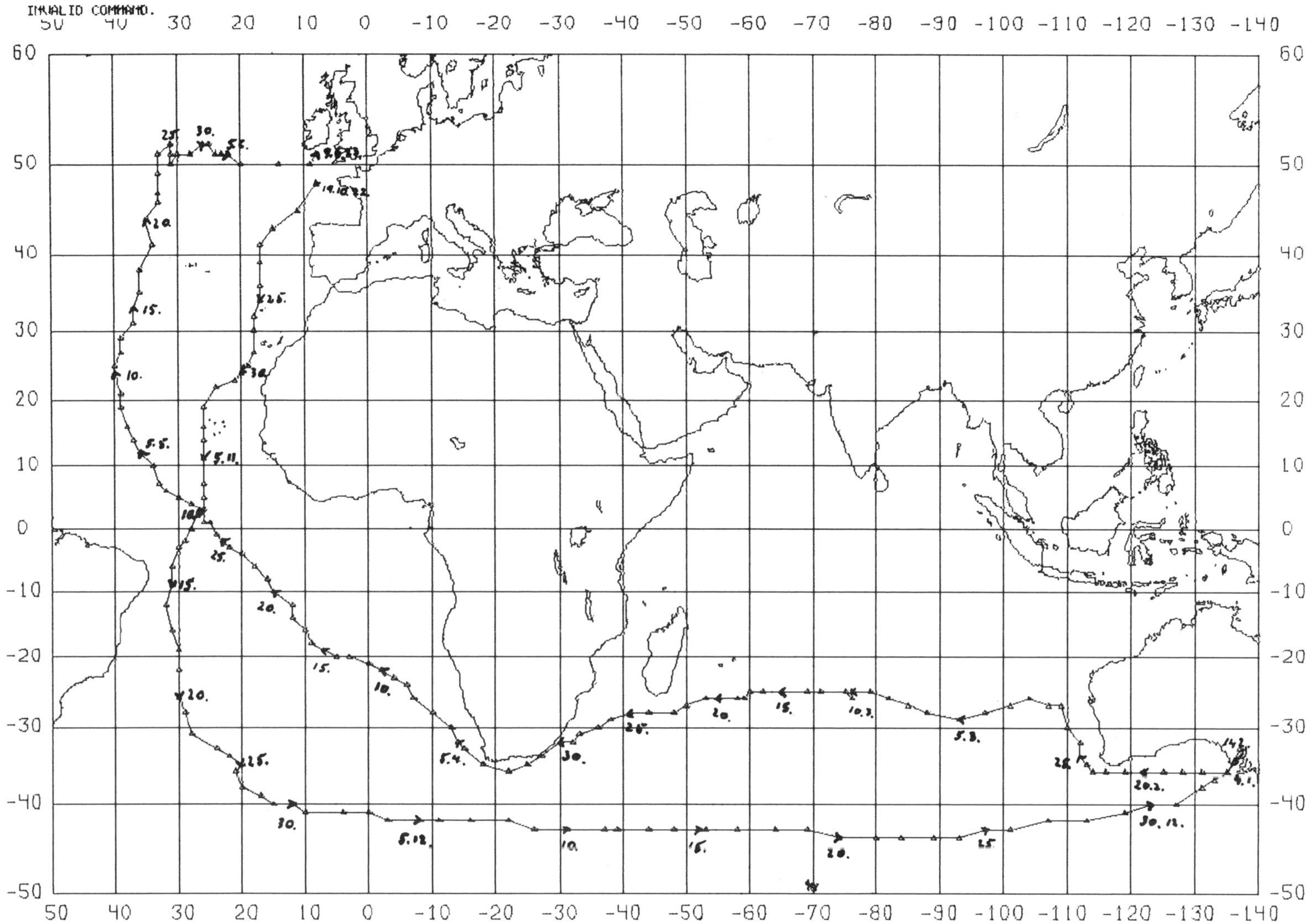

Wegekarte von »WERNER VINNENs« erster Reise von Kiel nach Südaustralien und zurück nach Falmouth unter Kapitän D. Dinkela von September 1922 bis Juni 1923.
(lt. Tagebuch Nr. 7574 im Seewetteramt Hamburg)

auf 25 Grad West, zwei Tage später wurde der Kurs der Ausreise gekreuzt. Am 8. Juni 1923, nach 114 Tagen auf See, stand man schließlich vor dem Kanal, wo auf 51,1 Grad Nord und 8,8 Grad West aufgedreht wurde, um Order über den Bestimmungshafen abzuwarten. Wo die Ladung am Ende gelöscht wurde, geht aus den meteorologischen Tagebüchern nicht hervor. Der Reiseverlauf ist der hier beigefügten Trackkarte zu entnehmen.

Weitere Reisen der »WERNER VINNEN« waren:

Sept. 1923 – Nov. 1923	Cardiff – Rosario (52 Tage), Kpt. D. Dinkela
Jan. 1924 – April 1924	Santa Fé – Hamburg Kpt. D. Dinkela

Im August/September 1926 lag der Schoner in Bremen, wo laut Aussage des GL-Registers Klassearbeiten ausgeführt wurden.

Decksbesatzung der
»WERNER VINNEN«
Januar 1928 in Rotterdam
Obere Reihe von links nach rechts:

1. *Karl Hobohm, später Elblotse*
2. *Wilhelm Schönau, Kpt. N. D. Lloyd*
3. *Hans Fromm, Kpt. D. G. Neptun*
4. *?*
5. *Hans Kirchhoff, Stauerei-Insp. Lloyd*
6. *Klaus Mahncke*
7. *Steward*
8. *Segelmacher*
9. *Paul Schlaffke, von Raa gestürzt, später Jurist*
10. *?*

sitzend:

1. *?*
2. *Hugo Schütt*
3. *?*
4. *Ernst Koch, 1976 Kpt. auf ausl. Bulkcarrier*

(Sammlung Verfasser)

»WERNER VINNEN«,
1927 in Le Havre einlaufend.
Original-Postkarte,
Sammlung Verfasser)

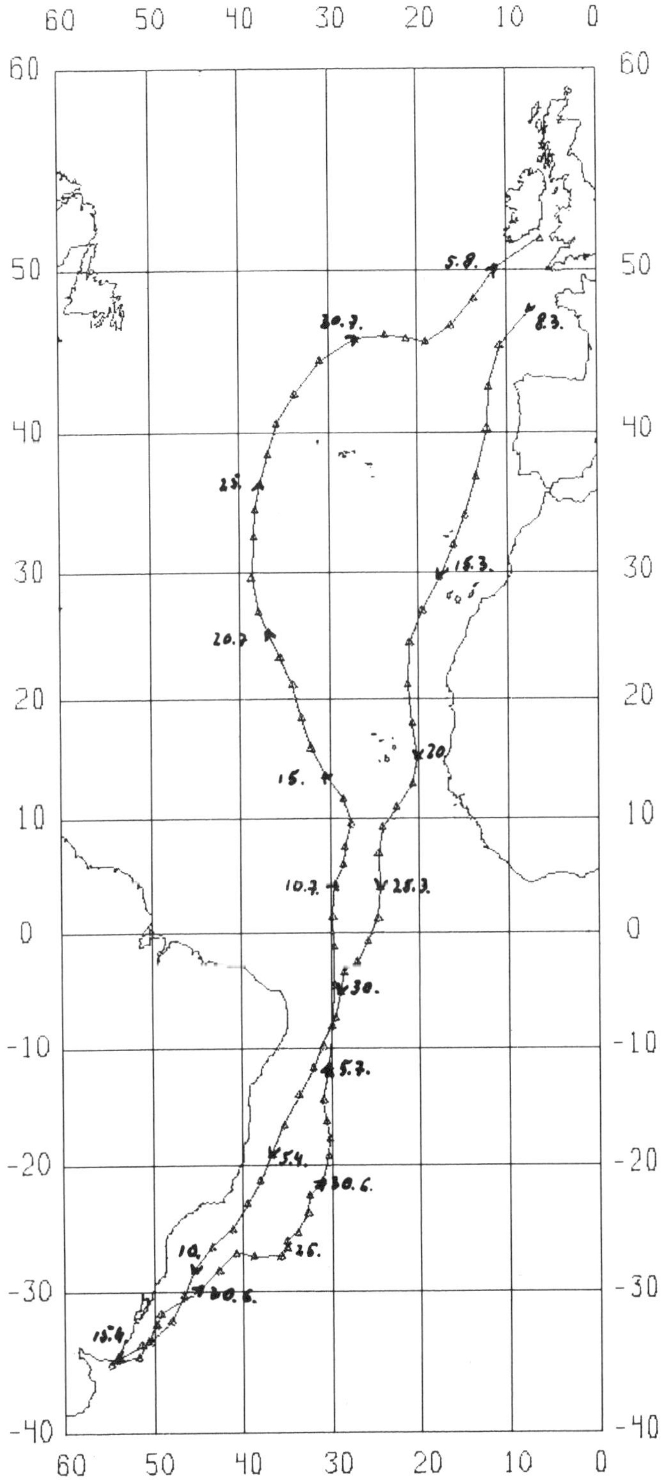

Wegekarte der Reise Limhamn – Buenos Aires – Santa Fe – Greenock vom März bis August 1928 unter Kapitän D. Dinkela.
(lt. Tagebuch Nr. 7787 im Seewetteramt Hamburg)

Die nächste Reise führte wieder zum La Plata, wo man im Dezember 1926 in Santa Fé lag. Von dort ging es nach Le Havre. Im Januar 1928 war »WERNER VINNEN«, wie der hier gezeigten Mannschaftsaufnahme zu entnehmen ist, in Rotterdam. Von hier verholte man in die Ostsee zum Holzladen.

März 1928 – April 1928	Limhamn – Buenos Aires (45 Tage), Kpt. D. Dinkela
Mai 1928	Buenos Aires – Santa Fé
Juni 1928 – Aug. 1928	Santa Fé – Greenock (60 Tage), Kpt. D. Dinkela

Für 1929 liegen keine Daten vor.

März 1930 – Mai 1930	Buenos Aires – Newport News/Va. (54 Tage) Kpt. D. Dinkela
Mai 1930	Newport News/Va. – Fernandina/Fla.
Juni 1930 – Juli 1930	Fernandina/Fla. – Antwerpen (32 Tage) Kpt. D. Dinkela
März 1931 – April 1931	Capelle au Bois/Antw. – Buenos Aires Kpt. D. Dinkela
Mai 1931	Buenos Aires – Santa Fé

Zwei Seeleute beim Segelreparieren auf dem Achterdeck von »WERNER VINNEN« 1926.
(Foto: Karl Hobohm †, Itzehoe)

Blick vom Fockmast der »WERNER VINNEN« über das Haupt- und Achterdeck. Alle Segel sind abgeschlagen, die Luken verschlossen: Es herrscht sonntägliche Arbeitsruhe im Hafen von Santa Fé im Dezember 1926.
(Foto: Karl Hobohm †, Itzehoe)

»WERNER VINNEN« 1927 in Santa Fé. Die Backbord-Wanten vom Fockmast sind losgemacht und nach vorn geholt. Vielleicht eine Maßnahme, um die Ladungsarbeiten an Luke eins zu erleichtern? Auf der Back sieht man links den Kopf des Gangspills. Das Gaffelsegel rechts ist ziemlich unordentlich auf seinem Baum festgemacht, doch wird sich das noch ändern, denn die beiden Seeleute sind ganz offensichtlich mit Aufklarungsarbeiten beschäftigt. Das Foto entstand unmittelbar nach Einlaufen des Schiffes.
(Foto: Karl Hobohm †, Itzehoe)

»WERNER VINNEN«, in Ballast aus Hamburg auslaufend.
(Sammlung Dr. Jürgen Meyer)

Am 11. Juni 1931 verließ der Fünfmaster den Hafen von Santa Fé mit einer Ladung Holz für Le Havre. Zwei Tage später lief das Schiff bei Boca Guaza auf und konnte erst wieder abgebracht werden, nachdem man 1000 Tonnen der Ladung geleichtert hatte. Zum Glück hatte der Schiffskörper keine Beschädigungen erlitten, und so konnte die Reise, nachdem man die Ladung wieder an Bord genommen hatte, fortgesetzt werden. Am 3. September wurde der La-Plata-Lotse bei Isla Lobos abgesetzt, und nach 48 Seetagen erreichte man Le Havre-Reede am 21. Oktober 1931. Die letzten Reisenachrichten stammen von 1932:

Feb. 1932 – April 1932	Santa Fé–Antwerpen (52 Tage)
Aug. 1932	Vlissingen–Cadiz (8 Tage)
Sept. 1932 – Okt. 1932	Cadiz–Santa Fé (55 Tage).

»WERNER VINNEN« war nach dem 1937 erfolgten Umbau beim besten Willen nicht mehr als ehemaliger Segler zu erkennen.
(Sammlung Dr. Jürgen Meyer, Bremen)

Nachdem 1934 bereits das Schwesterschiff »CHRISTEL VINNEN« (NB 420) zum reinen Motorfrachter umgebaut worden war, stand im Frühjahr 1937 dem »WERNER VINNEN« ein gleiches Schicksal bevor. Bei der Germaniawerft in Kiel wurde der Schoner beim Schott zwischen Haupt- und Achterdeck in zwei Hälften getrennt und durch Einfügen einer Mittschiffssektion von 16 m Länge auf eine Gesamtlänge von 93,13 m gebracht. Die Maschine, ein von Krupp gebauter Sechszylinder von 930 PS, wurde mittschiffs eingebaut, wie es bei »normalen« Motorschiffen damals üblich war. Ein großer Aufbau mit schönem »Dampferschornstein«, der gerade Vorsteven und die beiden Lademasten machten aus dem einstigen Segler ein modernes Schiff, dem man seine Vergangenheit nicht ansehen konnte. Statt 2400 Tonnen konnte das Fahrzeug nach dem Umbau 3830 Tonnen laden. Bis in den Zweiten Weltkrieg hinein wurde »WERNER VINNEN« in der allgemeinen Trampfahrt eingesetzt. Am 24. Mai 1944 ist das Schiff in der Elbemündung durch Minenexplosion total verlorengegangen.

(GL-Register 1923/28/33, Meteorologische Tagebücher Nrn. 7554/7568/7640/7785/7786/7787, Kpt. L. Schirrmeister: »Mit einem Fünfmastsegler nach Australien« in »Albatros« Heft 1/1975, »Kieler Zeitung« Jahrgang 1922 – mitgeteilt von Herrn F. C. Blaas/Altenholz)

Bericht über die erste Ausreise der »WERNER VINNEN« von Kiel über Schweden nach Australien 1922/23.
Veröffentlicht in *»Der Albatros«*, Mitteilungsblatt der deutschen Cap Hoorniers, Heft 1/1975.

Kapitän Ludwig Schirrmeister (†)
Mit einem Fünf-Mast-Segler nach Australien

Kurz nach dem Ende des Ersten Weltkrieges war es soweit, daß ich in das Berufsleben treten sollte. Die Wahl hatte ich längst getroffen, ich wollte zur See fahren, wollte fremde Länder bereisen und die Welt kennenlernen. Ich wollte um Gottes willen nicht in einem Büro eingesperrt und festgeschnallt auf einem Büroschemel den jugendlichen Tatendurst verrauschen lassen. Das war nun im Jahre 1919 nicht so ganz einfach. Genau wie nach dem letzten Krieg hatten uns unsere Feinde fast alle Schiffe weggenommen, und die deutsche Schiffahrt ruhte fast vollständig. Nur der Deutsche Schulschiff-Verein hatte bisher noch seine Segelschulschiffe behalten und stellte junge seelustige Leute ein. So begann auch ich in den Apriltragen 1919 meine seemännische Laufbahn auf einem dieser Großsegler. Es war ja in der deutschen Handelsschiffahrt immer noch so, daß man zum späteren Besuch der Navigationsschule eine bestimmte Segelschiffsfahrzeit nachweisen mußte. Diese Bestimmungen wurden damals schärfer gehandhabt als heute, und es gab auch noch eine ganze Reihe kleiner und größerer Segler. Die Werften brauchten nicht demontiert zu werden, und die deutschen Reeder konnten gleich wieder mit dem Schiffbau beginnen, soweit das Geld dazu vorhanden war. So ließ die Reederei Vinnen in Bremen 1922 auf der Germania-Werft in Kiel eine Serie von fünf Großseglern bauen, und ich konnte hochbeglückt und stolz auf dem zweiten dieser Fünf-Mast-Rahschoner »Werner Vinnen« als Vollmatrose anmustern. Ich hatte zuvor als Schiffsjunge und Leichtmatrose eine zweijährige Schulschiffausbildung genossen und war über ein Jahr lang als Vollmatrose auf einem Drei-Mast-Schoner in der Nord- und Ostsee gefahren, ich war also ein befähigter Seemann oder, wie der Engländer sagt, ein »ablebodied seaman«, abgekürzt ein ABS. Diese neuen Schiffe hatten eine eigenartige, noch nie dagewesene Takelung. Alle fünf Masten hatten Schonertakelung, hatten also Schonersegel und Toppsegel, außerdem hatte der Vor- und Großmast zusätzlich Rahsegel. Sie waren voll getakelt, wie der Fachmann sagt. Man wollte mit dieser Takelung bezwecken, daß das Schiff bei ungünstigem Wind als Schoner segeln konnte und bei achterlichem Wind als Bark fuhr, indem man die Rahsegel setzte und an den beiden achteren Masten die Schonersegel als Besansegel stehen ließ. Es ist nämlich so, daß ein Schoner vier Strich, das sind 45°, am Winde liegen kann, während es bei einem Rahschiff nur sechs Strich oder 67½° sind. Diese zwei Strich machen beim Kreuzen schon sehr viel aus, und häufig ist es auch so, daß in einem engen Fahrwasser ein Schoner noch Kurs steuern kann, während das unbeholfenere Rahschiff schon kreuzen muß. Andererseits liegt aber ein Rahschiff bei achterlichem Wind weitaus besser als ein Schoner, was wir auf unserer Reise nach Australien in dem Gebiet der braven Westwinde sehr wohl feststellen konnte, da in diesem Gebiet der enorm hohe achterliche Seegang als erschwerend hinzukommt.

Es dürfte vielleicht noch interessieren, wie auf unserem Fünf-Mast-Segler die Masten benannt wurden: Sie hießen Vor-, Vinnen-, Groß-, Kreuz- und Besanmast. Wir waren alles junge Leute und sportgestählt, daß wir gar nicht aus der Puste kamen, wenn wir alle fünf Masten hintereinander aufentern mußten. Die Besatzung bestand aus 23 Mann, und zwar aus Kapitän, zwei Steuerleuten, einem Funker, einem Segelmacher, einem Zimmermann, einem Koch, einem Steward, einem Maschinisten, zwei Motorenhelfern, vier Vollmatrosen, vier Leichtmatrosen und vier Schiffsjungen. Diese vier Schiffsjungen waren vom Norddeutschen Lloyd als Kadetten an Bord geschickt, wir waren also ein Schulschiff im kleinen. Wir gingen zwei Wachen und waren jeweils sechs Mann an Deck. Nachts blieben noch vier Mann zum Bedienen der Segel, wenn Ruder und Ausguck besetzt werden mußten. Das ist nicht viel für einen 2000 t großen Fünf-Mast-Segler, und es ist einleuchtend, daß bei schlechtem Wetter oder bei Segelmanöver immer auch die Freiwache mit heraus mußte. Wir waren jedoch alle sehr stolz, daß wir auf einem der damals größten Segler fahren konnten, und traten im August 1922 die Jungfernreise mit der »Werner Vinnen« von Kiel aus an. Es ging zuerst nach Nordschweden nach einem kleinen Holzladeplatz am Bottnischen Meerbusen, und mit unserem neuen Schiff erregten wir überall großes Aufsehen. Wir hatten ein herrliches Wetter mit sehr günstigem Wind. Alle Segel konnten gesetzt werden, und wir liefen bis zu 14 Knoten. Selbst große Dampfer überholten wir wie im Fluge, und wir waren restlos begeistert von unserem schönen Schiff. In Schweden mußten wir zuerst unsern Sandballast löschen, und dann wurde Schnittholz für Port Adelaide in Australien geladen, das dauerte einige Wochen. Unser Koch war ein alter Segelschiffsfahrer mit viel Berufsstolz. Er war schon älter und wie ein Vater zu uns. Er gab sich viel Mühe, uns immer ein gutes Essen vorzusetzen. So hielt er uns auch an, während der langen Liegezeit in Schweden in den ausgedehnten Wäldern Heidelbeeren und Preiselbeeren zu sammeln. Wir zogen nachmittags nach Dienstschluß mit Eimern bewaffnet los, und es dauerte gar nicht lange, bis wir alle Behälter voll hatten. Anfangs gingen wir allein, später lernten wir gleichaltrige schwedische Mädchen kennen, die sich freuten, ihre deutschen Sprachkenntnisse bei uns anbringen zu können. Sie wußten auch gute Plätze für Beeren, und unser Koch hatte alle Hände voll zu tun, den reichen Segen, den wir abends heimbrachten, einzumachen. Wir hatten so viel Beeren gesammelt, daß wir auf der langen Reise zweimal wöchentlich, donnerstags und sonntags, Nachtisch davon bekamen. Die Verpflegung war auf den Segelschiffen früherer Jahre immer ein Problem. Die guten Konserven, wie man sie heute kennt, gab es noch nicht. Ein Kühlraum war ein unerhörter Luxus, den man selbst auf den Dampfern der Linienreedereien nicht kannte. Man war auf Salzfleisch und Salzspeck angewiesen. Sonntags gab es Corned Beef oder Boiled Beef. Kartoffeln gab es nur die ersten Wochen, danach mußten Mehlspeisen und Hülsenfrüchte herhalten. Unsere Heidelbeeren und Preiselbeeren waren eine herrliche Bereicherung unseres eintönigen Küchenzettels.

Vollbeladen mit Schnittholz starteten wir Mitte September von Schweden nach Australien. Bei östlichem Wind flogen wir förmlich durch die Ostsee. Wir segelten durch den Großen Belt und um Skagen. Es war inzwischen Herbst geworden, und die Zeit der berüchtigten Äquinoktial-Stürme war

»WERNER VINNEN«
(Sammlung F. C. Blaas, Altenholz)

gekommen, Stürme, die mit ziemlicher Regelmäßigkeit zur Zeit der Tagundnachtgleiche auftreten, also wenn die Sonne im Himmelsäquator steht. Das schöne Ostwindwetter hatte schon vor Skagen aufgehört. Wir mußten in der Nordsee und im Englischen Kanal bei westlichen Winden tüchtig kreuzen und hatten uns alle so gut eingearbeitet, daß wir auch in stockdunkler Nacht jedes Tau auf der Nagelbank sofort finden konnten, wenn es galt, Segel zu bergen oder die Brassen einzuholen. Mit dem Verlassen des Englischen Kanals bereiteten wir uns auf diese Äquinoktial-Stürme vor. Der Kapitän – ein gebürtiger Ostfriese – war ein alter Segelschiffsfahrer und hatte das feine Fingerspitzengefühl, das diesen alten Seebären eigen ist. Sie riechen förmlich das Herannahen des schlechten Wetters. So auch bei uns. Das Barometer fing an zu fallen, die Sonne war als Fettfleck in einer Stratosdecke noch eben zu sehen, und eine lange Dünung stand aus dem Atlantik heraus. Wir hatten die Bramsegel festgemacht, die Toppsegel waren weggenommen worden, und in die Schonersegel hatten wir das erste Reef gesteckt. An Deck waren die Strecktaue ausgebracht worden. Unser Schiff war ziemlich tief weggeladen. Wir segelten bei südwestlichem Wind mit Backbord-Halsen am Winde und hatten soviel Steuerbord-Schlagseite, daß bei vereinzelt einsetzenden Windstößen die Speigatten an Deck unter Wasser waren. Unter dem enormen Winddruck standen die Segel wie ein Brett, und es war nicht möglich, mit der Hand eine Beule hineinzudrücken. Die Rahen knarrten in ihren Halterungen, und die Bäume und Gaffeln der riesigen Schonersegel ächzten am Mast. Es ist ein unbeschreiblich herrliches Gefühl für jeden Seemann, so die Naturkräfte unter sich zu zwingen. Gegen Abend frischte der Wind noch mehr auf, so daß wir auch Obermars- und Großsegel festmachen mußten und die Schonersegel das zweite Reef bekamen. Wir waren, dank der Erfahrung unseres Kapitäns, gut gewappnet und beide Wachen dauernd an Deck, als in der Nacht der Tanz losging und der Sturm in Orkanstärke zu heulen anfing. Unser Kurs führte frei von Land in den Atlantik hinein. Hart überliegend preschten wir durch das Wasser und erreichten eine ungeheure Fahrt. Es gab in der Nähe keinen Dampfer, der mit uns mithalten konnte.

Da geschah etwas Eigenartiges: Es war ein feines Rauschen in der Luft, was wir trotz des Heulens in der Takelage hören konnten. Wir sahen erst vereinzelt, dann immer mehr kleine dunkle Punkte durch die Luft sausen, und ein jammervolles Piepsen erfüllte die Luft. Ein Schwarm Zugvögel war über unser Schiff gekommen. Durch den Sturm abgetrieben, suchten die armen Tiere bei uns Schutz. Wir versuchten zuerst, die ermatteten Vögel in Sicherheit zu bringen, aber das war ein unmögliches Beginnen. Es waren wohl tausend und abertausend Tiere, die sich auf Deck und auf den Luken niederließen. Man konnte an Deck keinen Schritt tun, ohne auf die Tiere zu treten. Die überkommenden Brechseen wuschen die Vögel über Bord und neue Scharen kamen heran. Als der Morgen graute, bot sich uns ein schauerliches Bild. Das ganze Schiff war bedeckt von Vogelleichen. Die noch lebenden Tiere waren so matt und auch durchnäßt, daß sie nicht mehr fliegen konnten. Da war die ganze Vogelwelt vertreten, »Amsel, Drossel, Fink und Star«, so wie es in dem Volkslied heißt. Dazwischen beobachtete ich aber auch kleine Raubvögel, wie Falke und Sperber, die reiche Beute hielten. Uns blieb nicht anderes zu tun übrig, als die vielen kleinen Vogelleichen mit tiefer Trauer über Bord zu schaufeln. Auf unserem erhöhten Achterdeck, der Poop, hatten wir einen schönen großen Hühnerstall stehen, worin sich zehn Hühner befanden, die von dem Kapitän höchstpersönlich betreut wurden. In diesen Hühnerstall hatte sich auch eine ganze Menge von den kleinen Zugvögeln gerettet. Hier fanden sie alles, was sie brauchten, Futter und Trinkwasser, außerdem war es darin trocken und warm. Wir beobachteten im Laufe der nächsten Zeit, daß es fünf Stare und ein Buchfinkenhähnchen waren, die sich bei den Hühnern häuslich niedergelassen hatten. Die Tiere gewöhnten sich an das Bordleben auf See, und wir hatten unsere Freude daran. Sie waren auch gar nicht mehr scheu, und es hätte wahrhaftig nicht des Befehls des Kapitäns bedurft, den Tieren nichts zu tun. Durch den Sturm waren wir aus den gefährlichen Breiten herausgetrieben worden. Der Sturm flaute ab, das Barometer fing an zu steigen, das Wetter wurde immer besser. Über NW drehte der Wind weiter nach NO. Wir steuerten nach Süden in den Passat hinein. Passat, das bedeutet blauer Himmel mit kleinen Wölkchen und eine immer frische Brise, es ist so, wie bei uns im Wonnemonat Mai. Das herrliche Frühlingswetter bekam unseren sechs Vögeln ausgezeichnet. Das Finkenhähnchen hörte auf den Namen »Hänschen«. Er war ein stattlicher Kerl und wunderschön gezeichnet. Er fraß aus der Hand und setzte sich auf unsere Schultern. Aber das allerschönste war, daß er schon ganz früh morgens auf der obersten Rah sitzend anfing, sein Lied zu singen. Ich glaube, so etwas hat es noch auf keinem Segelschiff auf großer Fahrt gegeben. Wir liebten deshalb auch unser Hänschen aus vollem Seemannsherzen, und noch heute muß ich an diesen kleinen Vogel denken, wenn ich im Frühling einen Finken schlagen höre. Wenn wir die Wache ablösten, war unsere erste Frage: »Ist Hänschen noch da?« Auch unser Kapitän wachte mit Argusaugen über diese kleinen gefiederten Gäste. Im meteorologischen Tagebuch, in das für die Seewarte von Stunde zu Stunde auf See Eintragungen über Schiffahrt, Wetter, Wind, Wolken, Seegang, Strom, über das Sichten von Seevögeln und Fischen, wie überhaupt über alle besonderen Vorkommnisse gemacht werden, erschien nun auch täglich der Satz: »Der Buchfink und die fünf Stare sind immer noch an Bord.« Dies ging so bis zum Äquator. Wir hatten als Neulinge die Taufe mit allem Drum und Dran bekommen und schwitzten bei Windstille bei dauerndem Brassen und einer sengenden Sonne. Unseren Vögeln war es nicht mehr so wohl zu Mute. Die Stare fingen an zu kränkeln, und bald starb einer nach dem anderen weg. Als sie alle tot waren, lasen wir die Eintragung unseres Kapitäns in dem erwähnten Tagebuch: »Die fünf Stare sind jetzt alle im Himmel, nur der Buchfink ist immer noch an Bord.« Der Buchfink hielt auch weiterhin durch und erreichte mit uns die südliche Halbkugel. Als wir im Süd-Atlantik weit am Horizont einen Dampfer sichteten, flog Hänschen gleich auf Besuchsreise. Nach ungefähr vier Stunden war er wieder bei uns, und wir waren froh und glücklich, als er uns sein Liedchen wieder sang, solange das schöne Passatwetter auch im Süd-Atlantik noch anhielt. Mit Eintritt in den Passat hatten wir die schweren Sturmsegel abgeschlagen und dafür die leichteren, sogenannten Passatsegel untergeschlagen. Wir brauchten vorläufig für einige Wochen nicht mehr mit Stürmen zu rechnen. Alle Mann freuten sich auf die vor uns liegende Zeit wie auf einen Urlaub. An Deck war nicht viel zu tun, und zwei Mann saßen im Vor- und Großmast, um das laufende Gut zu überholen. In den Frieden und die Stille, die an Bord herrschten, gellte plötzlich ein Schrei aus dem Vormast. Der Toppsgast war von der Bramrah verschwunden, und ich konnte von der Back aus beobachten, wie der Leichtmatrose von meiner Wache kopfüber mit ausgebreiteten Armen über das pralle Bramsegel rutschte. Er

Blick von der Back der »WERNER VINNEN« auf die voll stehenden Segel
(Foto: Karl Hobohm †, Itzehoe)

Dieser Blick auf die Besegelung des Fockmastes der »WERNER VINNEN« macht deutlich, daß es sich bei diesen Schonern um ausgewachsene Tiefwassersegler handelte. Die drei fast freihändig auf der Rah stehenden Männer erlauben einen beeindruckenden Größenvergleich. (Foto: Karl Hobohm †, Itzehoe)

hatte es trotz wiederholter Ermahnung unterlassen, sich das Handpferd über den rechten Arm zu streifen. Offengestanden hielten wir Matrosen es im Passatwetter auch unter unserer Würde, mit dem Handpferd am Arm zu arbeiten. Aber es war nun einmal Vorschrift, und es schützte ja auch den Mann auf der Rah gegen Absturz. Das Handpferd ist ein einfacher Rundstropp aus Tauwerk, der an der Oberkante der Rah am Jackstag befestigt ist und den man sich bis zur Schulter überstreift, wenn man mit dem Bauch auf der Rah liegend am Segel arbeiten muß. Besagter Leichtmatrose rutschte also kopfüber über den Bauch des Brahmsegels, fiel dann etwa zwei Meter durch die Luft und landete auf dem etwas weiter vorstehenden Bauch des Obermarssegels. Er rutschte wieder bis zum Ende des Segelbauches und fiel auf das Untermarssegel. Inzwischen hatte er sich überschlagen und rutschte nun mit den Beinen nach unten auf das mächtig aufgeblähte Focksegel und landete verhältnismäßig gut auf der Back. Er war kreideweiß im Gesicht und blieb erst einmal sitzen. Uns an Deck hatte es auch den Atem verschlagen, aber alle Glieder waren ihm heilgeblieben, nur die Handflächen aufgescheuert, da er unterwegs versucht hatte, sich an einem Tau festzuhalten. Ein Glas Südwein, vom Kapitän gereicht, hat ihn den Schreck bald vergessen lassen, und beim Abendbrot haben wir alle herzlich über den Glückspilz gelacht.

Während dieser schönen Passatzeit haben wir auf alle mögliche Art versucht, uns in der Freiwache die Zeit zu vertreiben. Das Schiff war mit aller Art Angelgeräten ausgerüstet. So hatten wir Haiangeln, Dreizack und Harpunen für Delphine oder Schweinsfische. Diese eleganten Fische, die bis zu einem Zentner schwer werden, gesellen sich gerne zu schnellfahrenden Schiffen, um vorne am Bug zu spielen. Sie schießen aus der Bugwelle heraus vor den Steven. Dabei pusten sie die Luft aus der Öffnung am Hinterkopf, genau wie die Wale, da es Lungenatmer sind. Wir konnten in unserm Logis genau hören, wenn diese Fische da waren. Dann liefen wir alle auf die Back, einer nahm die Harpune, die immer klar lag, und kletterte mit einer Sicherheitsleine um den Leib außerhalb des Klüverbaumnetzes auf die Backstagen oder Wasserstagen, um möglichst dicht am Fisch zu sein. Die anderen hielten oben an Deck die Harpunen-Leine, die durch einen Leitblock lief. Wenn der Fisch getroffen war, wurde er dann schnell an Deck geholt und geschlachtet. Das Fleisch schmeckte sehr gut, besonders wenn es lange Zeit nur Salzfleisch gegeben hat. Es ist eigenartig, daß der zu Tode getroffene Fisch einen Schrei ausstößt und daß dann für eine lange Zeit, mindestens für den Tag, keine Fische mehr vor den Bug kommen. Nachts stellten wir Laternen an die Lenzpforten, um fliegende Fische anzulocken. Wenn ein Schwarm aufgescheucht wurde, konnte man gut hören, wenn sie an Deck flogen und dort aufklatschten. Diese Fische sind so groß wie Heringe, und sie schmecken sehr gut. Ihre Seitenflossen sind richtige große Flügel. Wir haben auch einige fein säuberlich abgezogen, mit Tabak ausgestopft und als Geschenk mit nach Hause gebracht. Am Heck hatte unser Kapitän meistens eine Angel an einer langen Leine ausgeworfen. Als Köder diente ein einfaches Stück weiße Mullbinde. Die Leine war bis zum Niedergang zum Kapitänswohndeck über das Achterdeck geführt und zweimal befestigt, das erste Mal nur ganz schwach mit einem Faden, woran gleichzeitig eine kleine Glocke hing, zum zweiten Mal richtig mit einem Seemannsknoten. Wenn nun ein Fisch anbiß, riß die erste

Befestigung ab, und die Glocke fing an zu läuten, worauf unser Kapitän zu jeder Tages- und Nachtzeit angelaufen kam, um seine Angelleine einzuholen. Wir jungen Matrosen spielten ihm nachts hin und wieder einen Streich und zogen an der Leine, daß es klingelte. Wir konnten uns dann köstlich amüsieren, wenn er in seinem langen Nachthemd an Deck gesaust kam, um seine Leine einzuholen. Das Leben auf diesen langen Segelschiffsreisen ist doch sehr eintönig gewesen, und dieser kleine Schabernack mit dem Kapitän war keine Bosheit. Unser jugendlicher Übermut hatte ja keine Möglichkeit, sich auszutoben. So ist es auch zu verstehen, wenn wir in den frühen Morgenstunden manchmal den Hühnerstall revidierten, um uns ein Ei herauszuholen. Das war gar nicht so einfach. Die Rückseite des Stalls war ohne Öffnung. An den Seiten und nach vorne war mit feinem Maschendraht ein Auslauf für die Hühner angebracht. Da hindurch angelten wir mit einem langen Besenstiel, an dem ein Suppenlöffel angelascht war, in den Stall und mußten mit viel Geschick das Ei auf diesem Löffel an den Draht heranbalancieren. Dann konnte es herausgeholt werden. Es mußte aber aufgepaßt werden, daß die Hühner nicht aufgeschreckt wurden. An diesem Manöver waren alle vier Mann der Wache beteiligt, zwei paßten auf, daß uns niemand überraschte, und zwei arbeiteten mit dem langen Löffel. Das Ei wurde nach einem genau festgelegten Plan verteilt und konnte nur ausgetrunken werden, um uns nicht zu verraten.

Mit dem Ende des Passats kamen wir nun leider wieder in unwirtliche Gegenden, und wir hatten die schweren Sturmsegel wieder untergeschlagen. Im Morgengrauen eines Tages sichteten wir die einsame Insel »Tristan da Cunha«, die englischer Besitz ist und nach den neuesten Zeitungsmeldungen das letzte Paradies sein soll. Wir hatten damals leider nicht die Möglichkeit, das festzustellen. Wir näherten uns dem gefürchteten Gebiet der »brüllenden Vierziger«, den »roaring forties«, wie sie der Engländer nennt. Gemeint sind die Breitengrade zwischen 40 und 50 Grad Süd. Hier weht jahrein, jahraus ein Weststurm um den ganzen Erdball herum, und die alten Seefahrer nannten sie die »braven Westwinde«, weil sie mit ihnen die schnellen Reisen machen konnten. In diesen Gegenden lebt der größte Seevogel unserer Erde, der Albatros. Er ist gleichzeitig auch der beste Segelflieger. Man sieht kaum einmal, daß er seine Flügel bewegt, die Spannweiten von vier Meter und mehr haben. Mit scharfen Augen spähen sie nach jedem Bissen, der über Bord fällt, und wegen ihrer Gefräßigkeit sind sie auch leicht zu fangen. Wir hatten uns auch eine Angel gebaut. Aus dem Blech einer Konservenbüchse wurde ein vier Zentimeter breiter dreieckiger Rahmen geschnitten, mit Speck umwickelt und an einem Tau hinten über Bord geworfen. Sofort stürzte sich einer dieser Vögel auf den fetten Happen und mußte zu diesem Zweck auf das Wasser niedergehen. Die rechtwinkelig gebogene Schnabelspitze blieb beim Zuhacken an dem Blechdreieck hängen. Dem Albatros half kein Sträuben. Durch die Fahrt des Schiffes wurde er mit dem Köder mitgezogen, und den Schnabel konnte er nicht wieder davon lösen. Die Leine wurde eingeholt, und wenn der Vogel unter dem Heck hing, mußte einer von uns den Schnabel zuhalten, während die anderen den schweren Vogel über die Reeling hoben. An Deck sind diese Tiere sehr unbeholfen, und sie werden eigenartigerweise auch gleich seekrank. Von Deck können sie nicht wieder wegfliegen, weil sie unter ihre großen Flügel nicht genügend Luft bekommen. Der Kapitän erlaubte, daß nur zwei Albatrosse gefangen wurden. Sie bekamen eine kleine Kupfermarke mit Schiffsnamen, Schiffsort und Datum um den Hals und wurden mit vereinten Kräften in Luvseite hoch in die Luft geworfen. Dabei mußten wir höllisch aufpassen, daß sie uns nicht noch mit ihrem großen Schnabel ins Gesicht hackten. Der Kapitän behauptete, daß in den Albatrossen die Seelen ertrunkener Seeleute weiterlebten. Er hatte deshalb auch nicht eher Ruhe, bis diese Vögel wieder von Bord waren und ihnen kein Leid angetan worden war.

Durch den anhaltenden Weststurm entstehen in diesen Gebieten der »Heulenden Vierziger« Wellenberge von bald 20 Metern Höhe, da kein Land ihren Weg aufhält. Wehe den Seeleuten, die hier Schiffbruch erleiden. Da gibt es keine Rettung. Dort unten ist im Jahre 1936 das Hapag-Schulschiff »Admiral Karpfanger« mit Mann und Maus verlorengegangen. Wir aber hatten ja ein nagelneues Schiff unter den Füßen, und es konnte ordentlich geküppelt werden, wie es im Seemansjargon heißt, d. h. die Segel blieben stehen, auch wenn es noch so stürmte. Die Distanz, die wir hier im Etmal, d. h. in 24 Stunden, zurücklegten, betrug durchschnittlich 320 bis 330 Seemeilen. Das sind fast 14 Seemeilen in der Stunde. Es nahm einem zuerst den Atem, wenn man von unserem verhältnismäßig kleinen Schiff, dessen Deck fast mit der Wasserlinie gleich war, zu diesen unheimlich grünen Wellenbergen aufsehen mußte. Ein grandioses Bild von unvergeßlicher Schönheit steht mir bis auf den heutigen Tag vor Augen, wie einer dieser haushohen Wellenberge von hinten herangebraust kam und über unser Schiff zu stürzen drohte und wie diese Wasserwand für kurze Zeit von Sonnenstrahlen durchleuchtet wurde. Aus diesem smaragdgrünen Wasserberg sah ich hoch über mir einen Schwarm Delphine herausschießen, und es sah so aus, als ob sie zu uns an Deck fallen würden. Die Fahrt in diesen unwirtlichen Breitengraden dauerte bis Australien rund drei Wochen, und in dieser Zeit sind wir kaum aus unseren Kleidern herausgekommen. Wer noch keine Seebeine hatte, dem sind sie hier gewachsen. Oft genug hat es kein warmes Essen gegeben, weil sich die Küche, genau wie unsere Wohnräume, vorne unter der Back befand und es lebensgefährlich war, über das ständig überflutete Deck von achtern dorthin zu gelangen. Die Besatzung hielt sich fast ständig in Alarmbereitschaft auf dem Achterdeck auf, die Freiwache konnte hinter dem geschützten Ruderstand schlafen. Das Ruder war meistens mit vier Mann besetzt, ein Vollmatrose hatte das Kommando, und die anderen drei unterstützten ihn, das Ruder zu legen oder die enormen Stöße aufzufangen, die die von hinten anrollenden Seen auf das Ruderblatt ausführten. Auf einem Segelschiff hat man immer zwei mannshohe Ruderräder hintereinander auf einer Welle, so daß vier Mann daran stehen können. Es gehörte viel Geschick und Erfahrung dazu, in dieser hohen achterlichen See das Schiff einigermaßen auf dem Kurs zu halten. Nach 82 Tagen Reise, von Skagen ab gerechnet, erreichten wir Australien, und mit dem Insichtkommen des ersten Landes flog unser Hänschen auf und davon. Als erstes deutsches Schiff nach dem Kriege liefen wir in Port Adelaide ein, von allen bestaunt und bewundert und auch wohl beargwöhnt. Wir mußten erleben, daß wir beim Passieren einer Drehbrücke mit Steinen beworfen wurden. Aber dieser Haßausbruch konnte letzten Endes unsere Freude, nach der langen gefahrenreichen

Segelschiffsreise wieder an Land zu sein, nicht trüben. Auf meinen späteren Reisen nach Australien habe ich dort manche Freundschaft geschlossen.
Der Aufenthalt in Port Adelaide war für uns ganz erholsam. Vor allen Dingen gab es erst einmal frischen Proviant, Butter und schneeweißes Brot. Mir hat das Essen nie wieder so gut geschmeckt wie damals in Australien. Wir waren ja auch in der Heimat während des Krieges und in der Nachkriegszeit nicht verwöhnt. In Deutschland hatte die Inflation den Wert unseres Geldes so herabgesetzt, daß wir in Port Adelaide nicht einmal mit der Straßenbahn fahren oder etwas einkaufen konnten. Wenn wir an den Badestrand von Semaphore wollten, so machten wir das auf Schusters Rappen. Wir waren trotzdem stets vergnügt; wir waren ja alle noch jung.
Wie in allen englischen Häfen war auch hier in Port Adelaide die Seemannsmission sehr gut aufgezogen. Der Seemannspastor war ein ideenreicher Mann, er konnte vor allen Dingen gut organisieren. Er merkte ja auch gleich, wo uns der Schuh drückte. So wurden wir von ihm am Sonntagnachmittag zum Kaffee eingeladen und sehr nett bewirtet. Dafür sangen wir auch ein paar Kirchenlieder und erfreuten unsere Gastgeber. Am Abend war eine große Varieté-Vorstellung. Unser Pastor hatte auf allen im Hafen liegenden Schiffen talentierte Leute zusammengeholt, die nun der Reihe nach auf der Bühne ihre Kunststücke zum besten gaben. Dazu waren außer den Schiffsbesatzungen die Angehörigen der in Port Adelaide ansässigen Seeleute eingeladen. Es war eine recht nette Gesellschaft, und wir haben viel Spaß gehabt. Unser Schiff hatte die Bordkapelle gestellt. Zu den Volksliedern sangen wir alle mit, und bei Militärmärschen stampfte der ganze Saal den Takt dazu. Obwohl es keinen Alkohol gab, waren wir ausgelassen fröhlich, und es wurde mit den Seeleuten und ihren Angehörigen manche Freundschaft geschlossen.

Das Löschen unseres schwedischen Holzes ging unterdessen dem Ende entgegen, das ganze Schnittholz wurde am Kai vor dem Schiff aufgestapelt, und es war kaum zu glauben, daß diese Riesenberge in unserem Schiff verstaut gewesen waren. Die schwedischen Stauer sind Meister in der Raumausnutzung. Wer einmal beim Holzladen in schwedischen Häfen den Arbeitern zugesehen hat, wird mir Recht geben. Es gehört eine lange Erfahrung und ein gutes Augenmaß dazu, die richtigen Längen herauszufinden, damit kein unnötiger Stauverlust entsteht.
Wir waren also wieder leer und gingen zum Weizenladen zu einem armseligen kleinen Nest am Spencer-Golf westlich von Adelaide. Wir brauchten nicht zu segeln, sondern fuhren mit unserem Hilfsmotor, der bisher kaum in Funktion getreten war. Wir lagen hier an einer zwei Kilometer langen Holzpier. Unsere Ladung wurde mit Loren herangebracht. Das ging aber sehr langsam, wir hatten ja auch Zeit. Dort unten in Südaustralien gibt es eine Menge deutscher Siedlungen. Es sprach sich schnell herum, daß im Hafen ein deutsches Segelschiff lag. Schon am nächsten Tag setzte der Besucherstrom der deutschstämmigen Bevölkerung aus der Umgebung ein, um uns zu begrüßen und etwas aus der Heimat zu hören. Es waren alles Farmer, die seit Jahren, zum Teil seit Generationen, sich dort unten angesiedelt hatten. Sie brachten uns gleich säckeweise Lebensmittel, vor allem Obst und Geflügel – auch einen Sack voller wilder Kaninchen, die in Australien bekanntlich eine Landplage sind. Wir ließen uns alles gut schmecken und hatten während dieser Zeit »Fettlebe«. Es war für uns auch eine große Freude, die Anhänglichkeit dieser Australien-Deutschen zu erleben. Sie konnten alle noch deutsch sprechen, wohnten in Orten mit deutschen Namen, in den Straßen, Firmen und Reklame in deutscher Sprache geschrieben stehen sollten. Es war eine schöne und erholsame Liegezeit, an die ich gern zurückdenke und die uns für alle Mühsal der langen Reise entschädigte.

Anmerkung des Verfassers:
Die von Kpt. *Schirrmeister* so einfühlsam geschilderten Begebenheiten mit den Vögeln sind im meteorologischen Tagebuch jener Reise leider nicht festgehalten worden. Mag sein, daß Kapitän *Dinkela* an Bord noch ein weiteres privates Journal führte, in das er solche Erlebnisse eintrug.

Besatzung der »WERNER VINNEN« 1923
(Repro aus »Albatros«)

»CHRISTEL VINNEN« vor Antritt ihrer ersten Reise auf Reede von Holtenau. Für die bevorstehende Kanalpassage sind die drei vordersten Stengen bereits gestrichen, die beiden achteren folgen noch. (Die Brücken im Kanalbereich erlauben nur eine maximale Mastenhöhe von 42 m.) (Foto: W. Schäfer, Kiel Sammlung F. C. Blaas, Altenholz)

Baunummer 420: Fünfmastschoner »Christel Vinnen«

Als dritter Vinnenschoner kam am 20. Mai 1922 das Schiff mit der niedrigsten Baunummer dieser Serie als »CHRISTEL VINNEN« zu Wasser. Die Ausrüstungs- und Takelarbeiten beanspruchten dann noch vier weitere Monate.
Am 25. September konnte die *»Kieler Zeitung«* berichten: *»Seine erste Probefahrt macht heute der Fünfmaster ›Christel Vinnen‹. Dampfer ›Jägersberg‹ schleppte den Motorsegler vormittags in See.«* Tags darauf hieß es dann abschließend: *»›Christel Vinnen‹ hat seine Probefahrt mit Erfolg bestanden, er ankert jetzt bei Bellevue und wird Mittwoch durch den Kanal nach Südamerika auslaufen.«*
Die Führung des Neubaus hatte Kapitän *Martin Looks* aus Groß Zicker erhalten, der vor dem Kriege bereits das Vollschiff »ALBERTUS VINNEN« gefahren hatte.
Die erste Reise ging in Ballast zum La Plata for order, also mit unbestimmtem Ziel. Am 13. Oktober 1922 stand »CHRISTEL VINNEN« querab Lizard am Kanalausgang. Die Kanareninsel Palma war am 25. Oktober passiert. Von hier steuerte Kpt. *Looks* fast südliche Kurse bis 3,5° Nord und 24° West, wo zur brasilianischen Küste hin gewendet wurde. Der Äquator wurde am 8. November auf 31° Grad West überschritten. Am 10. November passierte der Schoner die Insel Fernando Noronha, am 11. hatte man die Küste bei Recife in Sicht, am 17. stand man vor Sao Thomé, wo man Order für Buenos Aires bekam. Der Lotse konnte am 26. November abends bei Isla Lobos übernommen werden, der das Schiff am 27. November 1922 um 8.30 Uhr auf Reede von Buenos Aires zu Anker brachte. 45 Tage hatte das Schiff vom Westausgang des Kanals benötigt.
Von Buenos Aires ging es in dreitägiger Flußfahrt auf dem Rio de la Plata zum Ladehafen San Nicolas, wo man am 1. Dezember 1922 anlangte.
Bereits am 10. Dezember verließ der Schoner San Nicolas wieder, gab zwei Tage später bei Isla Lobos den Lotsen ab und machte sich auf die Heimreise via Azoren for order. Diese Reise jedoch stand unter keinem guten Stern. Am 20. Dezember, man stand auf 28 Grad Süd und 34 Grad West, mußte man feststellen, daß das Schiff stark Wasser machte. Da das Leck nicht zu finden war, entschloß sich Kapitän *Looks,* Rio de Janeiro als Nothafen anzulaufen. Am Heiligabend um 17.00 Uhr ankerte der Schoner in der Bucht von Rio.

Die Freude der Besatzung über die im Hafen verbrachten Feiertage wurde überschattet vom Tod des zweiten Steuermanns *W. Schaare,* der während der Liegezeit an einer fiebrigen Erkrankung verstarb. Am 4. Januar 1923, als die »CHRISTEL VINNEN« noch immer in Rio lag, enden die Eintragungen im Wettertagebuch.

»CHRISTEL VINNEN«, mit voller Ladung heimkehrend auf der Unterelbe.
(Sammlung Dr. Jürgen Meyer)

Die nächste Nachricht stammt vom 30. Mai 1923, als das Schiff auf der Reise von Cardiff nach Rosario ausgehend bereits wieder bei Lizard steht. Die Linie wird am 23. Juni auf 24 Grad West passiert. Eine Woche vor Erreichen der La Plata-Mündung geriet der Segler in einen plötzlich auftretenden Pampero, bei dem die Stagfock, das Vorstengestagsegel und der Klüver völlig aus den Lieken flogen. Während die Marssegel noch in aller Eile geborgen wurden, zerrissen auch das Vinnen- und Großsegel. Unter Schoner- und Kreuzsegel wurde der in Stärke 10 bis 11 wütende Sturm beigedreht liegend abgewettert. Aber auch dieses Unwetter wurde heil überstanden, am 17. Juli bekam man Isla Lobos in Sicht, um 21.00 Uhr wurde Banco Ingles-Feuerschiff passiert und am 18. Juli 1923 um 3.00 Uhr ging der Anker auf Buenos Aires-Reede in den Grund.
Die weiteren bekannten Reisen mögen hier wieder in Form von Stichworten folgen:

Aug. 1923 – Okt. 1923 Rosario – Kanal for Order
Kapt. M. Looks
18. 8. Lotse von Bord,
11. 9. Linie passiert auf 31 Grad West,
10. 10. Kanaleingang, drehen bei, warten auf Order (Bestimmungshafen nicht bekannt).
48 Tage ab Lotsen.

Dez. 1923 – Febr. 1924 Hamburg – Buenos Aires
Kapt. M. Looks
6. 1. 28,6 Grad N 21,3 Grad W,
16. 1. Linie passiert auf 25,8 Grad W
1. 2. Cap Polonio in WNW
(Ende der Eintragungen)

März 1924 – April 1924 Buenos Aires – Cardiff
Kapt. M. Looks
1. 3. pass. Isla Lobos
20. 3. pass. Linie in 31 Grad W
6. 4. Insel Flores in Sicht
17. 4. 24.00 Uhr Nash Point in Sicht
49 Tage Reisedauer

Okt. 1924 – Dez. 1924 Brevik – La Plata for Order
Kapt. K. Braasch
19. 10. 48,8 Grad N 6,6 Grad W
12. 11. Linie pass.
1. 12. 9.00 Uhr Isla Lobos quer, 20.00 Uhr Lotse an Bord

Jan. 1925	Rosario – Azoren for Order Kapt. K. Braasch 5. 1. Lotse von Bord bei Recalada 24. 1. 4,2 Grad S 33,9 Grad W (Ende der Eintragungen)

Besatzung der »CHRISTEL VINNEN« im März 1925 in Hamburg.
(Foto: Dahl & Rohwedder, Hamburg, Sammlung H. Wiechert, Itzehoe)

Nov. 1925 – Jan. 1926	Brevik – Buenos Aires Kapt. K. Braasch, 1. Offz. Kaletsch 26. 11. ab Brevik 2. 12. pass. Lizard 1. 1. pass. Linie auf 27 Grad W 24. 1. Insel Flore quer, nach 59 Tagen von Brevik und 53 Tagen von Lizard.
März 1926 – Mai 1926	Santa Fé – Greenock Kapt. K. Braasch 19. 3. ab Santa Fé 23. 3. Lobos quer um Mitternacht 16. 4. pass. Linie 19. 5. ankern mittags auf Greenock-Reede 61 Tage ab Santa Fé, 57 ab Lobos
Feb. 1928 – März 1928	Buenos Aires – Stettin 5. 2. ab Buenos Aires, 30. 3. an Stettin 54 Tage
Juni 1928 – Aug. 1928	Memel – Buenos Aires 9. 6. ab Memel, 14. 8. an Buenos Aires 66 Tage
Jan. 1929 – März 1929	Brunsbüttel – Buenos Aires 30. 1. ab Brunsbüttel, 15. 3. an Buenos Aires 44 Tage
April 1929 – Juni 1929	Santa Fé – Antwerpen 21. 4. ab Santa Fé, 8. 6. an Antwerpen 48 Tage
Nov. 1929 – Jan. 1930	Santa Fé – Genua 11. 11. ab Santa Fé, 9. 1. an Genua 59 Tage

Im September 1930 lag »CHRISTEL VINNEN« in Danzig im Dock, um dort ihre Klasse erneuern zu lassen.
Am 12. Oktober 1931 wurde der Schoner, von Hartlepool kommend, vorübergehend in Emden aufgelegt, um hier eine Erholung des zusammengebrochenen Frachtenmarktes abzuwarten.

Als erster der fünf Motorsegler wurde dieses Schiff 1934 zum reinen Motorschiff umgebaut. Den Umbau besorgte die Germaniawerft in Kiel, wo das Schiff auch einen neuen Krupp-Diesel von 800 PS erhielt. Die Maschinenanlage behielt ihren Platz im Achterschiff. Ein Deckshaus mit Bootsdeck, Brücke und Ruderhaus, überragt von einem dicken Schornstein, fand hier ebenfalls seinen Platz. Die Mannschaft behielt ihre Unterkünfte unter der Back. Mit seinem modernen Dampfersteven und den beiden Lademasten besaß der so entstandene Motorfrachter nicht mehr die geringste Ähnlichkeit mit einem Segler.

Obwohl der Rumpf nicht verlängert worden war, konnte der Umbau statt 2570 t nun 3020 t laden: das war eine Steigerung von 17,5 %, die durch eine Tiefgangserhöhung um 20 cm erreicht wurde. Zur weiteren Wirtschaftlichkeit trug bei, daß statt der bisherigen 23 Mann nur noch 19 Mann Besatzung an Bord zu sein brauchten.

Einen Monat vor seinem Schwesterschiff »WERNER VINNEN« wurde auch »CHRISTEL VINNEN« ein Opfer des Zweiten Weltkrieges. Nördlich der Insel Juist wurde der Frachter am 29. März 1944 vom Lufttorpedo eines britischen Flugzeuges getroffen und versenkt.

(GL-Register 1923/28/33, Meteorolog. Tagebücher Nrn. 7560/7584/7605, W. Heidel: »Die Motorsegler der Reederei Vinnen« in »Seekiste« Nr. 11/1960, »Kieler Zeitung« von 1922 – mitgeteilt von Herrn F. C. Blaas/Altenholz)

»CHRISTEL VINNEN« im Hamburger Hafen.
(Schiffsfotos Jeske, Hamburg)

Nach ihrem Umbau zum Motorschiff blieb von der einstigen Eleganz der »CHRISTEL VINNEN« nichts erhalten. Hier sehen wir das Schiff 1934 nach erfolgter Verwandlung beim Kompaßregulieren (erkennbar am Flaggensignal »JI«) auf der Kieler Förde.
(Sammlung Dr. Jürgen Meyer, Bremen)

SONDERDRUCK
AUS DER ZEITSCHRIFT „SCHIFFBAU, SCHIFFAHRT UND HAFENBAU"

36. Jahrgang, Heft 1 vom 1. Januar 1935 Deutsche Verlagswerke Strauß, Vetter & Co., Berlin

„Christel Vinnen"
ein Fünfmast-Segelschiff wurde zum Motorfrachtschiff

Von Dipl.-Ing. Prof. Dr. **Heinrich Herner**

Die Schiffahrt unserer Tage wird nicht mehr von Empfindungen bestimmt, die einst die Bezwingung des Meeres mit dem Reize romantischen Lebensgefühls umgaben. Die schöpferische Technik verwirklicht den menschlichen Tatendrang immer mehr nach den Gesichtspunkten rationeller Wirtschaftsführung und schlichter Sachlichkeit. Das Groß-Segelschiff hat sich nun einmal als unwirtschaftlich im Kampfe gegen das Völker und Länder trennende Meer erwiesen. So mußte denn auch der schmucke Fünfmast-Segelschoner „Christel Vinnen" seine Flagge streichen. Der Weitsichtigkeit der deutschen Regierung aber, die ihre Unterstützung der heimischen Industrie auch auf den Fall der Schiffsumbauten ausdehnt, und zugleich der Tüchtigkeit der Germaniawerft in Kiel ist es zu verdanken, daß aus dem stolzen Segler ein stattliches und den heutigen Ansprüchen völlig gewachsenes Motorfrachtschiff „Christel Vinnen" und damit ein neues, wichtiges Instrument im Arbeitsdienste unseres deutschen Volkes wurde.

Mit dem Entfernen der Masten und Stengen und dem Einbau eines größeren Motors ist ein solcher Umbau nicht vollzogen. Es ist zu bedenken, daß der Fünfmastsegelschoner „Christel Vinnen" ein neuzeitlicher Vertreter seines Typs war, bei dem wie bei allen seinen jüngeren Gefährten großer Wert darauf gelegt wurde, daß genügend Versteifungs-Ballast untergebracht war, daß der Propeller die richtige Lage in der Ballastfahrt hatte, daß die tragenden Verbände der Windbeanspruchung und der Lagerung der Ladung entsprechend verteilt wurden, das Deck zweckmäßig abgestützt wurde, die Stabilität für Fahrten mit starkem Winde genügte und die Bedienung der Takelage bei schwerem Wetter und nassem Deck möglich war. Bei einem Motorfrachtschiff liegen die wesentlichen Forderungen der Technik auf anderen Gebieten. Hier mit verhältnismäßig geringfügigen Eingriffen und Umbauten den Ausgleich zu finden, ist nicht ganz leicht und erfordert großen technischen Ueberblick und ausreichende Erfahrung.

Das Segelschiff „Christel Vinnen" war Eindecker mit Back und Quarterdeck. Es hatte drei wasserdichte Querschotte, nur teilweise Doppelboden, einen verhältnismäßig kleinen Motorraum im Achterschiff und einen Laderaum, der sich ungeteilt bis zum vorderen Kollisionsschott erstreckte. Als neuzeitliches Motorfrachtschiff mußte „Christel Vinnen" zunächst einmal sein äußeres Antlitz ändern. Der Klippersteven machte einem modernen Steven mit leichtem Ausfall Platz; ein neuer Hintersteven mit Krupp Germaniawerft-Balanceruder (Abb. 3) wurde eingebaut, und an die Stelle der Segelschiffstakelung mit fünf Masten traten zwei Lademasten, die kräftiges Ladegeschirr und elektrischen Antrieb erhielten. Zugleich wurde der Doppelboden über das ganze Schiff ausgedehnt und öldicht genietet. Diese Aenderungen hatten naturgemäß auch den Einbau vieler neuer Außenhautplatten zur Folge. Ferner wurden auf dem Quarterdeck neue Kapitänsräume eingerichtet, darüber ein Kartenhaus und über diesem das Ruderhaus mit der Kommandobrücke. Bei der Vergrößerung der Ladeluken und dem Ausbau des Geschirrs wurden die vorhandenen Räume, Stengen und Rahen nach Möglichkeit benutzt. Infolge der Vergrößerung der Antriebskraft mußte das Maschinenraumschott ausgebaut und weiter nach vorne ein neues eingebaut werden. Ein anderes neues wasserdichtes Querschott unterteilt den Laderaum. Luken und Geschirr wurden entsprechend geändert und vervollständigt. Alle diese Aenderungen konnten naturgemäß nur in Angleichung an neue Trimmrechnungen vorgenommen werden. Auch die Stabilität wurde für die verschiedenen Belastungsfälle einschließlich einer Decksladung berechnet. Die Ergebnisse waren — wie das Berechnungsblatt (Abb. 5) zeigt — sehr günstig. Die Tragfähigkeit des neuen Schiffes wurde um rund 450 t auf etwa 3020 t erhöht, das ist um 17,5 vH. Dabei verbesserte sich der Nettoraumgehalt von 1548 auf nur 1312 R.-T.

Das Motorfrachtschiff hat zum Antrieb einen einfachwirkenden, sechszylindrigen, kompressorlosen Viertakt-

Motor, Bauart Krupp Germaniawerft (Abb. 6), der bei 167 Umdrehungen in der Minute 800 PSe leistet und dem mit 3020 t bis auf 0,77 m Freibord beladenen Schiffe eine Geschwindigkeit von 10 kn gibt. Der Tiefgang des Schiffes beträgt dabei 6,08 m. An den Hauptmotor ist je eine Kühlwasser-, Lenz- und Schmierölpumpe angehängt. Von den vier Anlaßflaschen fassen drei je 400 Liter, die vierte 800 Liter. Für die Brennstoffreinigung ist ein Turbofilter vorgesehen. Die Schmierölzentrifuge von 300 Liter in der Stunde Leistung hat elektrischen Antrieb. Zur Reserve dienen eine Reserveschmierölpumpe, die 8 cbm/std, und eine selbstansaugende Reservekühl- und Ballastwasserkreiselpumpe, die 40 cbm in der Stunde schafft. Ferner sind eingebaut eine selbstansaugende Lenzkreiselpumpe, die gleichzeitig als Feuerlösch- und Deckwaschpumpe dient, von 30cbm/std und eine Treibölförder- und Umwälzpumpe von 10 cbm/std Leistung. Sämtliche Pumpen haben elektrischen Antrieb. Der Brennstoffverbrauch des Hauptmotors beträgt 168 g/PSe/std plus 5 vH Toleranz unter Annahme eines Gasöls von mindestens 10 000 W. E. Der Schmierölverbrauch stellt sich auf 1,4 kg für eine Motorstunde.

Das ganze Schiff mit der gesamten Maschinenanlage und allen Hilfseinrichtungen entspricht den Regeln des Germanischen Lloyd und der Seeberufsgenossenschaft für die

Abb. 3. Das Hinterschiff des Motorfrachtschiffes „Christel Vinnen" mit dem Krupp-Germaniawerft-Balanceruder

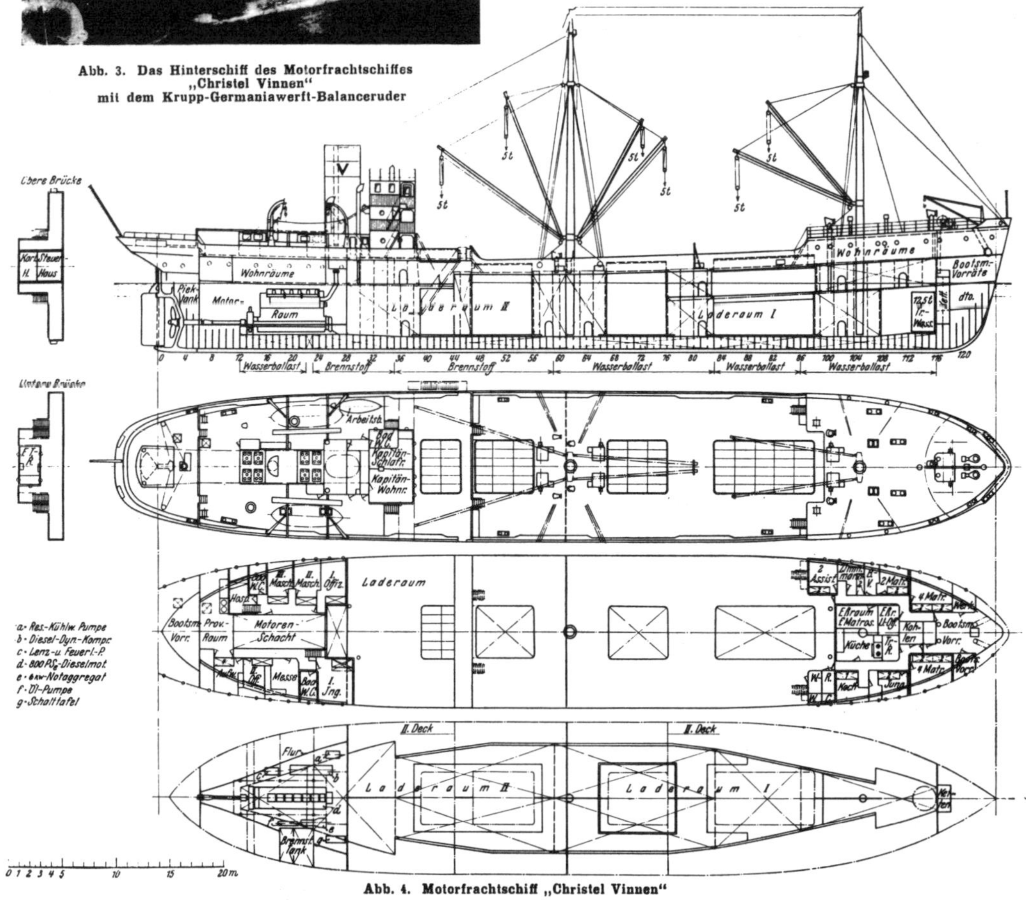

Abb. 4. Motorfrachtschiff „Christel Vinnen"

Beladungszustand in Seewasser ($\gamma = 1{,}025$)	Ladung 1. Laderaum 2. Deckslast t je 1000 kg	Besatzung Proviant Kohlen t je 1000 kg	Treiböl Schmieröl t je 1000 kg	Trinkwasser Ballastw. t je 1000 kg	Verdrängung t je 1000 kg
I. Leeres Schiff, fertig ausgerüstet	—	—	—	—	1170
II. Schiff in Ballast, mit allen Vorräten	—	3,5 5 5	150 2.5	20 282	1638
III. Schiff homogen beladen, mit allen Vorräten	2834 —	3.5 5 5	150 2.5	20 —	4190
IV. Schiff homogen beladen, Vorräte fast verbraucht, mit Wasserballast	2834 —	3.5 0.5 0.5	7 0.5	1 35	4052
V. Schiff homogen beladen, mit 2,4 m Deckslast und allen Vorräten, Achterpiek voll	2362 451	3.5 5 5	150 2.5	20 21	4190

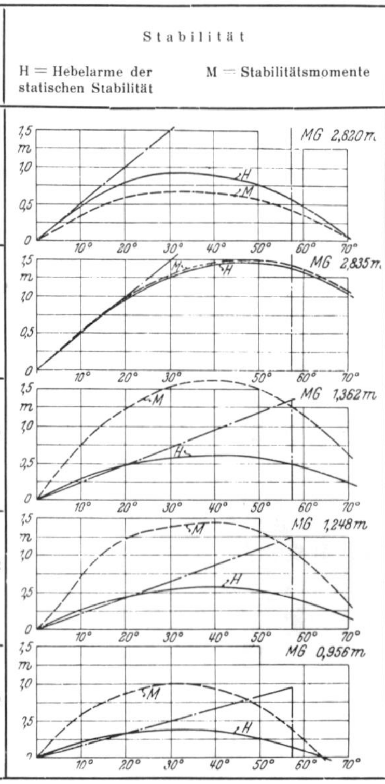

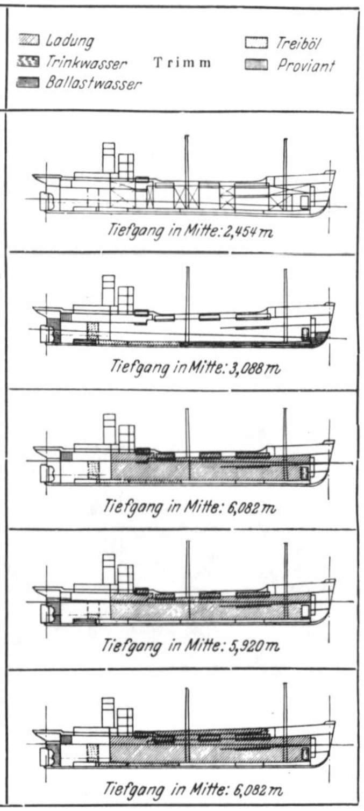

Abb. 5. Motorschiff „Christel Vinnen", Stabilität und Trimm

höchste Klasse und atlantische Fahrt und ist in allen seinen Einrichtungen so durchdacht, daß es den Vergleich mit den neuesten Schiffen dieser Gattung nicht zu scheuen braucht.

Die langjährigen Erfahrungen, welche die Germaniawerft im Umbau und der Verlängerung von Schiffen besitzt, kam dieser Umgestaltung sehr zustatten, so daß wir mit dem Motorfrachtschiff „Christel Vinnen" einen vollwertigen Zuwachs für unsere deutsche Handelsflotte buchen können.

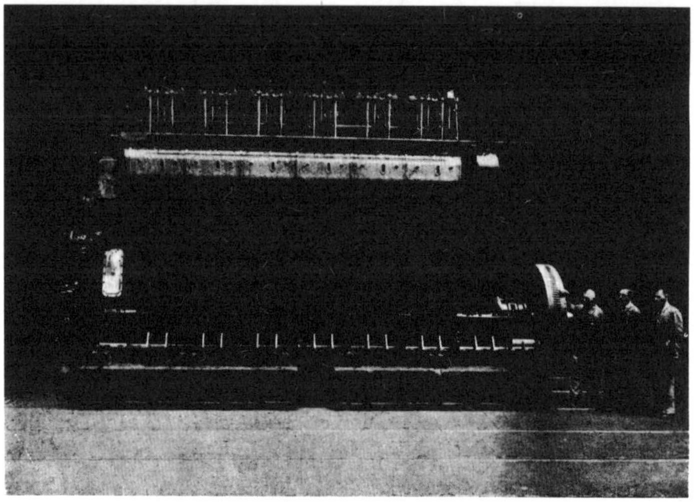

Abb. 6. Der Antriebsmotor der „Christel Vinnen" auf dem Prüfstand

Druck von A. Seydel & Cie. Aktiengesellschaft, Berlin SW 61

»SUSANNE VINNEN«, von einem passierenden Dampfer aus fotografiert. Die von der Besangaffel gefahrene Nationalflagge ist zum Dippen niedergeholt.
(Original-Postkarte, Sammlung Verfasser)

Baunummer 421: Fünfmastschoner »Susanne Vinnen«

»Ein neuer Fünfmaster, die für Bremen bestimmte ›SUSANNE VINNEN‹, verließ den Stapel der Germaniawerft«, konnte die *»Kieler Zeitung«* am 22. August 1922 verkünden. Als viertes Schiff des Vinnenquintetts war der Schoner unter der Baunummer 421 geordert worden. Die Fertigstellung erfolgte bereits einen Monat später, doch erst im November 1922 erhielt das Schiff seine Klasse.

Unter der Führung von Kapitän *Andreas Sandvei* kam der Schoner ebenfalls in der Südamerikafahrt zum Einsatz. Über die Reisen der ersten beiden Jahre sind keine Unterlagen vorhanden. Die Wettertagebücher beginnen mit ihren Aufzeichnungen erst im Herbst 1924:

Nov. 1924 – Dez. 1924:	Brevik – La Plata for Order
	Kpt. A. Sandvei, 1. Offz. E. Weitendorf
	2420 ts Zement
	8. 11. ab Brevik, 11. 11. pass. Dover,
	13. 11. pass. Lizard
	4. 12. pass. Linie auf 26,7 Grad. W
	19. 12. Sta. Maria Leuchtturm 12 sm ab,
	20. 12. Ende der Reise
	42 Tage ab Brevik, 37 ab Lizard
Jan. 1925 – März 1925	Rosario – Azoren for order
	26. 1. 36 Grad S, 52 Grad W
	13. 2. pass. Linie auf 30 Grad W
	14. 3. pass. Lizard um 24.00 Uhr
	(Bestimmungsort unbekannt)
Juni 1925 – Juli 1925	Norresundby/Dänemark – Santos/Bras.
	Kpt. A. Sandvei, 1. Offz. Fr. Reuter
	12. 6. 46 Grad N, 7 Grad W
	2. 7. Linie auf 24 Grad W
	16. 7. ankern auf Santos-Reede um 22.00 Uhr
Aug. 1925	Santos – Rio de Janeiro
Sept. 1925 – Okt. 1925	Rio de Janeiro – Meyillones/Chile
	Kpt. A. Sandvei, 1. Offz. Fr. Reuter
	10. 9. 25 Grad N, 44 Grad W
	1. 10. pass. Straße von Le Maire
	2. 10. pass. Kap Hoorn (schwachwindig)
	4.– 7. 10. Orkan mit 10–12 auf 57 Grad S
	24. 10. 23,3 Grad S, 70,7 Grad W
	Ende der Eintragung
Nov. 1925 – Feb. 1926	Meyillones – Plymouth for Order
	Kpt. A. Sandvei, 1. Offz. Fr. Reuter
	9. 11. 23,3 Grad S, 73,5 Grad W
	16. 11. pass. Mas-a-fuera-Insel
	30. 11. pass. Kap Hoorn (SW-Sturm 8–9)
	2. 12. Eisberge in Sicht
	1. 1. pass. Linie in 29 Grad W
	31. 1. 49 Grad N, 5 Grad W (Lizard)

Kapitän Andreas Sandvei mit Frau und Mannschaft auf »SUSANNE VINNEN« 1924.
(Sammlung Dr. J. Meyer, Bremen)

Trackkarte der »SUSANNE VINNEN« vom Juni 1925 bis Januar 1926.
(nach Tagebuch Nr. 7650 im Seewetteramt Hamburg)

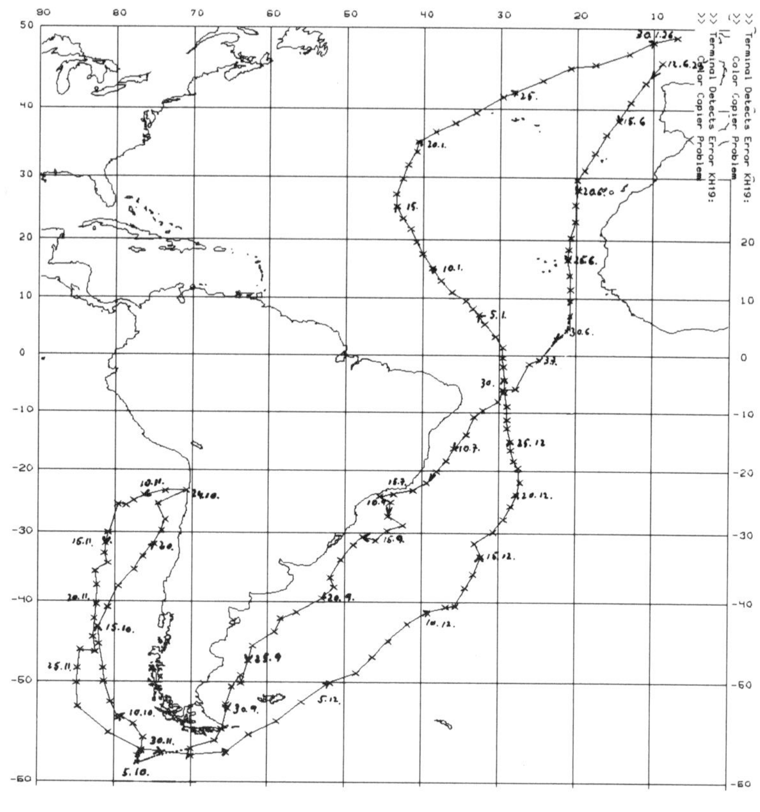

Mai 1926 – Juni 1926	Norresundby – Rosario
	Kpt. A. Sandvei
	6. 5. 47 Grad N, 8,5 Grad W
	26. 5. pass. Linie auf 25 Grad W
	16. 6. 35 Grad S, 54 Grad W
	17. 6. Ende der Reise
Juli 1926	Rosario – Santa Fé
Juli 1926 – Sept. 1926	Santa Fé – Le Havre
	Kpt. A. Sandvei, 1. Offz. Fr. Reuter
	22. 7. 35 Grad S, 50,1 Grad W
	6. 8. pass. Linie auf 30 Grad W
	31. 8. 49,7 Grad N, 3,9 Grad W
Okt. 1926	Le Havre – Brevik
Okt. 1926 – Nov. 1926	Brevik – Santa Fé
	Kpt. A. Sandvei, 1. Offz. Fr. Reuter
	21. 10. 45,2 Grad N, 11,2 Grad W
	9. 11. Linie auf 26,4 Grad W
	26. 11. 34 Grad S, 53 Grad W

Dez. 1926 – Febr. 1927	Santa Fé – Le Havre
	Kpt. A. Sandvei, 1. Offz. Fr. Reuter
	26. 12. 35 Grad S, 55 Grad W
	17. 1. Linie auf 29 Grad W pass.
	11. 2. Ende der Reise, 47 Tage bis Barfleur
März 1927	Le Havre – Brevik
März 1927	Brevik – Rosario
	Kpt. A. Sandvei
	16. 3. 47 Grad N, 10,7 Grad W
	31. 3. 13 Grad N, 21 Grad W
	(Ende der Eintragungen)

»SUSANNE VINNEN« (vorn) und »WERNER VINNEN« im Dezember 1926 in Santa Fé. Dazwischen liegt die italienische Bark »LORENZO« ex »ANDRÉ THÉODORE« (gbt. 1902 in St. Nazaire), die in jenem Jahr ihre letzte Reise nach Genua machte und danach abgewrackt wurde.
(Foto: Hobohm, Sammlung Verfasser)

»SUSANNE VINNEN« 1928 im Hamburger Hafen
(Sammlung Joachim Kaiser)

. . . und im Dock in Danzig
(Sammlung Dr. Jürgen Meyer)

Juni 1927 – Aug. 1927	Rosario – Antwerpen
	15. 6. ab Rosario
	2. 8. an Antwerpen = 48 Tage
	Im September 1927 wurde in Antwerpen die Klasse erneuert
Okt. 1927	Antwerpen – Brevik
Okt. 1927 – Dez. 1927	Brevik – Rosario
	23. 10. ab Brevik
	20. 12. an Rosario = 58 Tage
Jan. 1928	Rosario – Buenos Aires
Jan. 1928 – März 1928	Buenos Aires – Antwerpen
	26. 1. ab Buenos Aires
	15. 3. an Antwerpen = 49 Tage
Mai 1928 – Juni 1928	Hamburg – Pernambuco
	Kpt. A. Sandvei, 1. Offz. Fr. Reuter
	10. 5. ab Hamburg
	15. 5. 47 Grad N, 10 Grd W
	5. 6. pass. Linie auf 27 Grad W
	8. 6. an Pernambuco = 29 Tage
Juni 1928 – Juli 1928	Pernambuco – Buenos Aires
	14. 6. ab Pernambuco
	2. 7. 35,1 Grad S, 55,0 Grad W
	(Ende der Eintragung)
Juli 1928	Buenos Aires – Santa Fé
Aug. 1928 – Okt. 1928	Santa Fé – Azoren for Order
	Kpt. A. Sandvei, 1. Offz. Fr. Reuter
	21. 8. 36 Grad S, 54 Grad W
	8. 9. passieren Linie auf 30 Grad W
	5. 10. 35 Grad N, 31 Grad W, erhalten Order für Danzig
	14. 10. Isle of Wight passiert, Ende der Eintragungen.

Dez. 1928 – Jan. 1929 Kanal – La Plata
Kpt. A. Sandvei, 1. Offz. Fr. Reuter
2. 12. 47 Grad N, 8 Grad W
21. 12. Linie pass. auf 27 Grad W
6. 1. 35,1 Grad S, 55,2 Grad W
(35 Tage ab Lizard, davon 16 nur unter Segel, und 19 unter Segel und Motor)

Feb. 1929 – April 1929 Montevideo – Hamburg
20. 2. 36,2 Grad S, 55,1 Grad W
13. 3. pass. Linie auf 29,8 Grad W
10. 4. 49 Grad N, 3 Grad W
(Ende der Eintragungen)

März 1930 – Mai 1930 Buenos Aires – Genua
14. 3. ab Buenos Aires
14. 5. an Genua = 61 Tage

– Dez. 1930 Santos – Genua
Kpt. A. Sandvei
23. 12. 36 Grad N, 9 Grad W
(Beginn der Eintragungen)
24. 12. pass. Gibraltar
30. 12. 20.00 Uhr an Genua.

Dies war die letzte Reise der »SUSANNE VINNEN« unter deutscher Flagge. Das Schiff war inzwischen für 18500 Pfund Sterling an eine italienische Schulschiffgesellschaft, die *Società di Navigazione Nazario Sauro* mit Sitz in Rom verkauft worden. Noch am letzten Tag des Jahres 1930 übergab Kapitän Andreas Sandvei seine »SUSANNE«, die er mehr als acht Jahre lang glücklich gefahren hatte, an die neuen Eigner. Im März 1931 übernahm er das Schwesterschiff »CARL VINNEN».

»SUSANNE VINNEN« bei der Übernahme des Hafenlotsen.
(Schiffsfotozentrale W. Fuchs, Hamburg)

»PATRIA« ex »SUSANNE VINNEN« im Mai 1932 vor Antritt ihrer ersten Reise als italienisches Schulschiff.
(Real Photographs Co. Ltd., Kent)

Nach umfangreichen Umbauarbeiten, die hauptsächlich die Unterkünfte für die vergrößerte Besatzung betrafen, wurde der Schoner 1932 unter dem Namen »PATRIA« als frachtfahrendes Schulschiff für die italienische Handelsflotte in Dienst gestellt. Nach einem unglücklich ausgegangenem Versuch mit dem alten Segler »SANT' ERASMO« während der Jahre 1901–1903 war »PATRIA« nach drei Jahrzehnten das erste derartige Fahrzeug Italiens. Um die künftigen Schiffsführer wirkungsvoll auszubilden, wurde neben der praktischen Seemannschaft auch großer Wert auf theoretische Kenntnisse gelegt. Zu diesem Zweck wurde von der Kriegsmarine eigens ein geeigneter Offizier auf die »PATRIA« kommandiert.

Die ersten Jahre, die von einer weltweiten Wirtschaftskrise überschattet wurden, konnten nur unter großen Schwierigkeiten durchgehalten werden. Das Projekt, das von der Regierung, von den Reedern und von den eingefahrenen Frachteinnahmen finanziert werden mußte, drohte mehr als einmal zu scheitern. Unter Kapitän *G. Lazzarini* konnte der Schoner jedoch zwischen 1932 und 1938 acht komplette Rundreisen in sein altes Fahrtgebiet nach Argentinien unternehmen, bevor die Schulschiffsträume ausgeträumt waren:

Juni 1932 – Juli 1932	Genua – Santa Fé 2. 6. ab Genua in Ballast 15.–24. 7. in Buenos Aires 27. 7. an Santa Fé 6667 Seemeilen = 46 Tage, davon 3310 sm = 19,8 Tage unter Segel u. Motor
Aug. 1932 – Okt. 1932	Santa Fé – Savona – Genua 13. 8. ab Santa Fé mit 2277 t Quebracho 18. 8. Recalada 14. 10. an Savona, 29. 10. ab, 31. 10. an Genua 8119 sm = 60 Tage, davon 2883 sm = 18,1 Tage mit Segel u. Motor
Nov. 1932 – Jan. 1933	Genua–Torrevieja – Montevideo 19. 11. ab Genua 20. 11.–8. 12 in Torrevieja, 2254 t Salz geladen 20. 1. an Montevideo 6508 sm = 46 Tage, davon 1718 sm = 13,9 Tage mit Segel u. Motor
Feb. 1933 – Mai 1933	Montevideo – Santa Fé – Genua 2. 2. an Montevideo 6. 2.–16. 2. in Santa Fé (2311 t Quebracho) 8. 5. an Genua 9332 sm = 76 Tage, davon 3079 sm = 28,4 Tage mit Segel u. Motor
Mai 1933 – Aug. 1933	Genua – Cadiz – Buenos Aires 11. 5. ab Genua 18. 5.–1. 6. in Cadiz (2254 t Salz) 18. 8. an Buenos Aires 7377 sm = 53 Tage, davon 2367 sm = 18,3 Tage mit Segel u. Motor

»PATRIA« unter vollen Segeln 1935. Wie bei fast allen Schwesterschiffen wurde auch hier die Besegelung des Besanmastes verkleinert, um einer zu ausgeprägten Luvgierigkeit zu begegnen.
(Sammlung Dr. J. Meyer, Bremen)

Aug. 1933 – Dez. 1933	Buenos Aires – Santa Fé – Savona
	26. 8.(?) ab Buenos Aires
	7. 9.–15. 9 in Santa Fé (1615 t Quebracho)
	24. 11. an Savona
	8575 sm = 74 Tage, davon
	2468 sm = 19,7 Tage mit Motor u. Segel
Dez. 1933 – März 1934	Savona – Genua – Buenos Aires
	18. 12. ab Savona, 19. 12. an Genua
	8. 1. ab Genua in Ballast
	25. 2. an Intersecion zu Anker (48 Tage seit Genua), hier vergeblich auf Ladung gewartet.
März 1934 – Juni 1934	Buenos Aires – Punta Delgada/Azoren – Gaeta – Livorno – Genua
	13. 3. ab Intersecion in Ballast
	9.–14. 5. an Anker vor Pta. Delgada weiter über Gaeta und Livorno nach Genua. Hier Ankunft am 30. 6. 34.

Diese gesamte Rundreise, die ausschließlich in Ballast gemacht wurde, dauerte insgesamt 194 Tage, von denen 132 Tage auf See zugebracht wurden. Die Maschine wurde an 34 Tagen benutzt, wobei 4500 sm zurückgelegt wurden. Die Gesamtdistanz dieser Reise betrug 17713 sm. Unter dem Eindruck der aus wirtschaftlicher Sicht völlig fehlgeschlagenen ersten Hälfte des Jahres 1934 wurde die »PATRIA« bis zum Oktober in Genua aufgelegt.

Die nächsten beiden Reisen führten wieder in das bekannte Fahrtgebiet:

Okt. 1934	Genua – Trapani
Nov. 1934 – Jan. 1935	Trapani – Montevideo mit 2215 t Salz
	2. 11. ab Trapani
	11. 1. an Montevideo (70 Tage)
Jan. 1935	Montevideo – Santa Fé (4 Tage)
Feb. 1935 – April 1935	Santa Fé – Genua
	7. 2. ab Santa Fé mit 2275 t Quebracho
	19. 4. an Genua (71 Tage)
April 1935	Genua – Trapani
Mai 1935 – Aug. 1935	Trapani – Montevideo
	30. 5. ab Trapani mit 2288 t Salz
	25. 8. an Montevideo (87 Tage)
Sept. 1935	Montevideo – Santa Fé (5 Tage)
Sept. 1935 – Febr. 1936	Santa Fé – Montevideo – Genua
	24. 9. ab Santa Fé mit 2290 t Quebrache
	29. 11. ab Montevideo (nach Werftzeit)
	22. 2. an Genua (85 Tage)
	Im Januar bei schwerem Wetter beide Stengen vom 1. und 2. Mast gebrochen.

Bevor das Schulschiff erneut nach Südamerika ging, lag es ein volles Jahr ohne Beschäftigung im Hafen.

Die beiden dann folgenden Reisen waren die letzten unter der Flagge des italienischen Schulschiffvereins.

März 1937 – Juni 1937	Spezia – Trapani – Montevideo
	2. 3. ab Spezia
	19. 3. ab Neapel
	? 3. ab Trapani mit 2203 t Salz
	16. 6. an Montevideo
Juli 1937	Montevideo – Santa Fé (4 Tage)
Juli 1937 – Okt. 1937	Santa Fé – Savona
	15. 7. ab Santa Fé mit 2292 t Quebracho
	9. 10. an Savona (86 Tage)
Okt. 1937	Savona – Genua (Ballast)
Nov. 1937	Genua – Trapani (Ballast)
Nov. 1937 – Febr. 1938	Trapani – Montevideo
	16. 11. ab Trapani mit 2236 t Salz
	10. 2. an Montevideo (86 Tage)
Febr. 1938	Montevideo – Santa Fé (Ballast)
März 1938 – Mai 1938	Santa Fé – Savona
	11. 3. ab Santa Fe mit 2331 t Quebracho
	6. 4. Linie passiert (25 Tage)
	16. 5. an Savona (67 Tage)

Am 3. Juni 1938, mit seiner Ankunft im Hafen von Genua, beendete der Fünfmastschoner »PATRIA« ex »SUSANNE VINNEN« seine genau sechs Jahre währende Karriere als Schulschiff der italienischen Handelsmarine. Es hatte während dieser Zeit zwei Jahre, 11 Monate und 28 Tage, also rund drei volle Jahre, auf See verbracht und dabei eine Ladung im Gewicht von 28841 Tonnen transportiert. Das ist soviel, wie heute ein mittlerer Bulkcarrier auf einer einzigen Reise mitnimmt!
Am 14. Oktober 1938 verkaufte die *Società di Navigazione Nazario Sauro* ihr Schiff für 800000 Lire an *Elisa Truscello* aus Genua. Unter dem neuen Namen »IMPERATORE« sollte der Schoner zwar weiterhin in der Südamerikafahrt eingesetzt werden, auf Ausreise jedoch mit Carrara-Marmor statt mit Salz beladen werden. Die Firma *Società Anonima Dell'Amico Caro & Colombi* aus Carrara hatte sich daher mit einer erheblichen Summe an dem Schiff beteiligt. Um die schweren Blöcke umschlagen zu können, erhielt der Schoner kräftiges Schwergutgeschirr mit Dampfwinden und einem Dampfkessel. Unter Kapitän *Antonio Rocco,* einem Triester, und dem ersten Steuermann *Ercole Ghirlanda,* der diesen Posten auch schon auf der »PATRIA« hatte, ging das Schiff am 14. November 1938 mit einer vollen Ladung Marmor von La Spezia nach Santos in Brasilien. Nach 44 Tagen, einer im Verhältnis zu früher guten Reise, kam man dort am 28. Dezember an. Beladen mit einer Restladung ging es am 31. Dezember weiter nach Buenos Aires, das am 12. Januar 1939 erreicht wurde. Nach einmonatiger Liegezeit versegelte der Schoner, beladen mit Stückgut und Getreide, am 10. Februar nach Genua, wo er am 15. April nach 64 Tagen ankam. Hier übergab Kapitän *Rocco* das Kommando an seinen bisherigen »Ersten« *E. Ghirlanda.* Im Mai 1939 wurden, nachdem die bisherige Alleineignerin *Elisa Truscello 18 Anteile verkauft hatte, drei zusätzliche Teilhaber des Schiffes notiert: Società Anonima Dell'Amico Carro & Colombi* (9 Parten), *Ditta Ferrando & Massone* (7 Parten) und *Alberto Poggio* (2 Parten).

Die zweite Reise des Schiffes nahm fast den gleichen Verlauf wie die vorige: Vollbeladen mit Carrara-Blöcken ging »IMPERATORE« am 31. Mai 1939 ab La Specia und kam am 10. Juli nach 41 Tagen in Santos an. Am 31. Juli ging es weiter nach Buenos Aires, wo man nach 16 Tagen am 15. August einlief. Der Ausbruch des Zweiten Weltkrieges wurde hier erlebt. Da Italien jedoch zunächst neutral blieb, konnte der Motorsegler mit seiner vollen Ladung Getreide Buenos Aires am 8. Dezember 1939 endlich verlassen. Der Bestimmungshafen Neapel war nach 62tägiger Reisedauer am 12. Februar 1940 erreicht. Mit Beendigung dieser letzten Südamerikareise kam Italiens Handelsschiffahrt unter Segeln endgültig zum Erliegen, jedenfalls soweit es die Große Fahrt betraf. Da die Reederei durch den Verlauf des Krieges ihre Verbindungen zu Brasilien und Argentinien abgeschnitten sah, entschloß sie sich zum Verkauf des Schiffes.
Neuer Eigner wurde am 19. April 1940 für 1,5 Mill. Lire die *Società di Navigazione Potorosega* in Triest, die mit der »IMPERATORE« Küstenfahrt im Mittelmeer betrieb. Kapitän blieb weiterhin der bewährte Segelschiffsmann *Ghirlanda.* Im Laufe der Jahre allerdings mußte der stolze Schwan einige seiner Federn lassen. Erst verschwanden die Rahen vom Fock- und Großmast, dann die Stengen der vier äußeren Masten und schließlich auch noch die letzte Stenge des Großmastes. 1944 standen aber immer noch alle fünf Untermasten und der Klüverbaum, an denen auch, der Ölknappheit wegen, sämtliche möglichen Segel gefahren wurden.
1946 wurde der Heimathafen von Genua nach Livorno verlegt. Im Februar 1947 erfolgte ein totaler Umbau, bei dem aus dem bisherigen Segler ein reines Motorschiff wurde. Die Deckseinteilung blieb bei diesem Umbau jedoch weitgehend erhalten; selbst die Luken wurden nicht verändert. An Stelle von Schoner- und Kreuzmast wurden zwei Lademasten errichtet mit je vier Bäumen und einem Schwergutbaum, auf den Platz des Großmastes kam ein Brückenaufbau, und dort, wo sonst der Besan stand, erhob sich nun ein Schornstein. Der Rumpf erfuhr mit Ausnahme des Vorstevens, der begradigt wurde, keine weiteren Veränderungen. Das nun zu 1864 BRT und 1463 NRT vermessenen Fahrzeug konnte 2900 t laden. Der neue Eigner, die Firma *Solvay & Co.,* taufte das so veränderte Schiff nach einem Mitglied der Reederfamilie um in »ERNESTO S.«.
Nach neunjähriger Fahrtzeit als Tramp kam der kleine Küstenfrachter 1956 an die *Società per Azioni Cunstruzione Opere Maritime,* die ihren Sitz ebenfalls in Livorno hatte. Und zehn Jahre später wechselten nochmals die Eigentumsverhältnisse: Ab 1966 gehörte das Schiff *Alessandro Freschi* aus Livorno und fuhr nun unter seinem fünften Namen »PIOMBINO«.
Im 1. Quartal 1975 schlug schließlich die letzte Stunde für dieses Fahrzeug, das sich vom Segelschiffszeitalter bis in die Atomzeit hatte behaupten können: auf der *Vado-Ligure-Werft* in Savona beendeten die Abwracker die Laufbahn der »PIOMBINO« ex »ERNESTO S.« ex »IMPERATORE« ex »PATRIA« ex »SUSANNE VINNEN«. Selten hat ein Fahrzeug eine solch bewegte Vergangenheit aufzuweisen gehabt.

(GLRegister 1923/28/33, LR-Register 1928/39/47/63–75, Meteorol. Tagebücher Nrn. 7649/7671/7670/7752, Fl. Serafini: „In Vela Sull'Oceanao“, Aufzeichnungen von Herrn F. C. Blaas/Altenholz)

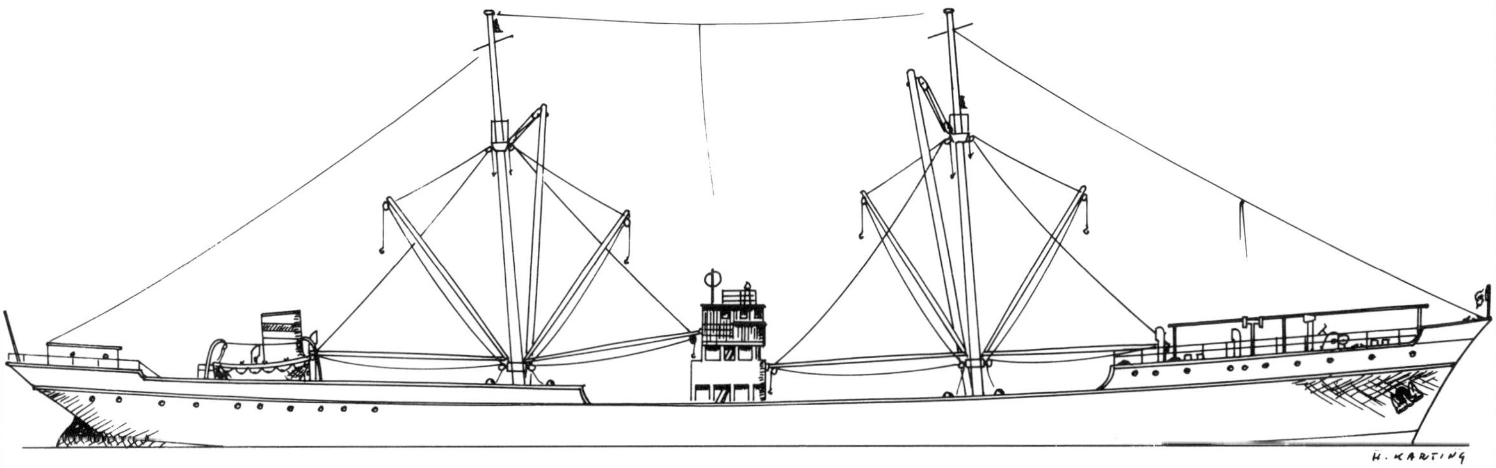

„ERNESTO S." ex „SUSANNE VINNEN"

Baunummer 424: Fünfmastschoner »Adolf Vinnen«

Das Schicksal wollte es, daß dieser Schoner, der am 15. November 1922 als letzter der fünf Vinnensegler vom Stapel lief, als erster verlorengehen sollte.

Das Schiff war am 30. Januar 1923 unter Kapitän *Willy Müller,* einem erfahrenen Segelschiffsmann und Inhaber des Kapitänspatentes seit 1903, durch den Nord-Ostsee-Kanal nach Brunsbüttel gelaufen, wo es für die bevorstehende Reise hergerichtet wurde. U. a. mußten hier die fünf Stengen wieder aufgebracht werden, die für die Kanalpassage weggefiert worden waren.

Am 4. Februar setzte man die Reise in Ballast nach Barry fort, um hier Kohlen zu laden.

»Am Mittag des 9. Februar hatte man in einem Abstand von acht Seemeilen den grauen Granitturm von Eddystone querab. Der Schoner hatte Klüver und sämtliche Gaffelsegel gesetzt und machte mit voll laufendem Motor gute Fahrt. Nachdem weitere 32 Seemeilen zurückgelegt worden waren, sichtete man zwischen 15 und 16 Uhr in nordwestlicher Richtung Land, das als Black Head ausgemacht wurde. Ungefähr eine dreiviertel Stunde später gewahrte man den weißen achteckigen Turm von Lizard, unter dem sich deutlich sichtbar die See brach.

»ADOLF VINNEN« wurde auf ihrer ersten Ausreise im Februar 1923 an der Englischen Kanalküste zum Totalverlust.
(Sammlung H. Harksen, Hamburg)

Kapitän Müller beabsichtigte nun zu halsen. Er ließ das Ruder hart Steuerbord legen und fierte selbst den Besan herunter, während der erste Offizier das vierte Gaffelsegel herunterwarf. Während das Schiff daraufhin bis vor den Wind abfiel, meldete der Rudermann, daß sich das Ruder nicht weiter als bis 25 Grad nach Steuerbord überlegen ließ. Obgleich Kapitän und sein Erster, die große Gefahr erkennend, sogleich selbst in die Speichen griffen, ließ sich das Ruder nicht weiterdrehen. Der inzwischen schon etwa zwei Meilen unter Land gelangte Schoner drehte selbst dann nicht weiter, als auch das dritte und zweite Gaffelsegel gefiert worden waren.
Nunmehr ließ der Kapitän den Motor mit äußerster Kraft zurücklaufen. Der Schoner war jedoch auch hierdurch nicht mehr vor der Strandung zu bewahren. Zwanzig Minuten nach Beginn des vergeblichen Halsemanövers stieß er, vor Wind und See liegend, auf die Felsen unterhalb der Signalstation von Lizard und geriet mit dem Vorschiff fest. Bald darauf schlug das Schiff breitseits herum. Aufgrund inzwischen abgegebener Notsignale feuerte die Rettungsstation von Lizard um 18 Uhr eine Rakete mit Leine über das Schiff. Über diese Leine wurde die Mannschaft bis auf den Kapitän, die Offiziere und den Steward, die zunächst an Bord blieben, abgeborgen. Auch das Rettungsboot von Lizard kämpfte sich bis zur Strandungsstelle durch. Es konnte jedoch wegen der schweren See nicht längsseits gehen. Zwei Stunden vor Mitternacht nahm das schwere Wetter zu. Schwere See rannten nun über das Schiff und schlugen es bald voll Wasser . . . Die an Bord gebliebenen Männer flüchteten in die hinteren Wanten, wo sie die Nacht verbrachten . . . Am Morgen des folgenden Tages gelang es, eine neue Leinenverbindung herzustellen und den Rest der Besatzung abzubergen . . .«, so beschreibt Willi Heidel das Ende der »ADOLF VINNEN«, deren einzige und letzte Seereise nicht länger als eine Woche gedauert hatte. Das Wrack konnte nicht geborgen werden. Es wurde in kurzer Zeit von der See völlig zerschlagen. Die Reste liegen heute in der Nähe vom Bass Rock, meistens unter Sand begraben, doch wird es in unregelmäßigen Abständen von der Brandung wieder an die Oberfläche gebracht.

(»Seekiste« 1961/11 S. 844: Willi Heidel »Die Motorsegler der Reederei Vinnen«, »Cornish Shipwrecks« Vol. I. S. 134)

Am Morgen nach der Strandung werden die letzten Männer der »ADOLF VINNEN« mit Hosenbojen abgeborgen. Einer, vermutlich handelt es sich um Kapitän Müller, ist noch in den Steuerbord-Wanten des Besanmastes zu erkennen.
(Sammlung Dr. Jürgen Meyer)

Das schöne Schiff wurde in kurzer Zeit von der See vollständig zerschlagen.
(Sammlung Dr. Jürgen Meyer)

H. KARTING 7.87

Baunummer 373: Dreimastschoneryacht »Kallisto« »Fisherman II« / »Mindoro«

Über den für die Kieler Firma *Anschütz & Co.* gebauten Dreimastschoner »KALLISTO« ist bis heute wenig bekannt geworden. Bei der Firma selbst, die als einer der bedeutendsten Hersteller von Kreiselkompassen und Selbststeueranlagen noch heute ihren Sitz in Kiel hat, weiß man nicht einmal mehr von der einstigen Existenz des Schiffes.

Wie wir aus den »Kruppschen Monatsheften« vom Mai 1921 erfahren, ist der Linien- und Takelriß von dem bekannten Yachtkonstrukteur *Max Oertz* entworfen worden, von dessen Hand auch die Entwürfe der Rennyachten »GERMANIA« und der beiden »METEOR« von 1908 und 1914 des deutschen Kaisers stammten. Dieser yachtartige Dreimastschoner *»mit besonders gefälligen Formen und großer Betakelung«* sollte neben der Frachtbeförderung als Versuchsschiff der Firma dienen, um deren neue Entwicklung im Bordbetrieb praktisch zu erproben und Interessenten an Ort und Stelle vorzuführen.

Das mit extrem ausfallendem Klipperbug und formschönem Seglerheck ausgeführte Schiff war als Quarterdecker gebaut. Die Länge des Rumpfes zwischen den Loten betrug 43,40 m, die Breite auf Spanten 8,70 m, die Seitenhöhe 4,87 m und der Tiefgang 4,57 m bzw. 4,33 m. So jedenfalls lauten die Werftangaben. Die Ergebnisse der amtlichen Vermessung hingegen erbrachten 47,32×8,73× 4,53 m, woraus sich ein Raumgehalt von 439 BRT und 269 NRT ergab. Die Länge des Quarterdecks ist mit 12,50 m angegeben. Das Schiff besaß vier wasserdichte Abteilungen und einen Laderaum mit einem Fassungsvermögen von 550 m^3. Die Tragfähigkeit ist in den Werftunterlagen mit 345 tdw, im Register der Klassifikationsgesellschaft hingegen mit 450 tdw notiert. Zwei Luken von je 5,00×3,45 m und eine von 1,05×0,85 m gaben Zugang zum Laderaum. An Wasserballast konnten 75 t eingenommen werden. Ein 160 PS starker MAN-Diesel mit 6 Zylindern sorgte bei 240 Umdrehungen für 6,5 Knoten Fahrt. Da der geringe Brennstoffvorrat von 22 t keinen großen Aktionsradius erlaubte, hatte das Schiff eine aufwendige Besegelung erhalten. An den drei gleichhohen Masten, bestehend jeweils aus Untermast mit aufgesetzter Stenge, konnten 14 Segel mit einer Gesamtfläche von 1050 m^2 gesetzt werden. Während am Fockmast doppelte Toppsegel an Rahen gefahren wurden, besaßen die beiden übrigen Masten Gaffeltoppsegel.

Die Schoneryacht »KALLISTO« als Neubau 1921 in der Kieler Förde.
(Altonaer Museum, Hamburg)

»KALLISTO« unter Segeln während einer Gästefahrt.
(Altonaer Museum, Hamburg)

Dieses Foto, wohl auf der gleichen Fahrt wie das vorige aufgenommen, zeigt das schöngeschnittene Heck und die dort angebrachten Verzierungen der »KALLISTO«.
(Sammlung Joachim Kaiser, Glückstadt)

Das Vorgeschirr bestand aus Stagfock, Innen- und Außenklüver sowie Jager. Zwischen den Masten konnten zusätzlich noch Stengestagsegel gesetzt werden und unter der Fockrah eine sog. »Gardinenfock«, mit der alle bei Krupp gebauten Motorsegler ausgerüstet waren. Diese Besegelung war die gleiche, die auch für die übrigen Dreimaster der Werft vorgesehen wurde.

Der Stapellauf der »KALLISTO« fand am 5. Dezember 1920 statt. Im Mai 1921 meldete die »Nautische Rundschau«: *»Der auf der Kieler Germaniawerft für die Firma Anschütz & Co, Neumühlen, erbaute Motorsegler ›Kallisto‹ hat seine Probefahrt beendet . . . Die erste Reise wird das Fahrzeug nach Südamerika führen.«*

Am 9. Juni 1921 schrieb die »Schleswig-Holsteinische Volkszeitung«: *»Die Kieler Yacht ›Kassio‹* (Anm.: muß heißen ›Kallisto‹) *ist vor einigen Tagen bei Bülk gestrandet. Da es nicht gelang, die Yacht durch Motorboote abzuschleppen, wurde der Kieler Dampfer ›Mönkeberg‹ zu Hilfe gerufen, der die Yacht abbrachte und nach Kiel einbrachte. Der Segler hat Bodenschaden und ist am Vorgeschirr beschädigt.«* Bald darauf, am 27. Juni 1921, konnte die gleiche Zeitung aber die beruhigende Meldung machen: *»Die große Dreimastgaffelschoner-Yacht der Firma Anschütz & Co. ging nach Travemünde zur Segelwoche.«* Eine weitere Nachricht stammt aus der »Kieler Zeitung« vom 4. April 1922: *»Der Motor-Dreimaster ›Kallisto‹, der seit Wochen in einem Bassin der Reichswerft lag, hat vor dem Schloßgarten Ankerstelle erhalten.«* Die beabsichtigte Reise nach Südamerika scheint somit nicht stattgefunden zu haben.

Der weitere Werdegang ist den Registern von Bureau Veritas zu entnehmen. Der Segler war unter Aufsicht dieser Gesellschaft gebaut worden und hatte im August 1921 in Kiel dessen Klasse »+I 3/3 L 1.1.«, also die höchste Klasse für Große Fahrt, erhalten. Kapitän des Schiffes war seit 1921 *Hoffmann,* der seit 1912 Patentinhaber war.

Im Register von 1925 wird *Fa. Anschütz* noch immer als Eigner verzeichnet. Auch Kapitän *Hoffmann* scheint sich noch an Bord zu befinden. Im März 1925 findet in Kiel eine kleinere Reparatur statt.

1927 gehörte das Schiff unter gleichem Namen einem Mister *William W. Near* aus Toronto, ist aber mit dem Unterscheidungssignal KSPB in London beheimatet. Nachdem die 2. Normbesichtigung zur Erneuerung der Klasse im März 1929 in London stattgefunden hatte, erfolgte eine weitere Besichtigung im Januar 1930 in New York. Inzwischen hatte sein Eigner das Schiff vollständig zur Yacht umbauen lassen. Eine Neuvermessung ergab jetzt bei 49,68×8,69×4,57 m einen Raumgehalt von 448 BRT und 350 NRT. 1932 wird mit *W. Blois* zum ersten (und letzten) Mal auch wieder ein Schiffsführer angegeben.

Die BV-Register der Jahre 1933/34 lagen zur Auswertung nicht vor. Im Band von 1935 ist das Schiff als »FISHERMAN II« ex »KALLISTO« verzeichnet. Es gehört nun dem bekannten amerikanischen Krimi- und Westernautor *Zane Grey* aus Altadena/California und ist in Los Angeles beheimatet. *Grey* hatte bereits vorher einen hölzernen Dreimastschoner »FISHERMAN« ex »MARSHALL FOCH« besessen, den er nun durch »KALLISTO« ersetzte. Die Segelei scheint dem Erfolgsschriftsteller jedoch nicht sehr behagt zu haben, denn er takelte das Schiff ab und machte eine Motoryacht daraus. Als solche ist sie noch 1936 in *Zane Greys* Besitz.

Im Lloyds-Register 1936/37 wird »FISHERMAN II« (WOFX) als Eigentum von *Wm. R. Dobbs* in Los Angeles angegeben. 1939 war aus der einstigen Yacht ein Frachter geworden, der von zwei Schrauben angetrieben wurde.

Ab 1942 kam das Schiff als »MINDORO« unter der Nummer »YAG 15« in den Dienst der US-Regierung. Im Lloyds-Register wurde es 1943/44 gestrichen, soll aber noch bis 1946 in Fahrt gewesen sein. Trotz Nachfragen in den USA hat sich sein endgültiges Schicksal nicht aufklären lassen.

(Kruppsche Monatshefte, div. Kieler Zeitungen – mitgeteilt von Herrn F. C. Blaas/Altenholz, BV-Reg., 1921/22–25/27/30/32/35–36, Angaben v. Dr. Meyer/Bremen, Lochmann/Berlin, Abert/Ratzeburg)

Segelzeichnung zum
Dreimastschoner von ca. 645 t.
Maßstab 1:200
(Zeichnung v. Verfasser)

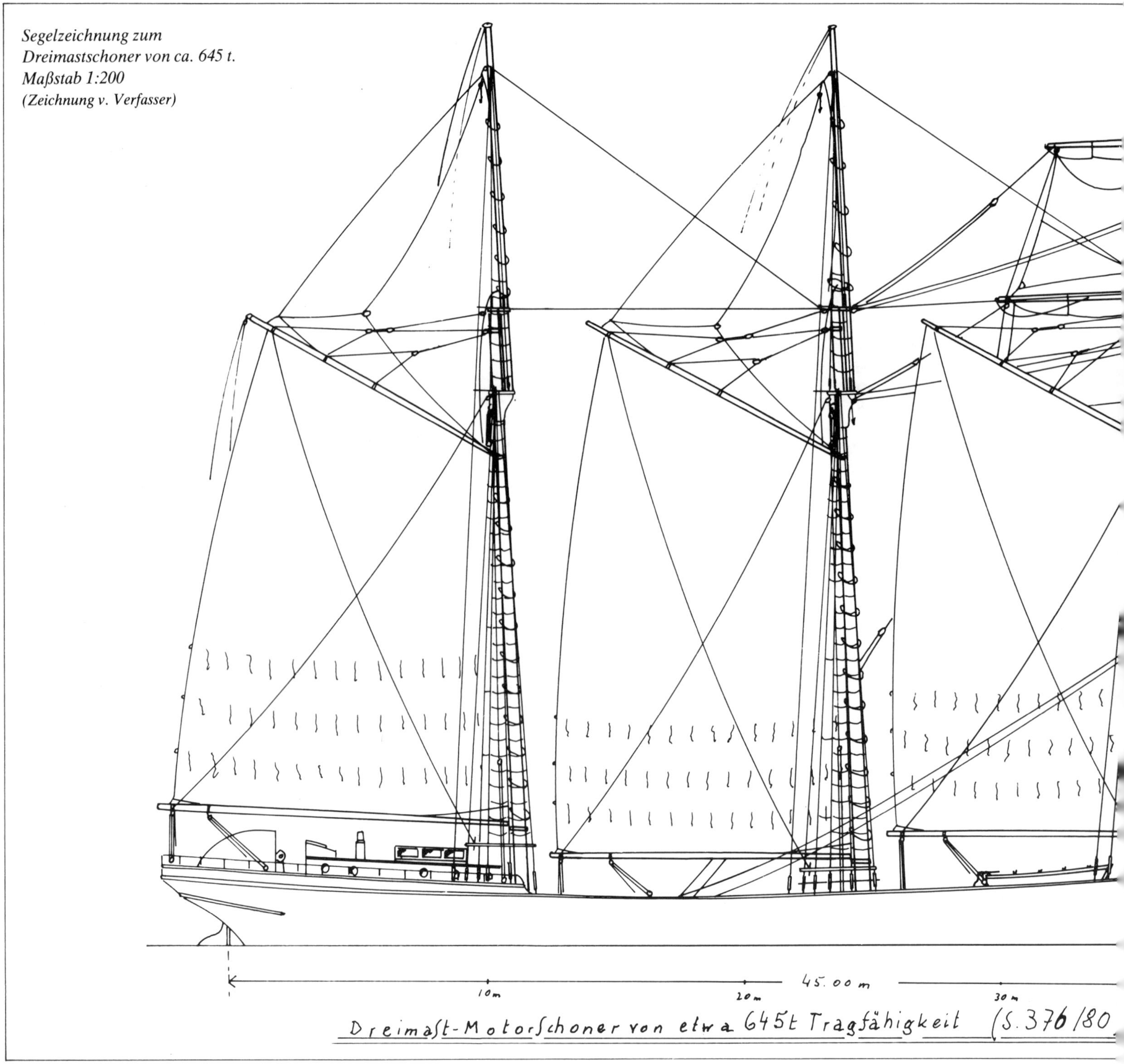

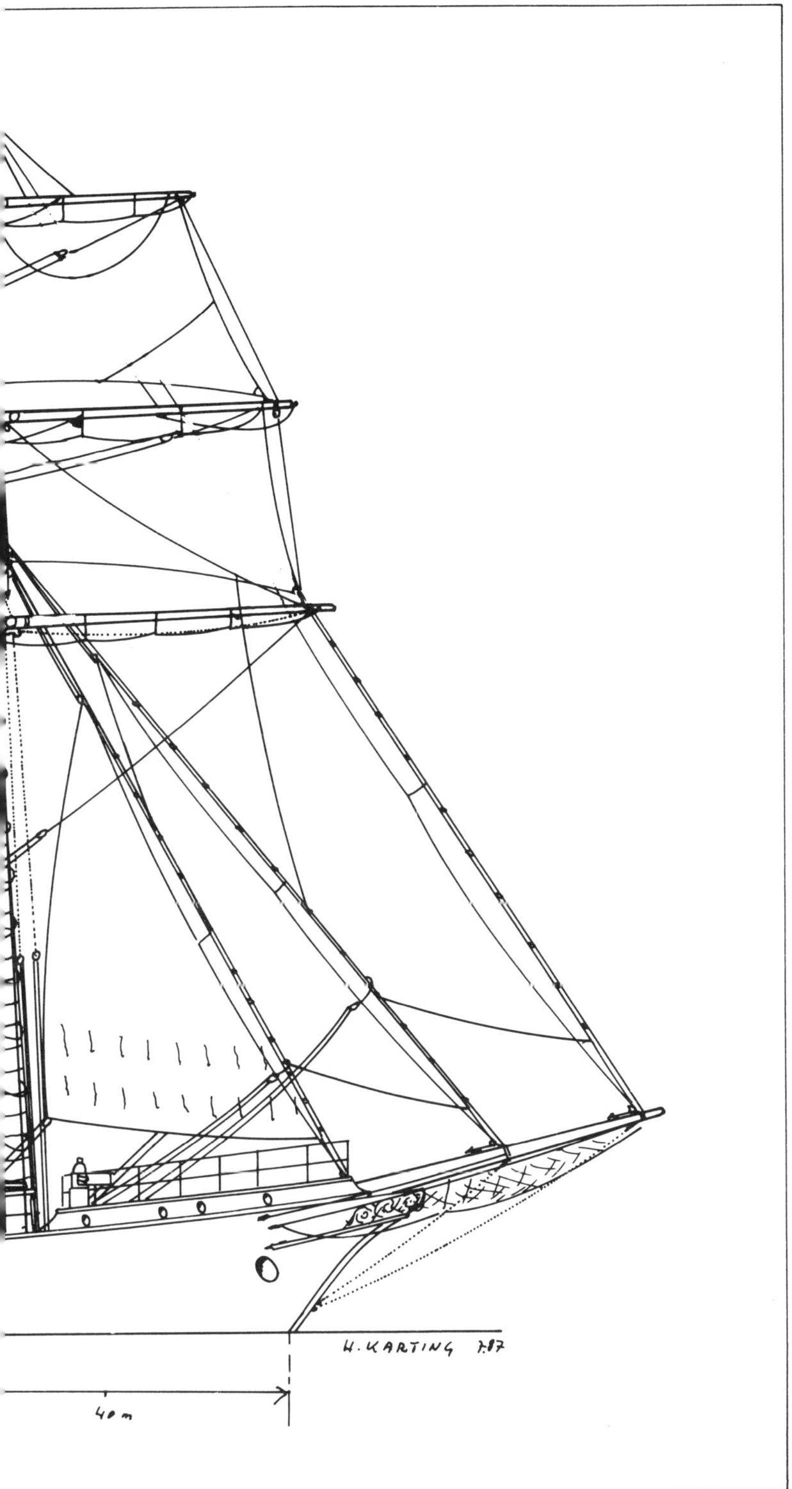

Baunummern 376 bis 380: Fünf Dreimasttoppsegelschoner von 625 bis 645 Tonnen

Auf Anregung der *Friedrich Krupp-Germaniawerft* wurde für das Stammhaus in Essen eine Serie von fünf rheingängigen Motorschonern gebaut, die für den Transport firmeneigener Produkte vorgesehen waren. In erster Linie hatte man dabei die unmittelbare Verbindung zwischen Duisburg und Kiel zur Belieferung der Werft mit Kohle und Stahl im Auge. Abgesehen von dieser Fahrt plante man aber auch Reisen in überseeische Länder. Der Tiefgang dieser Schiffe gestattete es ihnen, den Rhein bei normalem Wasserstand bis Köln zu befahren. Zu diesem Zweck waren die Masten, um unter den Brücken passieren zu können, zum Klappen eingerichtet. Bei Schiffen mit solch aufwendiger Takelage war das eine Aufgabe, die technisch nicht leicht zu lösen war.

Gemäß der Devise der Werft, daß die von ihr gebauten Schiffe in erster Linie vorzügliche Segler zu sein hätten, wurde auf keine der Eigenschaften verzichtet, die ein vollwertiges Segelschiff haben muß, nur weil nun mal ein Hilfsmotor vorhanden war. Die Rumpfform war schlank mit scharfen Enden, die einen guten Wasserablauf gewährleisteten, und die Bemastung und Besegelung war die eines reinen Seglers. Für im Seegang weitgehend trockene Schiffsenden sorgte der ausgeprägte Sprung, der im Vorschiff am stärksten war. Zusammen mit dem weit überfallenden Klippersteven ergab das die unverkennbare Silhouette der Krupp-Schiffe. Schon von weitem waren sie an ihrem hohen Vorschiff mit dem ausgeprägten Vorsteven zu erkennen. Das schön geformte runde Heck bildete hierzu das adäquate Gegenstück. Von gleicher Ästhetik wie der Rumpf zeigte sich der ausgewogene Segelriß. Es war der Bauwerft gelungen, Schiffe von geradezu klassischer Schönheit zu bauen, die gleichzeitig den Ansprüchen des damaligen modernen Seefrachtverkehrs gerecht zu werden suchten.

Diese fünf Schwesternschiffe besaßen, genau wie die noch zu beschreibenden vier kleineren Dreimaster, das Rigg eines modernen Schoners mit Gaffelsegeln an den drei gleichhohen Masten, Rahtoppsegeln am Fockmast und Gaffeltoppsegeln an den beiden hinteren. An Vorsegeln konnten eine Stagfock und zwei Klüver gefahren werden, während eine sogenannte Gardinenfock als zusätzliches Vor-dem-Wind-Segel diente. Letztere hatte ihren Namen, weil sie lose unter der Rah lief und bei Nichtgebrauch einer Gardine ähnlich an den Mast geholt wurde, wo sie beigelascht wurde. Die Gesamtfläche dieser elf Segel betrug 883 Quadratmeter. Der überlieferten Segelzeichnung ist zu entnehmen, daß die Mastenhöhe über Kiel mit ca. 37 Metern anzunehmen ist. Die Untermasten hatten eine Höhe über Deck von ca. 22 Metern, die Stengen eine solche von ca. 13,50 Metern. Wie schon die Masten waren auch die Bäume und Gaffeln alle von gleicher Länge, somit auch die dazugehörigen Segel, was ein Auswechseln aller wichtigen Teile untereinander ermöglichte. Das stehende Gut war auf Spannschrauben gesetzt und

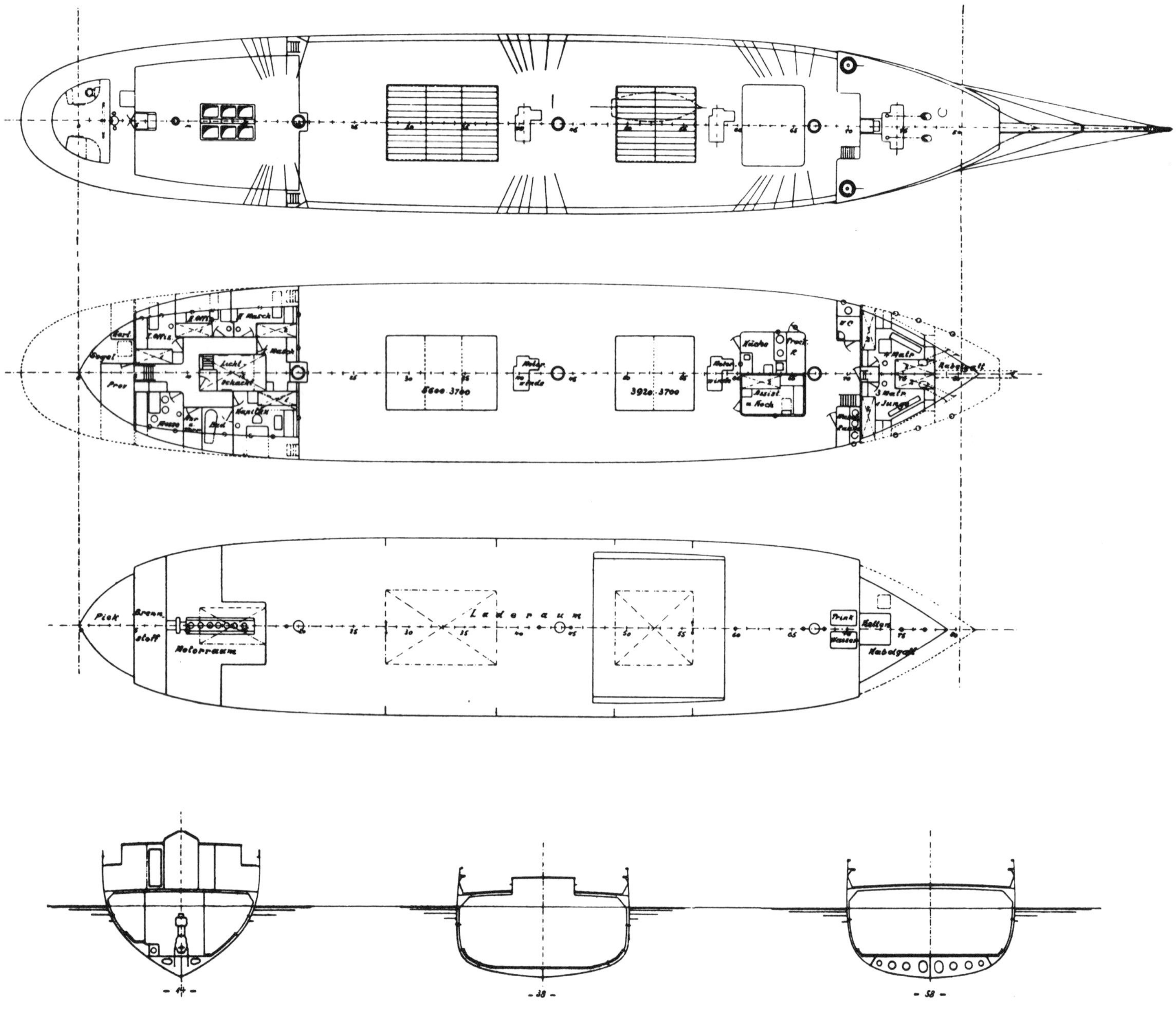

Einrichtungszeichnung und Querschitte der Spanten Nrn. 14, 38 und 58 der Dreimastschoner von 645 Tonnen (NB 378–380).
(aus: Kruppsche Monatshefte, Mai 1921)

bestand aus je vier Unterwanten und einer Pardune sowie aus je zwei Toppmastwanten und ebenfalls einer Pardune. Die Wanten waren an beiden Schiffseiten vollständig ausgewebt. Das Bugspriet bestand aus einer Spiere, es besaß zwei Wasserstagen aus Ketten sowie je zwei Klüvergeien aus Drahttauwerk, zwischen denen ein dichtgewebtes Klüvernetz verspannt war. Gaffel- und Toppsegel liefen an Mastringen.
Ein solch aufwendiges Rigg zum Klappen einrichten zu müssen, stellt in der Tat erhebliche Anforderungen an den Konstrukteur. Und bei den Seeleuten werden die geplanten und auch durchgeführten Rheinreisen wenig Begeisterung ausgelöst haben. Galt es doch, sobald Rotterdam passiert war, alle Segel wegzunehmen, Stengen und Rahen an Deck zu geben, fast alles stehende Gut zu lösen und schließlich die schweren Masten umzulegen. Welch gewaltiges »Whooling« das an Deck gab, zeigt das Foto der »ANNEN« im Hafen zu Rheinhausen recht deutlich. Um im Zielhafen dann auch an die Luken kommen zu können, mußte dort sowohl Fock- als auch Großmast wieder aufgerichtet werden. Anschließend hatte man die Prozedur noch einmal rückwärts zu exerzieren, um dann endlich in Rotterdam nach Passieren der letzten Brücke das Schiff wieder völlig segelklar herzurichten. Nach solcher Reise war man dann ziemlich perfekt im Auftakeln.

Die Einrichtung dieser Schoner entsprach der moderner Großsegler. Auf der Back befand sich eine Motorankerwinde, die gleichzeitig als Verholwinde diente, ferner standen hier die nötigen Poller und Nagelbänke für die Vorsegel sowie im Hinterteil die beiden Feuertürme für die Seitenlampen. Letztere hatten Zugang durch das darunterliegende WC an Backbord bzw. den Waschraum an Steuerbord. Eine Treppe führte hier von der Back auf das Hauptdeck. Unter der Back befand sich im vorderen Teil das obere Kabelgatt, dahinter lagen die Unterkünfte für die beiden Wachen, die aus je vier Mann bestanden. Anschließend folgten die beiden bereits erwähnten Sanitärräume. Hinter dem Fockmast stand das Deckshaus, in dem außer der Kombüse und einem Trockenraum auch noch die Doppelkammer für den Koch und einen Assistenten Platz hatte. Eine Motorladewinde befand sich zwischen diesem Kochhaus und der Luke 1, auf welcher auch das Rettungsboot verstaut war. Großmast, eine zweite Motorwinde und endlich die Luke 2 bildeten die weiteren Einrichtungen auf dem Hauptdeck. Mit ihren für damalige Verhältnisse großzügig bemessenen Lukenöffnungen von 3,92×3,70 bzw. 5,00×3,70 Metern und den modernen Motorladewinden konnte ein zügiger Ladungsbetrieb gewährleistet werden. Der Besanmast stand bereits auf dem erhöhten Quarterdeck. In der Hütte waren die Unterkünfte der Schiffsleitung untergebracht. An Steuerbord befand sich die Kapitänskajüte, gefolgt von Bad mit WC, Anrichte und Messe. An Backbord waren hier die Kammern vom 2. Maschinist, 2. Offizier und 1. Offizier, während der 1. Maschinist mittschiffs im Vorderteil der Poop wohnte. Ein großer Lichtschacht inmitten dieses Aufbaus führte in den Maschinenraum. Ein halbkugelförmiges Deckshaus bildete den hinteren Abschluß der Deckseinteilung. Hier hatte der Rudergänger einen hervorragend geschützten Platz, auch befand sich hier ein weiterer Toilettenraum. Unter diesem Deckshaus waren die Segellast und der Proviantraum untergebracht.

Begeben wir uns nun unter das Hauptdeck, so finden wir im Vorschiff vor dem Kollisionsschott das untere Kabelgatt, zu dem man Zutritt vom Backbord-Matrosenlogis hat, sowie den Kettenkasten und den Vorpiektank. Im anschließenden Laderaum sind zwischen Schott und Vormast die beiden Frischwassertanks untergebracht, die mit einer Handpumpe von Deck aus angezapft werden können. Ein Doppelboden-Ballasttank findet sich im Bereich der Luke 1. Warum man nicht den ganzen Boden als Ballasttank eingerichtet hat, ist aus heutiger Sicht schwer zu begreifen: es hätte den jeweiligen Schiffsleitungen manche bange Stunde erspart und dem Reeder erhebliche Kosten für die Einnahme von Sandballast. Der gesamte Laderaum dieser Schoner war mit neun massiven Raumstützen verstärkt. Je zwei befanden sich im Bereich der Masten, einer unter dem Kochhaus, einer vorkante Luke 1 sowie einer achterkante Luke 2. Den hinteren Abschluß des Laderaums bildete ein Schott, das um die Maschine herumgebaut worden war. Diese Anordnung hatte man gewählt, um das Schiff möglichst achterlastig trimmen zu können. Der Maschinenraum war dadurch verhältnismäßig klein geraten, zumal auch noch der Brennstofftank in ihm Platz finden mußte. Den hintersten Abschluß bildete der Achterpiektank. Insgesamt konnten auf diesen Schiffen 59 t Ballastwasser gefahren werden. Das langte zwar zum problemlosen Verholen, doch war es in keiner Weise ausreichend, um solch ein schwergetakeltes Fahrzeug in leerem Zustand von einer Leeküste freizusegeln. Seltsamerweise hatten diese Schoner die Auflage, in der Atlantikfahrt auf Ballastreisen zusätzlichen Sandballast zu fahren. In der Küstenfahrt hingegen, wo man viel schneller und häufiger in bedrohliche Landnähe kommt, war eine solche Maßnahme nicht vorgesehen. Das sollte zumindest einem dieser Fahrzeuge zum Verhängnis werden.
Als Maschinen kamen die noch auf der Werft vorhandenen U-Boots-Diesel zum Einbau. Es waren einfach wirkende Viertakt-Motoren der Maschinenfabrik Augsburg-Nürnberg A. G. (MAN), deren sechs Zylinder eine Leistung von 160 PS erbrachten, womit sich eine Geschwindigkeit von ca. 7,5 Knoten erzielen ließ. Der Brennstoffvorrat von 12 t erlaubte ohnehin keine langen Motorfahrten.

Die Schoner waren von der Werft mit folgenden Abmessungen vorgesehen:

Länge zwischen den Loten:	45,00 m
Breite auf Spanten:	9,00 m
Seitenhöhe:	4,10 m

Der Tiefgang betrug bei den ersten beiden Schonern 3,84 m, was eine Tragfähigkeit von 625 t erbrachte, während die restlichen drei bei 3,91 m 645 t laden konnten. Die Vermessung war bei allen fünfen zu 456 BRT und 339 NRT vorgesehen.
Die Besatzung bestand aus Kapitän, zwei Steuerleuten, zwei Maschinisten, einem Ing.-Assi, einem Koch und acht Seeleuten, also insgesamt aus fünfzehn Mann.
Die Schiffe waren unter Aufsicht des Germanischen Lloyd gebaut worden und hatten dessen höchste Klasse für eiserne Schiffe »GL +100 A4« erhalten.

Zwischen August 1920 und Mai 1921 wurden die fünf Schoner in Fahrt gesetzt. Schon in ihrer Mai-Ausgabe konnte die Firmenzeitung stolz berichten: *»daß diese von der Firma Krupp selbst erbauten Motorsegler damit begonnen haben, Kruppsche Erzeugnisse über See zu tragen und Zeugnis ablegen, daß in Deutschland Wagemut und Arbeitsfreudigkeit trotz widriger Zeiten noch fortleben«.*
Zum Jahreswechsel 1921/22 jedoch hatte sich die Reederei bereits von allen fünfen getrennt, den Reedereibetrieb unter deutscher Flagge aufgegeben und mit dem 1. Januar 1922 in Rotterdam eine neue Gesellschaft mit Namen *»Fried. Krupp's Reederij en Transportbedrijf«* gegründet.
Während die Baukosten für die fünf Motorschoner insgesamt 25434987,34 Mark betragen hatten, erzielte man beim Verkauf lediglich einen Erlös von 13,5 Mill. Mark, also nur gut die Hälfte.
In die Küstenfahrt ist die Firma Krupp, die auch heute noch als Reederei existiert, danach nie wieder getreten.

(»Kruppsche Monatshefte« Mai 1921, »Bekanntmachungen des Direktoriums« Nr. 52 v. 31. 12. 21, mitgeteilt v. Historischen Archiv der Fa. Krupp)

»ANNEN«, unter Maschine die Kieler Förde verlassend.
(aus Kruppsche Monatshefte, Mai 1921. Historisches Archiv Fried. Krupp GmbH)

Das Stahlwerk Annen in Westfalen war der Namensgeber des ersten großen Schoners der Krupp-Reederei.

Neubau 376: Dreimastschoner »Annen« / »Fratelli Garré«

Als erster der fünf großen Dreimastschoner lief im August 1920 die Baunummer 376 vom Stapel, die nach *»einwandfreier Probefahrt«* am 8. September von der Reederei *Fried. Krupp AG. Essen* als »ANNEN« übernommen wurde. Tags darauf wandte sich die Reederei an das Amtsgericht Hamburg mit der Bitte um schnelle Ausstellung des Schiffszertifikats, *»da unser bei der Germaniawerft in Auftrag gegebener Dreimastschoner mit Hilfsmotor, genannt ›Annen‹, fertiggestellt ist, und bereits dieser Tage (vielleicht morgen oder übermorgen) mit einer Schrottladung von Kiel über Rotterdam nach Ruhrort in See gehen soll.«* Als Schiffsführer hatte die Reederei Kapitän *Otto Walter* aus Hamburg bestimmt.

Die hier gezeigten Fotos stammen von dieser ersten denkwürdigen Rheinreise, die seinerzeit in Fachkreisen einige Aufmerksamkeit erregte. Weitere Reisen unter der Kruppflagge lassen sich der Kieler Zeitung entnehmen. So war die »ANNEN« am 19. September 1921 mit einer Ladung Schnittholz von Trungsund in Kiel eingelaufen. *»Für die Fahrt von Finnland nach Kiel wurden fünf Tage benötigt«:* d. h., daß während der 730 Seemeilen langen Reise eine Durchschnittsfahrt von ca. 6 Knoten erzielt wurde. Leider übermittelte der Chronist nicht, ob die Reise unter

»ANNEN« mit geklappten Masten im Hafen der Kruppschen Friedrich-Alfred-Hütte in Rheinhausen.
(aus Kruppsche Monatshefte, Mai 1921. Historisches Archiv Fried. Krupp GmbH)

Die Kruppschoner – hier nochmals die »ANNEN« –
galten mit Recht als Fahrzeuge, deren Anblick das Auge erfreute.
(Sammlung Dr. Jürgen Meyer)

»FRATELLI GARRÉ ex »ANNEN« auf einer Reklamekarte der italienischen »Vacuum Oil Company«
Sammlung Dr. J. Meyer, Bremen)

Segeln oder mit Maschine oder mit beidem zurückgelegt wurde. Am 27. September war man noch immer am Holzlöschen, *»doch sollte das Schiff noch eine weitere Reise von Finnland machen«*. Beim Auslaufen aus der Förde kam es dann am 21. Oktober zu einem Zusammenstoß mit dem Schlepper »STEIN«, wobei dieser erheblich beschädigt wurde. Seine Reparatur erfolgte, wohl weil's billiger war, bei der Germaniawerft. Am 24. Februar 1922 ging die »ANNEN« für 2,7 Millionen Mark an die Hamburger Reederei von *Dönitz, Witt & Co,* bei der nach und nach außer der »GAARDEN« alle großen Dreimastschoner von Krupp landeten. Die neuen Eigner gaben sie nach zwei Monaten am 1. April 1922 zum gleichen Preis weiter an die Firma *C. F. Hildebrand* aus Hamburg, der bereits besagte »GAARDEN« gehörte.
Auch aus dieser Zeit sind einige Reisen der »ANNEN« unter Kapitän *O. Walter* überliefert. Am 27. März 1922 passierte sie den Kaiser-Wilhelm-Kanal westwärts auf der Fahrt von Sölvesborg nach Bremen, vermutlich mit Holz. Am 3. Mai lief die »ANNEN« wegen eines Motorschadens die Bauwerft an; sie hatte Grubenholz für England geladen. Ein ähnlicher Schaden wird vorgelegen haben, als sie in der zweiten Augustwoche 1922 vollbeladen mit Holz bei der Germaniawerft eindockte, um am 11. August die Weiterreise nach Holland anzutreten.
Laut Register des Germanischen Lloyd gehörte die »ANNEN« 1924 der *Heimdal-Reederei GmbH, Hamburg* und wurde geführt von *Kapitän Brockmüller.* Den offiziellen Eintragungen im Hamburger Seeschiffsregister ist solche Transaktion jedoch nicht zu entnehmen. Hier ist vielmehr vermerkt, daß der Schoner am 2. Juli 1924 zurückging an die Reederei Dönitz, Witt & Co, um von dieser endlich am 24. Oktober gleichen Jahres in die *Hanseatische Motorschiffahrt A. G., Hamburg* eingebracht zu werden. Der Buchwert der »ANNEN« war inzwischen auf 75000 Mark bzw. 29000 US-Dollar gesunken.
Nachdem der Reichswirtschaftsminister mit Schreiben vom 15. Dezember 1925 dem Verkauf ins Ausland zugestimmt hatte, wurde der Dreimaster noch am gleichen Tag an die Gebrüder *Riccardo und Francesco Garré* aus Viareggio in Italien übergeben. Als »FRATELLI GARRÉ« mit dem Unterscheidungssignal NQEU blieb das Schiff für den Rest seines Lebens in Viareggio beheimatet. Als Kapitän läßt sich für 1928 *Carlo Passaglia* nachweisen.
Am 16. Juni 1940 wurde »FRATELLI GARRÉ« als »V 72« von der italienischen Marine übernommen. Der Verlust erfolgte am 23. August 1941 durch U-Boot-Torpedo auf der Reise im Konvoi von Tripoli nach Benghazi zwölf Seemeilen nördlich Syrte im Golf von Sydra.

(SSR Hamburg Nr. 5413, GL-Reg. 1923/24, Lloyds-Reg. 1928, SEEKISTE 1953 Nr. 5, Kieler Zeitung 1921/22, Mitteilung der Herren Blaas/Altenholz, Abert/Bad Segeberg und Serafini/Imperia)

Baunummer 377: Dreimastschoner »Buckau« / Rotorschiff »Buckau«/»Baden-Baden«/ Dreimastschoner »Rio Nozarra« / »Baden-Baden«

Als zweiter Schoner wurde am 1. Oktober 1920 die »Buckau« von der Werft an die *Friedrich Krupp AG, Essen* übergeben und mit dem Unterscheidungssignal RWTD in das Hamburger Seeschiffsregister eingetragen. Die Abmessungen sind die gleichen wie bei der »ANNEN«. Als erster Schiffsführer wurde *Kapitän Krapoht* aus Kiel eingesetzt.

Gleich auf einer seiner ersten Reisen geriet der Schoner am 10. Januar 1921 in Cuxhaven ins Treiben, wobei er sich und ein paar dort liegende Fahrzeuge beschädigte. Verursacht wurde der Unfall durch mangelhaftes Arbeiten der Umsteuerungsanlage.

Unter der Kruppschen Hausflagge machte der Schoner u. a. folgende Reisen: 15. Juli 1921 Kiel passiert mit einer Ladung Koks nach Masnedsund in Dänemark, am 26. Juli in Ballast von dort zurück zur Werft in Kiel. Die nächste Reise ging leer nach Danzig, von dort mit unbekannter Ladung nach Cardiff, wobei die Holtenauer Schleusen am 17. August passiert wurden. Von Cardiff scheint der Schoner in Ballast nach Emden versegelt zu sein, um dort eine Ladung Kohlen für die Ostsee zu übernehmen. Schon am 27. September bunkerte die »BUCKAU« wieder in Holtenau. Ende Oktober mußte nach einer schweren Reise die Bauwerft für kleinere Reparaturen aufgesucht werden, doch konnte schon drei Tage später die Reise nach Cardiff fortgesetzt werden. (Fr. Chr. Blaas in »Schiffahrt international« 10/1984).

Am 12. Dezember 1921 wurde der Schoner an die Reederei von *Dönitz, Witt & Co. mbH* für 2700000 Mark verkauft.

Die »BUCKAU« war kaum an ihre neuen Eigner übergeben, als sie auch schon für ersten Ärger sorgte. Am 19. Dezember 1921 kollidierte sie am Harburger Zollschuppen mit dem Binnenkahn »DOROTHEA«, wobei beide Fahrzeuge Beschädigungen erlitten. Nach kurzer Reparatur konnten die Reisen jedoch wieder aufgenommen werden. Am 13. Januar 1922 passierte der Schoner, von Danzig nach Birkenhead bestimmt, bereits wieder den Nord-Ostsee-Kanal in westlicher Richtung. Am 28. Februar 1922 meldete die »Kieler Zeitung«: *»Mit Eisschaden sind in Kiel die Motor-Dreimastschoner Gaarden und Buckau eingetroffen.«* Das Schwesterschiff »HAMM« mußte sich einige Tage danach aus den gleichen Gründen an die Werft begeben. Hier waren die Schoner ohnehin des öfteren zu Gast. Der Lokalredakteur der »Kieler Zeitung« berichtete mit erstaunlicher Gründlichkeit über diese eigentlich unbedeutenden Schiffsbewegungen: *»8. Juli 1922: An der Germaniawerft liegt der Motorschoner Buckau in Reparatur«*, oder am 26. Januar 1923: *»Der mit Seeschaden von London eingelaufene Schoner Buckau beendete seine Dockung und soll jetzt mit seiner Koksladung die Weiterreise nach Fredericia antreten.«*

Die Reederei *Dönitz, Witt & Co.* hatte diesen Dreimaster an die Firma »Rügenscher Lloyd« mit Sitz in Saßnitz verchartert. Inhaber dieser Gesellschaft war der Saßnitzer Kaufmann *Karl Frank,* der außer diesem Charterschiff noch drei eigene in seiner Regie laufen hatte. Die erst 1920 gegründete Firma mußte jedoch 1922 bereits Konkurs anmelden. Somit kam die »BUCKAU« erneut unter die Flagge ihrer Hamburger Eigner. Kapitän war mittlerweile *Callsen,* unter dessen Führung das Schiff in der nordeuropäischen Küstenfahrt eingesetzt blieb. 1924 geriet der Schoner nochmals in die Kartei des Hamburger Seeamtes. So am 3. März, als er in Brunsbüttelkoog mit dem Schlepper »HOHENZOLLERN« und gleich darauf auch noch mit dem Dampfer »OSTERMOOR II« kollidierte. Aber auch dieser Unfall ging noch einmal glimpflich ab. Ein tragisches Unglück jedoch ereignete sich am 3. Juni im Hafen von Karlshamn, als der Maschinen-Assistent *Johannes Ellerbrock* aus Glückstadt durch die Explosion einer Lötlampe schwerste Verbrennungen erlitt, an deren Folgen er drei Tage später starb. Mit der Lampe hatte er versucht, den Glühkopfmotor der unter der Back befindlichen Ankerwinde zu erwärmen.

Wie schon die »ANNEN« wurde auch die »BUCKAU« in die neugegründete *Hanseatische Motorschiffahrt AG, Hamburg* mit einem Buchwert von 75000 Mark eingebracht. Die Überschreibung erfolgte am 23. Oktober 1924.

Im Jahre 1924 trat der deutsche Ingenieur *Anton Flettner* (1885–1961) mit seiner aufsehenerregenden Erfindung eines neuartigen Windantriebes an die Öffentlichkeit. Nach anfänglicher Skepsis seitens der Schiffseigner und Seeleute fand er schließlich in den Gesellschaftern der *Hanseatischen Motorschiffahrt AG* solch überzeugte Befürworter seiner Idee, daß diese bereit waren, ihren Schoner »BUCKAU« zum Flettnerschiff umbauen zu lassen. Der gesamte Vorgang ist in den »Kruppschen Monatsheften« vom Februar 1925 so ausführlich beschrieben, daß ich mich entschlossen habe, den gesamten Aufsatz trotz seiner etwas umständlichen Ausdrucksweise in voller Länge zu kopieren:

6. JAHRGANG FEBRUAR 1925

KRUPPSCHE MONATSHEFTE

HERAUSGEGEBEN VON DER FRIED. KRUPP AKTIENGESELLSCHAFT / ESSEN

Inhalt: Das Flettner-Rotorſchiff ‚Buckau'. / Hitzebeſtändige Metallgegenſtände. / Die Kruppſchen vereinigten dynamiſch-ſtatiſchen Wuchtmaſchinen.

Das Flettner-Rotorſchiff ‚Buckau'

Wohl nie iſt der Umbau eines Fahrzeuges auf der Kruppſchen Germaniawerft in Kiel mit ſolchem Intereſſe verfolgt worden wie der des Motor-Dreimaſtſchoners ‚Buckau', der mit Flettner-Rotoren ausgerüſtet werden ſollte. Die wenigen Angaben, die während des Baues über den neuen Antrieb durchſickerten, fanden wenig Glauben, vor allem bei den Seeleuten, und mit Spannung ſah man den Ergebniſſen der Probefahrten entgegen. Wie ein Lauffeuer verbreiteten ſich die günſtigen Nachrichten über die Erprobungen der ‚Buckau' durch die Tages- und Fachzeitungen des In- und Auslandes, von denen viele ihre Photographen nach Kiel entſandten, um möglichſt ſchnell eine Aufnahme von dem eigenartigen Fahrzeuge zu erhaſchen.

Die Abbild. 1 zeigt die ‚Annen', ein Schweſterſchiff der ‚Buckau', mit vollen Segeln; das Bild geſtattet einen intereſſanten Vergleich mit der neuen Ausrüſtung (Abbild. 2, Seite 22). Wirkt der Segler mit vollem Zeug bildlich zweifellos anſprechender, ſo fällt bei dem umgebauten Schiff ohne weiteres die Einfachheit der ganzen Einrichtung auf: An die Stelle der alten Takelage ſind zwei Zylinder von 2,8 m Durchmeſſer und 15,6 m Höhe getreten, die maſchinell angetrieben werden und bis zu 150 Umdrehungen in der Minute machen können. Sie beſtehen aus $1^1/_2$ bzw. 1 mm Stahlblech, das durch Längs- und Querverbände genügend verſteift iſt, um die Beanſpruchungen durch den Winddruck und Beſchleunigungskräfte bei ſchlingerndem Schiff aufzunehmen. Gelagert ſind die Zylinder in zwei Pivots, die unten 1,5 m Durchmeſſer haben, 13 m hoch und mit dem Schiffskörper ſtarr verbunden ſind.

Abbild. 1.
Motorſegler ‚Annen', Schweſterſchiff der ‚Buckau'.

Die Konſtruktion der Lagerung iſt aus Abbild. 3 (Seite 23) erſichtlich. Das obere Lager iſt als Hauptlager anzuſehen; es hat das Eigengewicht und den Winddruck aufzunehmen, während das untere Lager nur geringere Kräfte aufnimmt und mehr der Führung dient. Sämtliche Lager ſind als Gleitlager ausgebildet. Die Drehung der Zylinder erfolgt im oberen Lager durch ein Überſetzungsgetriebe (1:6), deſſen Geſtänge zu einem im Innern der Pivots über Hauptdeck angeordneten Elektromotor, und zwar einem Gleichſtrom-Nebenſchlußſteht, geht ſchon aus den beiden Zahlen die hohe Wirtſchaftlichkeit der Anlage hervor: Bei höherer Geſchwindigkeit (8,5 gegen 7,5 Knoten) beträgt die Brennſtofferſparnis im vorliegenden Falle etwa 80 v. H.

Im Vergleich zu der ſehr ſchweren und zeitraubenden Arbeit des Segelſetzens und Segelbergens beim urſprünglichen Schiff iſt der entſprechende Vorgang bei den Rotoren außergewöhnlich einfach; ſie werden durch zwei kleine Handräder geſteuert, welche die Anlaſſer betätigen und ſo die Drehzahl und den Drehſinn regeln.

Abbild. 2. Die zum Flettner-Rotorſchiff umgebaute ‚Buckau'.

Motor von 11 kW, 220 V, n = 750 geführt iſt. Die Motoren ſind umſteuerbar, um ein Manövrieren des Schiffes je nach Windrichtung zu ermöglichen. Für die Stromerzeugung iſt in die ‚Buckau' ein Zuſatz-Dieſelmotor von 45 PSe eingebaut worden; als Hauptmaſchine war ein ehemaliger Uboots-Dieſelmotor von 160 PSe reduzierter Leiſtung vorhanden. Mit dieſem ſind bei den Probefahrten nach erfolgtem Umbau bei ſtehenden Rotoren etwa $7^1/_2$ Knoten erreicht worden, bei den Probefahrten mit laufenden Rotoren und ſtehender Hauptmaſchine nach den bisherigen Verſuchen maximal 8,5 Knoten, wobei zum Drehen der Rotoren 32 PS erforderlich waren. Da der Brennſtoffverbrauch ungefähr im gleichen Verhältnis zu der Leiſtung der Motoren

Das Manövrieren beim Überſtaggehen (Wenden) und Halſen iſt ebenſo einfach, indem nur die Drehrichtung des vorderen oder hinteren Zylinders umgekehrt wird; durch Änderung des Drehſinns beider Rotoren wird das Rückwärtsfahren erreicht. Der hohe Nutzeffekt der Zylinder geht ſchon daraus hervor, daß man bei ihnen nur des 10. Teiles der Segelfläche eines normalen Seglers gleicher Größe bedarf. Bei der ‚Buckau' beträgt die Segelfläche beider Türme nur etwa 88 qm (2 × 2,80 × 15,6) gegenüber 883 qm Leinwandfläche bei der früheren Schonertakelage. Der Gewichtsſchwerpunkt liegt bei der neuen Anlage um 30 cm tiefer. Zu der für die Stabilität günſtigeren Gewichtsverteilung kommt noch die Anordnung des unterhalb der Waſſerlinie

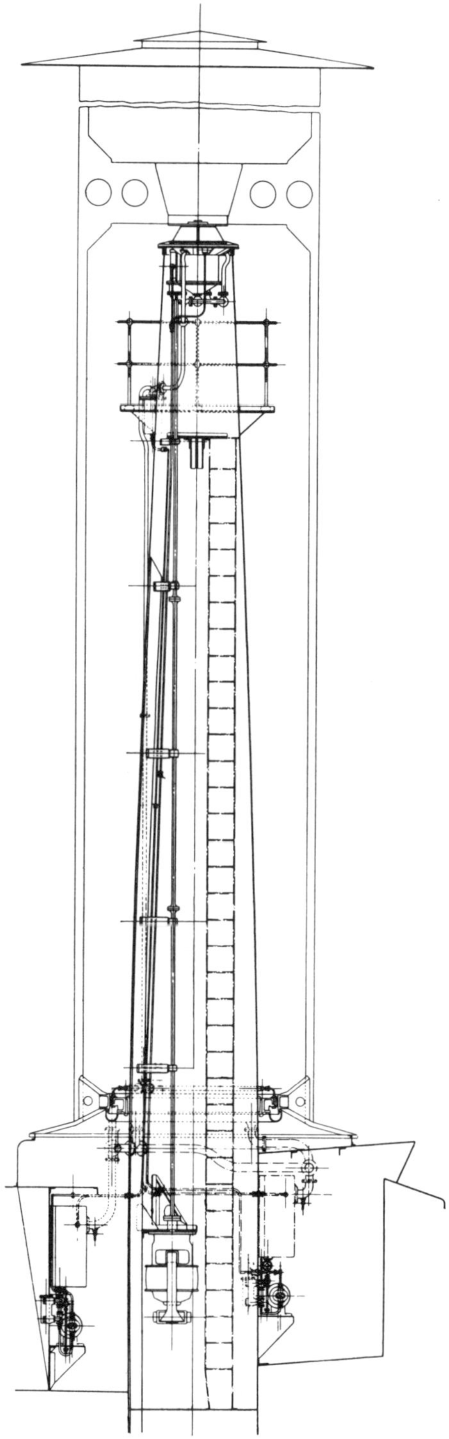

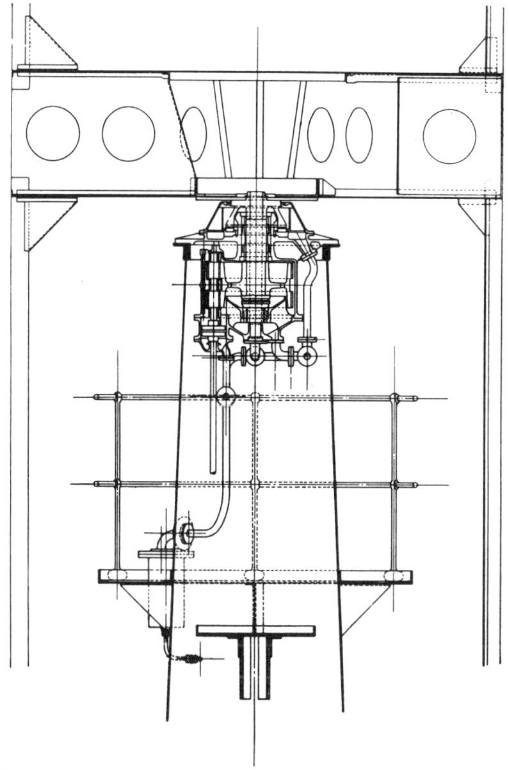

Abbild. 3. Lagerung der Türme.

liegenden Zuſatzmotors für die Stromerzeugung, ſo daß der Umbau alſo eine weſentliche Erhöhung der Stabilität mit ſich gebracht hat. Sehr häufig taucht die Frage auf, wie ſich das Schiff im Sturm bei auftretenden Böen verhält. Die bisherigen praktiſchen Erprobungen haben gelehrt, daß das Fahrzeug auch dann keine weſentlichen Neigungen annimmt, was einerſeits auf den geringen Geſamtwiderſtand der Zylinder zurückzuführen iſt, der bedeutend geringer iſt als der Widerſtand der alten Takelage ohne Segel, anderſeits auf die Eigenart der Wirkung der Rotoren, auf die im folgenden noch näher eingegangen iſt.

In Kürze werden in einem ausführlichen Schriftſatz die Ergebniſſe der ſehr ſorgfältig durchgeführten Erprobungen veröffentlicht werden. Hier mag nur ſoviel geſagt werden, daß die praktiſchen Ergebniſſe die Hoffnungen, die man auf Grund der voraufgegangenen wiſſenſchaftlichen Verſuche hegte, voll und ganz erfüllt haben. Es iſt bei den Flettner-Rotoren gelungen, freie Naturkräfte mit einfachen Mitteln zu binden und ſie der

Schiffahrt nutzbar zu machen, die damit vor einer neuen Entwicklungsſtufe ſteht.

Die wiſſenſchaftliche Grundlage für den Schiffsantrieb durch Flettner-Rotoren bildet der in den Zeitungen vielerwähnte „Magnus-Effekt", benannt nach ſeinem Entdecker, dem Berliner Phyſiker Profeſſor H. G. Magnus (1802–1870), der in Poggendorfs „Annalen der Phyſik und Chemie", Jahrgang 1853, über ſeine damals angeſtellten Verſuche eingehend berichtet hat. Die Anregung zu ſeinen Arbeiten erhielt Magnus durch die Tatſache, daß bei rotierenden Geſchoſſen Abweichungen von der Flugbahn (Streuungen) feſtzuſtellen waren, die auf einwirkende Querkräfte zurückzuführen ſein mußten. Bei ſeinen Verſuchen richtete Magnus auf einen Zylinder, der durch ein Uhrwerk in Umdrehungen verſetzt werden konnte, einen Wind- (Preßluft-) Strom, und zwar ſo, daß der Zylinder reichlich umſpült war. Der Verlauf der Stromlinien war der in Abbild. 4 (oben) angedeutete, der Druck auf beiden Seiten gleich. Bemerkt ſei noch, daß durch eine ſinnreiche Lagerung der Zylinder Bewegungsfreiheit hatte, und daß auch der Ventilator einer Bewegung im gleichen Sinne folgen konnte. Wurde nun der Zylinder in Umdrehung verſetzt, ſo entſtand eine nach der Seite gerichtete Kraft, die den Zylinder verſchob, und zwar nach der Seite hin, wo Drehſinn des Rotors und Windrichtung gleich waren, in dem in Abbild. 4 (rechts) dargeſtellten Falle alſo nach rechts. Nach dieſer Seite hin erfolgt die Ablenkung der meiſten Stromfäden, da die hohen Luftgeſchwindigkeiten eine Saugwirkung (Unterdruck) zur Folge haben, während auf der anderen Seite, wo Windſtrom und Drehſinn des Rotors entgegengeſetzt gerichtet ſind, Stauungen entſtehen, die ſich als Überdruck auf den Zylinder auswirken. Der Ausgleich findet durch Verſchiebungen des Zylinders nach der Unterdruckſeite hin ſtatt. Denkt man ſich nun einen großen Zylinder auf ein Schiff geſetzt, ſo kann man ſich nach dem Vorhergehenden ſchon ungefähr die Bewegung des Zylinders und damit des Schiffes für beſtimmte Windrichtungen aufzeichnen.

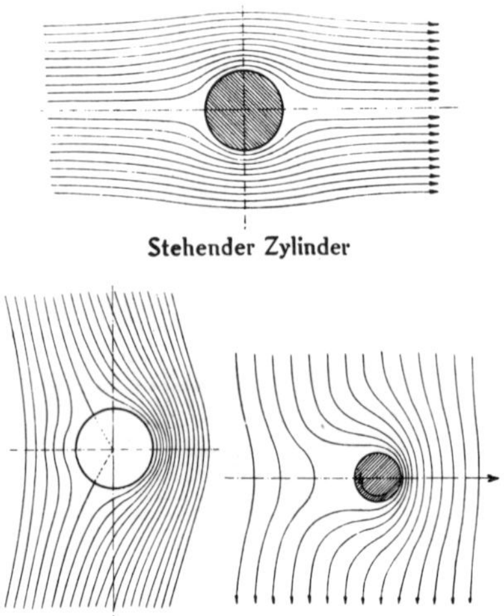

Stehender Zylinder

Umlaufender Zylinder — Umlaufender Zylinder

Abbild. 4. Verlauf der Stromlinien.

Flettners großes Verdienſt iſt es, daß er die praktiſche Anwendungsmöglichkeit des Magnus-Effektes für den Schiffsantrieb erkannt hat. Sein Name iſt in der Handelsſchiffahrt bereits bekannt durch das Flettner-Ruder, bei dem durch ein kleines, an der Hinterkante des Hauptruders angeordnetes Hilfsruder die Waſſerſtrömungen ausgenutzt werden, um das Hauptruder des Schiffes zu legen. Hierdurch kommt die umfangreiche Rudermaſchinenanlage in Fortfall, und an ſeine Stelle tritt ein kleines Getriebe, das zur Betätigung des Hilfsruders dient. Die erſte große Anlage dieſer Art hat das Motorſchiff ‚Odenwald' der Hamburg-Amerika-Linie erhalten, das ſeit 2 Jahren in Dienſt iſt und deſſen Kapitän nur Günſtiges über die Einrichtung ausſagt. Sodann wandte ſich Flettners Aufmerkſamkeit dem Windantrieb des Schiffes zu, um auch hier ſtrombetätigte Hilfsflächen zur Steuerung großer Flächen nutzbar zu machen. An die Stelle der Leinwandſegel traten Metallſegel etwa von der Form der Tragflächen neuzeitiger Flugzeuge, im Profil jedoch ſymmetriſch im Gegenſatz zum Flugzeugflügel. Wenn auch gegenüber dem alten Segel weſentliche Verbeſſerungen möglich waren, ſo waren hierbei doch noch zu große, die Konſtruktion erſchwerende Flächen erforderlich.

Bereits vor 20 Jahren hatte Profeſſor Prandtl, der Leiter der Aero-dynamiſchen Verſuchsanſtalt in Göttingen, eingehende Forſchungen und experimentelle Erprobungen über die Ablenkung einer Luftſtrömung durch rotierende Flächen im Intereſſe der Flugtechnik durchgeführt, die Größe der auftretenden Windkräfte theoretiſch errechnet und in neuerer Zeit auch die Abhängigkeit des Nutzeffektes von Form und Umfangsgeſchwindigkeit der Zylinder ermittelt. Ende April 1923 waren auf Anregung eines ihrer Abteilungsleiter, des Herrn Dipl.-Ing. Ackeret, in der Göttinger Verſuchsanſtalt erneute Verſuche angeſtellt worden, die den Magnus-Effekt betrafen. Bei der Ausführung anderer

Verſuche hörte Flettner von dieſen Erprobungen, über die ausführliches Material fertig vorlag. Mit weitſchauendem Blick erkannte er die Möglichkeit der Nutzanwendung für das Segeln und leitete nunmehr die Vornahme von Sonderverſuchen mit Modellen ein, welche die Grundlage für die ſpäteren Erprobungen am großen Verſuchsfahrzeug bildeten. Die wichtigſten Ergebniſſe ſollen hier mitgeteilt werden, ſoweit ſie zum beſſeren Verſtändnis der praktiſchen Anwendung erforderlich ſind.

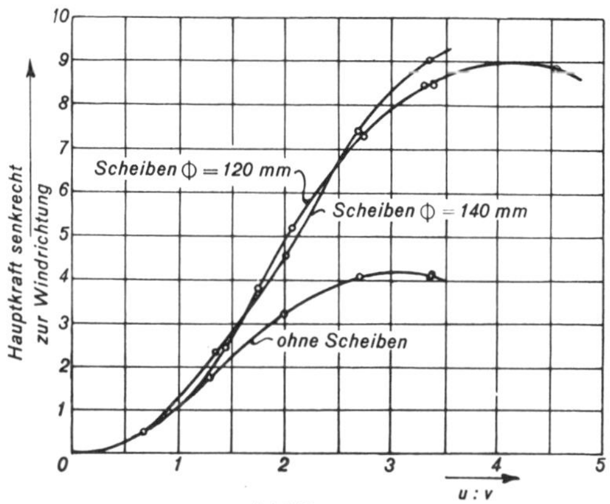

Abbild. 5.
Hauptkraft ſenkrecht zur Windrichtung beim Schiff in Abhängigkeit von u : v.

Ausſchlaggebend für den höchſten Nutzeffekt der Rotoren iſt das Verhältnis der Umfangsgeſchwindigkeit der Rotoren zur Windgeſchwindigkeit (u:v). Wie aus dem Diagramm Abbild. 5 erſichtlich, erreicht beim Schiff mit ſenkrecht ſtehenden Zylindern die Kraft ſenkrecht zur Windrichtung, die dem Vorwärtstrieb mehr oder weniger nutzbar gemacht wird, ihren größten Wert bei $\frac{u}{v} = 3$ bis 4 je nach Wahl der Endſcheiben. Man erkennt ferner an der graphiſchen Darſtellung, daß die deckelförmigen Endſcheiben beim Rotor nicht aus Schönheitsrückſichten als Abſchluß angebracht ſind, ſondern daß ihr Vorhandenſein und ihr Durchmeſſer die Wirkſamkeit ganz bedeutend erhöhen. Wird bereits bei u:v = 1 die Wirkung des normalen Segels übertroffen, ſo ſteigert ſie ſich beim Verhältnis u:v = 3,5 auf mehr als das Zehnfache.

Die Entwicklung der Druckkräfte je nach dem Verhältnis von Umfangsgeſchwindigkeit zur Windgeſchwindigkeit geſtattet ein einfaches Regulieren bei auftretenden Böen. Mit dieſen vergrößert ſich die Windgeſchwindigkeit, hingegen wird das Verhältnis u:v ſelbſttätig kleiner, d. h. es wird ſelbſttätig die Druckkraft verhältnismäßig geringer trotz geſteigerter Windgeſchwindigkeit. Durch Droſſeln der Umdrehungen kann man augenblicklich die wirkſamen Druckkräfte in beſtimmten Grenzen halten, was bei einem Segler mit vollem Zeug nicht möglich iſt.

Bemerkenswert ſind auch die vergleichenden Widerſtandsverhältniſſe, die in Abbild. 6 zeichneriſch dargeſtellt ſind. Danach bleibt der Widerſtand der nicht umlaufenden Zylinder (Kurve C) hinter dem der reinen Takelage (ohne Segel) bedeutend zurück (Kurve B). Kurve A gibt den Verlauf der Druckkräfte bei umlaufenden Zylindern bei gleichbleibender Umlaufgeſchwindigkeit von 24 m/ſek als Funktion der Windgeſchwindigkeit aufgetragen; auch hier fällt auf, daß bei einem Anwachſen der Windgeſchwindigkeit über 12 m/ſek hinaus zunächſt noch kaum nennenswerte Druckſteigerungen zu verzeichnen ſind.

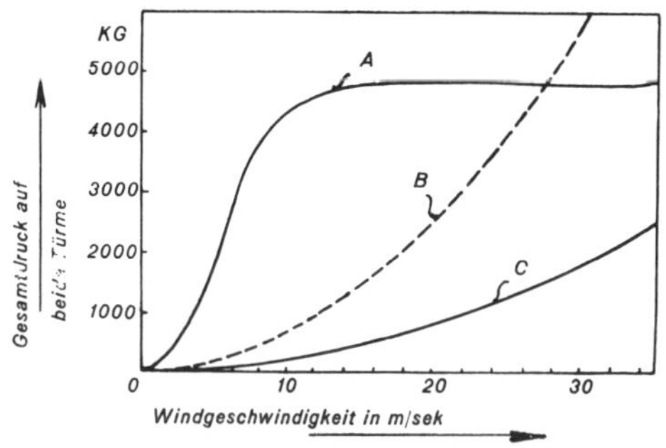

Abbild 6.
Vergleichende Widerſtandskurven.
A für umlaufende Zylinder bei gleichbleibender Umlaufsgeſchwindigkeit von 24 m/ſek.
B für reine Takelage ohne Segel beim früheren Schiff.
C für nicht umlaufende Zylinder.

An Hand der in Abbild. 7 (Seite 26) wiedergegebenen, die Druckverhältniſſe beim ruhenden und ſich drehenden Zylinder veranſchaulichenden Diagramme iſt erſichtlich, daß auch hier wie bei allen Vorgängen der Strömungstechnik die Unterdruckſeite die wichtigſte iſt. Hieraus folgt, daß bei den Ausnutzungen der Strömungskräfte auf die Möglichkeit der Unterdruckbildung das Hauptaugenmerk zu richten iſt.

Über die Richtung der reſultierenden Druckkraft iſt noch zu ſagen, daß ſich bei hohem Verhältnis von $\frac{u}{v}$ ein Abwandern der Reſultierenden von 100 bis 110° zur Strömungsrichtung erreichen läßt bei günſtigem Verhältnis von Durchmeſſer zur Höhe und bei geeigneten Endſcheiben, daß aber ſonſt im allgemeinen mit Abwanderungen bis zu 130° gerechnet werden kann. Die Reſultierende iſt den jeweiligen Richtungen entſprechend in eine Abtrift- und eine Vorwärtskomponente zu zerlegen.

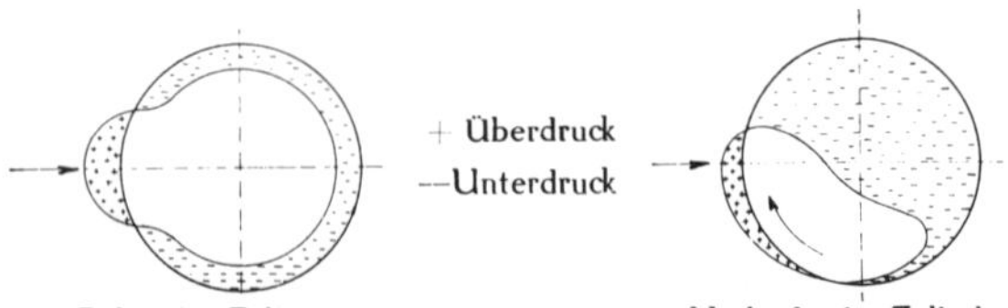

Ruhender Zylinder   Umlaufender Zylinder

Abbild. 7. Druckverhältniſſe.

Einige charakteriſtiſche Fälle mögen im folgenden kurz erläutert werden (Abbild. 8, I bis IV):

I. Dieſer Fall ſtellt die günſtigſte Windausnutzung dar, da theoretiſch die Hauptreſultierende in ganzer Größe dem Vortrieb nutzbar gemacht wird, wenngleich in der Praxis natürlich auch mit einer beſtimmten Abtrift gerechnet werden muß.

II. Auch der rein achterliche Wind geſtattet noch eine genügende Ausnutzung des Rotorantriebs für Vorwärtsfahrt; ein Kreuzen vor dem Winde in langen Schlägen hat eine Erhöhung der Geſchwindigkeit zur Folge.

III. Änderung des Drehſinns für einen der Rotoren. Es entſteht ein Kräftepaar, welches das Schiff auf der Stelle drehen wird.

IV. Das Rotorſchiff geſtattet es ſogar, bis zu etwa 3 Strich (33°) an den Wind zu gehen und hierbei noch genügend Vorwärtsfahrt zu machen; mit einem gewöhnlichen Segler iſt dies nur bis zu 5 Strich (55°) möglich.

Z u ſ a m m e n f a ſ ſ e n d kann geſagt werden, daß der neue Antrieb mit ſeiner hohen Wirtſchaftlichkeit die Handelsſchiffahrt vor eine neue Entwicklungsſtufe ſtellt, deren Grenzen ſich zurzeit noch nicht feſtlegen laſſen. Von einer Verdrängung der hochentwickelten deutſchen

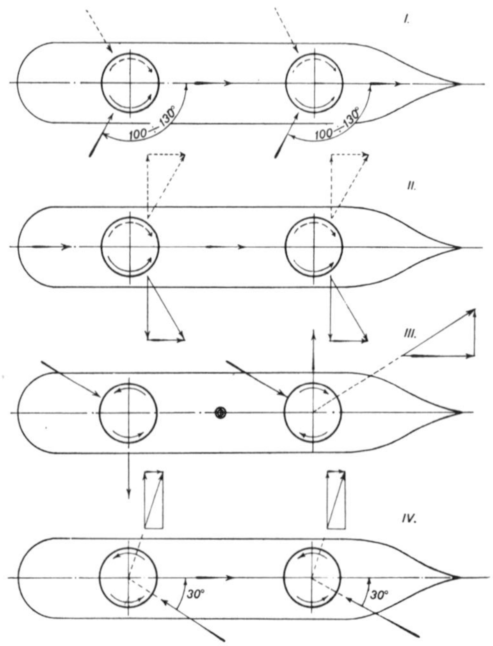

Abbild. 8.

Schematiſche Darſtellung der Vorwärtsfahrt und des Drehens auf der Stelle.

Zu den punktierten Windrichtungen gehören die punktierten Kräfte-Dreiecke und punktierten Pfeile.

Die Rückwärtsfahrt wird durch Änderung des Rotorendrehſinnes in den Fällen I, II und IV erreicht.

Schiffsmaſchine kann natürlich nicht die Rede ſein, die Rotoren werden vielmehr eine willkommene Ergänzung der vorhandenen Hauptmaſchinen-Anlage bilden, um unter geeigneten Windverhältniſſen in Betrieb geſetzt zu werden.

Von dem Vertrauen der Reederei- und Finanzkreiſe wird es abhängen, ob durch Inauftraggabe von Neubauten mit Rotorenantrieb den Werften Gelegenheit gegeben wird, in großzügiger Weiſe an der Weiterentwicklung zu arbeiten. Bedauerlich wäre es, wenn das Ausland uns in der praktiſchen Verwertung der rein deutſchen Geiſtesarbeit vorangehen würde.

Köppe.

Das Einsetzen des hinteren Rotors durch den »LANGEN HEINRICH«, den Riesenschwimmkran der Germaniawerft, im November 1924.
(Sammlung Löschmann, Berlin)

Anfang Dezember 1925 wurde einer großen Zahl von geladenen Gästen das fertige Rotorschiff auf der Kieler Förde vorgestellt. *»Da das Schiff der großen Zahl von Geladenen nicht Platz bot, brachte man sie auf dem Zuschauerdampfer ›Bubendey‹ unter, der die ›Buckau‹ begleitete und um den herum sie ihre zahlreichen Manöver ausführte. Die Leitung hatte Anton Flettner selbst, und er verstand es, trotz des leider sehr schwachen Windes, von den Manövriereigenschaften des Rotorschiffes einen sehr günstigen Eindruck zu geben. Es waren sich die Sachverständigen darüber einig, daß das Wenden und Halsen auch bei einem Segler der alten Zeit nicht besser hätte klappen können und daß auch die Fahrt beim Segler nicht höher gewesen wäre . . .« (Schiffbau* vom 14. Januar 1925).
Das Schiff war zwar für Kenner keine reine Augenweide, doch war man sich einig, *»daß der äußere Anblick des Windturmschiffes in Wirklichkeit nicht so ungewöhnlich oder unschön wirkte, als es nach manchen Veröffentlichungen den Anschein hatte« (Schiffbau).*
Die anschließenden Versuchs- und Vorstellungsfahrten erstreckten sich bis nach Schottland und über den gesamten Ostseeraum. Wo immer es auftauchte, stieß es auf starkes Interesse aller Betrachter. Herr Flettner, die Werft und auch die Reederei konnten mit der Entwicklung zufrieden sein.

Inzwischen interessierte sich auch die deutsche Großschiffahrt für die Erfindung. Durch Initiative der *Hamburg-Amerika-Linie* kam ein Konsortium zustande, das die Absicht hatte, den neuen Antrieb auf einem 5000-t-Neubau auszuprobieren. Zur beschlußfassenden Sitzung waren Vertreter der *Hapag,* des *Norddeutschen Lloyd,* der *Friedrich Krupp A. G.,* der *Deutschen Bank* und andere mehr, und so auch Herr Flettner, geladen. Doch dieser erschien nicht! Durch einen Vertreter ließ er erklären, daß er an diesem Hamburger Konsortium, das immerhin eine der größten Schiffahrtsgruppen der Welt darstellte, kein Interesse habe. Er zog es vor, mit einer Behörde, der *Seetransportabteilung* im Reichsmarineamt, den Rotor weiterzuentwickeln. Es kam dann zum Bau der 3000 t großen »BARBARA« bei der *A. G. Weser* durch die Seetransportabteilung. Dieses Schiff war jedoch lediglich eine vergrößerte Kopie der »BUCKAU« und konnte keinerlei nennenswerte Verbesserungen oder Vereinfachungen aufweisen. Einfache, beim ersten Bau verständliche Fehler, wie z. B. die mangelhafte Bremsfähigkeit der Rotoren, wurden mitübernommen. Die »BARBARA« wurde an die Hamburger Reederei *Robert M. Sloman jr.* verchartert, machte einige Mittelmeerreisen, und wurde Anfang der dreißiger Jahre in Hamburg aufgelegt. 1933 erfolgte der Umbau zum Schraubenmotorschiff »BIRKENAU« für die *Bugsier-Reederei* in Hamburg.
Doch zurück zur »BUCKAU«. Durch den Gang der Dinge wurde ihr Eigner, die *Hanseatische Motorschiff A. G.,* die Flettner und seiner Erfindung erhebliche Mittel zur Verfügung gestellt hatte, zur Liquidation gezwungen. Nachdem bereits im Dezember 1925 die »ANNEN« verkauft worden war, folgte ihr am 25. Februar 1926 die »BUCKAU«. Neuer Eigner wurde eine Unternehmergruppe aus Baden-Baden, der Anton Flettner nahestand. Unter dem Firmennamen *»Flettner Rotorschiffahrt , Berlin«* erhielt das Schiff den Namen »BADEN-BADEN«. Der Kaufpreis

Das Rotorschiff »BUCKAU« während einer Vorführungsreise an der Anlegebrücke von Binz auf Rügen.
(Foto: Siedlecki, Binz/Sammlung Löschmann, Berlin)

Die ehemalige »BUCKAU« als »BADEN-BADEN« in einem unbekannten Ostseehafen
(Sammlung Dr. Jürgen Meyer, Bremen)

hatte 40000 Mark betragen. Flettner versuchte dann, sein Rotorschiff in Amerika an den Mann zu bringen. Auf der Überfahrt nach New York konnte es erneut seine absolute Brauchbarkeit unter Beweis stellen, doch hatte die amerikanische Reederschaft keinerlei Interesse an dieser Erfindung.

Das Schiff wurde schließlich an *Frederik O. Willhofft* in New York verkauft. Flettners Gesellschaft löste sich am 16. Februar 1928 auf, sein Schiff wurde am 21. Juni 1928 im Hamburger Register gelöscht.

Willhoff scheint nur als Käufer des Schiffes aufgetreten zu sein, das anschließend wieder zum Dreimastschoner zurückgebaut wurde. Eigner des nun in »RIO NOZARRA« umbenannten Motorseglers war die Reederei *»Capac Navigation Co. Inc.«* in Panama (Lloyds-Register nennt hier *J. F. Condon jr.*, der vermutlich Miteigner war).

Schon 1929 ging die »RIO NOZARRA« an die deutschstämmigen *Hans J. Lau* und *Adolf Schenk* aus Punta Arenas/Costa Rica und wurde von diesen in der westindischen Küstenfahrt beschäftigt. 1931 erhielt der Schoner seinen alten Namen »BADEN-BADEN« zurück, blieb aber weiterhin in Punta Arenas beheimatet.

Im November 1931 geriet dieses Schiff, das so oft die Gemüter bewegt hatte, ein letztes Mal in die Schlagzeilen. Die »BADEN-BADEN« befand sich, beladen mit Salz und Holz, auf einer ihrer üblichen Fahrten, die diesmal von Manuare über Rio Hache, Christobal nach Tumaco gehen sollte. In der Höhe von Cartagena geriet man in schweres Wetter, bei dem die Ladung überging und das Schiff zu lecken begann. Schon bald versagten die Pumpen, der Schoner bekam Schlagseite, nahm infolgedessen noch mehr Wasser und begann zu sinken. Kapitän *Walters*, ein Deutschamerikaner, wurde beim Versuch, das Leck zu finden durch herabstürzende Ladung schwer verletzt und von der Besatzung ins Rettungsboot geschleppt. Der Maschinist *Georg Harder*, ebenfalls ein Deutscher, erlitt eine schwere Beinverletzung. Obwohl inzwischen keine Hoffnung mehr für die Rettung des Schiffes bestand, weigerten sich die ebenfalls an Bord weilenden Eigner *Lau* und *Schenk*, das Boot zu besteigen. Sie sind am 8. November 1931 beim Untergang ihres Schiffes ums Leben gekommen. Die übrigen neun Besatzungsmitglieder, alles Leute aus Costa Rica, hatten sich zu den beiden anderen Deutschen ins Boot retten können. Ihnen sollten vier qualvolle Tage bevorstehen, da das Boot weder mit Proviant noch mit Wasser ausgerüstet war. Lediglich einem tropischen Regenguß war es zu verdanken, daß sie in der Hitze der Karibik nicht zu verdursten brauchten.

Der amerikanische Minenleger »SWAN« konnte schließlich die in hohem Seegang Treibenden unter großen Schwierigkeiten bergen und nach Christobal am Panama-Kanal bringen, wo sich ihrer die dortige Hapag-Agentur annahm.

So endete ein Schiff, in dessen Entwicklung seine Erbauer große Hoffungen für die Zukunft gesetzt hatten, und dessen späterer Umbau zum Rotorschiff gar die Seefahrt hatte revolutionieren sollen. Erst heute, in Zeiten drohender Energieverknappung, entsinnt man sich wieder der Kraft des Windes. Es werden alternative Antriebsformen entwickelt, schon gibt es wieder Motorsegler, und Flettners Rotorsystem gar wird als allerneueste Erfindung gefeiert. Es heißt nun »Turbosegel« und wurde von der französischen Cousteau-Stiftung auf deren Experimentalschiff »ALCYONE« auf eine Weltreise geschickt, die im Mai 1985 in La Rochelle begann und insgesamt zwei Jahre dauern soll.

(SSR Hamburg Nr. 5427, Kruppsche Monatshefte v. Febr. 1925, Hannoverscher Anzeiger Anzeiger vom 15. 11. 1931, Essener Anzeiger vom 20. 11. 1931, Schiffahrt international 6/1972 »Mit Zylindern segeln« v. G. Mümken, dito 7/1984 »Ein Rückblick auf den Typ des Rotorschiffes« v. P. Simsa, dito 10/1984 »Als die Buckau noch segelte« v. F. C. Blaas, Schiffbau v. 14. 1. 1925 »Flettners Rotorschiff in Fahrt« v. Teubert, »Seewirtschaft« 1986 Heft 5 S. 238, Mitteilung von Herrn Abert, Ratzeburg)

Baunummer 378: Dreimastschoner »Datteln«

Die Nummer drei im Quintett der großen Dreimastschoner war die »DATTELN«, die im Oktober 1920 vom Stapel lief und im Dezember gleichen Jahrens an ihren Auftraggeber, die Reederei *Fried. Krupp A. G., Essen-Ruhr* übergeben werden konnte. Trotz gleicher Registertonnage wie die beiden Vorbauten konnte dieser Schoner aufgrund seines größeren Tiefgangs 20 Tonnen mehr laden. Unter Kapitän *Walter Sachs* aus Königsberg wurde der mit dem Unterscheidungssignal RWVM in Hamburg beheimatete Motorsegler in der Trampfahrt eingesetzt.

Bielbrief der »DATTELN«

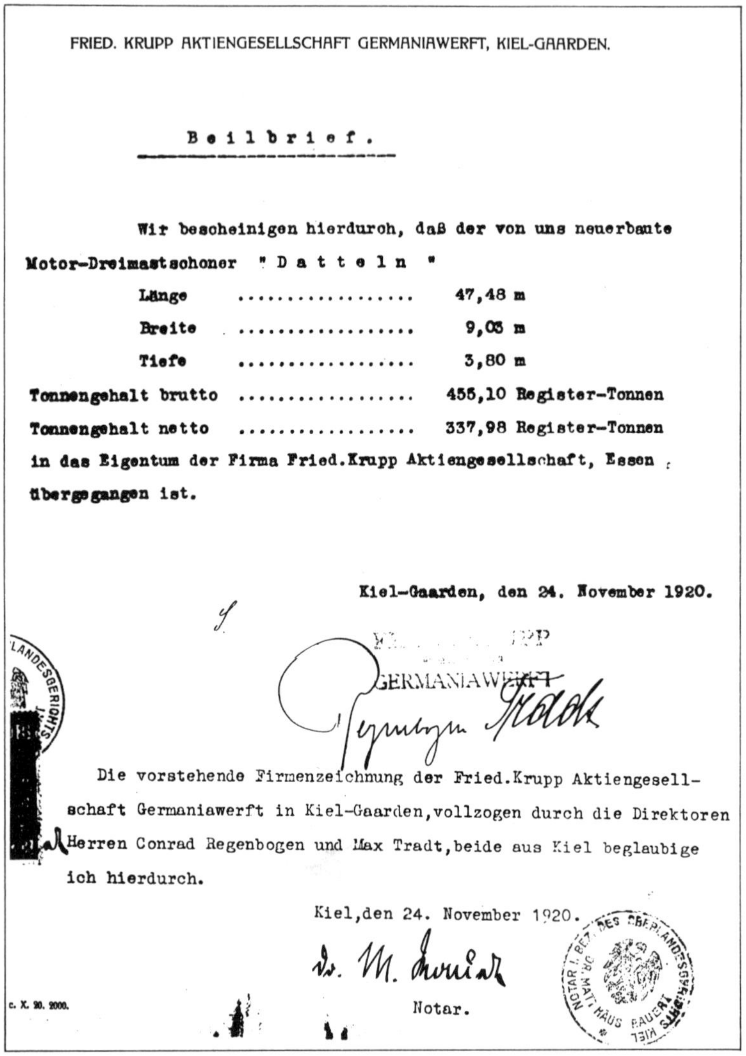

FRIED. KRUPP AKTIENGESELLSCHAFT GERMANIAWERFT, KIEL-GAARDEN.

Beilbrief.

Wir bescheinigen hierdurch, daß der von uns neuerbaute Motor-Dreimastschoner " Datteln "

Länge	....	47,48 m
Breite	....	9,03 m
Tiefe	....	3,80 m
Tonnengehalt brutto	....	455,10 Register-Tonnen
Tonnengehalt netto	....	337,98 Register-Tonnen

in das Eigentum der Firma Fried.Krupp Aktiengesellschaft, Essen übergegangen ist.

Kiel-Gaarden, den 24. November 1920.

GERMANIAWERFT

Die vorstehende Firmenzeichnung der Fried.Krupp Aktiengesellschaft Germaniawerft in Kiel-Gaarden,vollzogen durch die Direktoren Herren Conrad Regenbogen und Max Tradt,beide aus Kiel beglaubige ich hierdurch.

Kiel,den 24. November 1920.

Notar.

c. X. 20. 2000.

Messebrief der »DATTELN«

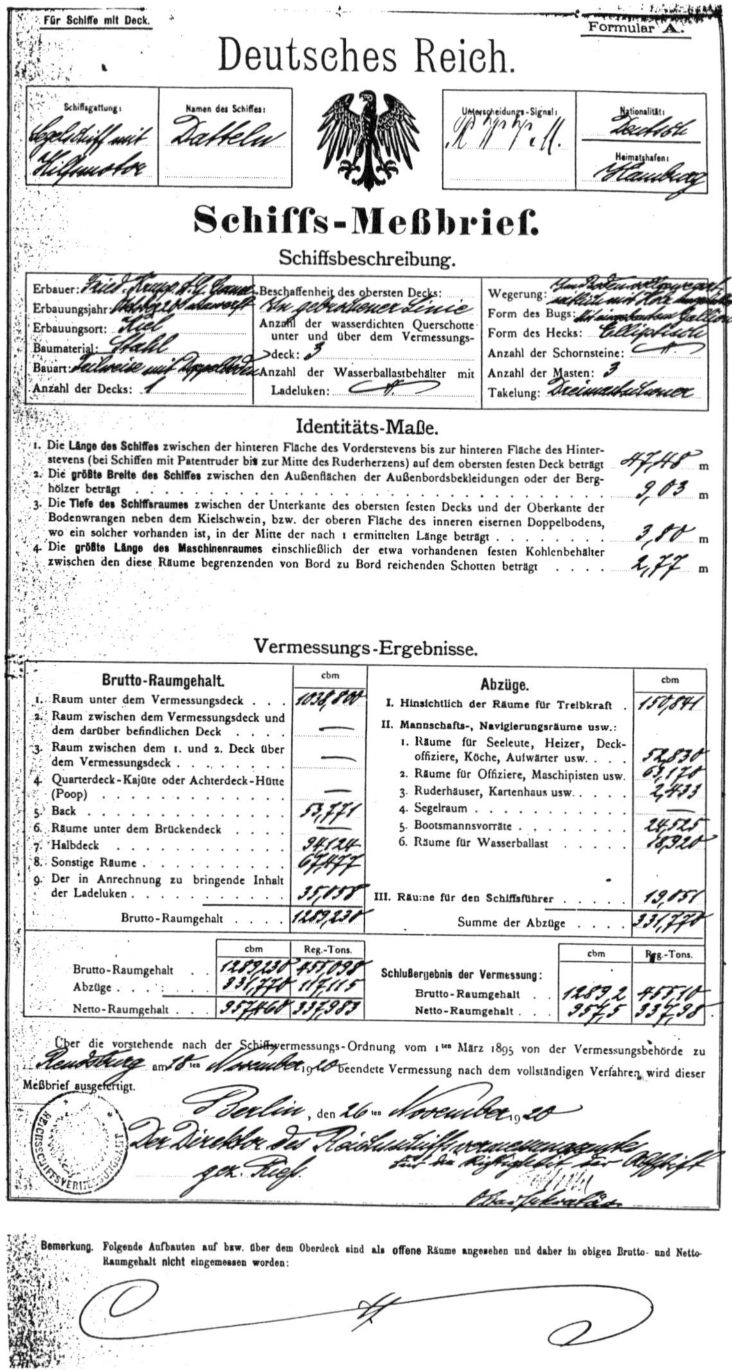

Für Schiffe mit Deck. Formular A.

Deutsches Reich.

Schiffsgattung:	Namen des Schiffes:	Unterscheidungs-Signal:	Nationalität:
Segelschiff mit Hilfsmotor	Datteln	R W V M	Deutsch
			Heimatshafen: Hamburg

Schiffs-Meßbrief.

Schiffsbeschreibung.

Erbauer: Fried. Krupp A.G. Germaniawerft	Beschaffenheit des obersten Decks:	Wegerung:
Erbauungsjahr:	Anzahl der wasserdichten Querschotte unter und über dem Vermessungsdeck: 3	Form des Bugs:
Erbauungsort: Kiel		Form des Hecks: Elliptische
Baumaterial: Stahl		Anzahl der Schornsteine: —
Bauart:	Anzahl der Wasserballastbehälter mit Ladeluken: —	Anzahl der Masten: 3
Anzahl der Decks: 1		Takelung: Dreimastschoner

Identitäts-Maße.

1. Die **Länge des Schiffes** zwischen der hinteren Fläche des Vorderstevens bis zur hinteren Fläche des Hinterstevens (bei Schiffen mit Patentruder bis zur Mitte des Ruderherzens) auf dem obersten festen Deck beträgt 47,48 m
2. Die **größte Breite des Schiffes** zwischen den Außenflächen der Außenbordsbekleidungen oder der Berghölzer beträgt . . . 9,03 m
3. Die **Tiefe des Schiffsraumes** zwischen der Unterkante des obersten festen Decks und der Oberkante der Bodenwrangen neben dem Kielschwein, bzw. der oberen Fläche des inneren eisernen Doppelbodens, wo ein solcher vorhanden ist, in der Mitte der nach 1 ermittelten Länge beträgt . . . 3,80 m
4. Die **größte Länge des Maschinenraumes** einschließlich der etwa vorhandenen festen Kohlenbehälter zwischen den diese Räume begrenzenden von Bord zu Bord reichenden Schotten beträgt . . . 2,77 m

Vermessungs-Ergebnisse.

Brutto-Raumgehalt.	cbm	Abzüge.	cbm
1. Raum unter dem Vermessungsdeck	1038,800	I. Hinsichtlich der Räume für Treibkraft	150,841
2. Raum zwischen dem Vermessungsdeck und dem darüber befindlichen Deck	—	II. Mannschafts-, Navigierungsräume usw.:	
3. Raum zwischen dem 1. und 2. Deck über dem Vermessungsdeck	—	1. Räume für Seeleute, Heizer, Deckoffiziere, Köche, Aufwärter usw.	52,830
4. Quarterdeck-Kajüte oder Achterdeck-Hütte (Poop)	—	2. Räume für Offiziere, Maschinisten usw.	63,170
5. Back	53,771	3. Ruderhäuser, Kartenhaus usw.	2,433
6. Räume unter dem Brückendeck	—	4. Segelraum	—
7. Halbdeck	94,124	5. Bootsmannsvorräte	24,525
8. Sonstige Räume	67,477	6. Räume für Wasserballast	18,920
9. Der in Anrechnung zu bringende Inhalt der Ladeluken	35,158	III. Räume für den Schiffsführer	19,051
Brutto-Raumgehalt	1289,230	Summe der Abzüge	331,770

	cbm	Reg.-Tons.
Brutto-Raumgehalt	1289,230	455,098
Abzüge	331,770	117,115
Netto-Raumgehalt	957,460	337,983

Schlußergebnis der Vermessung:	cbm	Reg.-Tons.
Brutto-Raumgehalt	1289,2	455,10
Netto-Raumgehalt	957,5	337,98

Über die vorstehende nach der Schiffsvermessungs-Ordnung vom 1ten März 1895 von der Vermessungsbehörde zu Rendsburg am 18ten November 1920 beendete Vermessung nach dem vollständigen Verfahren wird dieser Meßbrief ausgefertigt.

Berlin, den 26ten November 1920

Der Direktor des Reichsschiffsvermessungsamts

gez. Riegel

Für die Richtigkeit der Abschrift

Obersekretär

Bemerkung. Folgende Aufbauten auf bzw. über dem Oberdeck sind als offene Räume angesehen und daher in obigen Brutto- und Netto-Raumgehalt nicht eingemessen worden:

Schiffszertifikat der »DATTELN«

Deutsches Reich.

20

Schiffs-Zertifikat.

Es wird hierdurch bezeugt, daß in das von der unterzeichneten Behörde kraft gesetzlicher Anordnung geführte Schiffsregister

das Schiff "Datteln"

unter Nr. 5461 auf Grund glaubhafter Nachweisungen am 3. Dezember 1920 eingetragen ist, wie folgt:

1. Name des Schiffes: "Datteln"
2. Gattung: Dreimastschoner mit Hilfsmotor, aus Stahl erbaut
3. Unterscheidungs-Signal: R W V M.
4. Ergebnisse der amtlichen Vermessung: Die nach § 25 Nr. 1 der Schiffsvermessungsordnung aufgenommenen Hauptmaße sind: Länge = 47,48 Meter; Breite = 9,03 Meter; Tiefe = 3,80 Meter; größte Länge des Maschinenraums = 2,77 Meter.

Die Vermessung ist auf Grund der Schiffsvermessungsordnung vom 1. März 1895 (Reichs-Gesetzbl. 1895 S. 161) nach dem vollständigen Verfahren erfolgt und es beträgt:

	Kubikmeter.	Registertons.
a) der Brutto-Raumgehalt des Schiffes	1289,3	455,10
b) der Netto-Raumgehalt des Schiffes	957,5	337,98

zu b) in Worten: Neunhundertsiebenundfünfzig Fünf/Zehntel Kubikmeter, gleich Dreihundertsiebenunddreißig 98/100 Registertons.

5. Zeit und Ort der Erbauung: 1920 in Kiel.
6. Heimatshafen: Hamburg.

Einige seiner Reisen konnten von Herrn *F. C. Blaas* anhand der Kieler Zeitung rekonstruiert werden. So hieß es am 15. Februar 1922: *»Der Motorschoner ›Datteln‹ lief mit größeren Havarien ein und soll an seiner Bauwerft wieder hergestellt werden. Auf seiner Reise von Spanien nach Rotterdam hatte ›Datteln‹ in schwerem Wetter Rah, Gaffeln und Bäume gebrochen.«* Mehrere Monate hört man nichts mehr, dann jedoch geht es mit schöner Regelmäßigkeit weiter, wenn nämlich der Schoner auf seinen Kanalpassagen kurz in Kiel festmacht, um seine Bestände zu ergänzen: *»28. Juni 1921 ›Datteln‹ auf der Reise von London nach Randers mit Hafer hat in Kiel festgemacht, läuft am nächsten Tag weiter.«* Am 2. August 1921 bunkert das Schiff auf der Reise von England nach Norwegen in Holtenau. Eigenartigerweise hatte man nicht den direkten Weg durch die Nordsee gewählt, sondern hatte den Umweg durch den Kaiser-Wilhelm-Kanal vorgezogen. Am 20. September war man von Danzig kommend wieder in Kiel und lief zwei Tage später durch den Kanal weiter nach Manchester. Von dort mit voller Ladung Salz für Kopenhagen machte man erneut am 15. Oktober am Sartorikai zum Bunkern fest. Die nächste Nachricht stammt vom 3. Dezember, als die »DATTELN« mit Holz von Finnland nach Rotterdam Holtenau ansteuerte.

Kapitän *Walter Sachs* war inzwischen durch *Erich Liedke* abgelöst worden, dem 1921 noch *F. Carstens* folgte.

Die »DATTELN« 1922 auf dem Querslip der Travewerft in Lübeck-Siems.
(Sammlung Dr. Jürgen Meyer, Bremen)

Schoner »DATTELN« im Januar 1922 im vereisten Alten Hafen von Cuxhaven. Zu dieser Zeit war das Schiff noch in den dunklen Kruppschen Farben gemalt; es erhielt im Sommer 1922 dann, wie alle Schiffe von Dönitz, Witt & Co., einen weißen Anstrich. Die »DATTELN« scheint sich mit ihrer Koksdeckslast im Eis festgefahren zu haben. Zwei lange Vorleinen laufen von der Back zum rechten Bildrand, und für Landverbindung hat man mittels langer Planken gesorgt, die mittschiffs von der Lotsenleiter aus übers Eis führen.
(Sammlung Verfasser)

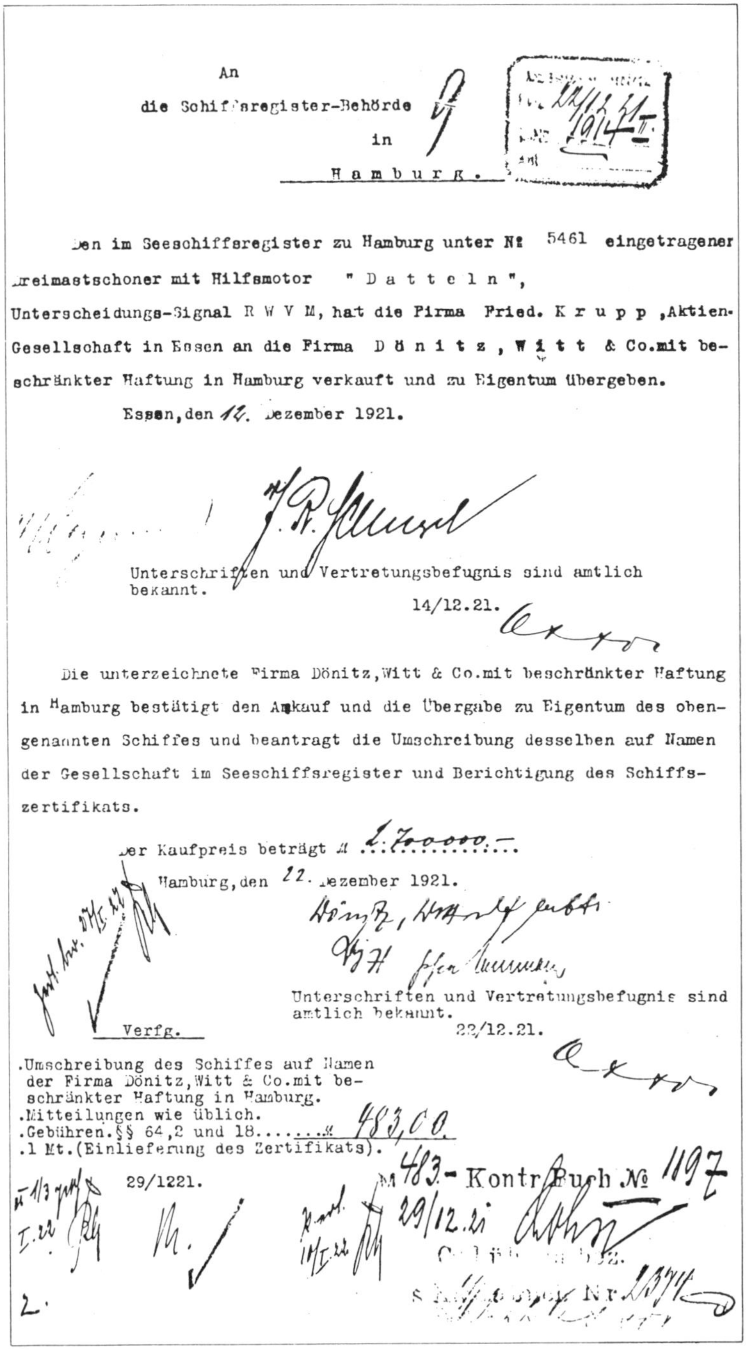
An
die Schiffsregister-Behörde
in
Hamburg.

Den im Seeschiffsregister zu Hamburg unter Nr 5461 eingetragenen Dreimastschoner mit Hilfsmotor "Datteln", Unterscheidungs-Signal R W V M, hat die Firma Fried. Krupp, Aktien-Gesellschaft in Essen an die Firma Dönitz, Witt & Co. mit beschränkter Haftung in Hamburg verkauft und zu Eigentum übergeben.

Essen, den 12. Dezember 1921.

Unterschriften und Vertretungsbefugnis sind amtlich bekannt.
14/12.21.

Die unterzeichnete Firma Dönitz, Witt & Co. mit beschränkter Haftung in Hamburg bestätigt den Ankauf und die Übergabe zu Eigentum des obengenannten Schiffes und beantragt die Umschreibung desselben auf Namen der Gesellschaft im Seeschiffsregister und Berichtigung des Schiffszertifikats.

Der Kaufpreis beträgt M 2.700000.–
Hamburg, den 22. Dezember 1921.

Unterschriften und Vertretungsbefugnis sind amtlich bekannt.
22/12.21.

Verfg.
.Umschreibung des Schiffes auf Namen der Firma Dönitz, Witt & Co. mit beschränkter Haftung in Hamburg.
.Mitteilungen wie üblich.
.Gebühren. §§ 64,2 und 18.......M 483,00
.1 Mt. (Einlieferung des Zertifikats).
29/1221.

M 483.– Kontr.Buch № 1197
29/12.21

Wie schon die beiden Vorgänger, wurde auch die »DATTELN« an die Hamburger Reederei von *Dönitz, Witt & Co* verkauft. Für den »Einheitspreis« von 2,7 Mill. Mark, der auch für »ANNEN« und »BUCKAU« erzielt worden war, ging der Schoner am 12. Dezember 1921 an seine neuen Eigner. Schiffsführer blieb *F. Carstens,* der schließlich von Kapitän *Carl Henne* abgelöst wurde.

Auch jetzt berichteten die Kieler Zeitungen fleißig weiter über die Bewegungen des Schiffes: *»Am 12. Januar 1922 passierte ›Datteln‹ die Holtenauer Schleusen auf dem Weg von Vestervik nach Tyne in Schottland mit einer Ladung Holz.«*

Am 1. März 1922 notierte der Chronist: *»Der Motor-Dreimastschoner ›Datteln‹, mit Koks von Shields nach Schweden bestimmt, lief zum Auffüllen seiner Ölvorräte ein. ›Datteln‹ hat durch den strengen Winter einen Zeitverlust von 14 Tagen erlitten. Er lag bei Brunsbüttel im Eise fest.«*

Eine weitere Passagemeldung stammt vom 1. April 1922, als der Schoner von Sölvesborg in Schweden kommend in den Kanal einlief, um nach England weiterzugehen. Die Ladung bestand aus Grubenholz für die englischen Kohlebergwerke.

Nach nur zehnmonatiger Fahrzeit für seine neuen Eigner ging die »DATTELN« in der Nacht vom 19. auf den 20. September 1922 nördlich Pillau mitsamt seiner 13köpfigen Besatzung im Sturm verloren. Das Schiff hatte sich unter dem Kommando von Kapitän *Carl Henne* auf der Reise von Kopenhagen nach Königsberg befunden.

Der Kopenhagener Lotse *Dauberg,* der wohl als letzter die Besatzung noch lebend gesehen hatte, gab später einen kurzen Bericht über den Beginn der Reise:

»Am 18. September kam ich um ca. 5 Uhr nachmittags an Bord des Motorschiffes ›Datteln‹, um es in See zu lotsen. Da ein orkanartiger Sturm aus W. N. W. herrschte, hatte der Kapitän einen Schlepper angenommen, um das Schiff vom Kai zu schleppen. Der Kapitän fragte mich um Rat, ob es ratsam sei, nach Königsberg abzugehen. Ich hatte dem Kapitän davon abgeraten, nachdem ich erfahren hatte, daß das Schiff so gut wie keinen Ballast und infolge dessen nur einen Tiefgang von 8 Fuß hatte. Dagegen habe ich vorgeschlagen, das Schiff beim Außenhafen an der Langen Linie zu ankern, so daß der Kapitän, wenn das Wetter besser würde, nach seinem Bestimmungshafen abgehen könnte. Hierüber wurden wir einig, und ca. 6 Uhr nachmittags lag das Schiff außerhalb der Langen Linie vor Anker. Am nächsten Morgen frühzeitig bemerkte ich, daß das Schiff abgesegelt war und das Wetter zu diesem Zeitpunkt gut war. Es wurde jedoch gegen Abend sehr stürmisch . . .“

Das anfangs als verschollen geltende Fahrzeug wurde nach mehreren Wochen zufällig durch Fischer in 18 Meter tiefem Wasser in der Nähe von Tenkitten gefunden.

Das Hamburger Seeamt kam bei seiner Untersuchung zu dem Schluß, *»daß das Schiff in den an der dortigen Küste stehenden gefährlichen Grundseen gekentert ist. Hierzu wird beigetragen haben, daß es mit nur 45 tons Wasser im Doppelboden nicht genügend beballastet war und daher nicht die genügende Stabilität zum Segeln besessen haben wird.«*

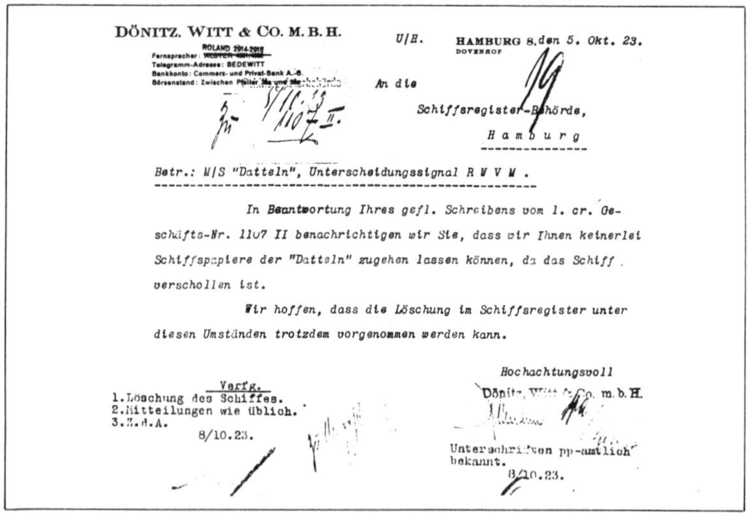

DÖNITZ, WITT & CO. M. B. H.

Fernsprecher: ROLAND 2914-2916

Telegramm-Adresse: BEDEWITT

Bankkonto: Commerz- und Privat-Bank A.-G.

Börsenstand: Zwischen Pfeiler 3a und 3b

U/H.

HAMBURG 8, den 5. Okt. 23.

DOVENHOF

An die

Schiffsregister-Behörde,

Hamburg

Betr.: M/S "Datteln", Unterscheidungssignal R W V M.

In Beantwortung Ihres gefl. Schreibens vom 1. cr. Geschäfts-Nr. 1107 II benachrichtigen wir Sie, dass wir Ihnen keinerlei Schiffspapiere der "Datteln" zugehen lassen können, da das Schiff verschollen ist.

Wir hoffen, dass die Löschung im Schiffsregister unter diesen Umständen trotzdem vorgenommen werden kann.

Hochachtungsvoll

Dönitz, Witt & Co. m. b. H.

Verfg.

1. Löschung des Schiffes.
2. Mitteilungen wie üblich.
3. Z.d.A.

8/10.23.

Unterschriften pp-amtlich bekannt.

8/10.23.

Diese Verhandlung, die am 1. Dezember 1922 stattfand, ist für die vorliegende Arbeit von besonderem Interesse, weil darin Fragen der Stabilität und sonstiger Eigenschaften der von der »Germaniawerft« gebauten Motorsegler zur Sprache kamen. Es wurden verschiedene Schiffseigner und Sachverständige vernommen, deren Ansichten jedoch zum Teil recht weit auseinandergingen.

So meinte Reeder *Witt,* einer der Miteigner von *Dönitz, Witt & Co.,* daß die Kapitäne seiner fünf Motorschoner sämtlich der Meinung seien, daß diese Fahrzeuge in der Nord- und Ostsee und nach Finnland keinen Sandballast einzunehmen brauchten. Ihre Berichte besagten, daß der Wasserballast vollkommen genüge, da sie in solchem Fall nur mit Motor und ohne Segel fahren würden. So habe der Schoner »GAARDEN« eine Reise von Kopenhagen nach Lübeck bei schwerem Sturm ohne Sandballast gut überstanden. Nach dem bekannten Unfall des von derselben Werft gebauten Motorseglers »GUSTAV ADOLPH« (siehe Baunummer 386) und nachdem die Käufer des Schoners »CHRISTA« (Nr. 385) diesen wegen mangelnder Stabilität nicht abgenommen hätten, sei die Reederei beim Ankauf der Dreimastschoner sehr vorsichtig gewesen. Erst nachdem Urteile von Sachverständigen ergeben hätten, daß sowohl Stabilität als auch Seetüchtigkeit der Schiffe gut seien, sei der Ankauf erfolgt. Im übrigen habe man bei den eigenen Kapitänen angefragt, ob sie eine Verkürzung der Masten oder Stengen für erforderlich hielten, doch sei man auf keine Bedenken gestoßen. Die Takelage der Schoner sei wohl schwer, aber nicht zu schwer für diese Schiffe.

Gleicher Meinung war auch der Vertreter der *Reederei Friedrich Krupp AG, Essen,* deren frühere Kapitäne die Tüchtigkeit der Schiffe in ihren Berichten wiederholt hervorgehoben hätten. Sie hätten auf den verschiedensten Reisen in der wilden Fahrt unter teilweise sehr schwerem Wetter die Erfahrung gemacht, daß diese Schoner gute See-, Segel- und Motoreigenschaften besäßen.

Anderer Ansicht war da die *Marine-Reederei* aus Lübeck, die als Käuferin des Schoners »CHRISTA« mitteilte, das Fahrzeug habe bei der Abnahme eine so geringe Stabilität gehabt, daß sie die Abnahme des Schiffes verweigert habe. Nun sei zwar die »DATTELN« kein direktes Schwesterschiff der »CHRISTA«, doch sei sie hinsichtlich der Wasserlinien nach denselben Prinzipien gebaut und habe auch einen Doppelboden für Ballastwasser besessen.

Der mit dem Fall »CHRISTA« und mit der Strandung von »GUSTAV ADOLPH« beschäftigt gewesene Sachverständige sagte aus, er habe gegen die Linienführung dieser Schiffe Einwände gehabt, da sie keine genügende Stabilität besessen hätten und somit die zum Freisegeln von einer Küste unbedingt nötigen Segel nicht setzen könnten. Der Stabilitätsumfang habe nur 39° betragen. Würde bei Erreichen dieses Winkels eine Bö einsetzen, so könnten sich die Schiffe nicht wieder aufrichten. Allerdings glaube er, daß die großen Schoner einige Vorteile gegenüber den kleineren Typen aufzuweisen hätten. So wäre z. B. die Kopflastigkeit der letzteren bei der »DATTELN« dadurch vermieden, daß man den Laderaum zu beiden Seiten der Maschine verlängert habe, was besonders der Steuerung des Schiffes zugute käme. Die ungünstige Stabilität jedoch sei in erster Linie durch die scharfe Bauweise und die hohe Takelung verursacht. Er halte es daher für nötig, daß diese Schoner, zumal in der schlechten Jahreszeit, noch mindestens 100 Tons Sandballast einnehmen müssen, um die nötige Steifheit zum Freisegeln von der Küste zu bekommen. In diesem Fall bei auflandigem Wind in Stärke 10 hätte sich das Schiff nur mit Maschine fahrend nicht von der Küste freihalten können. Es sei ihm ohnehin unverständlich, weshalb diese Schiffe für Reisen in der Nord- und Ostsee keinen Sandballast zu nehmen brauchten sondern nur für längere Reisen, da sie doch gerade in der kleinen Fahrt zum Freisegeln häufig Segel setzen müßten.

Dieser Ansicht schlossen sich die Beisitzer des Seeamtes an, worauf es zu dem eingangs zitierten Spruch kam. Das Wrack des Schiffes wurde später von Tauchern gefunden. Es hatte alle Masten verloren und war zu diesem Zeitpunkt bereits total versandet, konnte aber dennoch einwandfrei erkannt werden. Von den angetriebenen Leichen konnte niemand mehr identifiziert werden. An Bord der »DATTELN« hatten sich folgende 13 Personen befunden:

1. Kapitän *Carl Johann Andreas Henne* (geb. 1887 in Hamburg),
2. 1. Offizier *Peter Lehning* (1896 Uetersen),
3. 2. Offizier *Hans Gahde* (1899 Blankenese),
4. 1. Maschinist *Ernst Becker* (1893 Bromberg),
5. Maschinenassistent *Josef Heerde* (1899 Groß Neuendorf/Schlesien),
6. Koch *Fritz Rudelt* (1899 Leipzig),
7. Matrose *Johann Thaden* (1901 Friedrichsschleuse),
8. Matrose *Otto Mangelsdorf* (1885 Grunewald),
9. Matrose *Paul Ehlers* (1903 Neumünster),
10. Leichtmatrose *Max Erdmann* (1902 Köslin),
11. Leichtmatrose *Bernhard Warrings* (1906 Carolinensiel),
12. Junge *Otto Kupczus* (1905 Kiel),
13. Junge *Hermann Arnold* (1900 Kiel).

(SSR Hamburg NR. 5461, Seeamtsverhandlung Hamburg vom 1. Dezember 1922, Kieler Zeitung 1921/22)

Seeamt Hamburg 378/20

No. 5461.

Verkündet
in öffentlicher Sitzung
am 1. Dezember 1922.
gez. R. Fritsche
Protokollführer.

A.

In

seeamtlichen Untersuchungssachen

betreffend

den Untergang des Dreimastmotorschoners

»Datteln«

auf der Reise von Kopenhagen nach Königsberg

hat das Seeamt in seiner am 1. Dezember 1922 abgehaltenen öffentlichen Sitzung, an welcher teilgenommen haben

1. als Vorsitzender: Direktor des Seeamts Dr. A. Schön;
2. als Beisitzer:
   a. Hauptlotse Hansen,
   b. Ingenieur Benjamin,
   c. Kapitän von Kaufmann,
   d. Kapitän Suhr;
3. als Protokollführer: Justizobersekretär R. Fritsche;
4. als Reichskommissar: Vizeadmiral a.D. Kühne,

nach mündlicher Verhandlung der Sache folgenden Spruch abgegeben:

Der Motorschoner Datteln ist auf der Reise von Kopenhagen nach Königsberg in der Nacht vom 19. auf den 20. September 1922 nördlich von Pillau bei Tenkitten gesunken.

Die aus 13 Personen bestehende Besatzung hat

– 2 –

bei dem Unfall den Tod gefunden.

Es muß angenommen werden, daß das Schiff bei schwerem Nordweststurm in den an der dortigen Küste stehenden gefährlichen Grundseen gekentert ist.

Zur Herbeiführung des Kenterns wird beigetragen haben, daß das Schiff mit zirka 45 Tons Wasserballast in Doppelboden nicht genügend beballastet war und daher nicht die genügende Stabilität zum Segeln besessen haben wird.

Tatbestand.

Der in Hamburg beheimatete Dreimastschoner mit Hilfsmotor Datteln, Unterscheidungssignal R W V M, stand in Eigentum der Firma Dönitz, Witt & Co. m.b.H. in Hamburg und wurde geführt von dem Kapitän Carl Johann Andreas Henne, Inhaber eines in Hamburg am 21. Januar 1922 ausgestellten Befähigungszeugnisses zum Schiffer auf großer Fahrt.

Das im Jahre 1920 auf der Werft von Fried. Krupp A.G. Germaniawerft in Kiel-Gaarden aus Stahl erbaute Schiff war zu 455,10 Registertons brutto, 337,98 Registertons netto vermessen, führte beim Germanischen Lloyd die Klasse ✠ 100 A/4, vom Dezember 1920 ab gerechnet und hatte einen Motor von 140 eff. P.S.

Zuletzt ist das Schiff im Mai und Juni 1922 in Lübeck einer Besichtigung unterzogen worden, welche zu einer Bestätigung der laufenden Klasse des Schiffskörpers und des Motors führte.

Das Schiff ist am 18. September 1922 3 Uhr nachmittags von Kopenhagen nach Königsberg abgegangen.

An Bord befanden sich folgende 13 Personen:

1. Kapitän Carl Johann Andreas Henne, geboren zu Hamburg, am 18. Dezember 1887,
2. 1. Offizier Peter Lehning, geboren zu Uetersen am 23. März 1896,

3.

Die ersten beiden Seiten der Seeamtsverhandlung zum Untergang der »DATTELN«.

Nr. 379: Dreimastschoner »Gaarden«

Ein noch kürzerer Lebenslauf als der »DATTELN« sollte der Nummer 4 jener fünf Schwestern bevorstehen. Das auf den Namen »GAARDEN« getaufte Schiff war im November 1920 vom Stapel gelaufen und am 20. Januar 1921 für die *Reederei Fried. Krupp* ins Hamburger Seeschiffsregister mit dem Unterscheidungssignal RBCN eingetragen worden. Die Führung hatte Kapitän *Richard Knaak* aus Mölln.

Über die Reisen der »GAARDEN« liegen mehrere Zeitungsnotizen vor. So erfahren wir, daß das Schiff am 26. Januar 1921 unter Schlepperhilfe den Hafen verlassen hatte, um auf See eine Probefahrt vorzunehmen. Am 8. Februar konnte die erste Ladung übernommen werden. Fünf Tage später hieß es: *»Der am Sartorikai liegende und mit Eisenteilen für Finnland beladene Motor-Dreimastschoner ›Gaarden‹ darf lt. Spruch der SBG (See-Berufsgenossenschaft) nicht auslaufen, weil die Ladung nicht ordnungsgemäß verstaut ist. Sie wird umgestaut werden müssen.«* Das Schiff hat dann seine Reise erfolgreich vollenden können und war am 8. April mit einer vollen Ladung Schnittholz von Abo nach Rotterdam zur Proviantübernahme nach Kiel eingelaufen. Die nächste Meldung erfolgte erst drei Monate später, als die »GAARDEN« am 9. Juli auf der Reise von Apenrade in Kiel zum Bunkern eintraf. Sie hatte in Dänemark ihre finnische Holzladung gelöscht und befand sich nun auf der Reise in Ballast nach Altona. Die Notizen lieferten Nachrichten, aus denen sich eine gewisse Regelmäßigkeit der Reisen ableiten läßt: 9. Juli – bunkert in Kiel, Holz von Finnland nach Apenrade. 4. August – Holtenau passiert, Holz

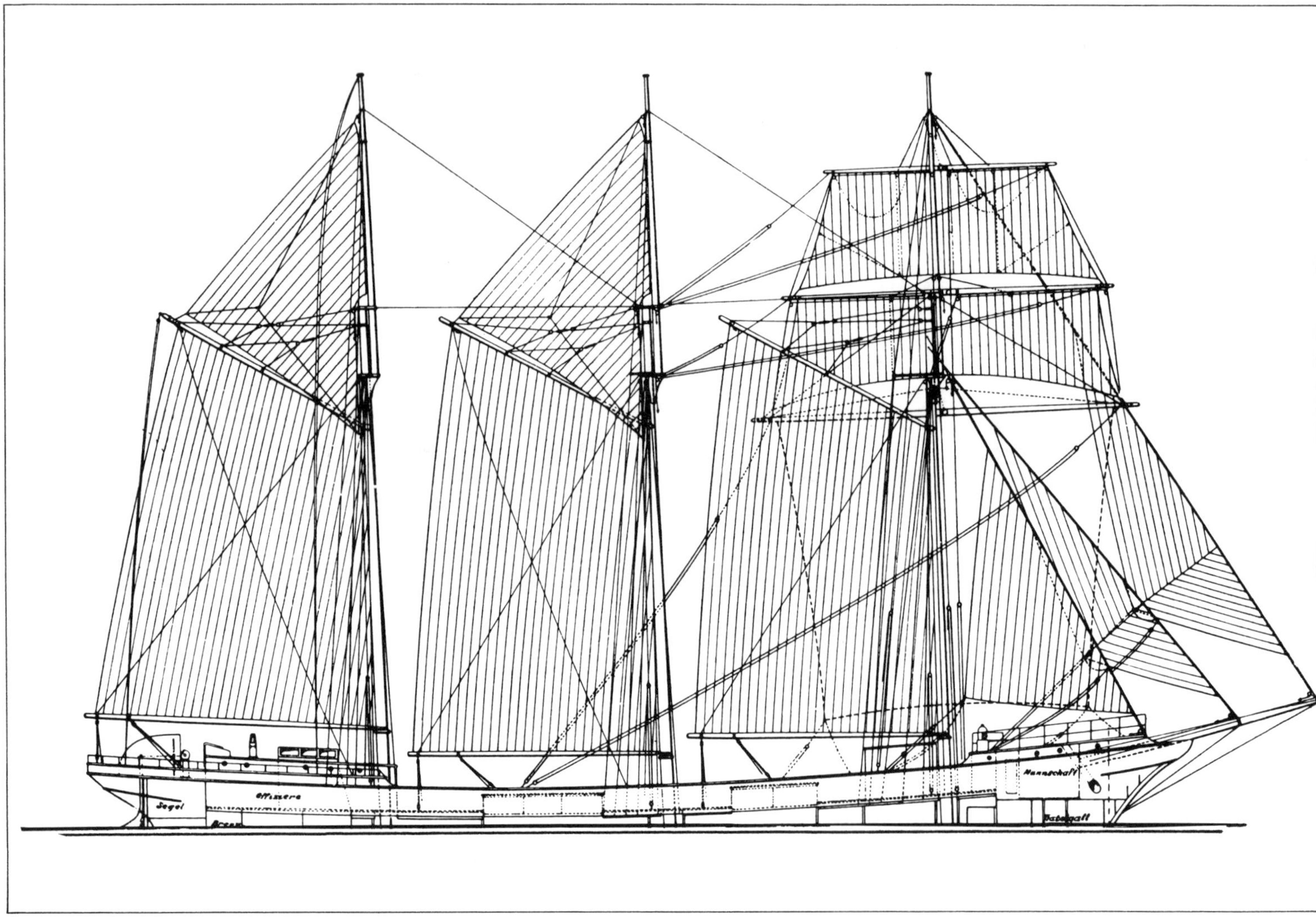

von Kotka nach Rotterdam. Und noch einmal bunkert die »GAARDEN« am 15. November am Sartorikai, bevor sie Anfang Dezember an die Hamburger Reederei von *C. F. Hildebrand* verkauft wurde, die anschließend von *Dönitz, Witt & Co* auch noch die »ANNEN« übernahm. Die Kieler Zeitungen ließen den Schoner aber dennoch nicht aus den Augen. Schon am 3. Dezember 1921 hieß es: *»Der nach Hamburg verkaufte Dreimastschoner ›Gaarden‹ hat nach Vornahme der Überholungsarbeiten für Stettin ausgerüstet. Er kann die Reise wegen des widrigen Ostwindes nicht antreten.«* Die nächste Nachricht stammt vom 30. Dezember: *»Die ›Gaarden‹ hat in der Ostsee bei stürmischem Wetter Havarie erlitten.*

Nach der Ausfahrt aus Swinemünde brach die Rudergeer, ein Stockruder wurde eingesetzt und das Schiff zur Reparatur nach Stettin gebracht. Die ›Gaarden‹ war mit Zwischenladung nach Danzig unterwegs.« Von dort ging das Schiff nach Ipswich in England, wobei die Holtenauer Schleusen am 23. Januar 1922 passiert wurden. Nachdem am 8. August auf der Reise mit Kohlen von West-Hartlepool nach Vestervik in Schweden der Kanal ein letztes Mal ostwärts durchfahren wurde, brach einen Tag später das Unglück über die »GAARDEN« herein. Der fleißige Herr *Blaas* hat auch diese Zeitungsmeldung gefunden: *»Ein schweres Schiffsunglück hat sich in der Ostsee ereignet. Der Kruppsche Motorschoner ›Gaarden‹, Kapitän Rudolf Prenzel, Hamburg, ist bei starkem Südwestwind bei Gjedser auf Grund geraten. Das Schiff sprang leck und sank bald darauf.«* Nach den Schilderungen der Überlebenden spielte sich der Unfall wie folgt ab:

»Nachdem sich herausgestellt hat, daß das Schiff ein Leck hatte, wurden sofort die Pumpen in Bewegung gesetzt . . . Die unermüdlichen Arbeiten hatten leider keinen Erfolg. Nun versuchte der Kapitän, das Schiff auf Strand zu setzen. Schwere Schlagseite verhinderte aber ein Vorwärtskommen des Schiffes, das sich sehr bald weiter auf die Seite legte und führerlos als ein Spiel der Wellen umhertrieb. Da ein Sinken des Schiffes unmittelbar bevorstand, sprang die gesamte Besatzung über Bord. Die See war durch den Sturm noch höher gegangen, und in kurzer Zeit verschwand die ›Gaarden‹ in den Wellen. An das Schiff hatte sich der Schiffsjunge angeklammert, der mit in die Tiefe gerissen wurde. Dem ersten Maschinisten war es wohl im letzten Augenblick gelungen, aus seiner durch umherrollende Güter versperrten Kajüte zu kommen, deren Luke er mit aller Gewalt aufbrechen mußte, wobei er sich noch die rechte Hand quetschte. Im Wasser konnten sich vier Mann der Besatzung in Besitz des freikommenden Rettungsbootes setzen, das jedoch kieloben trieb. Sie hielten sich daran fest und wurden schnell fortgetrieben. Der erste Maschinist schwamm hinterher, später folgte der Kapitän. Letzteren verließen die Kräfte, und er ging hilferufend unter. Neun Personen, einschließlich des Kapitäns, wurden ein Opfer der See. Die aufgenommenen Schiffbrüchigen hatten nur Hemd und Hose auf dem Leibe und haben natürlich ihre gesamte Habe verloren. Die ›Grundick‹ brachte die Geretteten nach Saßnitz, wo sie in einem Hotel untergebracht wurden. Durch bereitgestellte Mittel konnten sie neu eingekleidet werden. Über den Verbleib der weggetriebenen Leichen konnte bisher nichts gemeldet werden.«

Bei der Verhandlung vor dem Hamburger Seeamt stellte sich der Sachverhalt jedoch etwas anders dar, als in der Zeitung zu lesen war. Danach lief die »GAARDEN« ohne Motor unter vollen Segeln vor steifer achterlicher Brise ostwärts durch den Fehmarnbelt. Die Gedser-Riff-Tonne, die man gut an Backbord erwartete, wurde plötzlich weit an Steuerbord, also auf der falschen Seite gesichtet. Trotz sofort eingeleiteter Wende stieß das Schiff gleich darauf mehrmals auf, ohne jedoch festzukommen. Da die Peilungen kein Wasser zeigten, beschloß Kapitän *Prenzel,* die Reise fortzusetzen. Nachdem man eine Stunde später aber doch Wasser im Schiff feststellte, wurde Kurs auf die deutsche Küste abgesetzt, um gegebenenfalls einen Nothafen anzulaufen. Während dessen sank der Schoner bedenklich tiefer, und als dann auch noch eine plötzliche Bö in das Großsegel fiel, legte sich die »GAARDEN« auf die Seite, die Ladung ging über – und innerhalb einer Minute war das Schiff gekentert und gleich darauf gesunken! Der Schluß des Dramas spielte sich dann ab, wie in der Zeitung geschildert.

Das Seeamt kam zu dem Schluß, daß der Schiffsleitung ein Vorwurf nicht zu ersparen sei. Sie habe nach dem Aufstoßen durch unvorsichtiges Manövrieren in Verbindung mit unsachgemäßen Anordnungen den Untergang des Schiffes und den Verlust von neun Menschen verursacht. Besonders wurde dem Kapitän angelastet, daß er nicht sofort die nahegelegene dänische Küste aufgesucht hatte, ferner, daß die Boote nicht klargemacht waren und daß die Leute noch nicht einmal Schwimmwesten angelegt hatten. Der schwedische Schoner »GRUNDICK«, der fünf Überlebende aufgepickt und nach Saßnitz gebracht hatte, wurde lobend erwähnt.

Bei dem Unglück hatten nachstehende neun Personen ihr Leben verloren:
1. Kapitän *Rudolf Prenzel* (geb. 1880 in Nieder-Hermsdorf/Schlesien),
2. 2. Steuermann *Albert Radvan* (1888 Groß Zicker, Rügen),
3. 2. Maschinist *Wilhelm Keppler* (1885 Marburg),
4. Matrose *Bruno Holtz* (1904 Neufahrwasser/Danzig),
5. Matrose *Walter Geisler* (1895 Hamburg),
6. Koch *Hermann Böhlck* (1863 Hamburg),
7. Junge *Johannes Peters* (1900 Brunsbüttel),
8. Junge *Georg Kowalewsky* (1905 Kiel), und schließlich
9. Junge *Johann Konrad Löhmann* (1908 Schönebeck)

Bei dieser Seeamtsverhandlung wurde erstmals angedeutet, daß die fünf Schoner alle sehr hoch getakelt waren und daher als »etwas rank« galten, so daß die Segel bei stärkerem Wind schnell weggenommen werden müßten. Auch ließen sie sich schlecht trimmen und lagen vorn fast immer tiefer im Wasser als hinten, so auch auf dieser Reise. Als ursächlich für den Unfall wurde das nicht gewertet.
Mit nur 20 Monaten aktiver Fahrzeit kann die »GAARDEN« somit den zweifelhaften Ruhm für sich beanspruchen, von den fünf Schwesterschiffen den kürzesten Lebenslauf gehabt zu haben.

(SSR Hamburg Nr. 5493, Kartei des Seeamtes Hamburg, »Schiffahrt international« 12/1983: F. C. Blaas »Das Schicksal der Gaarden«)

Baunummer 380: Dreimastschoner »Hamm« / »Paloh« / »Hong Hai« / »Dragon Horn«

Als letzter der fünf großen Dreimaster kam im Dezember 1920 die Baunummer 380 zu Wasser. Das Schiff war ursprünglich, wie den Akten des Hamburger Amtsgerichts zu entnehmen ist, unter dem Namen »GUSTAV STEIN« für die Reederei *H. J. Jensen* in Hamburg in Bau genommen worden. Diese Reederei übernahm etwas später von der Germaniawerft zwei der kleineren Galioten (NB 393 und 394) und verzichtete auf den Schoner, der dann ebenfalls für die *Fried. Krupp A. G., Essen,* fertiggestellt wurde.

Die Kieler Werft glich in jenen Monaten einer Fließbandfabrik, *»vor der über ein Dutzend der kleinen Motorsegler schwimmt. Ein Teil von diesen ist schon aufgetakelt und geht seiner baldigen Fertigstellung entgegen«,* so war es der »Kieler Zeitung« zu entnehmen.

Zu ihnen gehörte auch unser Neubau 380, der Mitte Februar vermessen werden konnte. Am 6. Mai 1921 endlich wurde der Bielbrief ausgestellt und das Schiff als »HAMM« (RBHQ) ins Hamburger Seeschiffsregister eingetragen. Drei Tage später vermerkte die Kieler Lokalpresse: *»Der Dreimastschoner ›Hamm‹ ist wieder in den Dienst gestellt.«* Das Wörtchen »wieder« läßt eine bereits früher schon einmal erfolgte Indienststellung vermuten, die vielleicht nicht zur Zufriedenheit der Beteiligten verlaufen ist und somit auch erklärt, warum das Schiff nicht für die Reederei *Jensen* fertiggestellt worden ist.

Unter Kapitän *R. Honold* aus Badenweiler ging die »HAMM« in Ballast auf ihre erste Reise nach Kotka in Finnland, wo sie eine volle Ladung Schnittholz für Newcastle einnahm. Am 8. Juni 1921 wurde der Nord-Ostsee-Kanal westwärts durchlaufen. Weitere Reisen im europäischen Küstenbereich folgten in den kommenden Monaten, doch scheinen die Aktivitäten der Krupp-Reederei nicht sehr erfolgreich gewesen zu sein.

Am 17. Januar 1922 lief die »HAMM« leer die Werft an, bunkerte zwar noch am 22. Januar, blieb dann aber bis in den März hinein in Kiel liegen. Noch am 9. März hieß es dazu in der Presse: *»Von den seinerzeit wegen Eises oder Reparaturen nach Kiel gekommenen Schiffen befinden sich nur noch der Dreimastschoner ›Hamm‹ und der Dampfer ›Berta‹ im Hafen.«*

Inzwischen hatte die *Fried. Krupp A. G., Essen-Ruhr,* auch dieses Schiff an die Hamburger Reederei *Dönitz, Witt & Co. GmbH* für 2,7 Mill. Mark verkauft. Die Umschreibung erfolgte am 24. Februar 1922. Der bisherige Kapitän *Honold* wurde mit übernommen; später wurde er abgelöst durch Kapitän *Callien.*

Nach nur zwei Jahren unter deutscher Flagge trat der Dreimaster die längste Reise seines Daseins an, nachdem er an die Reederei *E.F. Bruijn & Co.* aus Batavia in Niederländisch-Indien verkauft worden war. Am 16. April 1923 erfolgte die Löschung der »HAMM« im Hamburger Seeschiffsregister.

Wie einem Brief des damaligen Kapitäns *Laubinger* zu entnehmen ist, traf der Schoner schon Anfang Juni auf Java ein. Als »PALOH« (TGUR) diente er die folgenden Jahrzehnte von seinem Heimathafen Batavia aus der Stückgutfahrt zu den unzähligen Küstenplätzen der damaligen holländischen Kolonie. 1937 wurde die *»Koniklijke Paketvaart Maatschappij«* in Batavia neuer Eigner der »PALOH«.

Während des Zweiten Weltkrieges hatte das Schiff einige Abenteuer zu bestehen. So wurde es am 3. Februar 1942 beim Einmarsch der Japaner von der eigenen Besatzung im Hafen von Soerabaja versenkt, anschließend von den Japanern aber wieder geborgen und von diesen in Fahrt gebracht. Im August 1945 konnte »PALOH« in Makassar zurückgegeben werden, um anschließend zeitweilig unter englischer Flagge zum Rücktransport japanischer Gefangener benutzt zu werden. Die Rückgabe an die Reederei erfolgte am 25. Mai 1946, worauf diese den Schoner nach Reparatur in Batavia endlich wieder als Frachtschiff einsetzen konnte. Als Indonesien 1949 seine Souveränität erlangt hatte, verlegte die Reederei ihren Sitz nach Amsterdam, wo nun auch »PALOH« ihren Heimathafen fand. Im gleichen Jahr erhielt das Schiff einen neuen Appingedamer-Brons-Diesel, einen dreizylindrigen Zweitakter, dessen Leistung in den Registern nicht angegeben wird, der aber für eine Fahrt von 6 kn sorgen sollte und somit recht klein ausgefallen war.

1958 erwarb die Reederei *Hong Huat Hardware Co. Pte. Ltd.* in Singapore das Schiff, welches nun den Namen »HONG HAI« (HPPH) erhielt und in Panama registriert war. Die gleiche Firma änderte den Namen 1969 ein letztes Mal in »DRAGON HORN«. Nachdem das Schiff bereits Mitte der 70er Jahre verschrottet worden war, wurde im Lloyds Register erst 1982 das Unterscheidungssignal gestrichen, 1984 die Flagge und der Heimathafen und schließlich 1985 das Schiff ganz. Woraus man die Lehre ziehen sollte, daß man sich auf diese Register auch nicht immer voll verlassen darf.

(SSR Hamburg Nr. 5575, Lloyds Register 1928/61/63/68/76–84, Kieler Zeitung Jahrg. 1921/22 mitgeteilt von Herrn F.C. Blaas, Altenholz, Aufzeichnungen von Herrn H. J. Abert, Ratzeburg)

豐發五金（私人）有限公司

Cable Address: "HONGBRASS"

HONG HUAT HARDWARE CO., (PTE.) LTD.
174, MacPherson Road,
Singapore, 13.

TELEPHONE: 887527 880983

Date, 6th August 1979

MS DRAGON HORN

We thank you for your letter dated 17th July 1979 and would like to inform you that Ms Dragon Horn has been scrapped a few years ago.

We remain,

Yours faithfully
HONG HUAT HARDWARE CO (PTE) LTD

Manager

Baunummern 381 bis 384: Vier Dreimast-Toppsegelschoner von 290 Tonnen.

Die vier 1921 fertiggestellten 290-t-Dreimastschoner unterschieden sich äußerlich kaum von ihren fünf großen Schwestern. Sie hatten das gleiche schnittige Aussehen und dasselbe aufwendige Rigg, nur war alles eine Nummer kleiner und handiger ausgefallen.

Von diesem Typ bringt der englische Schiffshistoriker *Harold A. Underhill* in seinem »Deepwater Sail« einen Linienriß, der die für ein Frachtsegelschiff der Neuzeit außergewöhnlich schöne Form in aller Deutlichkeit zeigt. Die Wasserlinien zeigen im Vorschiff einen scharfen Verlauf, ergeben im Bereich des Laderaums einen verhältnismäßig geraden Boden und ebensolche Seitenwände, um im Achterschiff hohl auszulaufen. Das U-förmige Hauptspant ist völlig, die Spanten der Schiffsenden gehen in V-Form über und bilden einen leichten S-Schlag. Der Boden hat eine Aufkimmung von 7°, die Kimm ist gut gerundet, die Bordwand oberhalb der Schwimmwasserlinie leicht eingezogen. Mit seinem kräftigen Sprung, dem langen scharfen Bug mit überfallendem Klippersteven und dem schlanken Achterschiff mit rundem Heck bietet dieser Rumpf das Bild eines reinen Seglers. Einzig der Schraubensteven und die in seinem Bereich hochgezogene Kielpartie erinnern daran, daß es sich hier um ein Produkt der Neuzeit handelt. Das letztgenannte Detail sollte bei Grundberührungen verhindern, daß die empfindliche Ruderhacke mitsamt dem Ruder beschädigt wurde.

Underhill ist der Ansicht, daß dieser Riß für alle Schonermodelle der Werft, also auch für die zweimastigen, galt. Während die Enden im wesentlichen übereinstimmten, habe der Unterschied lediglich in der Länge gelegen, die je nach Bedarf variiert werden konnte. Damit wird auch die Aussage jenes Sachverständigen bestätigt, der bei der Verhandlung über den Untergang der »DATTELN« (siehe dort) erklärte, daß die verschiedenen Typen *»hinsichtlich der Wasserlinien nach den selben Prinzipien gebaut sind.«*

Für die Fertigung seiner Zeichnungen lagen *Underhill* offenbar die heute verschollenen Originalpläne der Werft vor. Die hier gebrachte Linienzeichnung ist eine Kopie aus seinem »Deepwater Sail«, und zwar die »Plate No. 7«.

Wenn auch die Silhouette und insbesondere der Segelriß beider Dreimastschonertypen nahezu identisch waren, so unterschieden sich die 290-Tonner von den 645-Tonnern in ihrer Einrichtung naturgemäß ganz erheblich voneinander.

Erstere besaßen eine gegenüber dem Hauptdeck nur leicht erhöhte Back, unter der sich das Logis für die Mannschaft befand. Bedingt durch die Höhe der Verschanzung war hier ein Geländer nicht vorgesehen. Eine Schiebekappe erlaubte den Zugang zum Logis, in welchem Platz für sechs Seeleute war. Licht und Luft erhielt dieser Raum außer über die Kappe durch je zwei in die Bordwand eingelassene Bullaugen.

Vier Kojen, je zwei übereinander, befanden sich an der Backbordseite des Logis, zwei weitere an der hinteren Querwand an Steuerbord. Sechs kleine Spinde, eine Klappbank und ein Tisch vervollständigten das Mobiliar, das damals sicher noch durch die privaten Seekisten der Matrosen ergänzt wurde.

Linienzeichnung der Kruppschen Schoner.
(aus H. A. Underhill »Deep Water Sail« Pl. No. 7)

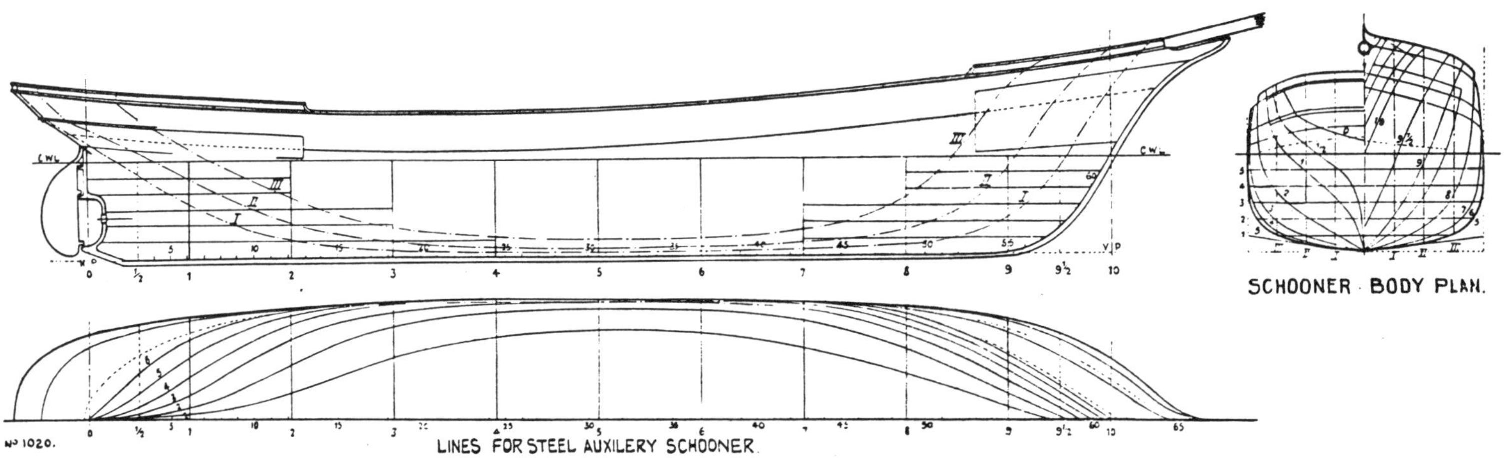

STEEL AUXILIARY SCHOONER—LINES DRAWING

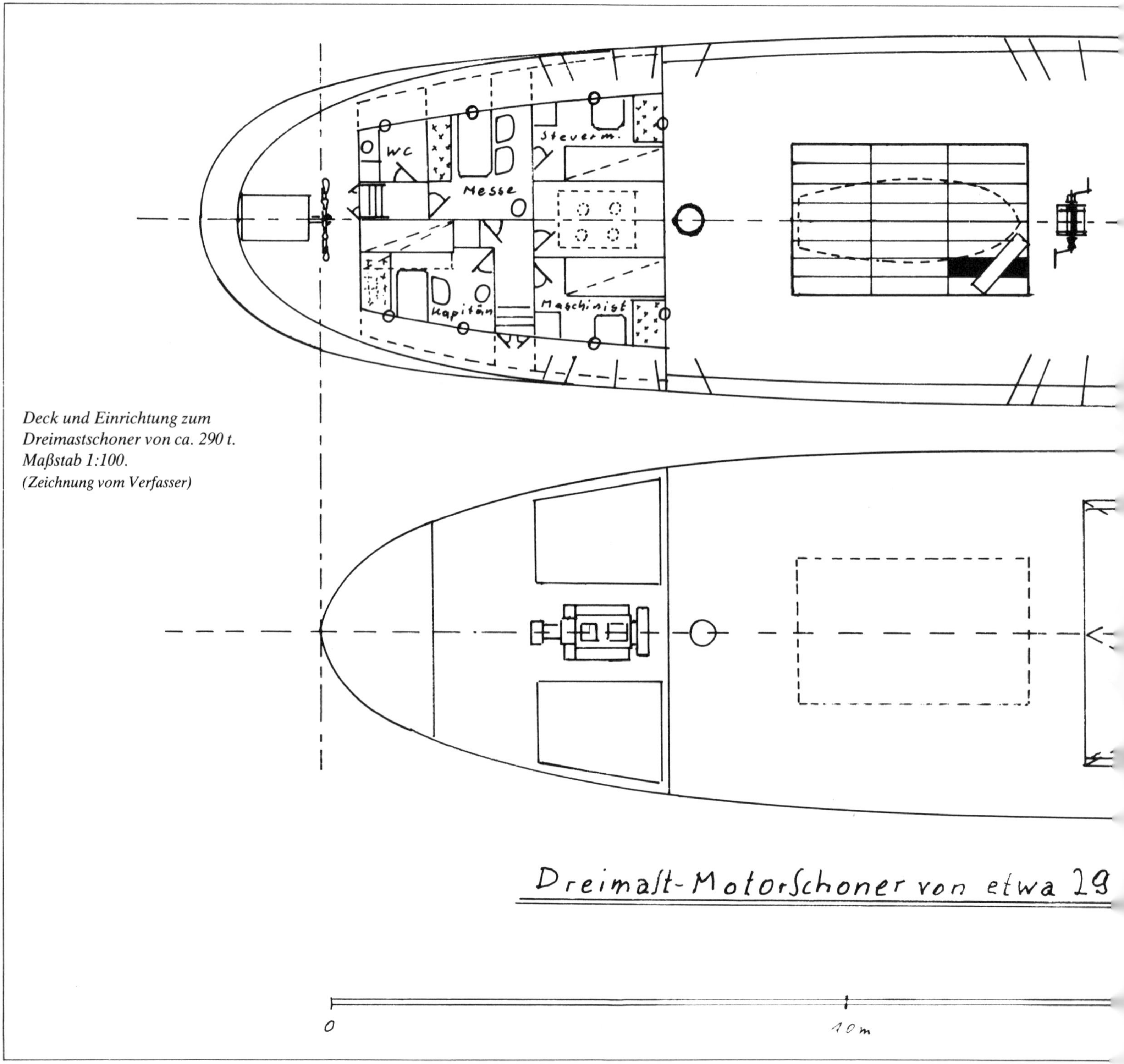

Deck und Einrichtung zum Dreimastschoner von ca. 290 t. Maßstab 1:100. (Zeichnung vom Verfasser)

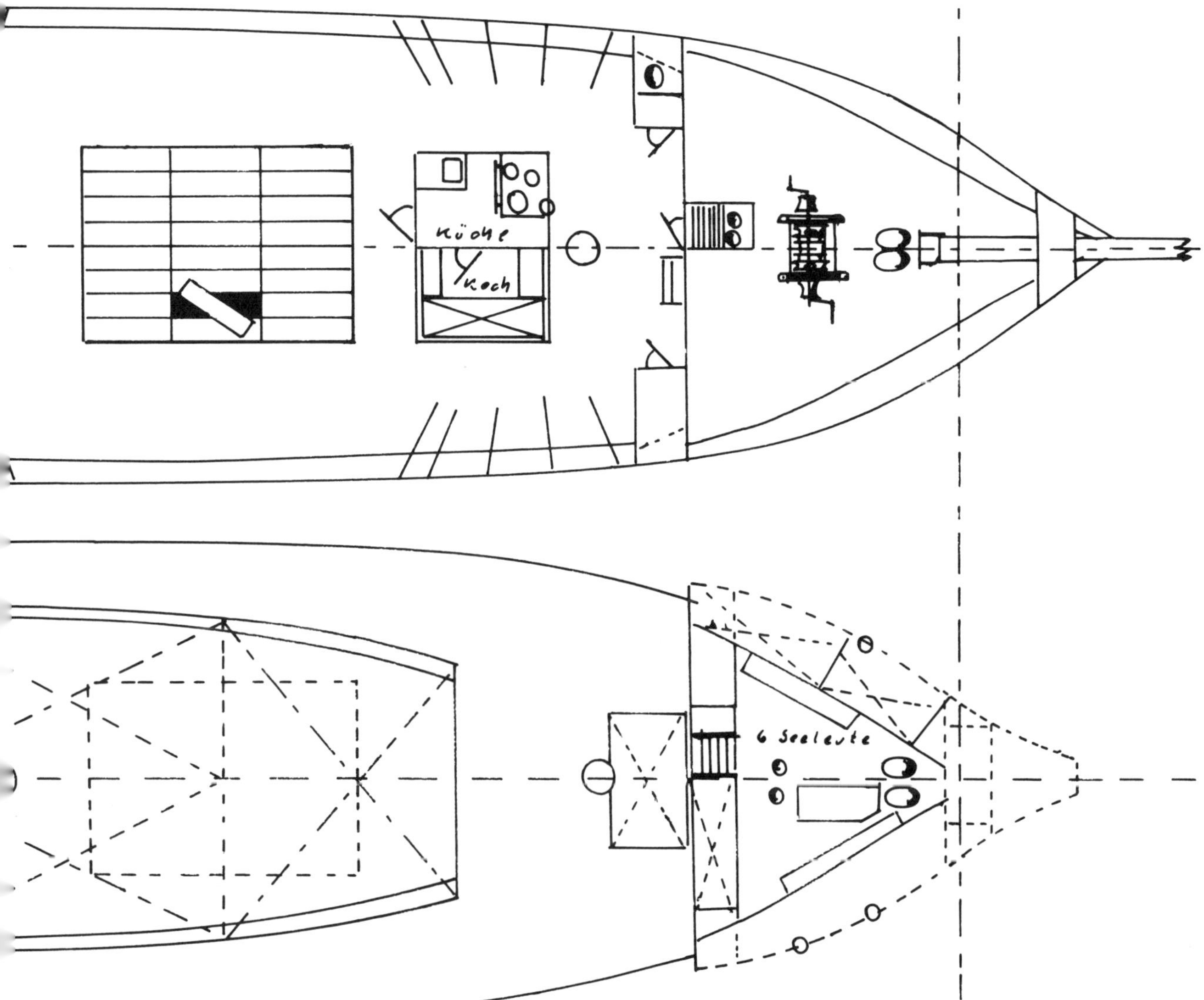

agfähigkeit (S. 381/84)

H. KARTING · ITZEHOE · Febr. 86

nach: KRUPPSCHE MONATSHEFTE · MAI 21

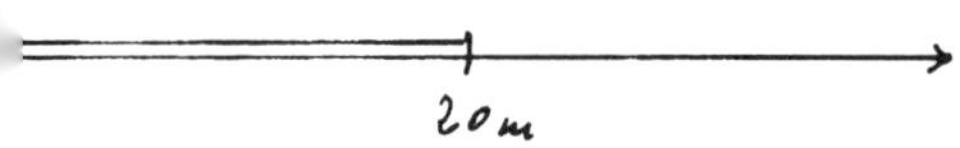

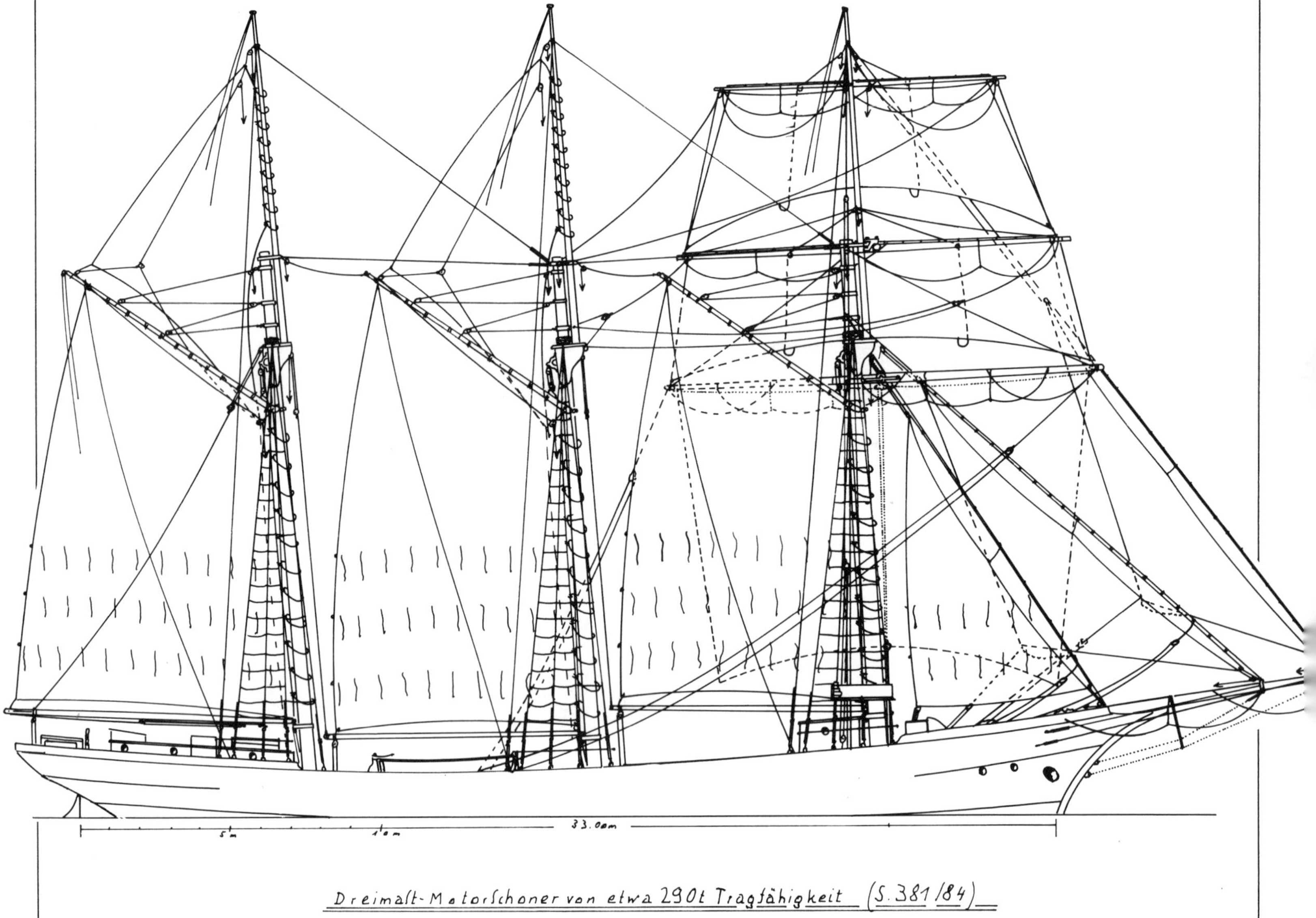

Segelzeichnung zum Dreimastschoner von ca. 290 t. Maßstab 1:200 (Zeichnung vom Verfasser)

Auf der Back selbst war ein Ankerspill mit Handkurbelantrieb für die beiden Patentanker eingerichtet, ferner befanden sich hier noch die Festmacherpoller sowie über dem Fuß des Klüverbaums die Nagelbank für die Vorsegel.
Ein kleines Deckshäuschen mit halbrundem Dach stand an jeder Schiffsseite auf dem Hauptdeck unmittelbar hinter dem Backdeck. Hier waren an Backbord die Toilette und an Steuerbord ein Lampenspind eingerichtet.
Hinter dem dann folgenden Fockmast befand sich ein stählernes Kochhaus, in dem außer der Kombüse auch noch die winzige Kammer des Kochs Platz finden mußte. Das übrige Hauptdeck wurde von den beiden relativ großzügig bemessenen Ladeluken eingenommen, zwischen denen sich der Großmast und eine Ladewinde befanden. Diese Winde vom Typ »Knochenmühle« mit Handkurbelbetrieb war an Bord die einzige ihrer Art. Auf einem Schiff solcher Größe dürfte ihr Einsatz wohl kaum für zufriedenstellende Umschlagleistungen gesorgt haben. Sie wurde dann auch schnell durch Motorwinden, und zwar für jede Luke eine, ersetzt.
Am Ende des Hauptdecks schließlich erhob sich der Besanmast. Für das Rettungsboot war ein Platz auf der hinteren Luke vorgesehen, von wo es leicht mit Baum und Ladewinde ausgesetzt werden konnte.
Auf dem erhöhten Quarterdeck war die Hütte mit ihren Unterkünften für die Schiffsleitung eingelassen. Querschiffs an der Vorkante lagen hier die Kammer für den Steuermann, der Motorenschacht sowie die Maschinistenkammer. Vom letzteren getrennt durch einen Gang mit Ausgang zum Deck folgte an Steuerbord die Kapitänskajüte. Besagter Gang führte nach Backbord in die Messe, von der ein zweiter kurzer Gang nach hinten auf das Achterdeck ging. Von hier kam man auch in den Toilettenraum, der den restlichen Platz der Hütte an der Backbordseite ausfüllte. Ein ungeschützter Steuerstand bildete den hinteren Abschluß des Achterdecks.
Die innere Einrichtung ähnelte stark den größeren Schonern. Unter dem Logis waren vor dem Kollisionsschott der Vorpiektank, der Kettenkasten sowie das Kabelgatt untergebracht. Hinter dem Schott im Laderaum standen Trinkwassertanks mit insgesamt ca. 7 m³ Fassungsvermögen. Ein Ballastwassertank erstreckte sich über die vordere Hälfte des Laderaumbodens. Im Laderaum gaben vier massive Stützen im Bereich der Luken dem Hauptdeck Festigkeit. Der Platz hinter dem Maschinenschott wurde vom Motor eingenommen, zu dessen Seiten die Öltanks angebracht waren, während in der hintersten Piek des Schiffes ein weiterer Ballasttank, die Achterpiek, ihren Platz hatte. Die Wasserballastmenge, die in den drei aufgeführten Tanks mitgenommen werden konnten, betrug ca. 40 t, während der Brennstoffvorrat mit 8 t angegeben wird. Als Maschinen kamen 80 PS leistende Zweitakt-Glühkopfmotoren zum Einbau, deren zwei Zylinder den Schiffen eine Fahrt von ca. 6 Knoten verleihen sollten. Hersteller war die Turbinenfabrik der Allgemeinen Elektricitäts-Gesellschaft (AEG), in deren Berliner Werk die Aggregate 1921 gefertigt wurden.
Die Besegelung war die gleiche wie bei den großen Schonern; die gesamte Segelfläche betrug 490 m², was gegenüber den 883 m² der größeren Schwestern eine erheblich leichtere Handhabung versprach.

Die Abmessungen dieser Schoner gibt die Werft wie folgt an:

Länge zwischen den Loten:	33,00 m
Breite auf Spanten:	7,48 m
Seitenhöhe:	3,35 m
Tiefgang:	3,15 m

Die amtlichen Ergebnisse der Schiffsvermessung hingegen ergaben die Werte: 34,20×7,52×2,59/3,35 m, woraus sich ein Raumgehalt von 196 BRT und 136 NRT errechnete. Die Tragfähigkeit lag bei 290 t.
Die Besatzung bestand anfangs aus Kapitän, Steuermann, Maschinist, Koch und sechs Seeleuten, also insgesamt zehn Mann, die später nach Wegfall des Maschinisten, des Kochs und zweier Seeleute auf sechs reduziert wurden.
Auch diese Schiffe waren unter Aufsicht und nach den Vorschriften des Germanischen Lloyds erbaut worden und hatten dessen Klasse »+100 A4« erhalten.
Nachdem zwei dieser Schiffe bereits nach erschreckend kurzer Zeit als Totalverluste zu beklagen waren, haben sich die anderen beiden als ungewöhnlich langlebig erwiesen. Ihren Schicksalen soll in den folgenden Abschnitten nachgegangen werden.

Schnittzeichnung zum Dreimastschoner von 290 t. Maßstab 1:200. (Zeichnung vom Verfasser)

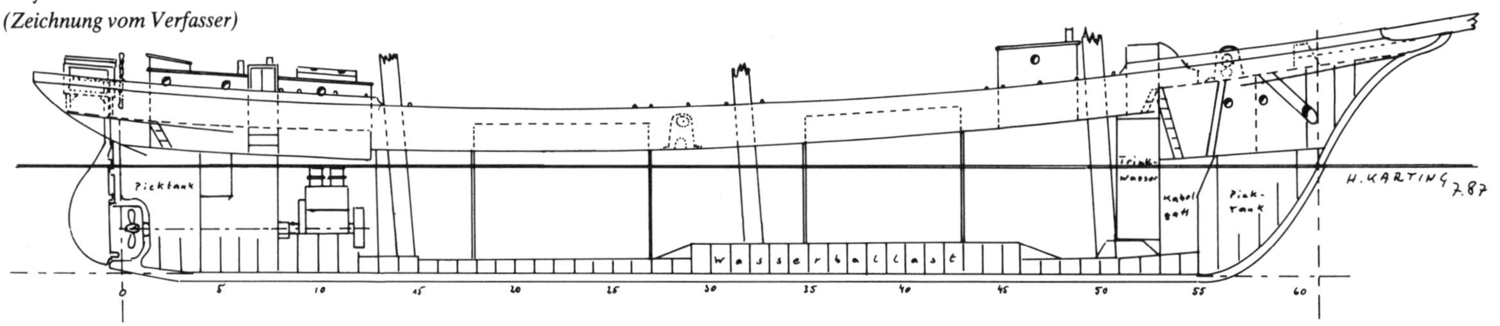

Baunummer 381: Dreimastschoner »Urd«

Als erstes Schiff der kleinen Dreimastschonerserie lief im Januar 1921 die Baunnummer 381 vom Stapel. Nach längerer Liegezeit wurde der Neubau für die werfteigene Reederei *Fried. Krupp AG Germaniawerft, Kiel* unter dem Namen »URD« in Fahrt gebracht. Die Eintragung ins Kieler Register erfolgte am 5. September 1921. Das Unterscheidungssignal lautete LCPT.

Unter Führung von Kapitän *Ernst Hintz* aus Heide wurde »URD« in der nordeuropäischen Trampfahrt eingesetzt, doch sollte ihm eine der kürzesten Karrieren aller Krupp-Schiffe bevorsehen. Anläßlich des Untergangs der »PAMIR« im Jahre 1957 erinnerte sich ein Kieler Makler in den »Kieler Nachrichten« an die letzte Reise unseres Schoners:

»Heute vor genau 36 Jahren fertigte ich das der Krupp-Reederei gehörende Motor-Segelschiff ›Urd‹ von Kiel aus mit einer Ladung Mauersteine ›schottischen Formats‹ nach Dundee in Schottland ab . . . Weil der Kaufpreis, der bei Abgang des Schiffes zu meiner Verfügung hätte stehen sollen, noch nicht eingetroffen war, verpflichtete sich der Kapitän, diesen in Dundee für mich in Empfang zu nehmen und an mich zu überweisen. Der Kapitän ist mit der Ladung in Dundee gut angekommen, hat diese abgeliefert und den Kaufpreis für mich in Empfang genommen, aber scheinbar vergessen, den Betrag – es handelte sich um rund 2000 englische Pfund – an mich zu überweisen. Er bekam einen neuen Frachtvertrag vom Firth of Forth mit einer Ladung Kohle nach Norwegen. Auf dieser Reise ist dann die ›Urd‹ mit der gesamten Besatzung und meinem Gelde untergegangen . . .«

Der Schoner hatte den Hafen von Dysart mit einer Ladung von 277 t Kohlen am 20. Oktober 1921 mit Bestimmung Christiania, dem heutigen Oslo, verlassen. Seit diesem Datum war nie wieder ein Zeichen des Schiffes aufgetaucht, so daß es vom Flensburger Seeamt am 30. Mai 1922 für verschollen erklärt wurde.

Über Art und Ursache des Verschwindens dieses nagelneuen Schiffes hatte sich nichts ermitteln lassen. Aus einem Brief des Maschinisten ging nur hervor, daß der Motor infolge eines Systemfehlers schwer in Ordnung zu bringen sei, doch wolle er schon aufpassen, daß die Maschine repariert würde. Ferner bekundete der Ingenieur Martin, daß sich die bei anderen Kruppschen Seglern gezeigte angebliche ungenügende Stabilität bei diesem Schoner nicht aufgetreten sei. Das Seeamt kam zu dem Schluß, daß demnach diese beiden Umstände kaum ursächlich für den Unfall gewesen sein können. Da auch andere Mängel des Schiffes, seiner Bemannung oder der Beladung nicht auszumachen waren, wurde die Verhandlung ohne Schuldspruch geschlossen. Außer Kapitän *Ernst Hintz* hatten folgende acht Seeleute bei dem Unglück ihr Leben lassen müssen:

1. Steuermann *Otto Böttger* (geb. 1890 in Hamburg),
2. Maschinist *Willi Friedrich Hermann Delfs* (1895, Kiel),
3. Maschinenassistent *Hans Karl Ludwig Möller* (1892, Kiel),
4. Matrose *Herbert Leifheit* (1899, Kiel),
5. Matrose *Gustav Cares* (1897 Stettin),
6. Leichtmatrose und Koch *August Willy Jensen* (1902 Kiel),
7. Leichtmatrose *Wilhelm Wallmann* (1904 Kiel) und
8. Schiffsjunge *Gustav Heinrich Peters* (1900 Kiel).

An der Küste war man ziemlich fassungslos ob dieses neuen Dramas eines der Kruppsegler, zumal zu dieser Zeit auch das ebenso neue Schwesterschiff »OTTILDE« als verschollen galt.

(SSR Kiel Nr. 995, Seeamt Flensburg, Spruch vom 30. Mai 1922)

Baunummer 382: Dreimastschoner »Ottilde«

Der zweite der kleinen Dreimastschoner mit der Baunummer 382 kam ebenfalls im Januar 1921 zu Wasser und lag dann monatelang beschäftigungslos an der Werftpier. Erst im Oktober gleichen Jahres fand sich ein Käufer. Für 1,5 Millionen Mark übernahm der Lübecker Reeder *Wilhelm B. Wolff* den Dreimaster und ließ ihn als »OTTILDE« mit dem Unterscheidungssignal PBVK beim Lübecker Amtsgericht registrieren. Die Eintragung erfolgte am 15. Oktober 1921. Die dänischen Bürger *P. J. Krahtz* aus Aalborg, *L. Jensen* und *Fr. Langermann,* beide aus Aarhus, hatten je eine Sicherheitshypothek von 24000 dänischen Kronen gestellt, die mit 7% zu verzinsen war.

Unter der Führung von Kapitän *Niemann* aus Westrhauderfehn fuhr die »OTTILDE« unter der Wolffschen Flagge in der europäischen Trampfahrt. Und genau wie ihr Schwesterschiff wurde sie schon nach wenigen Wochen vom Schicksal ereilt.

Schon Anfang Dezember 1921 war sie in höchste Bedrängnis geraten. Leer von Kolding kommend, hatte man am 7. Dezember Korsör angesteuert, um dort Gerste für England zu laden. In schwerem Wetter mußte man vor der Hafeneinfahrt ankern, doch geriet man hierbei ins Treiben und wurde vom Sturm auf den Strand gesetzt. Bergern der Firma *Svitzer* gelang es jedoch nach Ballastpumpen, die »OTTILDE« freizubekommen und durch den Schlepper »YMER« nach Korsör einzubringen. Nachdem hier keine Schäden am Schiff festgestellt wurden, fand die Beladung statt. Am 15. Dezember mußte wegen einer Maschinenreparatur die Germaniawerft angelaufen werden, doch konnte die Reise nach Goole am 19. Dezember fortgesetzt werden. Weihnachten verbrachte man in Cuxhaven, von wo man dann endgültig am 26. Dezember nach England auslief. Am 5. Januar 1922 zeichnete sich bereits das Unheil ab, als am Strand von Cuxhaven ein Rettungsboot der »OTTILDE« antrieb. Aber noch war man guter Hoffnung und meinte, daß der Schoner irgendwo vor schlechtem Wetter Schutz gesucht haben mochte. Nachdem aber Monate vergangen waren, mußte auch der letzte Zweifel am Untergang begraben werden. Am 28. Juni 1922 wurde die »OTTILDE« vom Lübecker Seeamt für verschollen erklärt.

Mit ihr hatten der Kapitän, Steuermann, Maschinist, drei Matrosen und ein Leichtmatrose ihr Leben verloren.

Über den kleinen Dreimastern der Werft schien kein guter Stern zu stehen.

(SSR Lübeck Nr. 503, mitgeteilt von Herrn H. K. Sauer/Lübeck)

Die »PALANGA« 1921 auf der Kieler Bucht. Wie das auf Luke 1 zusätzlich verstaute Rettungsboot vermuten läßt, befindet sich das Schiff auf einer Probe- bzw. Gästefahrt. Das Foto entstand vor dem 18. Juni 1921, denn die Teilnehmer jener schon mehrfach erwähnten »Demonstrationsfahrt« erhielten je ein Exemplar dieser Aufnahme als Anschauungsmaterial.
(Sammlung Dr. Jürgen Meyer, Bremen)

Baunummer 383: Dreimastschoner »Edda« / »Palanga« / »Antiope« / »Therese« / »Antiope« / »Gerard«

Wie schon ihre beiden Vorgänger kam auch die Baunummer 383 während des Januar 1921 zu Wasser. Am 5. September 1921 ließ die *Fried. Krupp A. G. Germaniawerft, Kiel* als Eigner den Neubau auf ihren Namen in Kiel registrieren. Der Schoner hatte den Namen »EDDA« und das Unterscheidungssignal LCPS mit auf den Weg bekommen.
Am 10. September 1921 notierte die »Kieler Zeitung«: *»Der Zweimastmotorsegler ›Tröndelsee‹ und der Dreimastmotorschoner ›Edda‹ ordneten*

Die »ANTIOPE« ex »EDDA« 1923 mit einer Props-Deckslast in Kiel. Das Schiff führt noch volle Besegelung einschließlich der »Gardinenfock«, die für die Kruppschiffe so charakteristisch war.
(Sammlung Dr. Jürgen Meyer, Bremen)

vormittags ihre Kompasse und sollen dann nach Lübeck gehen, um dort zum ersten Mal in Ladung gelegt zu werden. Sie sollen Salz für Nordschweden laden.« (Anm.: »TRÖNDELSEE« ist der Neubau Nr. 389). Drei Monate später war es der Werft gelungen, einen Käufer für das Schiff zu finden.

Am 1. Dezember 1921 übernahm Kapitän *Kurt Hoffmann* aus Wustrow die »EDDA«, der sie am 28. Dezember mit neuem Namen »ANTIOPE« weiterhin in Kiel beheimatete.

Obwohl im handschriftlichen Registerband des Amtsgerichts in Kiel keine weitere Namenseintragung erfolgte, taucht in sämtlichen gedruckten Registern zwischen »EDDA« und »ANTIOPE« als dritter Name »PALANGA« auf. Ja, es gibt sogar ein Probefahrtsfoto mit dem solchermaßen gekennzeichneten Schiff; somit kann es an seiner Existenz kaum einen Zweifel geben. Da es sich bei »PALANGA« um einen Ortsnamen aus Litauen handelt, liegt die Vermutung nahe, daß die Reederei, die bereits die beiden Neubauten Nrn. 391 und 392 »KASTYTIS« und »JURATE« gekauft hatte, auch diesen Dreimaster übernehmen wollte. Aus unbekannten Gründen mag es dann aber nicht zur Übergabe gekommen sein.

Somit zurück zur »ANTIOPE«: Kapitän *Hoffmann* fuhr sein Schiff nicht selbst, sondern hatte als Setzschiffer Kapitän *Bücking* ernannt. Anderthalb Jahre lang segelte man mit wechselndem Erfolg in der Nord- und Ostsee, bis der nächste Eignerwechsel erfolgte.

Am 26. April 1923 übernahm der Kieler Kaufmann *Dr. Hans Boehr* den Schoner, gab ihn aber schon am 24. November 1923 weiter an den ebenfalls in Kiel ansässigen Kaufmann *Theo Osterkamp*. Auch die Lübecker Reederei *Wilhelm Wolff* soll 1923 Anteilseigner gewesen sein, doch erfolgte darüber keine Eintragung im Schiffsregister. Vermutlich fungierte *Wolff* als Korrespondentreeder.

Am 2. Juli 1924 wurde die »ANTIOPE« mit Vermerk *»verkauft nach Rotterdam«* im Kieler Register gelöscht. Eigner war lt. GL 1925 die Reederei *D. C. Muhring* in Rotterdam.

Lloyds Register hingegen gibt für 1924 als Eigner die *»Franco Australian Trading Company Pte. Ltd.«* in Melbourne an, wo der Schoner unter dem Namen »THERESE« beheimatet war. 1925 verlegte die Reederei den Heimathafen nach Port Adelaide und nannte das Schiff erneut »ANTIOPE«. Ein Jahr später wurde daraus »GERARD«, welchen Namen das Schiff zeit seines restlichen langen Lebens behalten sollte.

1932 übernahm die Firma *G. Fricker & Co. Ltd.* den Motorsegler, 1933 wurde daraus *R. Fricker & Co. Ltd.* und 1936 die *»Gerard Shipping Ltd.«*, deren Manager weiterhin *R. Fricker & Co.* blieben.

Während des Krieges, ab April 1941, beschäftigte die australische Marine den Dreimaster. Erst im Juli 1947 wurde er seiner alten Reederei zurückgegeben, die ihn dann weiterhin in der Küstenfahrt einsetzte.

Die ursprüngliche AEG-Maschine von 1921, die lt. GL 1928 »nicht in Betrieb« war, wurde 1935 ausgewechselt gegen einen Diesel der Firma Petters Ltd. von unbekannter Leistung. 1954 ersetzte man diesen durch eine 1944 gebauten vierzylindrigen Zweitakter von 240 PS der Firma Crossley Brothers Ltd., Michigan. Der bisherige Heimathafen änderte sich 1956 durch Streichung des »Port« in Adelaide.

Auch nach dem Verkauf nach Australien, wo der Schoner in »GERARD« umbenannt wurde, segelte er noch jahrelang mit unverändertem Rigg.
(Graeme Andrews Collection, Sammlung Joachim Kaiser, Glückstadt)

»GERARD« um 1946/47. Die hölzernen Masten scheinen noch die ursprünglichen zu sein. Der Besan jedoch wurde nach hinten versetzt und verkürzt. An dessen alte Stelle errichtete man einen Decksaufbau mit aufgesetztem Ruderhaus. Der Großmast trägt zwei lange Ladebäume.
(Graeme Andrews Collection, Sammlung Joachim Kaiser, Glückstadt)

1962 erwarb die *»Runic Pty. Ltd.«* aus Sidney den Veteranen, um ihn als Versorgungsfahrzeug bei der Bergung des Dampfers »RUNIC« einzusetzen. Dieser Shaw-Savill-Liner lag seit Februar 1961 auf dem Middleton-Riff und sollte nun an Ort und Stelle abgebrochen werden.
Nach Beendigung dieser Arbeiten wurde »GERARD« 1965 an *Julius Chan & Co.* in Rabaul auf Papua Neu Guinea weiterverkauft, wo er nun als Stückgutfahrer zwischen Rabaul und den Haupthäfen des Inselreiches Verwendung fand. 1970 ging die Reederei in der Firma *»Costal Shipping Company Pty. Ltd.«* auf, die gleichfalls ihren Sitz in Rabaul hatte. Direktor dieser auch als Schiffahrtsagentur arbeitenden Reederei war *Michael Chan,* ein Bruder des vorerwähnten *Julius Chan.*

REGISTERED OFFICE:
Sulphur Creek Road
Rabaul
CABLE ADDRESS "COASTCO"

COSTAL SHIPPING COMPANY PTY. LTD.

Shipowners & Agents
New Guinea Islands Service
Phone: 92 1733, 92 1483

P.O. Box 423 Rabaul PNG.

Ref: S - 3 - 1

1972 verkaufte Chan sein MS »GERARD« an die *»Melanesian Shipping Pty. Ltd.«,* die es ihrerseits bald weiterverkauften an die *»Mainport Cargoes Pty. Ltd.«* in Port Moresby, Papua Neu Guinea. Diese betrieben noch bis ca. 1976 mit dem Fahrzeug Küstenschiffahrt, bevor sie es in Open Bay an der Nordküste von New Britain endgültig auflegten. Hier wurde der Rumpf noch eine Weile als Wohnschiff für Holzfäller der *»Open Bay Timber Pty. Ltd.«* benutzt.

MAINPORT CARGOES
PAPUA NEW GUINEA SHIPPING CORPORATION PTY. LTD.
P.O. BOX 543, PORT MORESBY
TELEPHONE 21 4698 • TELEX NE22269 • CABLES SHIPCO PORT MORESBY

Lange wird es auch diesem Zweck nicht mehr gedient haben, denn einem Schreiben der »Mainport Cargoes« von 1979 ist zu entnehmen, daß »GERARD« inzwischen zum Totalverlust geworden war.

(SSR Kiel Nr. 994, Lloyds Reg. 1928/38/61-79, Sea Breezes 1962 S. 432, Briefwechsel mit den letzten Eignern in Slg. Joachim Kaiser)

Dreimastschoner »ANTJE«, unter holländischer Flagge am 10. April 1924 in Aarhus einlaufend. Die Besegelung ist drei Jahre nach Indienststellung bereits erheblich verkleinert worden: Die beiden Rahtoppsegel sind verschwunden, auch die Gaffeltoppsegel scheinen nicht mehr gefahren zu werden, und der Besan besteht nur noch aus einem Spitzsegel. Dennoch blieb es ein Schiff von beeindruckender Erscheinung.
(Sammlung T. Johannesson, Viken)

Baunummer 384: Dreimastschoner »Antje«

Nummer vier des kleinen Dreimasterquartetts lief im Februar 1921 vom Stapel. Seine Klassifizierung erfolgte im November 1921.
Am 8. Januar 1922 hieß es in den Kieler Nachrichten: *»Nach Holland wurde einer der neuen Kieler Motor-Dreimastschoner verkauft. Das Schiff führt jetzt den Namen ›ANTJE‹. Es hat seine Probefahrt mit Erfolg bestanden und rüstet für seine erste Reise aus.«* Diese erste Reise konnte – vermutlich wegen Eisschwierigkeiten – erst zwei Monate später angetreten werden. Sie führte mit einer Ladung Salz von Lübeck nach Schweden.
Käufer des neuen Schiffes war Kapitän *Jacob Koopmann* aus Delfzijl, der die »ANTJE« in Groningen beheimatete. *Koopmann,* der sein Schiff selbst fuhr, betrieb Trampschiffahrt im gesamten europäischen Raum, hauptsächlich jedoch in der Skandinavien-England-Fahrt. Ende der zwanziger Jahre jedoch waren Schiffe dieser Art in Holland nicht mehr sehr gefragt. Hier ging man schon relativ früh zum Bau moderner Motorschiffe über und verkaufte seine bisherigen Hilfssegler ins benachbarte Ausland.

So kam die »ANTJE« 1928 unter Beibehaltung ihres Namens an Kapitän *Heinrich Augustin* aus Stettin, der den Schoner auf eigene Rechnung betrieb. Die Zeiten für solches Vorhaben jedoch waren denkbar ungünstig. Anfang der dreißiger Jahre lagen die Häfen voll von beschäftigungslosen Schiffen. Im Juli 1931 hatte Kapitän *Augustin* auch noch das Pech, mit Ruder- und Schraubenschaden nach Cuxhaven eingeschleppt werden zu müssen, was mit erheblichen Zusatzkosten verbunden war. Nachdem »ANTJE« monatelang in Stettin aufgelegen hatte, wurde das Schiff im August 1932 nach Dornbusch verkauft.
Neuer Eigner war Schiffer *Hermann Dietrich Schröder,* der den Heimathafen von Stettin nach Hamburg verlegte. Auch *Schröder,* der sein Schiff ebenfalls selbst fuhr, änderte den Namen nicht. Er betrieb nun im wesentlichen Skandinavienreisen. Ein leichter Unfall ist vom Oktober 1935 überliefert, als »ANTJE«, beladen mit 300 t Getreide von Dänemark nach Antwerpen, auf der Unterelbe vom Dampfer »NORDMARK« gerammt wurde, wobei beide Schiffe Beschädigungen über der Wasserlinie davontrugen. Die Führung des Dampfers hatte die Lichter der »ANTJE« nicht gesehen und dadurch die Kollision verursacht.
Ein weiterer Unfall ereignete sich im Februar 1938, als der Schoner in den schwedischen Schären strandete, jedoch mit so geringfügigen Schäden davonkam, daß keine Seeamtsverhandlung anberaumt wurde.

»ANTJE« um 1933 am Elbstrand von Krautsand trockengefallen für Bodenreinigungsarbeiten. Inzwischen haben die Masten ihre Stengen verloren, und auch die Breitfock wird längst nicht mehr gesetzt.
(Foto: H. G. Schröder, Drochtersen)

Inzwischen hatte »ANTJE« anstelle des alten Glühkopfmotors einen 150 PS leistenden Viertakt-Diesel der Güldner-Motorenwerke aus Aschaffenburg bekommen. Das aufwendige Rigg, das so manches Stabilitätsproblem aufgeworfen hatte, war längst bis auf die Untermasten verkleinert worden. Auch hatte das Achterdeck inzwischen ein bescheidenes kleines Ruderhaus erhalten, das der Schiffer in Kopenhagen günstig aus zweiter Hand hatte erwerben können. 1942 wurden im Hafen von Dornbusch die alten Holzmasten gegen drei stählerne aus Mannesmannrohr ausgewechselt.

Aus dem bisherigen Motorsegler wurde endgültig ein reines Motorschiff, als es 1952 am Reiherstieg in Hamburg um elf Meter auf 45,28 m verlängert wurde, wodurch sich die Vermessung von 196 auf 354 BRT erhöhte und die Tragfähigkeit von 288 auf 500 tdw stieg. Aus den zwei kleinen Luken war eine große durchgehende geworden, die die Ladungsarbeiten ganz erheblich erleichterte, zumal ja auch der bisherige Großmast nicht mehr störend im Wege stand. Zwei Lademasten und der Klüverbaum waren alles, was von einstiger Seglerherrlichkeit übriggeblieben war.

Einbau des neuen »Güldner«-Sechszylinders 1935.

Im September 1942 lag »ANTJE« abgetakelt in Dornbusch . . .,

. . . um einen Satz neuer Stahlmasten zu bekommen.

»ANTJE« noch als Dreimaster, aber ohne Klüverbaum, um 1950 mit Holzdeckslast in Flensburg.
(alle Fotos: H. G. Schröder, Drochtersen)

Um 1960 wurde »ANTJE« nochmals umgebaut: Das Achterschiff erhielt über den ursprünglichen Aufbauten ein zusätzliches Bootsdeck, auf dem ein geräumiges Ruderhaus Platz fand. Während das Vorschiff noch den alten Segler repräsentierte, machte der hintere Teil nun einen durchaus »modernen« Eindruck.
(Foto: C. G. Nyström, Helsingborg)

»ANTJE«, am 22. September 1965 in Kopenhagen einlaufend. Hier ist der neue Aufbau besonders gut zu erkennen. Inzwischen hat das nun grau gemalte Schiff auch noch seinen Klüverbaum verloren.
(Foto: T. Johannesson, Viken)

1957 erfolgte ein weiterer Umbau bei *Dodecke* in Geversdorf an der Oste, bei dem eine neue MAK-Maschine von 300 PS installiert wurde und das Achterschiff einen hohen, jedoch unschönen Aufbau mit modernem Ruderhaus erhielt. An den einstigen Segler erinnerten jetzt nur noch der Klippersteven und das schön geformte Heck.
Schiffer *Hermann Schröder* fuhr sein Schiff inzwischen längst nicht mehr selbst, sondern hatte einen festangestellten Kapitän an Bord. Er selbst war zeitweilig als sein eigener Bestmann gemustert, was wohl des öfteren zu Kompetenzschwierigkeiten zwischen den beiden Herren geführt haben wird.
Ein letzter Unfall ist vom Juni 1966 überliefert, als »ANTJE« mit dem dänischen Motorschiff »LEIF STAERKE« zusammenstieß, wobei beide Schiffe Beschädigungen erlitten und »ANTJE« Kiel als Nothafen anlaufen mußte. Schuld hatte deren Setzschiffer, der seiner Ausweichpflicht nicht nachgekommen war und dem deswegen sein Patent entzogen wurde.
Um diese Zeit war das Schiff an den Sohn *Klaus-Heinrich Schröder* übergegangen, der früher lange selbst auf der »ANTJE« gefahren hatte, jetzt aber den 530 Tonnen tragenden Kümo »TANJA« fuhr, der aus dem Jahre 1956 stammte. 1972 mußte Kapitän *Schröder* die Schiffahrt aufgeben.
Seine »ANTJE« wurde an *Johann van Stipriaan* aus Norden versteigert, der aus dem Schiff wieder einen Segler machen wollte. Bevor es aber dazu kam, machte auch die Werft in Geversdorf alte Rechte am Schiff geltend, das daraufhin in der Oste erst einmal aufgelegt wurde. Hier konnte ich es noch im März 1975 fotografieren, kurz bevor es dem Schneidbrenner der Abwracker zum Opfer fiel. Der vorletzte der Kruppschen Dreimaster war somit unwiederbringlich von der Bildfläche verschwunden.

(Kieler Zeitung v. 8. 1. 1922 und 3. 3. 1922, GL-Register 1923/28/33/52/57, SSR Hamburg Nr. 7562, Seeamt Hamburg/Kartei, Handbuch 1926–1975, Mitteilung von Herrn Hans-Georg Schröder aus Drochtersen)

Ein stolzes Schiff am Ende seiner Laufbahn. Der noch immer beeindruckende Vorsteven der »ANTJE« reckt sich über die Werft von Dodecke in Geversdorf an der Oste. Wenige Wochen nach dieser am 24. März 1975 gemachten Aufnahme wurde das Schiff hier abgewrackt.
(Foto: Verfasser)

Als Jungmann auf dem Küstenmotorschiff »Antje«

Jugenderinnerungen von Herrn Kurt Wulf aus Hamburg.

». . . Am 13. Januar 1955 musterte ich auf M/S »Antje« als Jungmann an. Die »Antje« war von allen meinen Schiffen das einzige, das mir vom Heuerstall vermittelt wurde. Der Seemann nennt die Vermittlungsstelle einfach »Stall«. Diese Bezeichnung war auch für die Lübecker Heuerstelle zutreffend. Er war in finsteren Räumen an der Untertrave am Hafen untergebracht. Ebenso finster waren die meisten Jan Maaten, die hier auf eine Chance warteten. Der Heuerbaas saß in einem vom Aufenthaltsraum durch Eisengitter abgetrennten Zimmer. Dieses Männchen hatte schon manche Saalschlacht in seinen Amtsräumen miterlebt. Die wartenden Seeleute setzten sich zum größten Teil aus der Kategorie von Seeleuten zusammen, die sich nur eine kurze Heuer verschafften, um nach Abmusterung im nächsten Nord- oder Ostseehafen die knappe Heuer wieder in der nächstgelegenen Hafenkneipe zu versaufen.

»Antje« war 1921 auf der Kieler Germaniawerft als Dreimastschoner mit Hilfsmotor in den Dienst gestellt worden. Nach 1948 wurde sie etwas verlängert. Ihren Bug zierte noch ein richtiger Klüverbaum. Das Schiff stand im Eigentum des Schiffers Hermann Schröder aus Dornbusch, Kreis Stade.

Als ich mich an Bord vorstellte, war der Alleinsteuermann Emil Blohm gerade beim Peilen der Kraftstofftanks. Auf meine neugierigen Fragen über Schiff und seine Besatzung sowie Fahrtgebiet lächelte er nur mitleidig. Nachmittags kam ich mit meinem Seesack an Bord. Das Schiff war mit Koks bereits so abgeladen, daß es kaum noch über die Kai lugte. Um in das vorne liegende Logis zu gelangen, mußte ich mit meinem Gepäck über die großen Kokshalden klettern. Mir blieb kaum Zeit zum Umkleiden, als wir auch schon von der Kai ablegten. Unsere Ladung war für den dänischen Hafen Aarhus bestimmt. Mit einem Lotsen ging es im Dunkeln die Trave runter. In Travemünde überließ uns der Lotse allein unserem Schicksal. Ich mußte mich erst einmal an das Schiff gewöhnen. Als ich während der Revierfahrt auf der Trave an das Ruder gerufen wurde, gab es zuerst einen Kampf zwischen Schiff und Rudersmann! Diese Steueranlage war mir bislang fremd gewesen, und so drehte ich wie ein Wilder an dem großen Ruderrad, um das kopflastige und sich schwer steuernde Schiff auf dem Kurs halten zu können.

Das Ruderhaus war erbärmlich klein. Es konnten höchstens drei Personen einen vernünftigen Platz haben. Das Mannschaftslogis befand sich im Vorschiff. Durch einen steilen Niedergang gelangte man in den lichtlosen Raum, durch dessen Mitte zwei schrägverlaufende Ankerklüsen hindurchgingen. Ebenfalls in der Mitte des Raumes stand eine gewöhnliche, nicht funktionierende Handpumpe. Wenn wir Frischwasser benötigten, mußten wir ein paar Fußbodenbretter aufnehmen, einen schweren eisernen Mannlochdeckel lüften und mit der Pütz aus der Vorpiek das Wasser aufschlagen. Entweder war das Wasser nicht ganz rein oder der Frischwassertank mußte dringend gereinigt werden, denn in unseren Trinkgefäßen setzte sich immer eine Dreckschicht auf dem Grund ab. Der Moses, der an Bord zugleich auch Koch war, mußte mit dem Wasserkübel bei jedem Wetter über die Decksladung klettern, um in seine achtern gelegene Kombüse zu gelangen. Im Logis standen zwei Doppelkojen, ein Tisch und eine Kohlenbank sowie lächerlich kleine Einbauspinde für unsere Privatklamotten. Da das Holzdeck auf der Back wasserdurchlässig war, wurde unser Zeug durch Regenwasser und überkommendes Seewasser mit Rostflecken übersät.

Die Außenwände waren nicht mit Holz verkleidet. Einst hatte man die Stahlplatten mit einer Korkschicht von innen isoliert, aber diese war im Laufe der vielen Jahre zum größten Teil wieder abgeblättert. Man lag also in seiner Koje unmittelbar neben der kalten Außenwand, und manches Mal sind wir mit unserem Bettzeug daran festgefroren. Wenn wir morgens aufwachten, hingen Eiszapfen an den Verstrebungen. Meistens ging unser kleiner Eisenofen in der Nacht aus, denn wie mit allen Dingen an Bord, mußte auch mit der Kohle gespart werden. Die Wärme des Ofens und die winterlichen Temperaturen von außen erzeugten eine Schwitzschicht an der Bordwand, die zu Eis gefror, wenn die Logistemperatur herabsank auf den Nullpunkt. Wenn wir zur Koje gingen, zogen wir uns ebensoviel Zeug an wie zu der Arbeit an Deck!

Das Logis wurde von zwei Jungmännern und dem Schiffsjungen bewohnt. Die vierte und leerstehende Koje wurde als Kabelgatt benutzt. In ihr wurden Reservelampen, Tauwerk, Segeltuch und anderes abgelegt. Wir beiden Jungleute teilten uns die Ruderwachen alle vier Stunden, d. h., ich stand vier Stunden ununterbrochen am Ruder, danach wurde ich von dem anderen Jungmann für vier Stunden abgelöst und tagsüber an Deck beschäftigt. Außerhalb der Tageszeit kroch man in die Koje für die paar Stunden.

Während meiner Dienstzeit auf der »Antje« lernte ich zwei Schiffsjungen kennen. Auf fast allen Kümos sind die Jungs gleichzeitig Koch. Nun gibt es hin und wieder auch unter ihnen Talente, doch ich habe unter diesen keine Amateurköche kennengelernt, die ich weiterempfehlen könnte! Beide waren in dieser Hinsicht noch fürchterliche Anfänger, und die Schwierigkeiten begannen schon beim Kaffeekochen. Im Lübecker Hafen wurden öfters gleich mehrere Schweinsköpfe gekauft, und mit diesen wurden alle Speisen an Bord kombiniert. Mittags gab es z. B. Eintopf mit Rosinen! und Schweinskopf, abends Bratkartoffeln in Rinderfett gebraten und als Zugabe Schweinskopf in Sülze. Das Rinderfett wurde man gar nicht aus dem Munde los, denn meistens waren die Speisen kalt, wenn sie nach vorn ins Logis kamen.

In der kalten Winterperiode hingen die verdammten Schweinsköpfe in Ermangelung eines Kühlschrankes draußen an der hölzernen Rückwand des Ruderhauses am Nagel. Bei jeder Schlingerbewegung des Schiffes bullerten die hartgefrorenen Schweinsköpfe gegen die Holzwand, so daß der Rudersmann sich jedesmal erschrak. Diese Geräusche und die Eintönigkeit im Speiseplan machten mich rasend. Als ich eines Nachts am Ruder abgelöst wurde, nahm ich den letzten noch verbliebenen Schweinskopf und warf ihn mit vielen Flüchen über Bord den Fischen zum Fraß vor.

Eigner Hermann Schröder und Steuermann Emil Blohm auf der Back der »ANTJE«.
(Foto: H. G. Schröder, Drochtersen)

Der größte Teil der siebenköpfigen Besatzung kam von der Unterelbe:
1. *Kapitän Semmelhack aus Schulau/Wedel*
2. *Steuermann Emil Blohm aus Dornbusch Kreis Stade*
3. *Bestmann u. Eigner Hermann Schröder aus Dornbusch*
4. *Matrose u. Maschinist Ernst-August aus Dornbusch (er war der Schwiegersohn vom Eigner, Matrose war er nur auf dem Papier)*
5. *Jungmann Harri aus Dornbusch*
6. *Jungmann Kurt Wulf aus Lübeck*
7. *Schiffsjunge Peter aus Berlin*

Die Dornbuscher Seeleute waren in sich eine eingeschworene Mannschaft, wir als Außenseiter hatten es nicht leicht bei ihnen. Mir wurde von vornherein meine »Dampferfahrzeit« zu meinem persönlichen Nachteil angekreidet. »Dampfermatrosen« werden von Küstenschiffern verächtlich als Lustjachtmatrosen, Farbwäscher und Nichtkönner verurteilt. Diese Vorurteile sind nur schwer auszuräumen. Leider ist das Verhältnis umgekehrt vom Tiefseematrosen zum »Klütenewermatrosen« auch nicht viel besser!
Meine erste Reise ging mit der »Antje« nach Aarhus. Nach der Entladung verholten wir nach Kalundborg, um dort Schwefelabbrände, den Schrecken aller Seefahrer, zu übernehmen. Dieses Zeug war eine sehr unangenehme Ladung, trotz Abdeckung staubte es durch alle Ritzen. Beim Reinigen der Laderäume bluteten uns die Hände, und wir hatten rote Augen wie Kaninchen. Die Schwefelabbrände wurden stets in Lübeck-Herrenwyk am Hochofenwerk gelöscht. Sofort verholte man in die Stadt an die Kohlenpier, und in wenigen Stunden konnte das Schiff wieder mit Koks beladen sein. Um jeden Freiraum auszunutzen, mußten wir oft mit zum Trimmen des Koks in den Laderaum. Der Kranführer warf uns die Kohle auf ein großes Trimmblech und von diesem schaufelten wir sie in die entfernteste Ecke. Hierbei mußte man nur aufpassen, daß man rechtzeitig aus seinem Loch herauskam, bevor der letzte Ausgang dichtgeschmissen wurde!
Für unsere Reisen benötigten wir meistens nicht mehr als eine Woche, d. h. wenn wir nicht zum Warten im Lösch- oder Ladehafen verurteilt waren. Die zweite Reise führte mich nach Helsingör, und in Fredericia holten wir wieder unsere Abbrände für Lübeck ab. Aarhus und Helsingör lösten sich Reise um Reise in konstanter Gleichmäßigkeit ab, nicht immer nahmen wir auf der Rückfahrt Ladung mit.

Leerschiffs trieb das Vorschiff in Ermangelung jeglicher Ballasttanks so auf, daß man im Ruderhaus nicht über den Steven hinwegsehen konnte. In Landnähe standen deshalb der Wachhabende oder der Lotse auf dem Ruderhausdach, wo sie sich am Peilrahmen festhalten mußten! Die Tanks für Betriebsstoff lagen im Achterschiff, und die Vorpiek, in der wir das Frischwasser fuhren, konnte die schlechte Trimmlage des Schiffes in Ballast nicht ausgleichen. Bei Windstärken 5 bis 6 mußten wir schon unter Land vor Anker gehen, denn die »Antje« trieb wie eine Blase auf dem Wasser und machte verheerende Schlingerbewegungen. Auch wurden wir zu dieser Jahreszeit oft gezwungen, wegen Nebel in einer Küstenbucht vor Anker zu gehen.
Unsere Maschine wurde von Deck aus gesteuert. Ihre Armaturen und Hebel befanden sich draußen vor dem Ruderhaus, so daß der Steuermann während der Revier- oder Nebelfahrt ständig draußen ungeschützt stehen mußte. Die Bedienung des Manöverstandes war sehr umständlich, und das heimtückische Ding ließ sich auch nur vom Steuermann bedienen, der insgesamt schon 18 Jahre auf diesem Pudel fuhr. Um von einem Vorausmanöver auf rückwärts zu kommen, brauchte die Maschine eine unheimlich lange Zeit. Diese Verzögerung hatte während meiner Zeit dreimal zur Folge, daß wir bei den Anlegemanövern mit unserem langen Klüverbaum in die Kaischuppen hineindampften!
Das Schiff wurde fast ausschließlich von uns beiden Jungmännern bearbeitet. Wenn einer der anderen mal an Deck mithalf, dann war es der Steuermann, der sich bei uns allgemeiner Beliebtheit erfreute.
Während der Liegezeiten im Lübecker Hafen hatte ich häufig die Gelegenheit gehabt, über Nacht ins Elternhaus fahren zu können. Hier konnte ich dann meine schmutzige Wäsche gegen gereinigte eintauschen. Auch konnte ich mich dabei ordentlich einmal waschen, denn die Körperpflege an Bord dieses Kümos reichte meistens nur für die Hände und ein bißchen um die Nase herum, so daß ich Ränder im Gesicht hatte!

Einmal zog ich mir beim Anlegemanöver eine recht schmerzhafte Verletzung zu. Und zwar mußten wir bei Annäherung an die Kai vom Schiff an Land springen, um die Festmacherleinen entgegennehmen zu können. Es

Der Verfasser dieses Artikels, Kurt Wulf, 1955 als Jungmann auf der Back der »ANTJE«.
(Foto: Kurt Wulf, Hamburg)

waren eigentlich immer gewagte Sprünge von uns, denn der Ruf des Schiffers »Ein Mann an Land« forderte unseren Ehrgeiz zu solchen voreiligen Sprüngen bei oft vereisten Kaianlagen heraus. Bei dieser Gelegenheit jumpte ich auch wieder einmal im hohen Bogen vom Vorschiff und landete unglücklicherweise mit beiden Hacken auf die am Kai verlegten Schienen. Ich zog mir hierbei eine Fersenbeinverstauchung zu, mit der ich krankheitshalber eine Reise aussetzen mußte. Anfangs hatte es den Anschein, daß ich mir etwas gebrochen hatte, doch dies bestätigten nicht die Röntgenaufnahmen nachher. Fortan war ich vorsichtiger mit dem Abspringen!

Als es immer kälter wurde und das Eis auf der Trave immer stärkere Formen annahm, blieben wir mit voller Koksladung im Hafen liegen. Alle Dornbuscher sowie der Kapitän fuhren nach Hause und ließen uns drei Jungs allein an Bord zurück. Wir teilten uns die Nachtwachen ein, die eigentlich nur darin bestanden, daß man bei Eintritt der Dunkelheit die Ankerlampe mit Petroleum trimmte und im Want aufhängte. Ansonsten genügte die Bordanwesenheitspflicht, der Landgang wurde hin und wieder kontrolliert und die Festmacherleinen. Aber was sollte sich da schon viel verändern, denn das Schiff lag mausestill in seiner eisigen Umklammerung. Zu uns gesellten sich noch viele andere Küstenschiffe, die mit uns ungeduldig auf Tauwetter warteten.

Man hatte uns nur wenig Proviant hinterlassen. Nachdem alles verbraucht war und wir uns einige Tage mit den Resten beholfen hatten, bestellten wir auf eigene Faust beim Schiffshändler neuen Proviant, Petroleum und Kohle für den Schiffsgebrauch.

Meine Heuer als Jungmann belief sich auf DM 110,-, hinzu kamen DM 25,- Überstundenpauschale! Bei dem ewigen Hafen rein und raus und der langen Aufliegezeit während des Eises im Lübecker Hafen reichte das Geld natürlich nicht aus.

Das Bordmaterial wie Farben, Tauwerk, Konservierungsmaterial u. a. stand uns nur in begrenzten Mitteln zur Verfügung. Unsere Festmacherdrähte waren bereits schon so strapaziert, daß sie voller Fleischhaken trotzten. Es war ausrangiertes Gut von einem Autokran, der ständig unsere Koksladung in Aarhus löschte. Wenn man keine Festmacherhandschuhe trug, rissen wir uns unangenehme Wunden in die Haut, die sich schnell entzündeten, weil die Seemannspranken ja nicht immer sauber sind!

Während der Eiszeit im Hafen lernte ich auch das Lübecker Hafenmilieu kennen. Unser Schiff lag ja auch direkt vor den vielen Hafenkneipen an der Küste. Hier machte ich eine Zeit durch, die wohl selten einem Jüngling erspart bleibt. Ich war unsolide, trieb mich im dreckigen Arbeitszeug tagsüber schon in den Schenken herum, und der Umgang mit Männlein und Weiblein war dementsprechend. In unserer Geldknappheit kamen wir auf den Bolzen, einige Zentner Koks von unserer Deckslast zu verscheuern. Nachts wurde uns häufig Koks gestohlen, darum kam es uns auch jetzt nicht auf ein paar Zentner an, die wir zu unserem eigenen Vorteil an den Mann bringen konnten. Abnehmer war der Kapellmeister mit seinen Leuten aus dem Lokal „Kakadu", die am hellichten Tage mit einem zweirädrigen Karren – einer sogenannten Schottschekarre – das Sackgut abholten. Angefangen hatte es damit, daß wir eine große Schaufensterscheibe vom „Kakadu" zu bezahlen hatten, weil wir durch diese einen widerlichen Kerl geworfen hatten. Natürlich konnten wir die Unkosten für das Einsetzen einer neuen Scheibe nicht von unseren spärlichen Einnahmen begleichen, und so kam uns der Vorschlag mit dem Koksverkauf sehr gelegen!

Nach der unerlaubten Entnahme ebneten wir die entstandenen Kuhlen im großen Kokshaufen wieder ein, so daß niemand etwas feststellen konnte. Als die Trave wieder eisfrei war, kehrte die Schiffsleitung an Bord zurück. Die Reise nach Dänemark konnte nun mit verminderter Koksladung fortgesetzt werden.

»ANTJE« mit Koksdeckslast Ende der fünfziger Jahre in Gävle/Schweden. Noch ist der einstige Segler unverkennbar. Dank behutsamer Eingriffe hat zumindest der Rumpf seine schöne Form bewahren können. Ein Beispiel dafür, daß Anpassung an neuzeitliche Erfordernisse und Modernisierung nicht gleichbedeutend sein mußte mit Entstellung.
(Foto: Enar Löfstedt, Gävle)

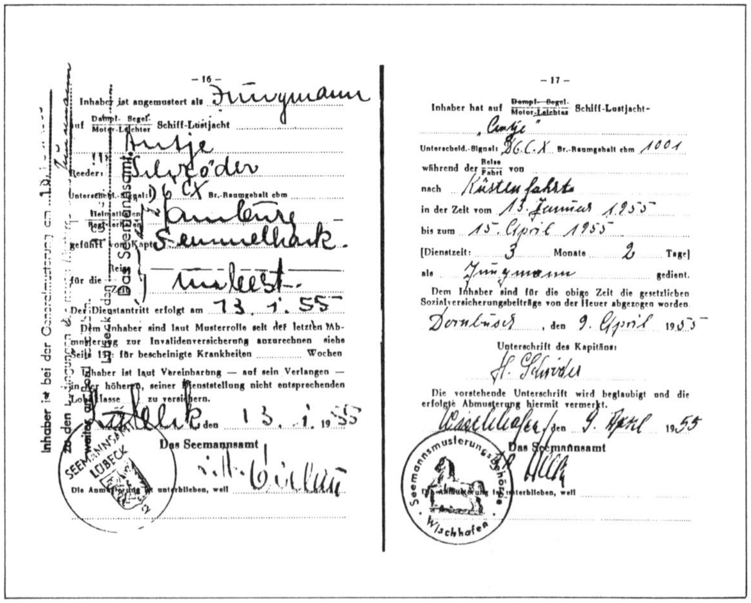

- 16 -

Inhaber ist angemustert als Jungmann
auf Dampf- Segel- Motor- Leichter Schiff-Lustjacht Antje
Reeder: Schröder
Br.-Raumgehalt cbm
Heimathafen Hamburg
geführt von Kapt. Semmelhak.
für die ... Küstenfahrt.
Der Dienstantritt erfolgt am 13. 1. 55
Dem Inhaber sind laut Musterrolle seit der letzten Abmusterung zur Invalidenversicherung anzurechnen siehe Seite ... für bescheinigte Krankheiten ... Wochen
Inhaber ist laut Vereinbarung — auf sein Verlangen — im Falle höherer, seiner Dienststellung nicht entsprechenden Lohnklasse zu versichern.
Lübeck, den 13. 1. 1955
Das Seemannsamt

- 17 -

Inhaber hat auf Dampf- Segel- Motor- Leichter Schiff-Lustjacht- „Antje"
Unterscheid.-Signal: DGCX Br.-Raumgehalt cbm 1001
während der Reise Fahrt von ... nach Küstenfahrt
in der Zeit vom 13. Januar 1955
bis zum 15. April 1955
[Dienstzeit: 3 Monate 2 Tage]
als Jungmann gedient.
Dem Inhaber sind für die obige Zeit die gesetzlichen Sozialversicherungsbeiträge von der Heuer abgezogen worden.
Dornbusch, den 9. April 1955
Unterschrift des Kapitäns:
H. Schröder
Die vorstehende Unterschrift wird beglaubigt und die erfolgte Abmusterung hiermit vermerkt.
Wischhafen, den 9. April 1955
Das Seemannsamt

Aus Kurt Wulfs Seefahrtsbuch der Nachweis seiner Fahrzeit als Jungmann auf der »ANTJE«.
(Original bei Kurt Wulf, Hamburg)

Auf der Fahrt nach Aarhus lief die ganze Zeit ein anderes Küstenmotorschiff in unserem Kielwasser. Nachts konnte ich ständig die Topplichter unseres Mitläufers sehen. In den frühen Morgenstunden standen wir kurz vor der Einfahrt Aarhus. Zu unserer großen Verwunderung drehte unser Verfolger plötzlich auf, lief an uns vorbei und erreichte vor uns den Liegeplatz, den wir sonst eingenommen hätten. Das hatte zur Folge, daß der Überholer vor uns gelöscht wurde und wir ein paar Tage warten mußten. Als uns das Schiff überholte, ergriff der Alte einen Ziegelstein und warf diesen durch die Fensterscheibe des anderen Ruderhauses. Diese Eigenart soll sich schon des öfteren ereignet haben.

Den schwachbesetzten Kümos fehlt es oft an Steuerleuten, und damit der Schiffer auch einmal zur Ruhe kommt, gibt er seinem Rudersmann die Anweisung, dem vorauslaufenden Schiff zu folgen, wenn er weiß, daß dieses den gleichen Hafen anlaufen will wie er.
Auf der Heimreise hatten wir wieder Schwefelabbrände an Bord, die wir am Hochofenwerk in Lübeck löschten. Gleich darauf übernahmen wir dort eine Ladung Pick-Eisen – das ist zu Barren geschmolzenes Alteisen – für Rendsburg.

In Rendsburg kamen wir an einem Wochenende an. Bis zum Montag wurden an Bord keine Löscharbeiten durchgeführt. Ich wäre gerne nach Hause gefahren, denn an dem Sonntag wurde meine Schwester Ellen konfirmiert. Mir wurde das freie Wochenende nicht gewährt. Ich suchte in Rendsburg – Osterrönnfeld – meine Verwandten auf. Onkel und Tante machten sich gerade reisefertig, denn sie waren zu unserer Familienfeier eingeladen. Mit meinem Vetter Karl-Heinz besuchte ich am Abend einen im Dorf stattfindenden Feuerwehrball, auf dem es lustig zuging.
Von Rendsburg ging es dann leerschiffs weiter nach Dornbusch. Die Wischhafener Süderelbe, die uns zum eigentlichen Heimathafen führen sollte, hatte selbst bei Flut nicht genügend Wasser für unser tiefliegendes Schiff. Mit Hilfe des Ankers draggten wir uns mühselig vorwärts auf dem letzten Ende. Im kleinen Hafen von Dornbusch saßen wir bei Ebbe stets auf dem Trockenen. Das hatte den Vorteil, daß in der Zeit der Schiffsrumpf freilag und von uns geteert werden konnte. Vom Dorfschmied wurde hier die Maschine überholt. Diese Arbeit sollte einige Zeit in Anspruch nehmen. Mit den wenigen Farbbeständen wurde das Schiff von uns Jungens gestrichen. Zum Abwaschen der Farbe benutzten wir statt der sonst üblichen Seifenmittel Asche!
Nachdem wir das Schiff so einigermaßen hergerichtet hatten, waren die Farbtöpfe leer, und es tauchte die Frage auf, wie man uns weiter beschäftigen könnte. Ostern stand vor der Tür, und von meinem Schiffsneubau hatte ich noch immer nichts gehört.
Am Karfreitag sollten wir um 12 Uhr zum Mittagessen ins Haus der Familie Schröder kommen. Die Frau kochte auch in der Woche für uns, der Moses hatte dann das Essen an Bord zu holen. Wir waren einige Minuten vor der angegebenen Zeit im Dorf, wagten aber nicht, vor 12 Uhr an der Haustür zu klingeln. Während wir drei Jungens vor der Tür standen, kam ein Postbote und gab einen Brief ab. Ich sagte noch zu meinen Kumpels, daß ich es ungewöhnlich fände, daß hier am Feiertag auch die Post ausgetragen wird. Als wir dann ins Haus gingen, stellte sich heraus, daß der Brief an mich gerichtet war, und zwar war es ein Eilbrief meiner Mutter mit der Aufforderung der Reederei Hugo Stinnes, Zweigniederlassung Hamburg, am 14. April 1955 auf einem ihrer Schiffe auf großer Fahrt als Leichtmatrose einzusteigen. Donnerwetter, war das eine Überraschung!
Am nächsten Tag fuhr ich mit dem Steuermann Blohm per Bus nach dem Seemannsamt in Wischhafen zur Abmusterung. Nach dieser Amtshandlung ließ ich mich mit der Fähre über die Elbe nach Glückstadt setzen, von wo ich mit der Bundesbahn weiter nach Hamburg fuhr . . .«

(Mit freundlicher Genehmigung von Herrn Kurt Wulf, Hamburg)

»ANTJE« an ihrem letzten Liegeplatz im März 1974 in Geversdorf.
(Foto: G. Fiebiger, Bad Segeberg)

Back und Ankerspill der »ANTJE« im März 1975.
(Fotos: Verfasser)

Segelzeichnung zu den Gaffelschonern
Maßstab 1:135
(Zeichnung vom Verfasser)

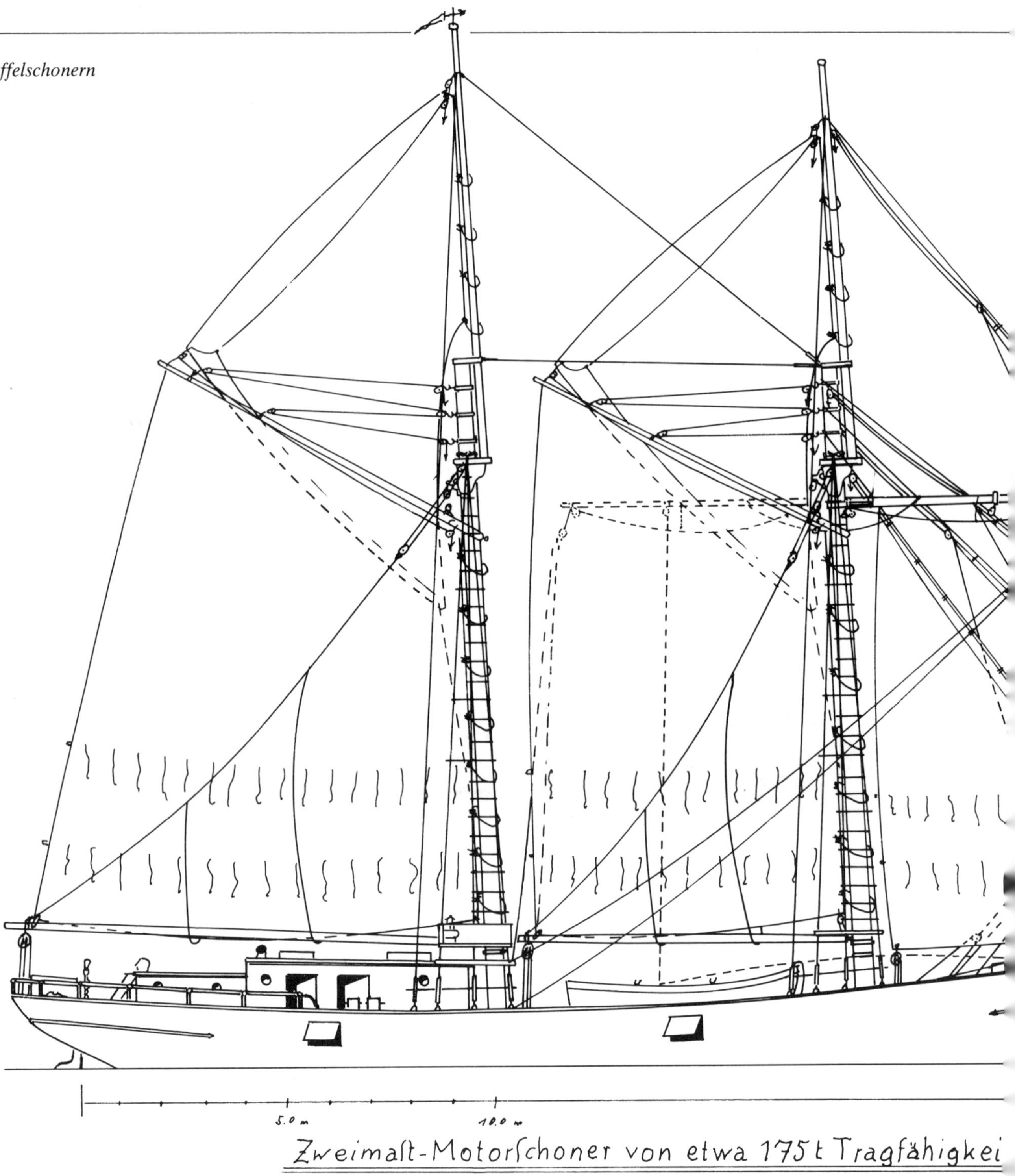

Baunummern 385 bis 388: Vier Gaffelschoner von 175 Tonnen.

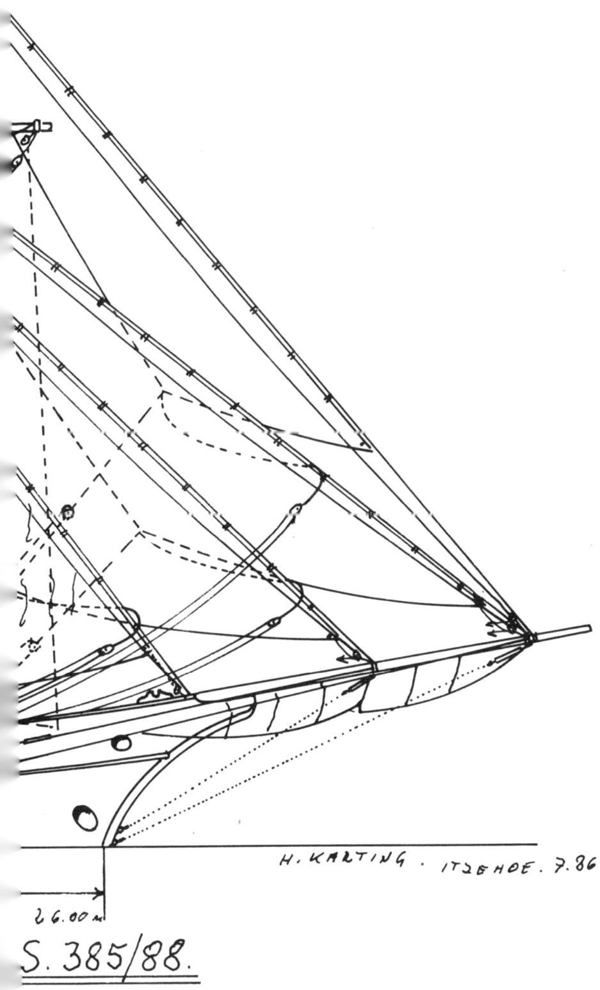

Im Gegensatz zu den Dreimastern sind von den kleinen Schonern leider keine Konstruktionszeichnungen überliefert. Ich habe daher versucht, anhand von Fotos und eines Gemäldes, den Segelplan zu rekonstruieren. Die Rumpfform war die gleiche wie bei den Dreimastschonern. Sie konnte somit unverändert übernommen werden. Die Deckseinrichtung war ähnlich wie bei den sog. Galioten (siehe unter Baunummer 389–396): im Vorschiff die kleine Kistluke, davor ein Niedergang zur Last, beidseitig davon je ein winziges Deckshaus zur Unterbringung von Toilette und Lampen. Ein Patent-Ankerspill mit Handkurbelantrieb vervollständigte die Vordeckseinrichtung. Zwischen Schoner- und Großmast befanden sich lediglich die Großluke mit dem darauf festgezurrten Rettungsboot sowie eine handbetriebene Ladewinsch. Das gesamte Achterschiff wurde von den Wohnaufbauten eingenommen, deren gesamte Länge 7,90 m betrug. Davon befand sich der vordere höher gebaute Teil auf dem Hauptdeck, während die hintere Abteilung, die die Kapitänskajüte barg, niedriger ausgeführt und in das Quarterdeck eingelassen war. Ein offener Ruderstand bildete den Abschluß des 3,30 m langen Achterdecks. Getakelt waren diese Schiffe mit feststehenden Holzmasten von fast gleicher Länge, an denen die üblichen Gaffelsegel gefahren wurden. Die Gaffeltoppsegel fuhren an hohen losen Toppmasten. Als Vorsegel dienten Stagfock, zwei Klüver und Jager sowie, wie bei allen Kruppschiffen, eine lose Breitfock. Insgesamt verfügten diese Fahrzeuge über eine Gesamtsegelfläche von 308 m². Als Hilfsantrieb dienten Zweitakt-Zweizylinder-Glühkopfmotoren von 35 PS Leistung der Apenrader Motorfabrik H. Callesen & Co., die den Schiffen eine Fahrt von 6 Knoten verleihen sollten. An Brennstoff konnten 2 Tonnen mitgenommen werden, die Wasserballastmenge betrug 23 Tonnen, was für einen Segler mit solch aufwendigem Rigg mit Sicherheit zu wenig war.

Die Abmessungen dieser Schoner waren lt. Werftangabe:

Länge zwischen den Loten:	26,00 m
Breite auf Spanten:	6,25 m
Seitenhöhe:	3,09 m
Tiefgang:	2,91 m
Tragfähigkeit:	175 t

Die Ergebnisse der amtlichen Vermessung lauteten: 27,92×6,29×2,30/3,09 m, was einen Raumgehalt von 125 BRT und 91 NRT ergab. Die Besatzung bestand aus 5 bis 6 Mann.

Die Schoner waren unter Aufsicht und nach den Vorschriften des GL gebaut und hatten dessen Klasse »+100 A4« für Große Küstenfahrt erhalten.

Drei dieser Neubauten wurden anfangs von deutschen Eignern übernommen, einer ging nach Holland. Alle vier jedoch fanden sich nach wenigen Jahren in Händen skandinavischer Eigner, wo sie mit einer Ausnahme jahrzehntelang beschäftigt blieben. Besagte eine Ausnahme ging bereits Ende der zwanziger Jahre durch Kenterung verloren, eine weitere Einheit wurde Mitte der sechziger Jahre Opfer einer Kollision, die beiden anderen aber sind bis auf den heutigen Tag erhalten. Ihre so unterschiedlich verlaufenen Schicksale werden in den folgenden Kapiteln beschrieben.

Nr. 385: Gaffelschoner »Christa« / »Fulton«

Als erste Einheit des kleinen Schonerquartetts konnte die Baunummer 385 im August 1920 fertiggestellt werden. Auf einen Käufer brauchte für das schöne Schiff nicht lange gewartet zu werden. Bereits am 18. September wurde als Eigner die *»Marine Reederei«* aus Lübeck im dortigen Seeschiffsregister eingetragen, die den Neubau auf den Namen »CHRISTA« (PBSR) getauft hatte. Viel Freude scheint man an der Neuerwerbung jedoch nicht gefunden zu haben. Bei der Verhandlung anläßlich des Untergangs der »DATTELN« (siehe unter Nr. 378) war folgendes zu Protokoll gebracht worden:

»Die Marine-Reederei GmbH in Lübeck, welche Käuferin des Motorschoners »Christa« gewesen ist, hat mitgeteilt, daß sich bei Abnahme des Schiffes eine so geringe Stabilität ergeben habe, daß sie nach eingehenden Versuchen und Gutachten von Sachverständigen die Übernahme des Schiffes verweigert habe. Ein mit der Germaniawerft geführter Prozeß habe mit einem Vergleich geendet, derart, daß die Werft das Schiff zurücknahm und den Kaufpreis nebst einem gewissen Schadenszuschlag zurückzahlte.«
Die weiteren Ausführungen des Sachverständigen zu diesem Thema sind bei der »DATTELN« nachzulesen. Solche Streitigkeiten mußten für die Bauwerft äußerst unangenehm gewesen sein, stellten sie doch ein wahres Verkaufshindernis dar. Bei Dutzenden von geplanten oder bereits auf den Helgen liegenden Neubauten konnte man sich solche Pannen kaum leisten. Das war wohl auch der Grund, der die Werft zu jener schon mehrfach erwähnten Vorführungsfahrt ihrer Produkte am 18. Juni 1921 in der Kieler Bucht veranlaßte. Zu dieser Fahrt wurde auch die »CHRISTA« vorgesehen, von der der als Beobachter geladene Kapitän *C. Falkenbach* folgenden Bericht überlieferte:
»Christa« verließ gegen sieben Uhr vormittags im Schlepp eines kleinen Dampfers die Boje, der Motor wurde mit angestellt, und nach und nach wurden die Segel (volle Untersegel, Stagfock und Klüver) gesetzt. Der Schlepper wurde kurz nach Passieren vom Friedrichsorter Leuchtturm entlassen. Es herrschte stürmischer NNW-Wind Stärke 7 bis 8 und entsprechender Seegang. Das Schiff stampfte zeitweilig heftig und nahm viel Wasser über, ist jedoch m. E. trotzdem ein ausgezeichnetes Seeschiff, da unter normalen Umständen bei dem Wetter wohl nur gereffte Segel geführt worden wären, so daß dann das Schiff sicher ruhiger gelegen hätte und in Lee kein Wasser geschöpft hätte. Die »Christa« manövrierte blendend trotz der hohen groben See und wendete vorzüglich und zwar ohne Hilfe des Motors . . . Das Schiff lag gut am Winde, machte bei nur geringer Abtrift gute Fahrt durchs Wasser und antwortete sofort aufs Ruder. Beim Einsegeln hatten wir achterlichen raumen Wind, das Schiff steuerte auch jetzt trotz der groben See ausgezeichnet und lief sehr schnelle Fahrt. Meine Ausführungen kurz zusammengefaßt: Die »Christa« ist ein gutes Seeschiff mit vorzüglichen Manöver- und Segeleigenschaften . . .«
Dieser für die Werft sehr erfreulich ausgefallene Bericht steht in krassem Gegensatz zu den Erfahrungen, die der erste Eigner mit dem Schoner machen mußte. Dieser allerdings hatte sich ja auch nicht über mangelnde Segeleigenschaften beklagt, sondern über die zu geringe Stabilität. Diese wiederum wird auf jener Vorführungsfahrt ausgezeichnet gewesen sein, denn es ist überliefert, daß die vier teilnehmenden Fahrzeuge halb bis ganz mit Sandballast beladen waren. Auch hatte die »CHRISTA« als einziges Schiff in Kapitän *Berkmann* einen Führer, der schon länger mit dem Fahrzeug vertraut war. Die so erfolgreich verlaufene Demonstration führte aber dennoch nicht sogleich zum Verkauf des Schiffes. Somit blieb der Schoner weiterhin unter der Krupp-Flagge. In der »Kieler Zeitung« vom 15. Dezember 1921 ist zu lesen, daß »CHRISTA« an jenem Tag zur Proviantübernahme vor der Schwentine, also unmittelbar vor dem Werftgelände, vor Anker lag und anschließend seine Reise von Odense nach Amsterdam via Kanal fortsetzte.
In der Kieler *»Reederei und Handels-Gesellschaft Ernst Jörn GmbH«* sollte sich aber bald ein Interessent finden. Am 3. Februar 1922 erfolgte die Umschreibung auf den neuen Eigner im Kieler Schiffsregister. Führer der »CHRISTA« wurde *Kapitän H. Thot,* der mit dem Schoner weiterhin in der kleinen Fahrt beschäftigt blieb. Mitte März muß er nochmals mit einer Maschinenhavarie die Bauwerft anlaufen, anschließend werden in Kiel Mauersteine für Dänemark geladen, danach jedoch wird es still um die »CHRISTA«. Die anfänglichen Kinderkrankheiten, mit denen die Werft so viele Probleme hatte, schienen auskuriert zu sein. Das Schiff fuhr noch weitere eindreiviertel Jahre für deutsche Rechnung bevor es Ende 1923 nach Dänemark verkauft wurde. Die Löschung im Kieler Register erfolgte am 18. November 1923.
Käufer war *Kapitän A. M. Eriksen* aus Marstal, der den Motorsegler als »FULTON« (NDTL) in seinem Heimatort registrieren ließ. Ein neuer Callesen Glühkopf von 84 PS, der die bisherige Maschinenleistung mehr als verdoppelte, kam ebenfalls 1923 noch ins Schiff. Gleichzeitig wurde die Besegelung erheblich verkleinert, wodurch sich die Stabilität des Schiffes wesentlich verbesserte. Dennoch trat nach vierjähriger Fahrzeit unter dem Dannebrog das ein, was Kritiker dieser Schiffe von Anfang an befürchtet hatten: Mit einer Ladung Holz unterwegs von Kotka nach Sakskøbing kenterte der Schoner am 26. August 1927 unter Rügen und wurde zum Totalverlust. Die Besatzung hatte sich mit dem Schiffsboot in Sicherheit bringen können.

(SSR Kiel Nr. 1023, SSR Lübeck Nr. 467, Seeamt Hamburg 12.22, Bericht v. C. Falkenbach in unbek. Tageszeitung, GL-Reg. 1923, Danm. Skibsliste 1925/27, Kieler Zeitung 1921/22)

Der Schoner „Nr. 385", die spätere »CHRISTA«, läuft hier im September 1920 zur Probefahrt in die Kieler Förde aus. Dies Foto zeigt, welch anmutige kleine Schiffe diese Schoner waren. »Groot an Masten, lütt an Lasten« pflegte man an der Küste zu derartig aufwendig getakelten Fahrzeugen zu sagen. (Sammlung Verfasser)

385

Nr. 386: Gaffelschoner »Gustav Adolf« / »Erika« / »Meteor« / »Prins Knud«

Die im Juli 1920 fertiggewordene Baunummer 386 wurde schon bald an die neugegründete *»Jaenecke & Diedrich GmbH, Berlin«* verkauft und als »GUSTAV ADOLF« in Barth beheimatet. Kapitän *Diedrich* aus Prerow, der an der Reederei mit einer Einlage beteiligt war, übernahm die Führung des Schiffes. Bereits im November 1920 mußte der Schoner, der sich mit einer vollen Ladung Kohlen auf der Reise von Swinemünde nach Memel in schwerem Sturm an der lettischen Küste auf Land gesetzt werden, weil es nicht gelang, von der Küste freizusegeln. Kapitän *Diedrich* hatte gegen Abend des 8. November den Schiffsort mit 25 sm vor Memel festgelegt. Da das Wetter unsichtig wurde, dabei Wind und See zunahmen, wagte er es nicht, näher an die Küste zu gehen, sondern hielt mit NW-Kurs wieder nach See zu. Um bei Tagesanbruch vor Memel zu sein, wurden Großsegel, Außenklüver und Klüver festgemacht und ins Schonersegel ein Reff gesteckt, worauf der Schoner ca. 2 Knoten Fahrt machte. Als gegen Morgen die Küste in Sicht kam, wurde mit Südkurs daran entlang gehalten, um die Einfahrt zu suchen. Abermals wurde es unsichtig, und so gab man die Absicht auf und steuerte wieder seewärts. Der Wind nahm nun stetig zu und wehte zeitweilig in heftigen Böen bis Stärke 7 und 8, wobei sich das Schiff stark überlegte und in Lee bis zur Luke beständig unter Wasser lag. Dabei drangen beträchtliche Mengen Wasser durch die nicht schließenden Türen des Deckshauses in den Gang, von dort in die Kajüte und weiter in den Maschinenraum. Der Kapitän sah nun, daß ein Freisegeln von der Küste nicht gelingen würde, da nach seinen bisherigen Erfahrungen das Schiff bei stärkerem Segelpreß unabweichlich kentern oder vollschlagen würde. Um Schiff und Besatzung zu retten, wurde im Schiffsrat beschlossen, den Schoner auf Strand zu segeln. Bald darauf setzte das Schiff erstmals auf und trieb in der kochenden Brandung unter dauernden Grundstößen dem Strand langsam näher, dabei schwere Brecher über das Achterdeck nehmend. Die auf das Deckshaus geflüchtete Besatzung mußte mit ansehen, wie ihr Rettungsboot aus den Klampen geschlagen wurde und damit ihre Hoffnung, sich selbst zu retten, auf ein Minimum schwand. Sie wurden jedoch glücklicherweise allesamt später von den Küstenbewohnern wohlbehalten abgeborgen.
Das Schicksal der »GUSTAV ADOLF« schien damit bereits nach nur viermonatiger Dauer besiegelt.
Bei der Seeamtsverhandlung beklagte der Kapitän neben der zu geringen Stabilität die zu schwere Takelung, den zu schwachen Motor, die Kopflastigkeit, ferner die nicht wasserdicht schließenden Türen der Deckshäuser, zu enges Rohr der Motorlenzpumpe und schließlich falsche Anbringung der Speigatten. Der ebenfalls vernommene Kapitän des Schwesterschiffes »CHRISTA« hatte etwa die gleichen Mängel an seinem Schiff festgestellt. Somit kam man zu dem Schluß, daß dem Kapitän *Diedrich* wegen der Aufstrandsetzung kein Vorwurf zu machen sei, sie sei vielmehr wegen der an sich schon geringen Stabilität und durch das in das Schiff eingedrungene Wasser, die die Stabilität noch weiter vermindert hatte, unabwendbar gewesen.
In einem anschließenden Schadensersatzanspruch gegenüber der Bauwerft verlangte die Reederei Ersatz für das unversichert gewesene Schiff. Wieweit man sich einigte, ist nicht überliefert, jedoch übernahm *Jaenecke & Diedrich* wenig später von der Kruppwerft die sog. Galiote Nr. 395, die sie als »HANS ULRICH« in Fahrt brachte, was wohl als Beweis für ein Übereinkommen angesehen werden kann.
Die Ereignisse um »CHRISTA« und »GUSTAV ADOLF« fanden damals an der Küste reges Interesse, was sich auch in mehreren Zeitungsartikeln niederschlug. So schreibt die »Nautische Rundschau« in einem die Wogen glättenden Aufsatz unter anderem:
». . . Ferner erfahren wir, daß »Gustav Adolf« einer der ersten Motorsegler einer größeren Anzahl kleiner Fahrzeuge war, die die Germaniawerft 1920 baute, damit den wirtschaftlichen Verhältnissen, der Kohlenknappheit Rechnung tragend. Anfangs stellten sich bei den Seglern verschiedene kleine Mängel heraus, die wohl als Kinderkrankheiten bezeichnet werden können, die aber aufgrund der gewonnenen Erfahrungen bald beseitigt wurden und jetzt als vollständig behoben anzusehen sind, so daß die Motorsegler der Germaniawerft jetzt als vorzügliche Seeschiffe bezeichnet werden. Zahlreiche Reisen der verschiedenen Typen mit jeder Art von Ladung, insbesondere auch mit hoher Deckslast bei sehr ungünstigen Wetterverhältnissen, sollen die vollkommene Seetüchtigkeit dieser Schiffe und mit Bezug auf ihre Segeleigenschaften vielfach Rekordleistungen erbracht haben . . . Man wird daher der Germaniawerft die Anerkennung nicht versagen können, daß sie trotz anfänglicher kleiner Fehlschläge wesentlich zur Entwicklung und Vervollkommnung dieses Schiffstyps beigetragen hat, der, aus der Not geboren, sicher mehr und mehr an Bedeutung gewinnen wird . . .«
Man wird's auf der Werft mit Genugtuung vernommen haben!

Doch zurück zum »GUSTAV ADOLF«, dem trotz allem Ungemach noch eine lange Karriere bevorstehen sollte. Nachdem das Wrack von der Memeler Reederei *A. H. Schwedersky Nachf.* gekauft worden war, gelang am 13. Dezember 1920 die Bergung. Der Havarist wurde zur Werft von *Lindenau & Cie* nach Memel geschleppt und hier während des Winters repariert. Im Juni 1921 konnte der Schoner neu vermessen werden. Da eine Maschine nicht wieder eingebaut worden war, ergab sich nun ein Raumgehalt von 117 BRT bzw. 103 NRT. Die Klasse »+100 A4 K« konnte ebenfalls im Juni 1921 erneuert werden. Unter Kapitän *P. W. Engelhard,* der 1922 von *A. Schedelgarn* abgelöst wurde, kam »GUSTAV ADOLF« nun von Memel aus erneut auf Küstenfahrt.
Am 3. März 1923 kaufte die Lübecker Reederei *HEICO G. m. b. H.* den Segler, taufte ihn um in »ERIKA« und ließ ihn ins Register der Travestadt eintragen. Das bisherige Unterscheidungssignal änderte sich von JRHK in PBWN. Schiffsführer war anfangs *Kapitän Hölke* aus Lübeck, danach Kapitän *W. Westphal.* Lt. Registereintragung des GL konnte im August 1923 die Klasse nur mit der Einschränkung »Seefähig für eine Rundreise« erteilt werden. Die Gründe sind unbekannt.

1924 erfolgte mit dem Verkauf des Schiffes an die Reederei *Harder & Knaack* ein erneuter Eignerwechsel innerhalb Lübecks. Ein Jahr darauf, am 19. März 1925, kam »ERIKA« abermals in andere Hände. Käufer war Kapitän *Peter Martin Rasmussen* aus Kiel-Möltenort, Besitzer des dortigen Hotels »Seeblick«. 13000 Mark hatte er für den Segler ausgeben müssen, den er nun in Hamburg registrieren ließ. Als Eigentümerin war seine Ehefrau *Marta Rasmussen geb. Petersen* eingetragen, eine Maßnahme, die gern zur Abwendung von Schadensersatzansprüchen angewendet wurde. Vermutlich wird Kapitän *Rasmussen* den Schoner selbst gefahren haben. Das Schiff blieb nicht lange unter deutscher Flagge. Nachdem die »ERIKA« am 14. Januar 1926 nach Schweden verkauft worden war, wurde die Registerakte in Hamburg am 1. März gleichen Jahres geschlossen.

Der schwedische Käufer war eine Partenreederei aus Slite auf Gotland mit *Albin Jacobsson* als Korrespondentreeder und *John Myrsten* aus Stockholm, dem Direktor der *»Slite Cement och Kalk A/B«* in Slite. Die gleiche Gesellschaft hatte zwei Jahre zuvor bereits das Schwesterschiff »KOMET« (Baunummer 388) erworben, womit man offensichtlich gute Erfahrungen gemacht hatte. Die Übernahme der »ERIKA« erfolgte am 14. Januar 1926 in Helsingborg, am 20. Februar wurde sie als »METEOR« (KGCP) in Slite, ihrem neuen Heimathafen, registriert. Unter Kapitän *Ivar Berndtsson* aus Bohuslån versegelte der Schoner sogleich zur Werft nach Sölvesborg, wo ihm eine neue Maschine der »Motorverkstad Bröderne Bruce« aus Seffle eingesetzt wurde, deren zwei Zylinder eine Leistung von 70 PS erbrachten. Zusammen mit den übrigen Schiffen der Reederei wurde der Schoner hauptsächlich in der Zementfahrt zwischen Slite und Stockholm eingesetzt, doch kamen auch Reisen an der gesamten schwedischen Ostküste vor. Als Steuermann hatte sich Kapitän *Berndtsson* seinen 25jährigen Bruder *Gunnar Berndtsson* an Bord geholt, der dann zwanzig Jahre lang auf der »METEOR« bleiben sollte.

Mit dem 5. April 1932 ging der Schoner ganz in den Besitz der *»Slite Cement och Kalk A/B«* über; Korrespondentreeder wurde nun *Arendt de Jounge* aus Slite. Nachdem sich Kapitän *Ivar Berndtsson* ein eigenes Schiff gekauft hatte, gab er 1935 das Kommando an *John Olofsson* aus Staplebacke.

»METEOR« um 1930 an ihrem »Stammplatz« in Slite auf Gotland. Als einziges Schiff dieser Viererserie hat die »METEOR« den Großmast innerhalb des Roofs stehen. Möglicherweise wurde diese Anordnung nachträglich getroffen, um auf solche Weise das Großsegel zu verkleinern, wodurch das Schiff weniger luvgierig wurde. Der auf dem Achterdeck stehende Steuerstand ist ebenfalls eine spätere Errungenschaft.
(Sammlung F. C. Blaas, Altenholz)

1938 genügte der alte Seffle-Motor nicht mehr den Ansprüchen, und so kam eine stärkere Maschine von 150 PS der gleichen Marke zum Einbau. Ein neues Ruderhaus, neue Masten und ein schwarzer Außenbordanstrich waren ebenfalls Errungenschaften jener Jahre. Außerdem wurden auf der Eriksbergvarw in Stockholm die Großluke verlängert und der Fockmast nach vorn versetzt.

Von Unglücken blieb das Schiff weitgehend verschont, wenn auch nicht ganz. Ohne eigenes Verschulden wurde »METEOR« am 25. Mai 1943 bei Johannesdal auf dem Mälarsee vom Passagierdampfer »FEMMAN« von Enköping angefahren, wobei der Vorsteven und der Klüverbaum beschädigt wurden. »FEMMAN« jedoch hatte ein Leck erhalten, so daß die Fahrgäste von »METEOR« aufgenommen werden mußten. Sie wurden dann in Johannesdal gelandet.

Ein zweites Mal kollidierte unser Schoner am 13. September 1944 bei Stenskärs mit dem Motorschiff »BRAVALLA«, wobei er erneut Schäden am Vorschiff davontrug.

Eine Besonderheit ist aus den letzten Kriegsjahren zu berichten, als der Mangel an Dieselöl auch das neutrale Schweden lahmzulegen drohte. Den kostbaren Treibstoff verlängerte man mit einer Mischung aus Teer und Terpentin, womit man recht brauchbare Ergebnisse erzielte. Aber es kam noch besser: Nachdem auch dieser Stoff knapp wurde, stellte man den anscheinend unverwüstlichen Sefflemotor auf Holzgas um. Zu diesem Zweck stellte man beidseitig des Fockmastes je einen Holzgasofen auf,

»METEOR«, um 1955 in Gävle einlaufend. Während der Rumpf völlig unverändert blieb, wurde das Hinterschiff gründlich umgebaut und neuzeitlichen Bedürfnissen angepaßt. Der vordere Teil des Roofs scheint noch original zu sein, die einstige Kajüte hingegen wurde auf gleiche Höhe gebracht, dahinter erhebt sich ein Aufbau, der vorher als Ruderhaus gedient haben könnte, und davor wiederum thront ein großes hölzernes Ruderhaus, welches auch bei Ballastreisen gute Rundumsicht bot. Die Besegelung besteht aus Gaffelgroßsegel, Stagfock, Klüver und Spitzbesan. Alle Rundhölzer einschließlich der Masten sind aus Holz. Quer über den Roof ragt wie ein Kanonenrohr der Auspuff der Hauptmaschine. Solcherart umgebaute Motorsegler konnte man in den fünfziger Jahren hundertfach in den Häfen der Ostsee bewundern.
(Foto: Enar Löfstedt, Gävle)

Mitte der dreißiger Jahre hatte »METEOR« einen schwarzen Außenbordanstrich erhalten. Der alte, einst zweiteilige Fockmast wurde gegen einen neuen Pfahlmast ausgewechselt.
(Sammlung F. C. Blaas, Altenholz)

die mit Birkenspänen befeuert wurden. Für eine Rundreise nach Stockholm und zurück benötigte man ca. 200 Sack Späne, von denen jede Stunde drei Stück im Ofen verschwanden. Das System funktionierte ganz ausgezeichnet, obwohl es nicht ganz ungefährlich war. Wie sich *Gunnar Berndtsson* erinnerte, stand der jeweilige Heizer manches Mal kurz vor einer Gasvergiftung.

Nach Kriegsende erhielt »METEOR« auf der Werft in Slite einen kräftigeren Dieselmotor, gleichzeitig wanderte der Großmast weiter nach hinten, und ein neues Ruderhaus kam auf das Kajütdach. Das alte Ruderhaus stellte sich der Vormann der Werft in seinen Garten, wo es heute noch als winziges »Seefahrtsmuseum« zu sehen ist.

Als 1950 das Schwesterschiff »KOMET« verkauft wurde, übernahm deren bisheriger Kapitän *Alvar Larsson* die »METEOR« von *Kapt. Olofsson.* Er blieb bis 1959 an Bord. Letzter Schiffsführer im Dienst der Zementwerke war im Sommer 1959 Kapitän *Axel Österman.*

Inzwischen war die *»Slite Cement och Kalk A/B«* 1954 in *»Skanska Cement A/B, Slite«* aufgegangen, die auch die Transportflotte mit übernahm. Die kleinen Motorsegler waren jedoch nicht mehr rentabel einsetzbar. Nach und nach ersetzte man sie durch modernere Tonnage, und so mußte am Ende auch für »METEOR« ein neuer Eigner gesucht werden.

So kam das Schiff Ende 1959 zu Kapitän *Arthur Henriksson* und seine »Prinsen-Linje« nach Göteborg. *Henriksson* betrieb eine Stückgutlinie zwischen Göteborg und Aarhus, auf der er mehrere Küstensegler eingesetzt hatte, die alle Namen schwedischer Prinzen trugen, wie »PRINS AXEL«, »PRINS BERTIL«, »PRINS CARL« oder »PRINS GEORG«. Letzterer war wieder ein Krupp-Bau, nämlich die einstige »BALDUR« (Nr. 387), die bereits seit 1938 zur »Prins-Linie« gehörte. Als »PRINS KNUD« (SJIO) wurde die »METEOR« nun ebenfalls in den Liniendienst nach Dänemark eingesetzt.

Das Ende kam am 20. Oktober 1965 in Gestalt des polnischen Fischtrawlers »ZIEBA«, der in der Nähe des Feuerschiffes Läsö mit »PRINS KNUD« kollidierte, wobei unser alter Schoner so beschädigt wurde, daß er auf der Stelle sank. Die Besatzung konnte jedoch vollzählig gerettet werden.

(SSR Hamburg Nr. 6558, GL-Register 1923/28/33, Nautische Rundschau 8/1921 Nr, 18, Svensk Sjöfarts-Tidning 35/1985, Gotlands Allehanda v. 25. 1. 75, Kartei Dr. Boman/Uppsala)

»PRINS KNUD« ex »METEOR« ex »ERIKA« ex »GUSTAV ADOLF« am 14. Oktober 1965 in Kopenhagen. Dies ist möglicherweise die letzte Aufnahme des Schiffes, welches eine Woche später bei einer Kollision versenkt wurde.
(Foto: T. Johannesson, Viken)

Diese schöne Aufnahme zeigt »BALDUR« zu Beginn ihrer Laufbahn noch im Originalzustand.
(Sammlung Joachim Kaiser, Glückstadt)

Baunummer 387: Gaffelschoner »Baldur« / »Birgitta« / »Prins Georg« / »Birgitta« / »Storm Aine«

Das dritte Exemplar des Schonerquartetts, die Baunummer 387, lief im Juli 1920 vom Stapel, wurde im August fertig und erhielt im Oktober gleichen Jahres seine Klasse.
Auch dieser Neubau mußte anfangs von der *Fried. Krupp A.G. Germaniawerft* selbst in Fahrt gesetzt werden. Als »BALDUR« (LCNW) ließ sie den Schoner am 4. August 1921, also ein volles Jahr nach Ablieferung, ins Kieler Schiffsregister eintragen. Als Korrespondentreeder fungierte die Firma *Hirtz* aus Cuxhaven, die den Schoner in Charter nahm. Vier Monate später, am 7. Januar 1922, erfolgte bereits die Löschung, nachdem das Schiff nach Holland verkauft worden war.
Erster bekannter Eigner in den Niederlanden ist die *Gebr. Muhrings Scheepvaart en Handel Maatschapij* in Rotterdam, die den Schoner unter Beibehaltung seines Namens in Rotterdam beheimatete. Schon 1923 wurde »BALDUR« (NGJK) nach Groningen übertragen, nachdem Kapitän *Klaas Dost* neuer Eigner geworden war. Zur Groninger Flotte gehörte zu dieser Zeit bereits der größte Teil der später noch zu beschreibenden Galioten der Germaniawerft. Und wie diese wurde auch der einzige dort gelandete Schoner nach verhältnismäßig kurzer Zeit ins Ausland weiterverkauft.
Im Februar 1930 kam »BALDUR« an die schwedische *»Ölands Cement A/B«* unter *Hjalmar S. E. Hagmann* aus Stockholm, erhielt den neuen Namen »BIRGITTA« (KHGS) und wurde in Degerhamn beheimatet. Wie auch die beiden Schwesterschiffe »METEOR« (NB 386) und »KOMET« (NB 388) wurde dieser Schoner ebenfalls in der Zementfahrt zwischen den schwedischen Ostseeinseln und dem Festland eingesetzt. Für diese Fahrt schienen sie sich, wohl aufgrund ihrer Bauart, vorzüglich zu eignen.
Im Dezember 1935 kam es zu erneutem Flaggenwechsel, als »BIRGITTA« an *Nils Chr. Strømberg* aus Aalborg verkauft wurde. Dieser ließ sogleich einen neuen Vølund-Zweitakter einbauen, dessen zwei Zylinder eine Leistung von 98 PS erbrachten. Beide Masten wurden bei dieser Gelegenheit durch kurze Pfahlmasten ersetzt. Schon 1938 wurde der Schoner zurück nach Schweden verkauft.
Im März 1938 hatte *Arthur Emilius Henriksson* aus Göteborg das Schiff für 69000 Dänische Kronen erworben, um es als »PRINS GEORG« (SHXK) seiner Prinsen-Linje einzureihen. Später sollte sich, wie bereits geschildert, auch noch die einstige »METEOR« (NB 386) hinzugesellen, aus der dann »PRINS KNUD« wurde.

Schoner »BALDUR« am 11. Mai 1924 in Aarhus. Bis auf die fehlende Fockrah ist noch das gesamte Original-Rigg vorhanden. Das in den Heckdavits hängende Boot war eine Besonderheit dieses Schiffes.
(Sammlung T. Johannesson, Viken)

»PRINS GEORG« ex »BIRGITT« ex »BALDUR« am 25. August 1952 Helsingborg auslaufend.
(Foto: C. G. Nyström, Helsingborg)

»PRINS GEORG« von Göteborg bei Ladearbeiten am 1. November 1954 in Odense.
(Handels- og Søfartsmuseet, Helsingør)

»PRINS GEORG« ex »BIRGITTA« ex »BALDUR« 1956 im Hafen von Helsingborg. Noch immer ist der einstige Segler unverkennbar, auch wenn er mittlerweile arg Federn lassen mußte: vom Klüverbaum blieb nur noch ein Stumpf, und der Besanmast mußte einem kurzen Flaggenmast weichen. Der Großmast allerdings scheint noch der alte hölzerne von 1938 zu sein, an dem sogar noch zwei kleine Stützsegel gefahren werden. Sonstige Veränderungen sind das Ruderhaus sowie die beiden auf dem Deckshaus unter Schwingdavits aufgestellten Boote.
(Foto: Tomas Johannesson, Viken)

»PRINS GEORG« am 19. Oktober 1965 vor Malmö. Inzwischen wurde das Schiff »modernisiert«: es besitzt jetzt einen geraden Kümosteven und eine feste Verschanzung ums Achterdeck. Der alte Holzmast wurde gegen einen stählernen ausgewechselt. Man kann nicht behaupten, daß das Schiff durch den Umbau schöner geworden sei.
(Foto: Tomas Johannesson, Viken)

»BIRGITTA«, aufgenommen am 13. Juni 1971 im Hafen von Kristiansand in Norwegen. Inzwischen ist der kleine Flaggen- und Sigalmast aus der schwedischen Zeit verschwunden, genauso wie das Steuerbord-Rettungsboot, das durch ein Kastenfloß ersetzt wurde.
(Foto: Olle Renck, Lidingö)

»PRINS GEORG« diente seinem Eigner bis zum Erlöschen der Reederei im Jahre 1966. 1967 wurde das inzwischen zum Motorschiff umgebaute Fahrzeug an eine Partenreederei unter *Carl Torsemark* verkauft, der ihm den alten Namen »BIRGITTA« zurückgab, den Heimathafen aber in Göteborg ließ.

Im September 1967 wurde »BIRGITTA« nach Norwegen verkauft, wo sie als Eigentum von *Ragnar Jacobsen* anfangs in Röjken und ab 1968 in Oslo registriert war. Zehn Jahre konnte sie in den rauhen Gewässern ihrer neuen Heimat ihren Unterhalt verdienen, dann wechselten abermals die Verhältnisse.

Seit 1977 gehört unser kleiner Frachter *Nils O. Kalve* aus Bierkås, heißt »STORM AINE« (LMJG) und ist immer noch in Oslo beheimatet. Seine aktive Laufbahn scheint jedoch am Ende zu sein. Nach einem Bodenschaden wurde »STORM AINE« in Naersnes am Olsofjord aufgelegt. Bereits im Winter 1979/80 waren Rumpf und Einrichtung in solch trostlosem Zustand, daß an eine Wiederherstellung kaum noch zu denken war. Im August 1981 ist die einstige »BALDUR« an ihrem letzten Liegeplatz gesunken, wo sie auch heute noch liegen soll.

(SSR Kiel Nr. 985, GL-Reg. 1923/28/33, Svensk Sjöfarts Tidning 1935 Nr. 35, Unterlagen v. Dr. R. Bomann/Uppsala, J. Kaiser/Glückstadt, O. Kure/Assens, Frederik-Frederichsen-Register)

»BIRGITTA« während einer Ballastreise durch die norwegischen Schären.
(Foto: Gerhard Fiebiger, Bad Segeberg)

Das scheint das Ende zu sein. »STORM AINE« ex »PRINS GEORG« ex »BIRGITTA« ex »BALDUR« als vernachlässigte Hulk aufgelegt im Oslofjord bei Naersnes. Als diese Aufnahme im April 1980 gemacht wurde, befand sich das Schiff bereits in hoffnungslosem Zustand. Inzwischen ist es an seinem Liegeplatz gesunken.
(Foto: Joachim Kaiser, Glückstadt)

Bauliche Gegebenheiten an Bord der »Storm Aine«
Nach Aufzeichnungen von Joachim Kaiser.
Als Joachim Kaiser, wie immer auf der Suche nach den Resten einstiger deutscher Frachtsegler, im April 1980 die kleine Werft von *Petterson, Mekaniske Verkstaed* in Naersnes am Oslofjord aufsuchte, um dort die ehemalige »BALDUR« zu besichtigen, bot sich ihm ein trauriger Anblick.
Halb gesunken, mit starker Backbord-Schlagseite, verkommen und ausgeplündert lag dort ein Fahrzeug, dessen letztes Stündlein wohl geschlagen hatte. Die »STORM AINE«, wie sie nun hieß, war fast wrack: etliche ihrer Platten durchgerostet, andere auf ein kritisches Maß dünn geworden, die Maschine hin und auch an Deck kaum noch etwas in Ordnung, war mit dem Schiff nichts mehr anzufangen. Da konnte nur noch der schiffbaukundlich interessierte Historiker etwas Honig saugen, und so machte dieser sich sogleich an die Bestandsaufnahme.

Das Schiff hatte von Bureau Veritas 1972 zuletzt seine Klasse für Große Küstenfahrt bestätigt bekommen. Trotz schlechten Pflegezustandes soll der Rumpf bis dahin erstaunlich gut erhalten gewesen sein. Im Register wurde das Fahrzeug mit folgenden Abmessungen geführt:

größte Länge	31,12 m
Länge zw. d. Loten	27,13 m
größte Breite	6,30 m
Breite auf Spanten	6,25 m
Seitenhöhe	3,10 m
Tiefgang	2,896 m

Die Maschine war ein 1957 in Frederikshavn von Burmester & Wain gebauter Dreizylinder von 135 PS, der für 8,5 kn Fahrt sorgte.
Bei der Durchsuchung der Aufbauten fanden sich noch Seekarten der Jahre 1965–67, aber auch eine (Göteborg – Stavanger) von 1972, dazu lose Zettel einer Tagebuchkladde von 1971 sowie ein weiterer von 1977. Dieser, datiert vom 8. und 9. Oktober 1977, scheint bereits an der Werft, dem letzten Liegeplatz, geschrieben worden zu sein:

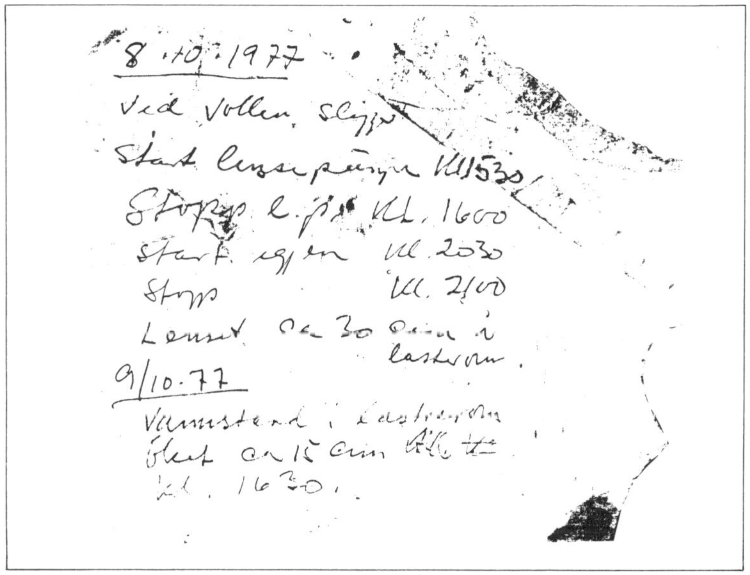

»8. 10. 1977
am Vollen-Slip (Anm.: das ist Pettersons Werft)

Start Lenzpumpe	*15.30 Uhr*
Stopp Lp.	*16.00 Uhr*
erneuter Start	*20.30 Uhr*
Stopp	*21.00 Uhr*

Ca. 30 cm aus dem Laderaum gelenzt.
9. 10. 1977
Wasserstand im Laderaum unbekannt,
ca. 15 cm um 16.30 Uhr.«

»STORM AINE« hat zu dieser Zeit also offensichtlich schon kleinere Leckagen gehabt. Sie ist danach auch nicht wieder in Fahrt gekommen. An äußeren, sogleich ins Auge fallenden Veränderungen notierte Kaiser: *»Kümo-Bug und -Steven, hohe Heckschanz, Steuerhaus und neue hohe Luke.«* Hingegen waren vom Originalbau noch vorhanden: *»Quarterdeck mit Holzbelag, Aufbauten mit Holzdecks, Ankerwinde, Ladewinde und Beibootdavits. Das Ankerspill trägt im Gußkörper an Bb. die Aufschrift »BAMAG-DESSAU«, das Zahnrad hat die Nummer 82222. Unterm Spill ist noch das alte Holzdeck vorhanden.*
Der Motor der Ladewinde trägt die Aufschrift »Lidans Motor. V. Lidköping.«
Lesen wir weiter, was dem aufmerksamen Besucher noch auffiel: *»Das Schiff hat zuletzt u. a. Schrott gefahren, der in den Raum hinuntergeworfen wurde. Dadurch sind manche Platten von innen nach außen gebeult. Auch Stringer und Spanten sind verbeult. Beim Umbau der großen Luke sind einige Rahmenspanten eingezogen worden. Von innen macht der Rumpf an den zugänglichen Stellen einen weit besseren Eindruck als von oben. Das Hauptdeck ist entweder von Anfang an nur aus Eisen gewesen, oder sehr früh und gründlich so umgebaut worden (alles sorgfältig genietet). Ungewöhnlich sind die an Wassergänge erinnernden Streifen seitlich im Deck. Hier ist das Schiff am weitesten vergangen und an vielen Stellen durch. Interessant sind die Relingsstützen, die aus Blechen zu Profilen gebogen sind. Die alten Wasserpforten etc. sind noch vorhanden. Jedoch wenig heile Originalbeschläge: nur ein Püttingeisen Stb. vom Großmast. Beachte die andersartige Konstruktion.«*

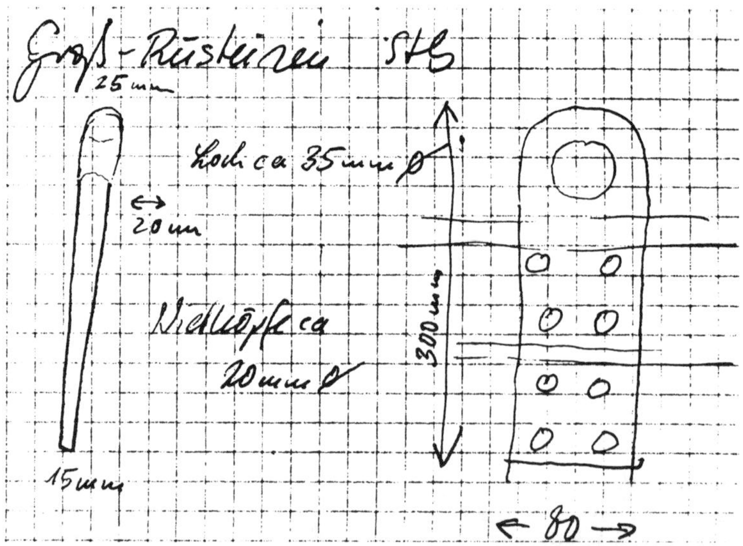

Die oben erwähnten Püttingeisen bzw. Rüsteisen waren in der Tat von ungewöhnlicher Form. Waren es normalerweise flacheiserne Schmiedestücke, die von der Oberkante der Verschanzung bis zum Deck reichten, also verhältnismäßig große Länge hatten, so handelte es sich hier um kurze Konstruktionen von ca. 30 mm Länge, die mit vier doppelten Nietreihen an der Schanz befestigt wurden. Die beigefügte Zeichnung und das Foto zeigen deutlich die Bauweise. Die von den Wanten über die Püttings nach innen gerichtete Kraft wurde von Decksstützen aufgefangen, die ebenfalls in unüblicher Weise gebaut waren. Man hatte Bleche zu Profilen gebogen, die mit Winkeleisen an Deck und Verschanzung genietet wurden. Unterhalb des Schandeckels war parallel zu diesem ein Winkelprofil angebracht, welches zur Befestigung der hölzernen Nagelbank diente. Diese hatte im Bereich des Fockmastes eine Länge von 3,30 m und eine Stärke von ca. 9 cm. Die Verschanzung besaß eine Höhe von 82 bis 85 cm. An Rüsteisen konnten am Fockmast acht Stück nachgewiesen werden, deren Abstände von vorn 60, 40, 60, 40, 50, 55 und 35 cm betrugen. Die achtersten beiden saßen außerhalb der Nagelbank; das letzte hatte nur 6 Nieten, alle anderen aber 8. An Großrüsten wurden 3 in jeweils 100 cm Abstand voneinander festgestellt, ein Toppmastrüsteisen, das mit nur 4 Nieten befestigt war, saß 50 cm dahinter. Die vorderste Großrüste saß etwa 170 cm vor dem Roof. Der Abstand zwischen den vordersten Wanten von Fock- und Großmast betrug 10,64 m. Welchen Zweck die vielen Püttings des Fockmastes erfüllten, ist nicht recht ersichtlich. Den zeitgenössischen Fotos ist zu entnehmen, daß hier, genau wie am Großmast, nur drei Unterwanten und eine Pardune gefahren wurden.

Detail der Verschanzung mit alter Wasserpforte, Relingsstützen, Rüsteisen und Profil zur Aufnahme der Nagelbank.
(Foto: Joachim Kaiser, Glückstadt)

Die alten Wasserpforten sind horizontal um Zapfen drehbar und liegen unten gegen einen Rahmen, der das Aufklappen nach innen verhindert. Ursprünglich konnten diese Pforten durch Riegel festgesetzt werden.
Das alte Hauptdeck besaß einst einen Holzbelag, dessen Stärke mit 55×120 mm festgestellt wurde. Im Bereich der achteren Aufbauten waren es 40×105 mm.
Desweiteren hatte Joachim Kaiser bei seiner Besichtigung noch folgende Abmessungen festlegen können:

Spanten, alle mit Gegenspant:	100×50×7 mm
Gegenspanten	60×40×6 mm
Knotenbleche	8 mm
Kimmweger	70×70×7 mm
Decksbalken (mit doppelter Nietreihe)	120×80 mm
Decksspanten, jeder zweite mit Gegenspant	
Spantabstände	51–52 cm

Sehr sorgfältig wurden Roof und Kajüte vermessen. Der Aufbau ist aus 5 mm Stahl genietet, der Spantabstand beträgt hier 53 cm. Die Aufteilung der Wohnräume ergibt sich aus der Zeichnung. Ein ehemals vorhanden gewesenes Schott in der heutigen Mannschaftskammer zeigt an, wo sich ursprünglich die Steuermannskammer befunden hatte.

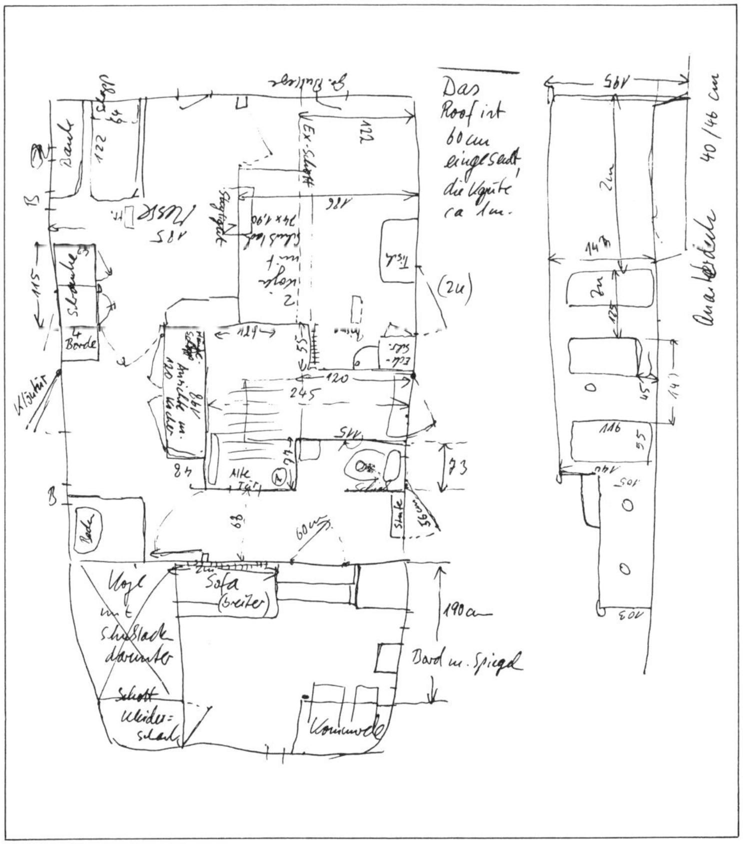

Eine jetzt dichtgesetzte Tür führte an Steuerbord auf das Poopdeck. Die heutige Messe wird das Matrosenlogis gewesen sein. Die Position der einstigen Maschinistenkammer ist nicht mehr nachzuweisen. Da sich an der Hinterkante des Maschinenschachtes eine ebenfalls dichtgesetzte Tür befindet, wird sich hier auch die Unterkunft für den »Chief« befunden haben. Die Kapitänskajüte hat offenbar ihre alte Einrichtung bewahrt.
Im Hinblick auf eine eventuelle Reparatur des Schiffes notierte sich Kaiser weiter: ». . . *Der Steven ist insgesamt erneuert, in seinem unteren Teil formgerecht, aber geschweißt. Im oberen Teil ist der Klipperbug durch einen eingeschweißten Wulstbug ersetzt und zugleich das Schanzkleid erhöht.*
Nach jetzigem Ermessen würde eine Rekonstruktion der ›Birgitta‹ bedeuten:

neues Hauptdeck,
Quarterdeck-Giebel und Wassergräben neu,
Schanzkleid größtenteils neu,
Lukenkonstruktion rekonstruieren,
Roof etc. gesamte Inneneinrichtung neu,
diverse Ausbesserungen der Konstruktion, div. Platten neu,
Rekonstruktion des Vorstevens etc.,
Heckschanz runtersetzen,
Maschine austauschen oder grunderneuern . . .«

Angesichts der Tatsache, daß dann immer noch die gesamte Takelage mit Masten, Bäumen, Tauwerk und Segeln fehlt, ferner die gesamte Installation der Versorgungsleitungen und schließlich die Ausrüstung noch nicht in diese Überlegungen eingeflossen sind, läßt sich leicht ausmalen, daß ein solches Objekt dem berühmten Faß ohne Boden gleicht.
Somit blieb die alte »BIRGITTA« ihrem Schicksal überlassen. Falls sie nicht inzwischen bereits dem Schneidbrenner zum Opfer gefallen ist, wird es wohl bis dahin nicht mehr lange dauern.

Kajütaufbau auf MS »BIRGITTA«.
(Skizze von Joachim Kaiser vom April 1980)

Baunummer 388: Schoner »Mary« / »Familienshaab« »Komet« / »Carthaginian«

Als letzter der kleinen Gaffelschoner wurde im Juli 1920 die Baunummer 388 zu Wasser gebracht. Das Schiff war einen Monat später fahrbereit und konnte bald darauf an eine Hamburger Reederei veräußert werden. Am 6. September erfolgte die Eintragung für die *Atlantic-Reederei-G.m.b.H., Hamburg* ins Seeschiffsregister der Hansestadt. Als »MARY« (RWSF) fuhr der Neubau unter Führung von Kapitän *Willi Wilde* aus Walsrode in der Nord- und Ostsee. Viel Erfolg scheint das Unternehmen nicht gehabt zu haben, denn bereits im Dezember 1921 beantragte man für die »MARY« eine Ausfuhrbewilligung nach Dänemark.

Am 11. April 1922 wurde der Schoner unter dem Namen »FAMILIENSHAAB« (NDKQ) im Register von Egernsund eingetragen. Eigentümer waren je zur Hälfte die Schiffer *Heinrich Wilhelm Wulff* aus Egernsund und *Mathias Peter Mathiesen* aus Alnor. Aber auch hier scheint sich die »Hoffnung der Familie« nicht erfüllt zu haben. Schon nach gut einem Jahr stand dem Schiff ein erneuter Flaggenwechsel bevor: diesmal nach Schweden.

Am 29. Juni 1923 erfolgte die Übergabe an eine Parten-Reederei aus Slite/Gotland, wo unser Schoner als »KOMET« (KFLJ) beheimatet wurde. Hauptreeder der Gesellschaft war Kaufmann *Albin Jacobsson,* größter Anteilseigner aber die *Slite Cement- och Kalkbruks A.B.,* deren Direktor *John Myrsten* den Kauf des Schiffes in die Wege geleitet hatte. »KOMET« wurde von Slite aus in der regemäßigen Zementfahrt nach Lövholmen in Stockholm eingesetzt. Daneben sind aber auch Reisen nach Norden in den Bottnischen Meerbusen und nach Süden bis nach Riga nachweisbar. Die Rückladung von hier bestand aus Gipsstein oder Stabholz für die Zementtonnenherstellung.

Schon 1924 ersetzte man den alten Callesen-Glühkopf durch einen 70 PS leistenden Seffle-Motor. Der Callesen fand dann noch Verwendung im Schoner »FREDERIKA«, der bisher ohne Maschine als reiner Segler gefahren hatte.

Führer der »KOMET« war von der ersten Reise an 21 Jahre lang Kapitän *Algot Pettersson.* Sein Steuermann *Karl Johansson,* genannt »Kalle Komet«, der 1925 anmusterte, blieb 19 Jahre lang mit ihm zusammen.

1926 kaufte die Reederei, wie bereits beschrieben, das Schwesterschiff »METEOR« hinzu. Beide Schoner gingen 1932 ganz in das Eigentum der *Slite Cement och Kalk A.B.* über.

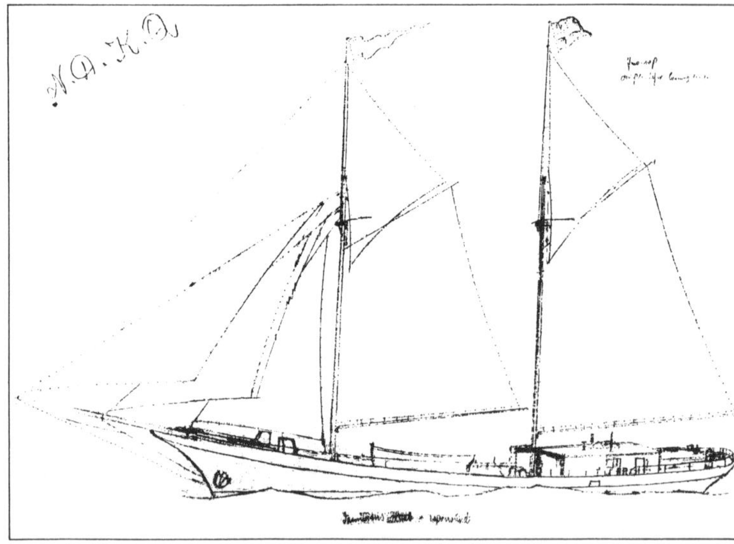

Skizze von Julius Gregersen für Kapitänsbild des Motorschoners »FAMILIENSHAAB«. Dieses in doppelter Ausführung gemalte Ölbild lieferte der Künstler 1922 für 51 Kronen »inklusive Goldrahmen«.
(Original in Dansk Bibliothek, Flensburg)

Kapitän Algot Petersson, der die »KOMET« 21 Jahre lang führte, mit einem Gemälde seines Schiffes.
(Sammlung F. C. Blaas, Altenholz)

»KOMET« (Baunummer 388) und »METEOR« (Baunummer 386) um 1925 im Hafen von Stockholm.
(Sammlung F. C. Blaas, Altenholz-Stift)

»KOMET« 1948 auf Slip in Torösund.
(Sammlung F. C. Blaas, Altenholz-Stift)

Von größeren Unfällen oder Umbauten blieb die »KOMET« während ihrer Gotlandzeit weitgehend verschont. Es wird lediglich von einer kleinen Kollision mit einem Kohlenprahm im Stockholmer Värtahamnen berichtet, die jedoch ohne Folgen blieb. Als der Großmast ersetzt werden mußte, war Kapitän Pettersson persönlich mit im Wald von Bäl, wo er »seinen« Mast selbst aussuchte. Mit dem zweiten machte er es genauso. 1936 erhielt »KOMET« seinen dritten Motor, einen 120 PS starken Diesel, der ebenfalls aus dem Seffle-Motorverk kam.
Zweiter und letzter Slite-Schiffer der »KOMET« wurde 1944 Kapitän *Alvar Larsson.* Als das Schiff 1950 aufgelegt und zum Verkauf geboten wurde, wechselte er auf »METEOR« über.
Unsere einstige »MARY« aber ging 1950 für 68000 schwedische Kronen an eine Partenreederei unter *Evald G. Johansson* in Trollhättan. Zwölf weitere Jahre konnte »KOMET« noch mit wechselndem Erfolg in der Ostseefahrt beschäftigt werden, dann aber war auch ihre Zeit vorüber. Mit mehr als 50 Jahren auf den Spanten, untermotorisiert und mit geringer Ladekapazität konnte sich ein Schiff dieser Art nicht länger gegen die Konkurrenz der modernen Motorcoaster behaupten. »KOMET« wurde in einem stillen Winkel der Göta-Älf aufgelegt und sah einem ungewissen Ende entgegen.

»KOMET« voll abgeladen am 4. Mai 1969 im Öresund. Nach fast fünfzigjähriger Fahrzeit hat das wenig veränderte Schiff kaum etwas von seiner Schönheit verloren. Auch die Aufbauten sind noch original vorhanden, lediglich ergänzt durch ein zeitgemäßes Ruderhaus. (Fotos: T. Johannesson, Viken)

Da traf es sich gut, daß gerade zu dieser Zeit eine Gruppe aus dem fernen Lahaina auf der Hawaii-Insel Maui sich in den nordeuropäischen Gewässern auf die Suche gemacht hatte, für ihr durch Strandung verlorengegangenes Museumsschiff »CARTHAGINIAN« einen Ersatz zu finden.

Ihr Weg führte sie auch nach Schweden, wo sie sich schnell für die noch immer gut erhaltene und wohlgeformte »KOMET« entschieden. Für 21 500 US-Dollar wechselten ein wohl letztes Mal die Eigentumsverhältnisse. Im November 1972 übernahm die *Lahaina Restoration Foundation* auf der Werft von Søby/Dänemark von Reeder *Johansson* den einstigen Zementfrachter und gab ihm den so schön nach Südsee klingenden Namen »CARTHAGINIAN II«. Dieser Name stammt aus dem Roman »Hawaii« von James Michener und diente vorher dem ehemaligen Ostseesegler »WANDIA« als Filmname bei den Dreharbeiten zu den Lichtspielen »Hawaii« und »The Hawaiians«. »CARTHAGINIAN« ex »WANDIA« war zu diesem Zweck in einen Walfänger umgebaut worden. Nach den Dreharbeiten hatte die *Lahaina Restoration Foundation* das Fahrzeug als Walfangmuseum übernommen. Es ist am Ostersonntag 1972 auf einem Riff außerhalb Lahaina während einer Fahrt ins Dock nach Honolulu gesunken. Die Gesellschaft war nun bemüht, statt eines Holzschiffes ein stählernes zu erwerben. Somit freute man sich ganz besonders zum Kauf der alten »KOMET«.

Nachdem dieses Schiff in Søby für seine lange Überführungsfahrt fitgemacht worden war, ging es unter Kapitän *Earl Callicut* auf die 13 000 Seemeilen lange Reise. Die Route führte durch die Nordsee über Madeira, wo eine dreiwöchige Reparaturpause eingelegt werden mußte, weiter über Cartagena in Kolumbien, durch den Panamakanal nach Lahaina. Die Fahrt vom Panama beanspruchte 27 Tage, während man für die Gesamtreise 104 Tage benötigt hatte. Der aus dem Jahre 1967 stammende Scania-Vabis-Diesel mit seinen 150 PS hatte die Tour ohne Ausfälle überstanden. Sogar eine kleine Hilfsbesegelung hatte man aufgebracht: Spitzgroß, Fock und Klüver waren in der Passatzone von großer Hilfe. Unter großer Anteilnahme der Bevölkerung traf das Schiff am 7. September 1973 in Lahaina ein.

In mühe- und liebevoller Arbeit wurde das Schiff in den folgenden Jahren zum Walfangmuseum hergerichtet. Allein die Herrichtung des Schiffskörpers nahm vier Jahre in Anspruch, die der Takelage weitere zwei.

Da das alte Schonerrigg nach Ansicht der Projektleiter nicht viel herzeigte, entschied man sich für die Bemastung als Brigg. Die Rundhölzer dazu kamen aus den Wäldern Washingtons. Seit April 1980, als die letzte Royal-Rah aufgebracht werden konnte, zeigt sich der einstige Hamburger Schoner »MARY« als Walfangbrigg den staunenden Besuchern von Lahaina. Und niemand, der die »CARTHAGINIAN« mit ihrem schwarz-weißen Portenband und der himmelwärts ragenden Takelage sieht, wird vermuten, nur einen ehemaligen kleinen Ostseetramp vor sich zu haben.

(SSR Hamburg Nr. 5404, GL-Register 1923/28/33, Lloyds-Register 1928/61/63/68, »Gotlands Allehanda« v. 18. Januar 1975, »THE MAUI SUN« vom 12. September 1973, 11. Februar 1976, 12. Mai 1976, »LRF COURIER« v. Februar 1979 – alle mitgeteilt von Herrn F. C. Blaas/Stift)

»CHARTHAGINIAN« ex »CARTHAGINIAN II« ex »KOMET« ex »FAMILIENSHAAB« ex »MARY« 1980 im Hafen von Lahaina auf Maui/Hawaii. Niemand wird in dieser Walfangbrigg einen alten Ostseeschoner vermuten: Kleider machen Leute, das gilt auch für Schiffe!
(Lahaina Restoration Foundation, Sammlung F. C. Blaas, Altenholz-Stift)

Lahaina, Ancient Capital of Hawaii. With a Cluster of Ships Refreshing (1848).

Segelzeichnung zur »GALIOT« von 195 t.
Maßstab 1:120
(Zeichnung von Verfasser)

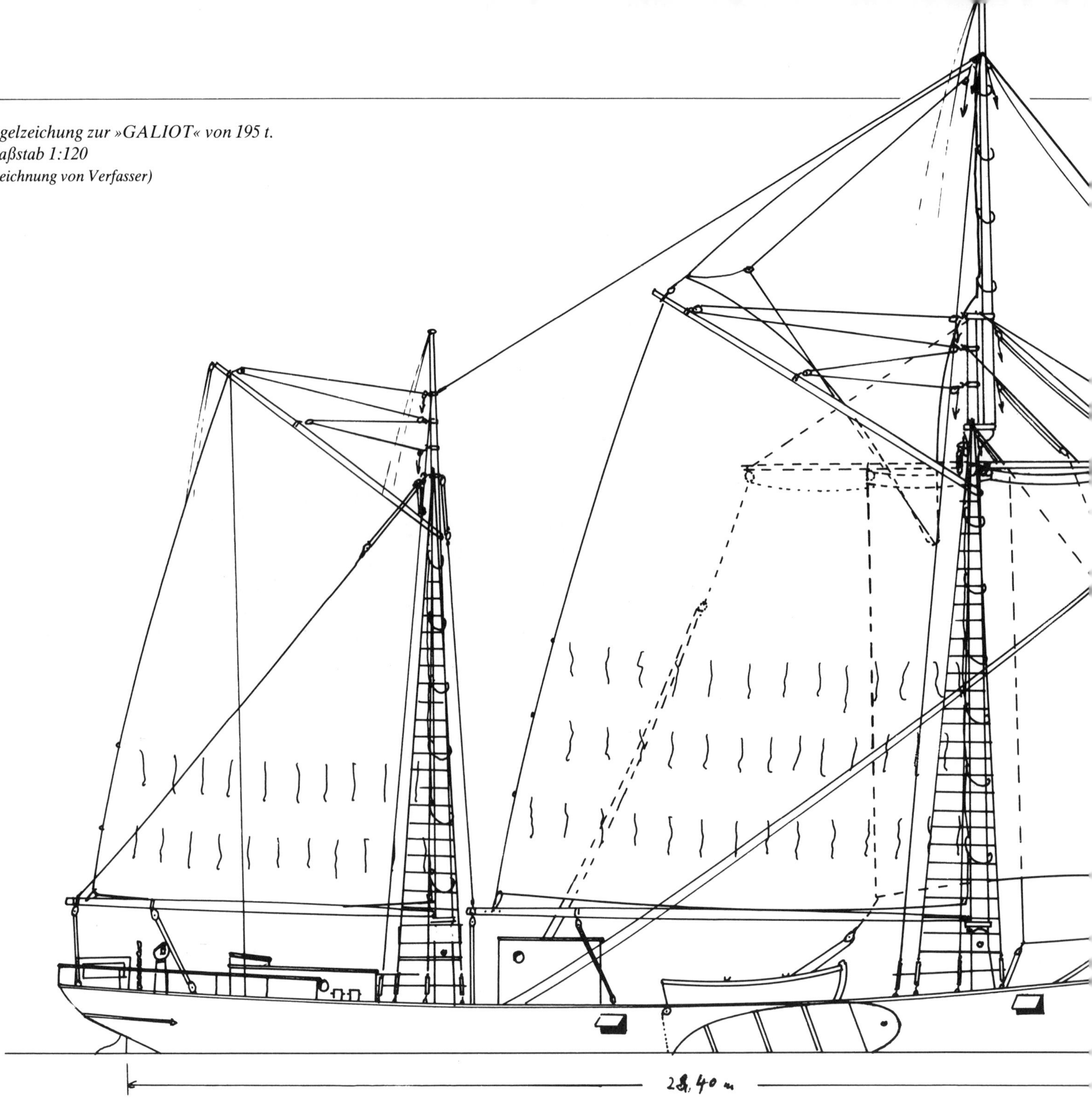

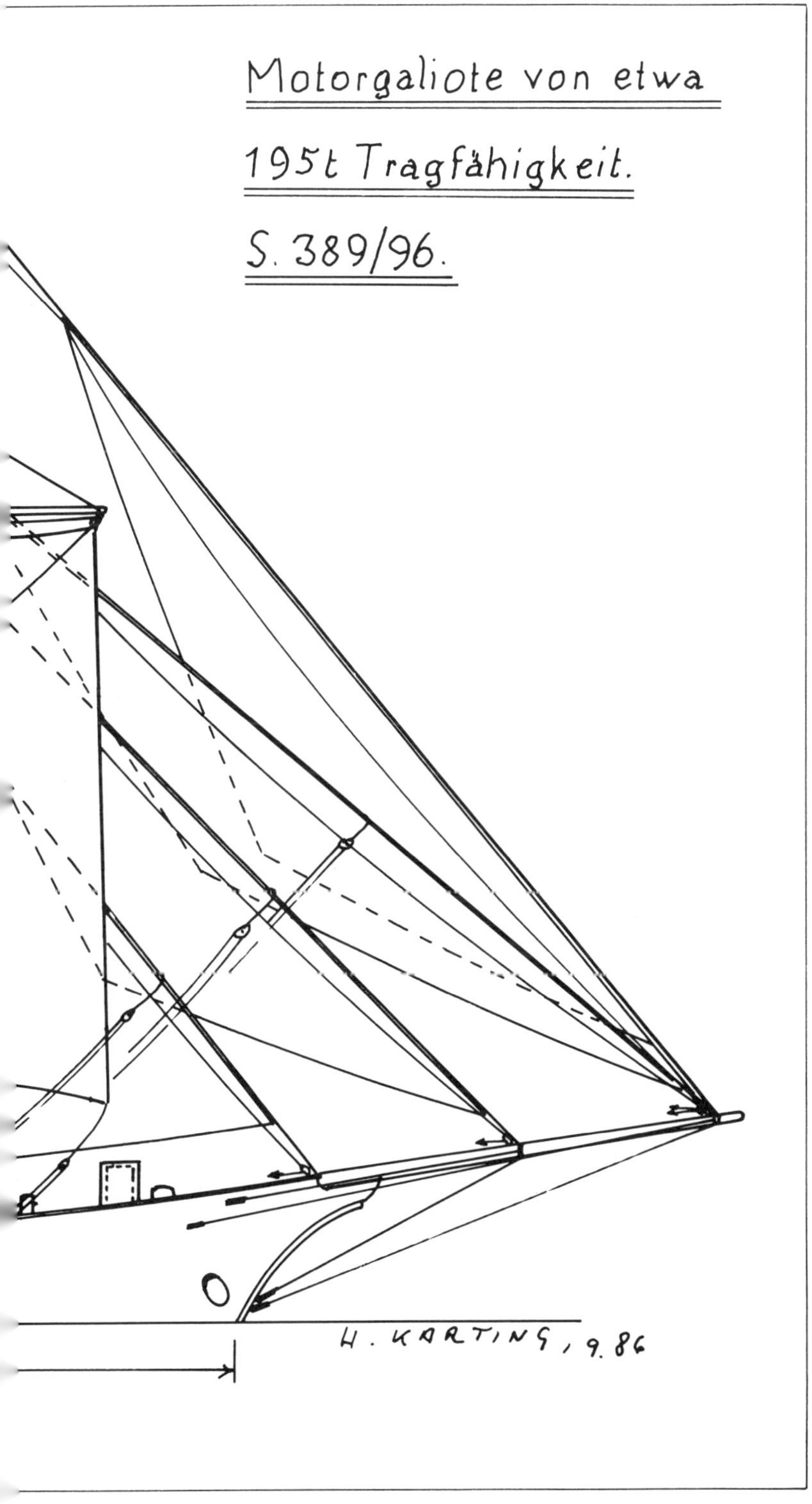

Baunummern 389 bis 396: Acht Galioten von 195 Tonnen

Der Begriff »Galiote«, den die Germaniawerft für diesen Schiffstyp gewählt hatte, ist vom Standpunkt des Schiffshistorikers nicht akzeptabel. Der Werft kam es seinerzeit darauf an, diese Serie, bei der es sich um flachbodige Galeassen handelt, von der nächsten Baureihe, die richtig als »Galeassen« bezeichnet wurden, zu unterscheiden. Galioten, um das nur kurz zu erwähnen, waren kleine, auf Kiel gebaute Schiffe mit abgerundeten Enden, deren Ruder frei am Achtersteven hing. Sie wurden in Holzbauweise erstellt, ihr Bau hörte schon bald nach der Jahrhundertwende auf. Die letzten an der Unterelbe gezimmerten Galioten wurden wegen ihres flachen Bodens auch Rundgattewer genannt. Aus ihnen entwickelten sich die stählernen Ewer der Neuzeit, von denen heute noch Restexemplare anzutreffen sind.

Die acht Kruppschen »Galioten« sind diesen Typen keineswegs zuzuordnen. Bei ihnen handelt es sich vielmehr um flachbodige Galeassen, auch »Heckschiff« genannt, deren Entstehung vielfältigen schiffbaulichen Einflüssen Norddeutschlands und Hollands zu verdanken ist. Ihre Entstehung hat *Joachim Kaiser* in seinem Buch »Segler in der Zeitenwende« ausführlichst beschrieben; auf eine Wiederholung soll hier verzichtet werden.

In jenen Jahren der zu Ende gehenden Segelschiffahrt gelang es kaum noch, die verschiedenen Schiffstypen zu unterscheiden. Zu viele Formenmerkmale gingen inzwischen ineinander über. Ganz ausgeprägt zeigte sich die Vielfalt der Schiffsbezeichnungen bei unseren Nachbarn in den Niederlanden, die als fleißige Schiffbauer vor dem Ersten Weltkrieg ca. 60 Prozent der deutschen Kleinschiffsflotte geliefert hatten. So lief ein im Rumpf sehr ähnlicher wie der hier uns interessierende Typ in Holland unter der Bezeichnung »Aak«. Der »Klipper« war eine andere Version. Üblicherweise besaß dieser aber nur einen Mast. Zweimastige ketschgetakelte Fahrzeuge nannte man dort »Schoener«, deren flachbodige Abart mit Seitenschwertern die »Schoener-Aak« war. Daß es dann auch noch die »Klipper-Aak« gab, sei nur der Vollständigkeit halber mitgeteilt. Die von der Germaniawerft gebauten Heckschiffe hatten mit den beiden letztgenannten Typen die meiste Ähnlichkeit. Da die Werft aber nun einmal den Begriff »Galiot« gewählt hatte, habe ich ihn auch für die vorliegende Arbeit beibehalten. Er eignet sich auch gut zur Unterscheidung von den im nächsten Kapitel beschriebenen kleinen Galeassen.

Von diesen Galioten nun hat *Underhill* ebenfalls die Linienzeichnung veröffentlicht, deren Kopie uns hier vorliegt. Es ist ganz offensichtlich, daß auch dieser Riß die Handschrift trägt, die wir schon von den Schonern kennen.

Der Riß zeigt ein schlankes Fahrzeug mit schwach aufkimmendem Boden (ca. 3°) und gut gerundeter Bilge. Das Überwasserschiff hat den gleichen ausfallenden Klippersteven wie die Schoner, auch das Heck ist von gleicher Form, jedoch ist der Sprung nicht ganz so ausgeprägt wie bei den reinen Seeschiffen. Im Verhältnis zur Breite sind die Galioten ausgespro-

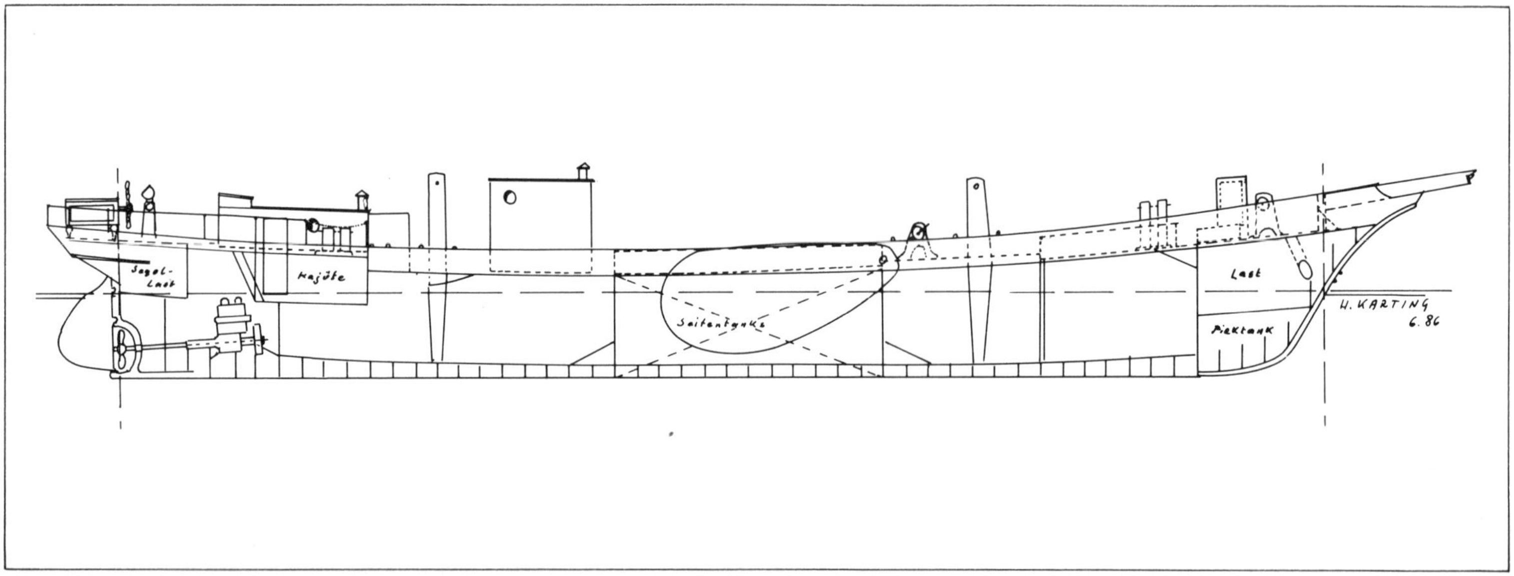

Schnitt durch »GALIOT« von 195 t. (Maßstab 1:175)
(Zeichnung von Verfasser)

chen flache Fahrzeuge, was ihrem vorgesehenen Verwendungszweck als flußgehende Seeschiffe entgegenkam. Das Unterwasserschiff verfügt auf mehr als einem Drittel seiner Länge über fast gleichbleibende Spantform, wodurch ein vierkanter Laderaum entstand, der ein Maximum an Aufnahmefähigkeit gewährleistete. Verhältnismäßig große Ladeluken trugen zur weiteren Wirtschaftlichkeit bei.
Auch diese Fahrzeuge verfügten über eine vollständige Segelschiffstakelage, wie sie für motorlose Segler üblich war. Die Masten und Rundhölzer waren aus Holz gefertigt, der Großmast führte eine lose Stenge, während der Besanmast als einfacher Pfahlmast gebaut war. Die Gesamtsegelfläche betrug 340 m², war also um 10 Prozent größer als die der zweimastigen Gaffelschoner, die über 308 m² verfügten. An Segeln konnten gesetzt werden: Großsegel mit Gaffeltoppsegel, Besan, Stagfock, Innen- und Außenklüver, Jager und Breitfock. Letztere wurde lose unter der Rah gefahren. Sie war nur dreiviertel so breit wie die Rah lang war und wurde jeweils zur Luvseite voll ausgeholt. Die Masten wurden durch je drei Wanten gehalten, der Großmast zusätzlich durch eine Pardune. In zumindest einem Fall *(Baunr. 390)* erhielt der Großmast auch noch eine Backstagstalje. Die auf Spannschrauben sitzenden Wanten waren beidseitig voll ausgewebt, und zwar mit Webeleinen und nicht mit Holzlatten wie bei den Schonern. Beide Masten standen in stählernen Kokern und konnten bei Revierfahrten zum Passieren von Brücken umgelegt werden.
Zur Verminderung der Abtrift hatten die ohne Kiel gebauten flachbodigen Fahrzeuge große hölzerne Seitenschwerter erhalten, die über auf dem Vordeck stehende Handwinschen bedient wurden.

Daß diese auch für Binnenfahrt vorgesehenen Galioten flacher gebaut waren und weniger Sprung hatten als die reinen Seeschiffe, wurde bereits erwähnt. Weiter unterschieden sie sich von diesen durch die fehlende Back und die wesentlich großzügiger bemessenen Ladeluken. Die übrige Deckseinrichtung jedoch entsprach durchaus dem Üblichen. Beginnen wir auf dem Vordeck, so finden wir im vordersten Bereich einen stählernen Bock zur Aufnahme und als Widerlager des Klüverbaums. Hinter den beiden Klüsen steht ein Patentankerspill mit Handkurbelantrieb, gefolgt von der Einstiegsluke für das Kabelgatt. Die dann folgende Laderaumöffnung wird üblicherweise als Kistluke bezeichnet, doch wäre das in diesem Fall eine arge Untertreibung: Nennen wir sie also Vorluke, ihrer Größe wegen. Zwischen dieser und dem Großmastköker ist ein langer eiserner Leuwagen quer auf Deck gebolzt, auf welchem die Schot der Stagfock fährt. Beidseitig an der Verschanzung des Vorschiffs finden sich je ein kleines Toiletten- und Lampenhäuschen, die Festmachepoller, eine Nagelbank für die Vorsegelschoten sowie die Schwertwinde. Zwischen Großmast und Großluke eine Handladewinde, die auch gern beim Setzen des Großsegels verwendet wurde. Auf der Luke dann, wie auf allen Krupp-Schiffen üblich, das Rettungsboot in Klampen. Das dann folgende Deckshaus in Lukenbreite beherbergte außer der Kombüse auch das Logis für die vierköpfige Decksmannschaft. Dieses Deckshaus besaß in der Mittschiffslinie einen kastenförmigen ca. 40 cm tiefen Einschnitt, der zur Aufnahme der geklappten Masten diente. Eine derartige Einrichtung hat es meines Wissens auf keinem anderen Schiff dieser Art gegeben. Ein etwas kürzerer Leuwagen für die Großschot befand sich vor dem Besanköker. Hinter diesem, unmittelbar vor dem Quarterdeck stand an Backbord ein stählerner Wassertank, während sich auf der anderen Seite als Besonderheit eine weitere kleine Laderaumöffnung, die sogenannte Roofluke, befand. Das ca. sechs Meter lange erhöhte Achter- oder Quarterdeck nahm in seinem vorderen Bereich die Kajüte auf. Hier

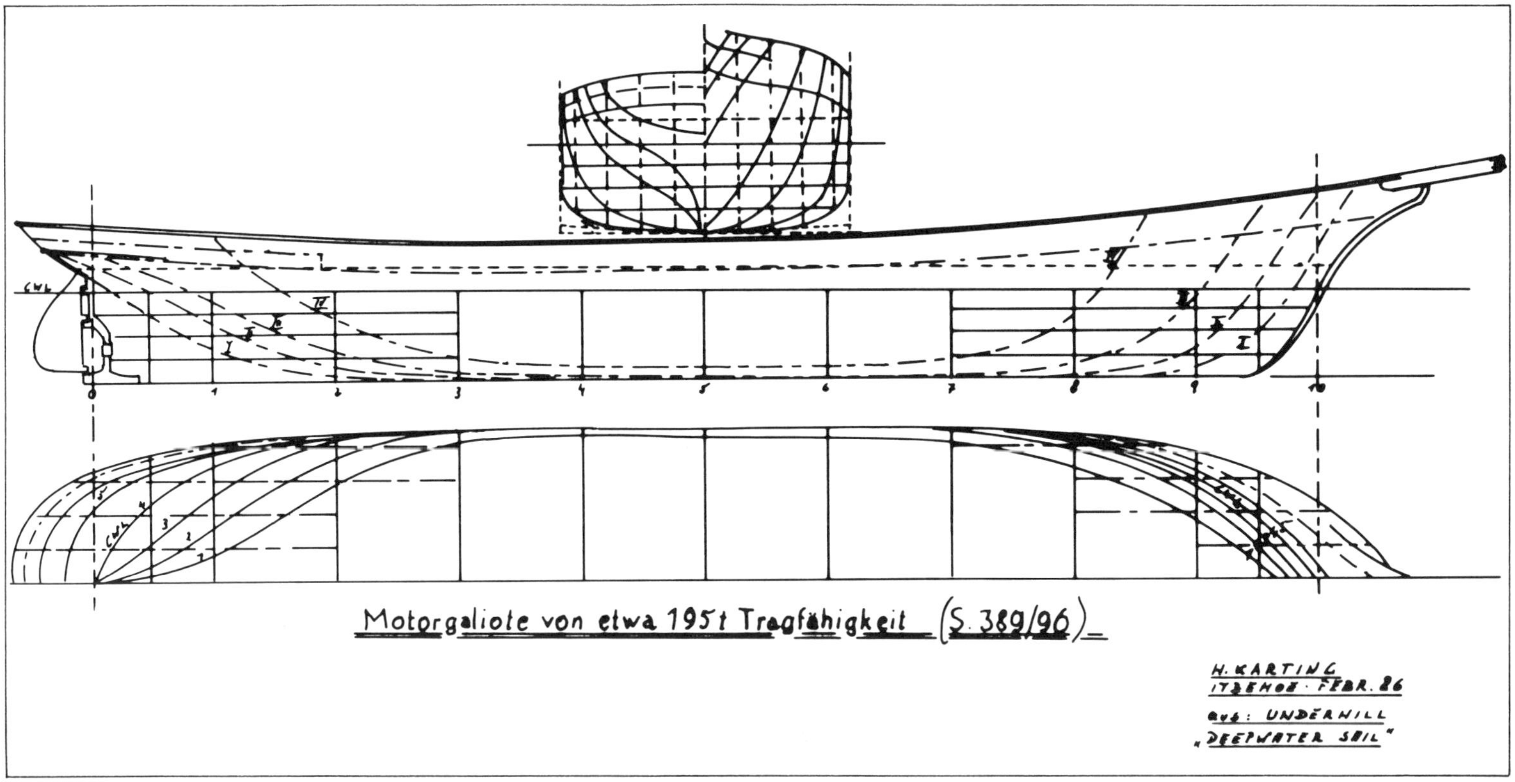

Linienzeichnung zur »GALIOT« von 195 t.
(Zeichnung von Verfasser nach Underhill)

wohnte der Schiffer und – in einem winzigen Verschlag an Backbord – sein Bestmann. Den Abschluß bildete die Ruderanlage mit Kompaßhaus sowie die Einstiegsluke zur Segelkoje.

Unter Deck befand sich im Vorschiff das Kabelgatt mit der darunterliegenden Vorpiek, welche 6 t Ballastwasser aufnehmen konnte. Hinter dem Kollisionsschott folgte der durchgehende Laderaum, der sich bis zur Achterkante der Kajüte erstreckte. Zwei Seitentanks, die beiderseits der Großluke eingerichtet waren, stellten für ein Schiff dieser Art völlig ungewöhnliche Einrichtungen dar. Diese Tanks konnten 35 t Ballast fassen, was genügen sollte, dem Fahrzeug im Leerzustand einen günstigen Trimm zu verschaffen. Horizontal waren die Tanks durch einen eingezogenen Boden nochmals unterteilt, wodurch sich weitere Trimmöglichkeiten ergaben. Über Mannlochdeckel erfolgte der Zugang vom Hauptdeck aus. In den meisten Fällen wurden diese Tanks jedoch, da sie den Laderaum doch erheblich verkleinerten, später entfernt. Die Mannlochdeckel behielt man danach gern als Trimmluken für Getreideladungen bei.

Den hinteren Abschluß des Unterwasserschiffes bildete der kleine Maschinenraum, welcher nur zwischen Kajüte und Segelkoje Kopffreiheit bot, im übrigen aber von unpraktischer Enge war.

Als Hauptmaschine diente bei sechs Schiffen ein zweizylindriger Glühkopfmotor der *Hanseatischen Motoren-Gesellschaft mbH,* Bergedorf, dessen 35 PS für fünf Knoten Fahrt sorgten. Die ersten beiden Neubauten jedoch hatten die 35-PS-starken Callesen-Glühkopfmotoren erhalten, die auch in die Zweimastschoner eingebaut waren. An Brennstoff konnten 1,5 t gebunkert werden.

Vom *Germanischen Lloyd* hatten die Galioten die Klasse »+100 A 4 K« erhalten, sie waren für die Große Küstenfahrt zugelassen.

Die Abmessungen laut Werftangaben lauteten:

Länge zwischen den Loten:	28,40 m
Breite auf Spanten:	6,75 m
Seitenhöhe:	2,40 m
Tiefgang:	2,06 m

Die amtlichen Vermessungsergebnisse ergaben: 30,20 × 6,78 × 2,22/2,40 m, woraus sich 139 Brutto- und 98 Nettoregistertonnen errechneten. Die Tragfähigkeit lag bei 195 Tonnen.

Von den acht gebauten Galioten wurden in den zwanziger Jahren nicht weniger als sieben von Groninger Kapitänen erworben. Die achte wäre sicher auch noch dort gelandet, wenn sie nicht vorher durch Strandung verlorengegangen wäre. Zumindest eins dieser Schiffe (Baunummer 389) ist bis auf den heutigen Tag, wenn auch in stark veränderter Form, noch immer in Fahrt.

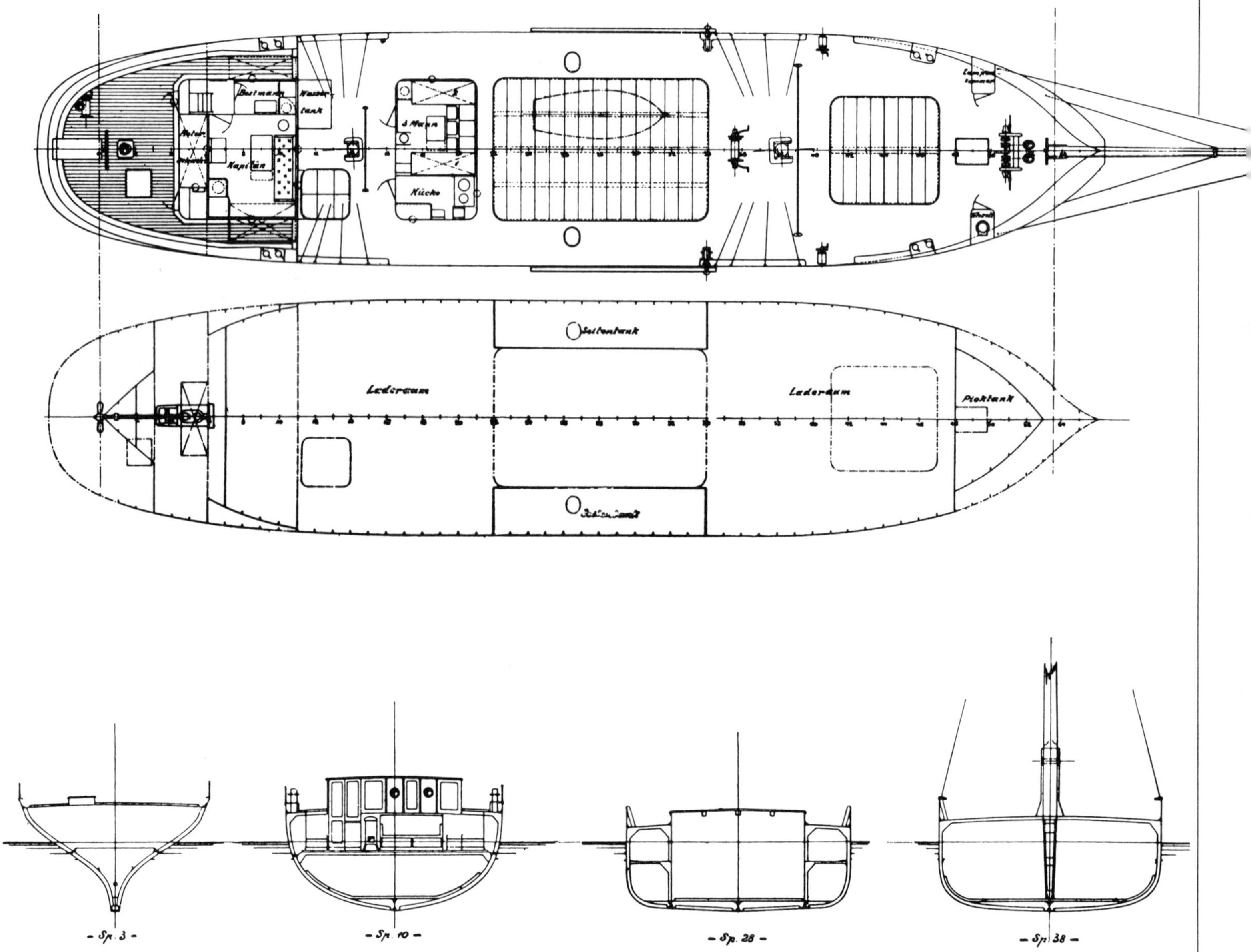

Einrichtungszeichnung und Querschnitte der Spanten 3, 10, 28 und 38 der NB 389-396. (Maßstab 1:175)
(aus: Kruppsche Monatshefte, Mai 1921)

Baunummer 389: Galiot »Tröndelsee« / »Hollandia« / »Ernestine« / »Arkona« / »Hans Voss« / »Elli« / »Graesholm«

Als erstes Schiff vom Tpy der sog. »Galioten«, d. h. der plattbodigen Anderthalbmaster, lief im September 1920 die Baunummer 389 vom Stapel, die dann einen Monat später fertiggestellt wurde. Ein Käufer hatte sich nicht sogleich finden lassen, und so nahm das Schiff am 18. Juni 1921 noch unter der Bezeichnung »S 389« an jener Vorführungsfahrt teil, bei der dem interessierten Publikum die Produkte der Werft vorgestellt wurden. Über seine Fahrt mit der Galiote berichtete einer der Teilnehmer ziemlich begeistert:

»Die Galiote S. 389, auf der ich diese Vorführung mitgemacht habe, hat mich geradezu in Erstaunen gesetzt. Schon beim Aussegeln aus der Förde fiel mir das Schiff durch seine ruhigen und leichten Bewegungen in der ziemlich groben See angenehm auf. Während die größeren Sportyachten bei der steifen Brise von Stärke 7–8 unter gerefften Segeln fuhren, konnte die Galiote leicht volle Segel führen. Die geforderten Manöver wie Wenden und Halsen wurden zunächst mit Motor vorgenommen, später aber auch ebenso leicht und glatt ohne Motor ausgeführt. Wenn man in Betracht zieht, daß das Personal zur Bedienung der Segel ungeschult und nicht seemännisch war, so ist wohl anzunehmen, daß das Schiff mit regelrechter Besatzung jeder nur denkbaren Lage auf See gewachsen sein wird. Ich glaube noch, daß das Schiff ein sehr wirtschaftliches sein wird, da es besonders als Holzfahrer sehr geeignet und im Betrieb besonders billig ist.«

Als auch nach dieser beeindruckenden Vorstellung noch immer kein Käufer für das Schiff auftauchte, setzte die *Fried. Krupp A. G. Germaniawerft, Kiel* den Neubau im Herbst 1921 als »TRÖNDELSEE« für eigene Rechnung in Fahrt.

»Der Motor-Zweimastsegler ›Tröndelsee‹ und der Motor-Dreimastschoner ›Edda‹ ordneten vormittags ihre Kompasse und sollen dann nach Lübeck abgehen, um dort zum ersten Mal in Ladung gelegt zu werden. Sie sollen Salz für Nordschweden laden«, so stand es am 10. September 1921 in der »Kieler Zeitung«. Somit war seit dem Stapellauf ein volles Jahr ohne Beschäftigung vergangen!

Am 18. November 1920 wurde die »TRÖNDELSEE« mit Unterscheidungssignal LCHK ins Kieler Seeschiffsregister eingetragen. Ein gutes Jahr lang gehörte sie Krupp, bis sie am 14. Dezember 1921 *»wegen Verkaufs ins Ausland«* im Register gelöscht werden konnte. Wenige Tage später meldete die »Kieler Zeitung«: *»Der Motorschoner ›Tröndelsee‹ ist nach Holland verkauft und führt jetzt den Namen ›Hollandia‹. Das Schiff soll Mauersteine für Dänemark laden.«* Über die Reisen berichtet der Chronist noch mehrmals im Lokalblatt: 11. März 1922: *»›Hollandia‹ ist mit Mauersteinen nach Dänemark abgegangen«*; 6. Mai 1922: *»›Hollandia‹ leer von Odense an die Werft, soll Reparaturen an den Ballasttanks ausführen«*; 20. Mai 1922: *»›Hollandia‹ mit Salz nach Dänemark ausgelaufen.«*

Käufer der »HOLLANDIA« war *Kapitän A. Bloemker* aus Groningen, der mit dem Kauf dieses Schiffes zum Boom der Kruppschen Galioten in seiner Heimatstadt beitrug: Nicht weniger als fünf der Schwesterschiffe wurden 1921 bis 1922 der Groninger Flotte zugeführt. Die beiden restlichen kamen 1925 und 1926 hinzu. Ende der zwanziger Jahre allerdings trennten sich die meisten Eigner wieder von diesen Fahrzeugen, und so kam auch die »HOLLANDIA« zurück in ihr Ursprungsland. Diese wurde erworben von *Kapitän Hermann Hartmann* aus Wrohm und als »ERNESTINE« mit dem Unterscheidungssignal RHKS am 7. September 1929 ins Hamburger Seeschiffsregister eingetragen. Ein im gleichen Jahr gebauter HMG-Motor von 96 PS verbesserte die Manövriereigenschaften recht erheblich. Die »ERNESTINE« fuhr knapp fünf Wochen unter deutscher Flagge, als es damit schon vorbei zu sein schien. Kapitän *Hartmann* war unterwegs mit seinem Schiff von Hamburg nach Kotka, um dort eine volle Ladung Salz abzuliefern, als er östlich von Öland von einem schweren Herbststurm überfallen wurde. Am 14. Oktober hatte der steife Südwest soweit zugenommen, daß der Besan festgemacht werden mußte und ein zweites Reff ins Großsegel kam. Gegen Mittag zerriß das Stagsegel, bald darauf die Stagfock. Unter großen Mühen gelang es, eine Reservefock anzuschlagen. Das Schiff nahm inzwischen derartig schwere Seen über, daß es kaum noch zu steuern war. Nachdem gegen Abend das Backbordschwert weggeschlagen war, ging um Mitternacht auch noch das Großsegel in Fetzen. Aber das Maß war immer noch nicht voll: Beim Versuch, den Besan als Reservegroßsegel anzuschlagen, kam die Schot in die Schraube, so daß die »ERNESTINE« nun steuerlos in der schweren See trieb. Gegen 03.30 setzte das Schiff schwer auf und blieb sitzen. Man war auf Domesnaes-Riff gestrandet und lag nun hilflos in der Brandung. Das eigene Rettungsboot war mittlerweile auch zertrümmert, doch konnte die vierköpfige Besatzung am nächsten Morgen von Land aus abgeborgen werden. Man war noch einmal mit einem blauen Auge davongekommen. Die Bergung allerdings erwies sich als so schwierig, daß das Schiff bis Anfang Dezember, als der Unfall vor dem Hamburger Seeamt verhandelt wurde, noch nicht hatte abgebracht werden können.

Die »ERNESTINE« jedoch kam bald darauf wieder in Fahrt, und zwei Jahre lang hörte man nichts Außergewöhnliches von ihr. Dann aber schlug das Schicksal nochmals mit aller Härte zu.

Mit einer vollen Ladung Natureis war Kapitän *Hartmann* am 4. September 1931 von Porsgrund nach Flensburg abgegangen. Dort allerdings wartete man vergeblich auf die Ankunft des Schiffes. Als man Mitte des Monats im Kattegatt südlich der Insel Läsö die Masten eines gesunkenen Schiffes aus dem Wasser ragen sah, wurde es zur Gewißheit: die »ERNESTINE« war das Opfer eines schweren Unwetters geworden. Taucher fanden das Schiff leicht auf der Seite liegend in 10 Meter Wassertiefe. Das Achterdeck war angefüllt mit Lehm und großen Steinen, davon einige im Gewicht von mehreren hundert Kilo, die durch Grundseen dort hingeschleudert sein mußten. Die Steuerbordkette lag ausgestreckt am Grund, war aber bei 15 Faden gebrochen. Der Besan war festgemacht, die Vorsegel niedergeholt und das gereffte Großsegel zerrissen, ebenso die Lukenpersenninge. Abgesehen vom zertrümmerten

Ruderhaus, das mit Sand und Steinen gefüllt war, wies das Schiff keine Beschädigungen auf. Von der Besatzung wurde niemand gefunden. Sie waren alle, wie sich später zeigte, ertrunken. Ihre Leichen wurden teils auf Läsö, teils an der schwedischen Küste angetrieben, wo die Bevölkerung für ein würdiges Begräbnis sorgte. Folgende fünf Personen hatten den Seemannstod gefunden:

1. Kapitän *Hermann Klaudius Hartmann* (geb. 3. Oktober 1901 in Wrohm),
2. dessen Ehefrau *Martha, geb. Meggers* (7. März 1901 Ellingstedt),
3. Bestmann *Matthias Wagener* (3. November 1910 Burg/Fehmarn),
4. Leichtmatrose *Herbert Meyer* (24. Juli 1914 Rüstringen) und
5. Junge *Heinz Siewert* (9. August 1915 Rüstringen).

Das Hamburger Seeamt war dann zu dem Ergebnis gekommen, daß Kapitän *Hartmann* wegen des aufziehenden Sturmes vermutlich versucht hatte, hinter Läsö Schutz zu suchen. Dabei war ihm seine Ladung zum Verhängnis geworden. Beginnt das Eis erst einmal zu schmelzen, schwimmt es auf und kann sich im Laderaum leicht verschieben. Die freien Wasseroberflächen sorgen für zusätzliche Stabilitätsverschlechterung. Kommt dann, wie im vorliegenden Fall, noch ein stehendes Segel dazu, ist der Kenterpunkt schnell erreicht. Schwere Grundseen, eine plötzlich einfallende Bö und eine kritische Stabilität waren nach Ansicht der Sachverständigen die Ursache für den Verlust der »ERNESTINE« und ihrer Besatzung. Der Lebensweg des Schiffes schien damit nach zehnjähriger Dauer beendet.

Doch soweit war es noch lange nicht: auf Veranlassung des Schulauer Versicherungsvereins wurde das Wrack von Svitzers Bergungsunternehmen geborgen und auf einer deutschen Werft wieder instandgesetzt. Vermutlich fand die Reparatur in Stade statt, denn hier erhielt das Schiff im März 1932 die neue Klasse »+100A4 K mit Freibord 36 cm«.

Als »ARKONA« wurde die Galiot am 8. März 1932 für *Kapitän Hans Hoth* aus Abbenfleth ins Hamburger Register eingetragen. Das Unterscheidungssignal RHKS änderte sich ein Jahr später in DITK. Eingesetzt im alten Fahrtgebiet wurde das Schiff in der Folgezeit auch unter seinem neuen Eigner nicht von Unbillen verschont. So, eine Woche vor Weihnachten 1934, als Kapitän *Hoth* den Hafen von Rauma in Finnland mit einer Ladung Bretter für Elmshorn verlassen hatte und er in den Hannerö-Schären infolge Stromversetzung strandete. Erst zwei Tage später gelang es, die »ARKONA« mit Bugschaden wieder freizubekommen.

Zwei Monate später, im Februar 1935, mußte *Hoth* seiner Versicherung das Übergehen der Decksladung in schwerem Wetter auf der Reise von Hamburg nach Karlshamn melden. Ähnliches ereignete sich im Oktober gleichen Jahres, als im Sturm die Holzdecksladung wegen gefährlicher Schlagseite geworfen werden mußte. Man befand sich diesmal auf der Fahrt von Kotka nach Elmshorn.

Eine vierte Eintragung in die Kartei des Seeamtes bezeugt die Kollision mit dem Zollkreuzer »CUXHAVEN II« bei Cuxhaven am 15. November 1937, die aber für beide Teile glimpflich abging.

»ARKONA« 1936 in Raumo/ Finnland.
(Foto: Hermann Kleefisch Sammlung Joachim Kaiser, Glückstadt)

»ARKONA« beim Salzlöschen 1935 in Stockholm.
(Foto: Hermann Kleefisch, Sammlung Joachim Kaiser, Glückstadt)

Schließlich ist noch eine weitere Grundberührung bei Mörbylänga im Kalmarsund zu verzeichnen, bei der die »ARKONA« einen Schaden von 2700 Reichsmark erlitt. Das war im Oktober 1938, als man sich auf der Reise mit 180 Tonnen Muschelkalk von Norden nach Kalmar befand.

Auch diese Strandung war, wie schon die von 1932, auf Stromversetzung und schlechte Sicht zurückzuführen, so daß Kapitän *Hoth* auch dieses Mal kein Verschulden traf.

Am 31. Juli 1939 wurde die Galiot von *Kapitän Johannes Voss* aus Burgstaaken auf Fehmarn erworben, welcher unter Beibehaltung des Heimathafens Hamburg den Namen in »HANS VOSS« änderte. Spektakuläre Ereignisse sind aus dieser Zeit nicht mehr zu vermelden. Kurz darauf brach der zweite Weltkrieg aus, und die Welt war mit Wichtigerem beschäftigt, als sich um die mehr oder weniger harmlosen Unfälle kleiner Küstensegler zu kümmern. Der Krieg jedenfalls wurde von unserem Schiff heil überstanden, und auch die Nachkriegszeit konnte es mit gutem Erfolg eingesetzt werden. 1953 war Kpt. *Voss* soweit, daß er sich bei *Hugo Peters* in Beidenfleth einen Neubau bestellen konnte, der noch im gleichen Jahr als »JOHANNES VOSS« in Fahrt kam.

So wurde die inzwischen drei Jahrzehnte alte Galiot abermals zum Kauf angeboten. Neuer Eigner wurde 1953 *Kapitän Adolf Pump* aus Heist bei Uetersen, für den das Schiff als »ELLI« mit dem neuen Unterscheidungssignal DGNX in Hamburg eingetragen wurde. Im Juni 1953 erfolgte in Beidenfleth ein gründlicher Umbau. Der Rumpf wurde um 5,4 Meter auf 35,57 verlängert, der Vorsteven begradigt, die Luke vergrößert, auf den alten Roof kam ein neues Ruderhaus, und auf die Reste der ehemaligen Besegelung wurde ganz verzichtet. So verwandelt hatte die »ELLI« nun eine Vermessung von 174 BRT bzw. 97 NRT und konnte 220 Tonnen laden. Die alte Maschine von 1932, ein Deutz-Diesel mit 120 PS Leistung, der wohl schon nach dem Untergang eingebaut worden war, blieb aber weiterhin im Schiff. Zehn Jahre lang konnte sein Eigner mit dem modernisierten einstigen Motorsegler noch Lohn und Arbeit finden. Anfang der sechziger Jahre aber war ein Fahrzeug dieser Art und Größe

»HANS VOSS« während des Krieges in einem kleinen Ostseehafen. Das Schiff hat inzwischen einige Änderungen erfahren: vorn und achtern wurde die Verschanzung erhöht, die Seitenschwerter sind verschwunden, auf dem Achterdeck wurde ein Ruderhaus errichtet, das Kochhaus kam hinter den Besanmast, wodurch die Luke vergrößert werden konnte, und die Besegelung wurde verkleinert, indem Großmast und Klüverbaum eingekürzt wurden. Auf dem Foto ist der Besanmast gerade niedergelegt worden.
(Sammlung Landschof, Burgstaaken)

Skizze von Julius Gregersen zum Kapitänsbild der »HANS VOSS«. 1943 lieferte er an Kapitän Johannes Voss ein Gemälde im Großformat, zwei im Kleinformat sowie 12 Fotos der fertigen Bilder für insgesamt 170,- RM!
(Original in Dansk Bibliothek, Flensburg)

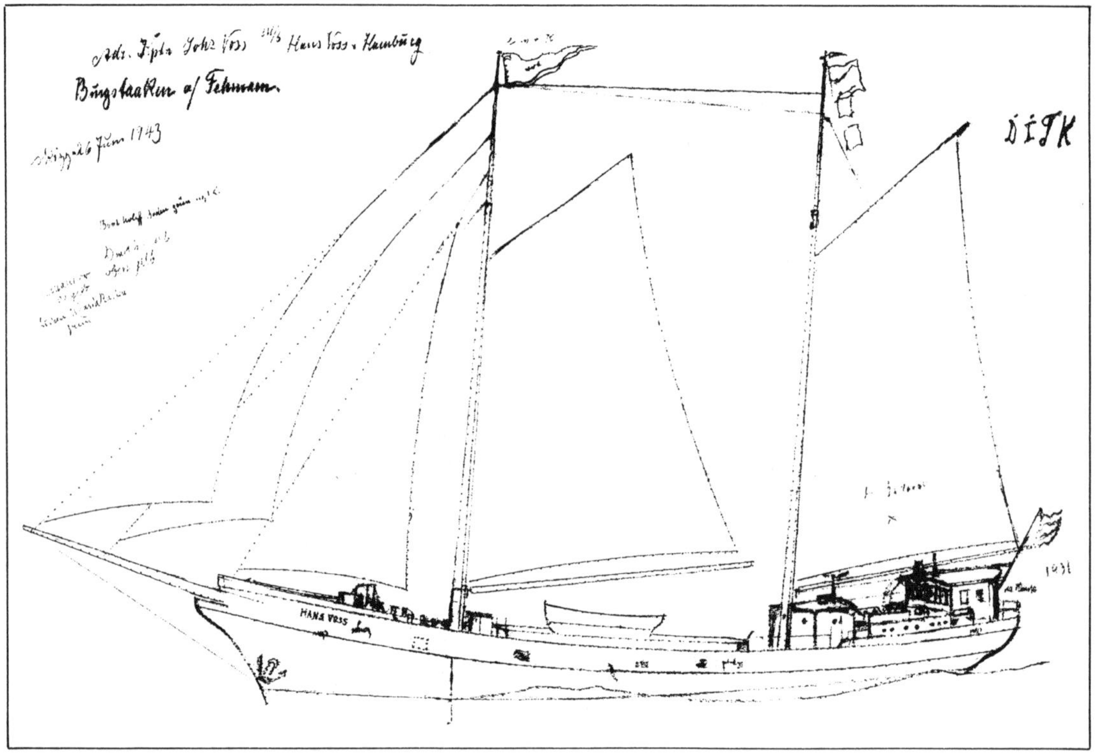

Um 1960 hatte das Schiff fast alles seiner einstigen Schönheit eingebüßt. Hier sehen wir die »ELLI« in einem ihrer letzten Jahre unter deutscher Flagge mit voller Fahrt durch den Hamburger Hafen dampfen. Sie wurde inzwischen um gute fünf Meter verlängert und hatte einen »modernen« Kümosteven bekommen. Das alte Ruderhaus wurde nicht mehr benutzt, dafür war ein neues auf das Kochhaus gesetzt worden; zwischen beiden hat auf dem Kajütsaufbau das Rettungsboot seinen festen Platz gefunden. Der alte Holzmast ist noch vorhanden, an ihm wird sogar noch, wie man bei genauerem Hinsehen feststellen kann, ein kleines Stützsegel gefahren. Ansonsten ist vom einstigen Segler nicht viel übriggeblieben.
(Schiffsfoto-Zentrale Fuchs, Hamburg)

»GRAESHOLM« am 24. April 1973 in Frederikshavn.
(Olle Renck, Lidingö)

in Deutschland kaum noch kostendeckend einzusetzen. Das war die Zeit, in der solche Schiffe reihenweise ihre letzte Fahrt zur Abwrackwerft machten, um dort unter den Schneidbrennern ihr Ende zu finden. Im benachbarten Dänemark allerdings, mit seiner buchtenreichen Küste und den vielen Inseln, hatte man noch Verwendung für manchen alten Veteranen. Hier war es besonders die Zunft der Steinfischer, die solche plattbodigen und flachgehenden Einheiten gern in küstennahen Gewässern zum Baggern von Sand und Kies oder zum Zangen großer Findlinge benutzte, aus denen die Molen und Uferbefestigungen dänischer Häfen entstanden.

Und so kam unsere »ELLI« am 20. Dezember 1962 an eine Partenreederei, deren Eigner die Schiffer *Gunnar Flyvberg* aus Fredrikshavn und *Chr. Petersen* aus Aalborg waren. Sie wurde als »GRAESHOLM« (OWVU) in Frederikshavn registriert und zum Taucher- und Bergungsfahrzeug umgerüstet.

Am 15. September 1964 ging sie an eine Partenreederei, die den Schiffern *Ernst V. Engelbrecht Petersen* aus Ravnshøj und *Axel V. Engelbrecht Petersen* aus Elling gehörte. In deren Besitz blieb das Schiff zehn Jahre lang.

Am 25. Mai 1974 kaufte *Valdemar Nielsen* aus Klampenborg die »GRAESHOLM«, von dem sie im Januar 1979 an die *»I/S Valdemar Nielsen Eftf.«* überging. Heimathafen war während all dieser Jahre Frederikshavn.

Nachdem das Schiff längere Zeit beschäftigungslos in Arnis an der Schlei gelegen hatte, wurde es Ende 1985 vom Werftbesitzer *Klaus Möglich*, dem Inhaber der *»Kunya-Werft«* in Neustadt an der Ostsee, erworben, um zur Kreuzfahrt-Bark für 30 Gäste und zehn Mann Besatzung umgebaut zu werden. Die Werft hatte seit 1981 an einem Projekt »OCEAN STAR« gearbeitet, einer Bark von 82 Meter Länge für 60 Gäste, das sich jedoch auf dem europäischen Markt als nicht finanzierbar erwies. Mit der kleineren Version durch den Umbau der Ex-»Tröndelsee« hofft sie, ihre Pläne doch noch verwirklichen zu können. Inzwischen wurde mit etwa 2500 Stunden Aufwand der Rumpf und die Motorenanlage gereinigt, gerichtet und konserviert. Sollten sich auch die neuen Pläne zum Umbau zur Bark nicht verwirklichen lassen, wird das Schiff als Freizeitsegler für zwölf Gäste eingerichtet, was seinem ursprünglichen Aussehen auch am nächsten kommen würde.

(SSR Kiel Nr. 953, SSR Hamburg Nr. 7267, Seeamt Hamburg 1929/31/34/38, GL-Reg. 1923/33/52/60, Schiff international 1983/6, Notizen v. O. Kurse/Assens, Frederik-Frederichsen-Register, Mitteilg. v. K. Möglich/Neustadt, Kieler Zeitung 1921 mitget. v. Herrn F. C. Blaas/Altenholz)

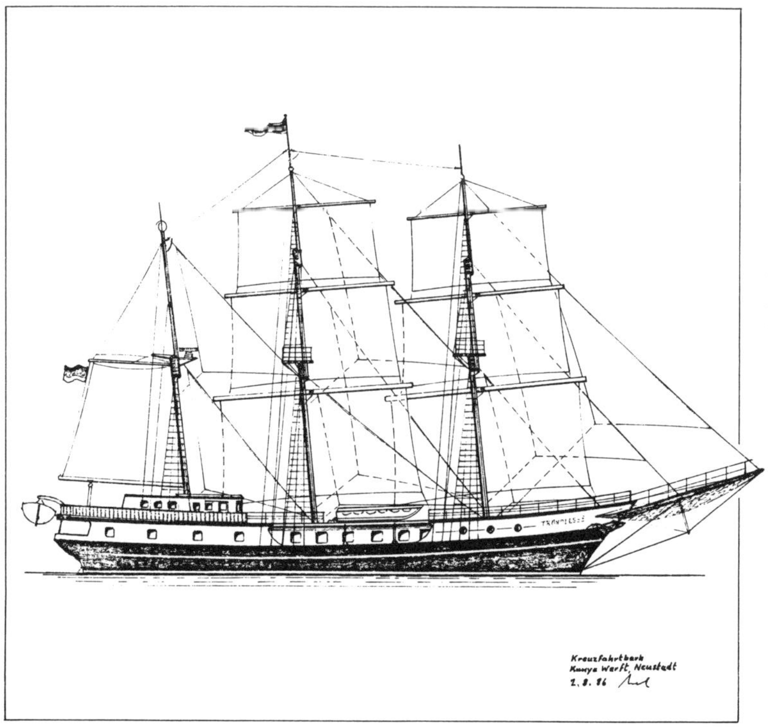

Zeichnung der Kunya-Werft, Neustadt, zum Umbau der einstigen »TRÖNDELSEE« zur Kreuzfahrtbark.
(Original: Kunya-Werft, Neustadt/Ostsee)

»Schonerzeit ist keine Schonzeit!«

»Schonerzeit ist keine Schonzeit!«, so ist ein Kapitel in einem lesenswerten fröhlichen Büchlein überschrieben, in dem *Hermann Kleefisch* seine Jugenderlebnisse bei der christlichen Seefahrt schildert. In den Jahren 1935 bis 1937 fuhr der heute in Kanada lebende Autor auf der »ARKONA« unter Kapitän *Hans Hoth,* von dem er heute noch große Stücke hält. Dessen Können lag, soweit er sich erinnert, wohl weit über dem Durchschnitt der damaligen Kleinschiffseigner. Auf Großseglern aufgewachsen, soll er schon mit 21 Jahren einen Schoner als Setzschiffer gefahren haben. Sein erstes eigenes Schiff war die »MARIA«, ein 1913 in Martenshoek gebauter Schoner, zu dem er durch Einheirat in die Abbenflether Familie des Schiffers *Peter J. Ahrens* gekommen war. Er fuhr dieses Schiff seit 1925 und war damit jahrelang in der Fahrt zwischen Schweden und Pommern beschäftigt, wo er hauptsächlich für den Straßenbau transportierte. Die »ARKONA« gehörte ihm von 1932 bis 1939. Kapitän *Hoth* starb im zweiten Weltkrieg bei einem Bombenangriff auf Hamburg.

Die »ARKONA« war nach *Kleefischs* Erinnerung ein gutes Seeschiff, das sich leicht steuern und manövrieren ließ. Es hatte zu seiner Zeit schon keine Seitenschwerter mehr, dafür aber einen Kiel. Auch die Seitenballasttanks waren verschwunden, doch hatte man die an Deck verschraubbaren Mannlochdeckel beibehalten, was sich beim Getreideladen als äußerst praktisch erwies. Das Roof saß nun zwischen Besanmast und Hütte (ohne den Einschnitt im Dach), der Mast wurde darüber hinweg nach hinten geklappt. Durch den Einbau eines Maschinenschachtes mit Skylight hatte die Kajüte erheblich an Raum verloren. Als Antrieb diente ein 100-PS-Deutz-Diesel mit zwei Zylindern und 360 Umdrehungen per Minute, der mit Luft gestartet wurde. An Segeln wurden Stagfock und Klüver, Gaffelgroßsegel und Spitzbesan gefahren. Auch unter Motor wurde von diesen noch ausgiebig Gebrauch gemacht.

Doch lassen wir nun den damaligen Seemann selbst zu Wort kommen:

Die »Arkona« war ein Zweimastschoner mit einem hübschen Klippersteven und nach dem ersten Weltkrieg auf der Germania-Werft, wie man ehrfürchtig sagte, aus U-Boot-Platten gebaut. Sie war mit 382 cbm vermessen und hatte eine Länge von ca. dreißig Metern.

Nach der Besatzungsanzahl gefragt, sagte ich immer: »Wir sind sechs mit Hund!« Dieser »sechste Mann« war sehr klein, konnte Tonnen und Bojen »aussingen«, auch ließ er als Wachmann keinen an Bord. Er mußte eine Mischung von Pinscher und Bergziege sein, denn bei Besorgungen an Land konnte er stolz wie ein Flottenkommandeur auf unseren Schultern stehen. »Hübsch« konnte unser »Drommel« machen und war auch sonst sehr gelehrig; bei »wie machen die kleinen Mädchen von St. Pauli?« legte er sich mit angelegten Vorderpfötchen auf den Rücken. – So streng waren da die Sitten.

»Drommel, mach mal hübsch!«
(Foto: H. Kleefisch)

»ARKONA« (im Vordergrund) 1935 in Stockholm.
(Foto: Hermann Kleefisch, Sammlung Joachim Kaiser, Glückstadt)

Der Autor dieses Berichts 1935 als »Chefkoch« auf der »ARKONA«.
(Foto: H. Kleefisch)

Im Winter mochte er gerne in unsere warmen Wachmäntel eingeknöpft werden, um Ruderwache oder Ausguck mit uns zu teilen. Im Ruderhaus stand eine Miniaturhundehütte mit einem Federkissen als Bett, was er auch für amouröse Spiele mißbrauchte. Seine größte Freude gaben ihm Kuhwiesen, wo er, fast unsichtbar, ganze Herden durch die Gegend scheuchen konnte. Hei, wie dann die Kühe sprangen – bis eines Tages ein Pferd dabei war! Nach fünffachem Salto hatte »Drommel« etwas gegen Kuhwiesen. – Beim Bahnhofswirt in Brunsbüttel besuchte er immer seine Freundin, wenn wir dort festmachten, um auf das Öffnen der Schleuse zu warten. Einmal waren wir schon auf dem Weg, um in die Schleuse einzufahren, als wir erst sein Fehlen feststellten. Es wurde sofort beigedreht und zurückgefahren. »Drommel« hatte schon von weitem unser Manöver beobachtet, denn er stand vorne auf dem hochgeklappten Fähranleger und wedelte sich vor Freude fast den Schwanz ab. Dann aber lief er was das Zeug hielt zu unserer Anlegestelle, wo er mit angelegten Ohren und unter Ausnützung seines ungeheuren Tempos zwei Meter durch die Luft schoß. Das unter ihm gurgelnde Wasser nicht achtend, landete er stolz auf unserer Großluke. – Er war eben ein Seemann vom alten Schlag.

Kuddel, Pastorsohn aus Pommern, groß und bullig von Natur, war fürs Arbeiten nicht geboren. Seine große Stärke bestand darin, bei allen möglichen und unmöglichen Situationen griechische und sonstige schlaue Sprüche zu zitieren. – Wir hatten einmal Koks zu entladen. Sehr beachten muß man dabei, daß von unten am Boden schräg hoch bis in die Ladeluke einige Planken gelegt werden, die der Schaufel immer einen guten Start ermöglichen. Wer das beim Laden versäumt, kann die Koksstücke beim Entladen einzeln auf die Schaufel legen! – Voller Staub in der heißen Sommersonne war diese Arbeit kein schönes Geschäft. – Da plötzlich, wie ein Kongo-Herold aussehend, schmiß Kuddel sich in seine volle Größe und rief in inbrünstiger Andacht: »Beschäftigung, die nie ermattet, die langsam schafft, doch nie zerstört, die Sandkorn nur für Sandkorn reicht, doch von der großen Schuld der Zeiten – Minuten – Tage – Jahre streicht.« – Dabei wurden die letzten Worte nur hingehaucht, so konnte er sich da hineinlegen. – Anders war es allerdings mit dem Koks; natürlich erreichten wir auf diese Art und Weise, d. h. ohne schaufeln, nicht den ersehnten Boden des Laderaums.

Georg, der Schorsch genannt wurde, war ein netter Junge aus Schlesien. Sein schlimmstes Schimpfwort hieß: du Igel! Er war dann richtig böse. Bei uns an Bord versah er seinen Dienst als Koch und Moses. Wir saßen mal beim Abendbrot. Schorsch hatte sein Würstchen in den Senf getaucht und wollte eben mit vollem Genuß abbeißen, als Erich rief: »Oh, sieh mal den großen Segler!« Dazu mußte sich Schorsch umdrehen, da die offene Tür hinter ihm war. Erich biß blitzschnell das halbe Würstchen ab. Der Angeführte schmiß ihm die andere Hälfte ins Gesicht: »Da, kannst du es auch ganz haben, du Igel!!!«

Einige Jahre später, als wir in einen Hafen einliefen, hörte ich plötzlich »du Igel« über das Wasser schallen. Das konnte nur unser guter Schorsch sein! Er war sehr beschäftigt mit Deckschrubben; dabei hatte sein Moses die Aufgabe, mit der Schlagpütz das Wasser hochzuholen und da hinzugießen, wo es gebraucht wurde, aber doch nicht in Schorschs Seestiefel! –

Gleich hinter dem Besanmast lag in einem kleinen Deckshaus, auch Roof genannt, die Kombüse, in der auch meine glorreiche Laufbahn an Bord begonnen hatte. Auf dem kleinen Feuerherd entstanden, mehr oder weniger gut, nach den Talenten der jeweiligen Köche, alle möglichen lukullischen Genüsse.

Stand aber das Besansegel in einem bestimmten Winkel, ging der Zug im Schornstein auf »Gegenkurs«. – Schorsch wollte dem dann nur glühenden und nicht brennenden Ofen mit etwas Dieselöl nachhelfen. – Es dauerte damals lange, bis seine Augenbrauen und Wimpern nachgewachsen waren.

Hinter dem Roof lag im halbhohen Kajütsaufbau der Salon und die Schlafkammer des Eigners: Kapitän Hans Hoth, auch Hans Hoth mit de Mütz genannt. – Ich verdanke ihm sehr viel, da er stets mein Vorbild als Navigator und Schiffsführer war. – Er blieb nicht auf See, sondern unter den Brandbomben in Hamburg. – Ich sehe ihn noch in seiner Behendigkeit und schnell wie ein Wiesel immer dort, wo es brenzlig war. Er wartete nie auf das, was geschehen konnte, sondern griff schon vorher mit seiner Tatkraft ein. – Oft las er seinen Rudergängern aus Fritz Reuters »Ut mine Stromtid« vor, wenn schönes Ostseewetter es zuließ. – In Helsinki wurde er auch einmal mit einem Reisenden in Damenunterwäsche verwechselt. – Hans Hoth war an Land ein Gentleman, aber an Bord ein Seemann durch und durch, der sein erstes Schiff als Kapitän mit einundzwanzig Jahren fuhr!

Ein Greuel waren ihm die Verhandlungen mit Behörden-Angestellten, die Butterbrot kauend von oben herab ihre Würde spielen ließen – dann ging es rund und schnurstracks zum Leiter dieser Behörde! – Solche Berichte an Bord endeten immer mit: »Go mi aff un go mi los.« – Ob Sturm, Nebel oder Stromversetzung, wir kamen immer dort an, wo wir hinwollten. – Viele Schiffe erreichten ihre Ziele nie.

Kapitän Hans Hoth 1936.
(Foto: H. Kleefisch)

Bei schlechtem Wetter, wie der Seemann einen Kuhstorm betitelt, Segel setzen oder bei Kurswechsel halsen (vor dem Wind segelnd das Segel auf die andere Seite bringen) und Bullentaljen versetzen, war stets eine nasse Angelegenheit und endete mit'n »Lütten ut de Buddel« zum Aufwärmen. Wurde das aber durch verunreinigte Laune oder sonstwie vergessen, erinnerte ich mit »wie is dat denn, Käppen, mit'n Lütten ut de Buddel?« Dann ging es aber los! »Wat ji immer all hebbt, nix wie Lustbarkeiten im Kopp, nix wie Lustbarkeiten im Kopp!« – Pause. – »Naja, ich meine sooo ja nicht, ihr könnt ja gerne einen ut de Buddel hebben.« Ging runter, holte die Flasche und schenkte ein.

Wollte ich an Land gehen und brauchte einen Vorschuß, so ging das folgendermaßen: Käppen, kann ich fünf Mark haben? Je nach Stimmung und Wetter ging es mit eindringendem Blick los: »Was willst du haben, füüünf Mark? Das ist ja eine Menge Geld. – Nein, ich meine, wenn man so bedenkt, für fünf Mark muß einer an Land lange arbeiten.« Es folgte ein hochinteressanter Vortrag über den absoluten Wert der fünf Mark, den enormen Einsatz und die vielen Variationen, fünf Mark zu erreichen. Dieser endete aber abrupt mit: »Ich meine es so ja nicht, Hermannche«, und er gab mir zehn Mark.

Auf unserem Schoner den Anker fallen zu lassen, war eine leichte Sache, hochtüddeln aber eine Vier-Mann-Angelegenheit, die ihre Zeit dauerte. In Turku, Finnland, mußten wir uns einmal sehr abquälen, den Schlickhaken hochzukriegen, bis wir endlich das bekannte, sehnsüchtig erwartete Gerumpel freudig an der Bordwand vernehmen konnten. Da mußten wir feststellen, daß wir »die gesamte finnische Marine« auf dem Haken hatten: und zwar den Anker eines Küstenwachschiffes. Dieser wurde von unserem Anker mit an die Oberfläche gebracht! Und der war nicht von Pappe.

Der Niedergang vorne hinter dem Ankerspill führte zu unseren Logis, welche an jeder Seite eine Ober- und eine Unterkoje hatten. Querab zu diesem Niedergang war an Steuerbord das Lampenspind, in dem am Tage und im Hafen die Positionslampen untergebracht waren. Bevor diese abends an ihre Plätze gesetzt wurden, mußten sie mit Petroleum aufgefüllt und gesäubert werden, das sogenannte »Lampentrimmen«.

An der Backbordseite, gegenüber dem Lampenspind, war das Örtchen, ohne Herzchen an der Tür, was ich in sehr schlechter Erinnerung habe! Der Grund dazu war ein defektes Rückschlagventil unten, außen an der Bordwand. Immer wenn die gute »Arkona« bei schwerem Seegang die Nase einsteckte, gab es nicht nur ein unfreiwilliges Sitzbad gratis, sondern auch das, was man sich soeben mühselig abgequält hatte.

Geladen wurde durch drei Luken, fast regelmäßig Holz aus Finnland. Dort von fachkundigen Männern und Frauen gestaut, wurde es mit großen Holzhämmern so fest angeklopft, daß nicht einmal ein Taschentuch dazwischengepaßt hätte. Um das zulässige Ladegewicht herauszubekommen, lag ⅓ des Schnittholzes an Deck hoch aufgestapelt, was bei schlechtem Wetter zu häßlichen Komplikationen führen konnte, da sich das trockene Holz an der hochschlagenden See vollsaugte. – Einmal konnten wir nicht mehr gegenan arbeiten und mußten, um zu überleben, das klitschnasse Holz über Bord schmeißen. Das war im Oktober 1936, als in diesem Orkan einige Schiffe, darunter auch das Feuerschiff »Elbe I«, mit Mann und Maus in der hohen See verschwanden! Die starke Schlagseite zwang uns damals, sechsunddreißig Stunden ununterbrochen zu arbeiten – das Wort »Überstunden« kannten wir noch nicht! Dabei stand ich die ganze Zeit am Ruder, um das Schiff in den Wind zu halten. Nur so war es möglich, die schwere und gefährliche Arbeit zu verrichten.

Bei solch einem Wetter ein Schiff in der den Umständen entsprechenden möglichst besten Lage zu halten, erfordert jede Sekunde vollste Konzentration.
Als wir endlich die Schleuse von Holtenau mit sechzig Zentimeter Schlagseite erreicht hatten, meinte der Schiff-Sicherheits-Beamte zum Kapitän: »Mit diesem Schiff gehen Sie aber nicht in die Nordsee!«
Nein, da wollten wir auch gar nicht hin, denn unsere Holzladungen waren immer für Elmshorn bestimmt, wo wir mit der Firma Schüter & Krämer langfristig Abschlüsse hatten. Oft brauchten wir bei ungünstigen Tiden die längste Zeit der Reise, um auf der flachen Krückau hochzurutschen. Das ablaufende Wasser bereitete jedesmal unseren qualvollen Bemühungen ein jähes Ende, dann mußte das nächste Hochwasser abgewartet werden, was »Drommel« für seine Kuhwiesenfreuden ausnütze. Natürlich wären dabei die Kühlwasserleitungen der Maschine jämmerlich verschlickt, hätten wir nicht vorher auf der Elbe die Bilge mit Wasser gefüllt, um von dort aus zu kühlen.
Es war in Travemünde, als ich vorne beim Ablegen und Absetzen den Moment verpaßt hatte, zurück an Bord zu springen. »Voll rückwärts« schob der Motor das Schiff ins Fahrwasser! Da gab es für mich nur eins: Anlauf und Hechtsprung – und schon arbeitete ich mich am Backstag des Klüverbaums hoch. »Kiek, Hein, dat sünd doch noch Seelüd«, hörte ich hinter mir, was mir ungeheuere Kraft verlieh, meinen Schmerz zu unterdrücken. – Ich hatte mir an den »Drahtläusen« meine Handflächen aufgerissen! – (So nennt man die aufgebrochenen Teile einer Stahltrosse.)
Übrigens traf ich Kuddel nochmal wieder. Es war bei Sagebiel in Hamburg auf dem Fest der Seefahrt. Er hatte sich dort mit zwei fuchsbehangenen Gutstöchtern aus seiner Nachbarschaft umrahmt. Inzwischen fuhr er als Zweiter auf einem Ostseefrachter. Er war inzwischen solche »Größe« geworden, daß beim Sitzen sein Bauchnabel zwischen den Knien Versteck spielen konnte.

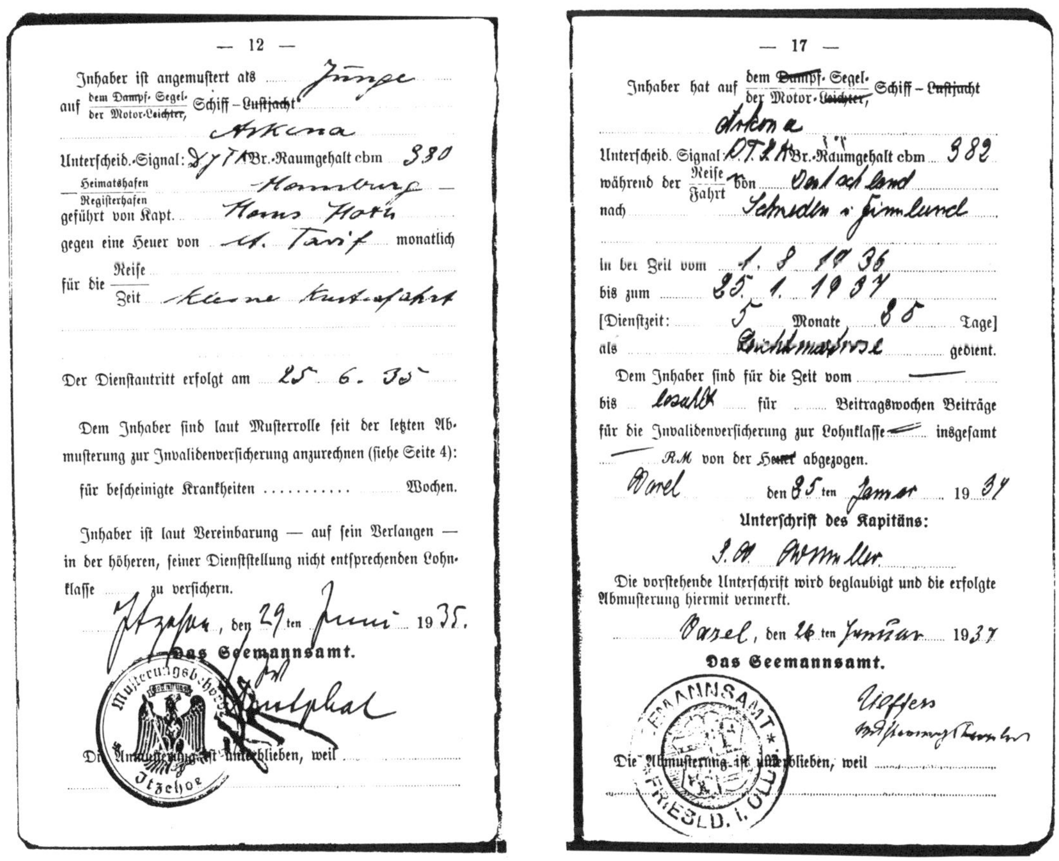
— 12 —

Inhaber ist angemustert als Junge
auf dem Dampf- Segel- / der Motor-Leichter, Schiff – Luftjacht
Arkona
Unterscheid.-Signal: ... Br.-Raumgehalt cbm 330
Heimatshafen / Registerhafen Hamburg
geführt von Kapt. ...
gegen eine Heuer von ... Tarif monatlich
für die Reise / Zeit ...

Der Dienstantritt erfolgt am 25. 6. 35

Dem Inhaber sind laut Musterrolle seit der letzten Abmusterung zur Invalidenversicherung anzurechnen (siehe Seite 4):
für bescheinigte Krankheiten .... Wochen.

Inhaber ist laut Vereinbarung — auf sein Verlangen — in der höheren, seiner Dienststellung nicht entsprechenden Lohnklasse ... zu versichern.

..., den 29ten Juni 1935.
Das Seemannsamt.

Die Abmusterung ist unterblieben, weil ...

— 17 —

Inhaber hat auf dem Dampf- Segel- / der Motor-Leichter, Schiff – Luftjacht
Arkona
Unterscheid. Signal: ... Br.-Raumgehalt cbm 382
während der Reise / Fahrt von Deutschland
nach Schweden u. Finnland

in der Zeit vom 1. 8. 1936
bis zum 25. 1. 1937
[Dienstzeit: 5 Monate 25 Tage]
als Leichtmatrose gedient.

Dem Inhaber sind für die Zeit vom —
bis ... für ... Beitragswochen Beiträge für die Invalidenversicherung zur Lohnklasse — insgesamt — RM von der Heuer abgezogen.

Varel den 25ten Januar 1937
Unterschrift des Kapitäns:
...

Die vorstehende Unterschrift wird beglaubigt und die erfolgte Abmusterung hiermit vermerkt.

Varel, den 26ten Januar 1937
Das Seemannsamt.

Die Abmusterung ist unterblieben, weil ...

Auszug aus Hermann Kleefischs Seefahrtsbuch über seine Anmusterung auf der »ARKONA« als Junge am 25. Juni 1936 und die am 25. Januar 1937 nach 19 Monaten erfolgte Abmusterung als Leichtmatrose.
(Original bei H. Kleefisch)

Ende November 1920 verläßt die neue »ELISABETH SEUMENICHT« zu einer Erprobungstour die Kieler Förde unter Maschine. Trotz mächtiger Auspuffwolke (unterm Heck) scheint das Schiff, beurteilt man es an der Bugwelle, nicht allzu viel Fahrt zu machen.
(Sammlung Verfasser)

Baunummer 390: Galiot »Elisabeth Seumenicht« / »Rob« / »Tanja«

Unter der Baunummer 390 konnte im Oktober 1920 die Nummer zwei der plattbodigen Galioten fertiggestellt werden. Auf ihren Verkauf brauchten die Kieler Werftherren nicht so lange zu warten wie beim Vorläufer: bereits im darauffolgenden Monat wurde das Schiff an den Itzehoer Kreidefabrikanten *Ernst Seumenicht* übergeben. Am 3. Dezember 1920 erfolgte die Eintragung als »ELISABETH SEUMENICHT« (LWSM) ins Itzehoer Seeschiffsregister. Zusammen mit zwei neuen stählernen Schonern sollte die kleine Seumenichtsche Flotte hauptsächlich für die Versorgung der Itzehoer Kreidefabrik eingesetzt werden. Ausgehend wurden nach Möglichkeit die Fertigprodukte des eigenen Werkes in den Skandinavischen Raum transportiert, während heimkehrend meistens an der Südküste der dänischen Insel Moen Rohkreide für den heimatlichen Betrieb am Itzehoer Suder Hafen geladen wurde. Daß darüber hinaus, besonders in der Anfangszeit, auch andere lohnende Frachten nicht ausgeschlagen wurden, bezeugt die Schiffahrtsseite der »Kieler Zeitung« auch im Fall der »ELISABETH SEUMENICHT« mehrfach. Dieses Blatt, das so reges Interesse an den Bewegungen der kleinen Kruppschiffe zeigte, gibt in seinen kurzen Notizen viele Hinweise auf Ereignisse und Fahrten. 27. August 21: *»›Elisabeth Seumenicht‹ mit Maschinenschaden von Bandholm eingelaufen. Die Welle ist gebrochen, wird bei Germania repariert.«* 7. März 22: *»›E. S.‹ ladet Mauersteine für Dänemark«;* 18. März 22: *»E. S. leer von Dänemark zurück, um wieder Steine zu laden«;* und zwei Wochen später nochmals: 5. April 22: *»E. S. leer ein, um Mauersteine für Dänemark zu laden.«*

Die »ELISABETH SEUMENICHT« wurde von den Kapitänen *P. Winter, J. Jürgens* und *H. Graetzsch* gefahren. Im Jahre 1925 zog sich *Ernst Seumenicht* aus dem Reedereigeschäft zurück und verkaufte seine Motorsegler an verschiedene Interessenten im In- und Ausland.

Während zwei seiner Schoner innerhalb Deutschlands verkauft wurden, ging seine »ELISABETH SEUMENICHT« am 6. Februar 1925 nach Holland an Kapitän *P. Houtstra* aus Groningen. Als »ROB« mit Unterscheidungssignal PRKQ sollte diese Galiot zwölf Jahre lang zur

Nach Passieren von Friedrichsort (links) wurden Segel gesetzt und der Motor abgestellt.
(Sammlung Dr. Jürgen Meyer, Bremen)

Jürgen Jürgens aus Beidenfleth (1880–1961) war 1924 Kapitän der »ELISABETH SEUMENICHT«.
(Foto: W. Jürgens, Beidenfleth, Sammlung Verfasser)

»ROB« ex »ELISABETH SEUMENICHT« Ende der zwanziger Jahre im Hafen von Rotterdam.
(Sammlung Joachim Kaiser, Glückstadt)

Groninger Flotte gehören. Sie war damit das am längsten unter holländischer Flagge gelaufene Schiff dieses Typs. Erst 1937 trennte Kapitän *Houstra,* der den Motorsegler auch selbst gefahren hatte, sich als letzter Groninger Eigner von dem Schiff.
Im April 1937 kaufte die norwegische Reederei *SKIBS A/S TANJA* mit *Egil Odd* als Hauptreeder den Frachter und ließ ihn als »TANJA« (LJKX) in Oslo registrieren. Ein Jahr später erfolgte bereits ein erneuter Eignerwechsel, als »TANJA« von der Osloer Firma *Holter Sørensen & Co.* gekauft und in die Reederei *Skibs A/S Nye Tanja* eingebracht wurde.
Während der Besetzung Norwegens durch deutsche Truppen kam »TANJA« unter Hakenkreuzflagge, war aber weiterhin in Oslo beheimatet. Ihr Ende ereilte sie am 20. Januar 1943, als sie in Ballast bei stürmischem Wetter in der Nähe von Kirkenes auf die Felsen getrieben wurde und dabei verlorenging.

(SSR Itzehoe Nr 921, GL-Reg. 1923/28/33, Lloyds-Reg. 1928, »BATOLOGEN« 1928/2, »KIELER ZEIUNG« 1922/23, Mitteilung der Herren Dr. Boman/Uppsala, F. C. Blaas/Altenholz und H. J. Abert/Ratzeburg)

Nr. 391: Galiot »Kastytis«

Die Baunummer 391 kam im Oktober 1920 zu Wasser und konnte im Januar 1921 fertiggestellt werden. Zusammen mit dem ebenfalls im gleichen Monat fertiggewordenen Schwesterschiff Nr. 392 sollten diese beiden kleinen Motorsegler ein neues Kapitel Schiffahrtsgeschichte einleiten. Sie gelten als die ersten Einheiten der Flotte des 1919 gegründeten Freistaates Litauen. Am 18. Februar 1921 wurde dessen Flagge zum ersten Mal im Kieler Hafen an Bord der beiden neuen Galioten »KASTYTIS« und »JURATE« gesetzt. Käufer war die Firma *»Lietuvos Garlaiviu Bendrové«* in Kowno (Kaunas), die die Schiffe in Ermangelung eines Seehafens (das Memelgebiet war noch nicht besetzt) in Jurburgas (Georgenburg) registrierte.
Bereits am 6. März 1921 lief die »KASTYTIS« mit deutscher Besatzung von Kiel nach Reval aus, um dort Holz für Geestemünde zu laden.
Besonderheiten lassen sich aus dem ohnehin nur kurzen Leben des Schiffes nicht berichten. Im Register des Germanischen Lloyd von 1923 findet sich die Anmerkung *»Motor vorläufig nicht in Betrieb«.* Kapitän war in jenem Jahr *H. Kiel.*
Das Ende der »KASTYTIS« war im Februar 1925 zu beklagen, als das Schiff auf der Reise von Bremen nach Västervik mit einer vollen Ladung Kohlen an der schwedischen Küste strandete und zum Totalverlust wurde. Von den acht Schwestern war die Baunummer 391 somit die kurzlebigste gewesen. Die Strandung war wohl auch der Grund, daß sie als einzigste nicht nach Groningen verkauft wurde.
(GL-Register 1923, Schiffahrt international 10/1984, Strandgut 10/1985)

Nr. 392:
Galiot »Jurate« / »Thea«

Baunummer 392, im November 1920 vom Stapel gelaufen und im Januar 1921 fertiggestellt, wurde wie der Vorgänger an die Litauische Schiffahrtsgesellschaft *»Lietuvos Garlaiviu Bendrové«* in Kaunas verkauft und in Jurburgas beheimatet. Unter dem Namen »JURATE« ging diese Galiot am 1. März 1921 mit deutscher Besatzung in Ballast nach Memel, von da weiter nach Reval, um dort eine Holzladung einzunehmen. Auch von diesem Schiff sind keine besonderen Begebenheiten überliefert. Im Gegensatz zur Schwester scheint die »JURATE« ihre Maschine stets gebraucht zu haben, jedenfalls ist den Registereintragungen nichts Gegenteiliges zu entnehmen.

Die »THEA« ex »JURATE« um 1928 im Besitz von Kapitän H. Oldenburg aus Groningen. Der Rumpf ist noch in seinem Originalzustand, doch ist die Besegelung erheblich verkleinert worden: Die Großmaststenge fehlt, ebenso die Fockrah, der Klüverbaum ist auf die Hälfte verkürzt, und als Besan wird nur noch ein Dreikantsegel gefahren. Auf dem Vorschiff ist die sogenannte »Jütt« zu erkennen: zwei zum Dreieck geformte Spieren, die zum Legen des Großmastes dienten.
(Sammlung F. R. Loomeijer, Groningen)

»THEA« in Hoek van Holland einlaufend. (Sammlung F. R. Loomeyer, Groningen)

Im Jahre 1927 kam das Schiff als letztes der noch vorhandenen sieben Schwesterschiffe unter die rot-weiß-blaue Flagge der Niederlande. Käufer war Kapitän *H. Oldenburg* aus, wie könnte es anders sein, Groningen, der den Namen in »THEA« (PTNC) änderte. Zur Groninger Flotte allerdings sollte das Schiff nur wenige Jahre gehören. Schon 1930 wurde es in die Karibik verkauft, womit ihm die längste Seereise aller Kruppschen Galioten bevorstand.
Neuer Eigner der »THEA« wurde *Eugene Auberry* aus Fort de France auf Martinique. Ein stählernes Plattbodenschiff mit Seitenschwertern dürfte in diesem Teil der Welt bestimmt als exotische Rarität betrachtet worden sein. Das Fahrzeug scheint sich in der dortigen Inselwelt jedoch gut bewährt zu haben, denn es läßt sich über 20 Jahre lang in den Schiffslisten verfolgen.
1936 wird mit *P. Gernidos* aus Fort de France der nächste Eigner registriert. Noch im gleichen Jahr läßt dieser den alten HMG-Glühkopf gegen einen MWM-Diesel unbekannter Leistung auswechseln. Noch 15 Jahre lang konnte die »THEA« ihrem Eigner das tägliche Brot verdienen. Sie wurde 1951 aus Lloyds Register gestrichen. Was danach mit ihr geschah, hat bisher nicht ermittelt werden können. Mag sein, daß ihre Laufbahn 1951 wirklich zu Ende war, doch kann es auch angehen, daß die alte Galiot auch heute noch in den warmen Wassern der Karibik als unregistriertes Schiff ihren Dienst versieht.

(GL-Register 1923, Lloyds Register 1928, Strandgut 10/1985: Th. Dorgeist: Die Handelsflotte des Freistaates Litauen)

Baunummer 393: Galiot »Gertrud Stein« / »Voorwaarts« / »Oliva« / »Ingrid Becker« / »Elisabeth S.« / »Annemarie II«

Als fünfte Galiot kam die Nummer 393 im Dezember 1920 vom Stapel. Sie wurde im März nächsten Jahres fertiggestellt und sogleich an die Hamburger Reederei *J. H. Jensen* verkauft. Erstmals erfahren wir hier etwas über den Wert eines solchen Schiffes: er wird mit 970000 Mark angegeben. Am 26. März 1921 ließen die Eigner der Reederei, *Martin Jensen* und *Kurt Stein,* ihre Neuerwerbung in Hamburg als »GERTRUD STEIN« (RBFJ) eintragen. Unter Führung des Kieler Kapitäns *Hans Friedrichs* wurde die Galiot in der Nordeuropäischen Fahrt eingesetzt. Die Firma trennte sich schon vor Ablauf eines Jahres wieder von der »GERTRUD STEIN«.
Am 10. März 1922 wurde sie über den Rotterdamer Makler *D. C. Mühring* verkauft an Kapitän *G. Dories* in Groningen, wo sie den Namen »VOORWAARTS« (PWTB) erhielt. Diese Galiot blieb die zweitlängste Zeit, nämlich bis 1933, unter der holländischen Flagge. Übertroffen wurde sie darin nur noch von »ROB« (Nr. 390), die bis 1937 in Groningen zu Hause war.

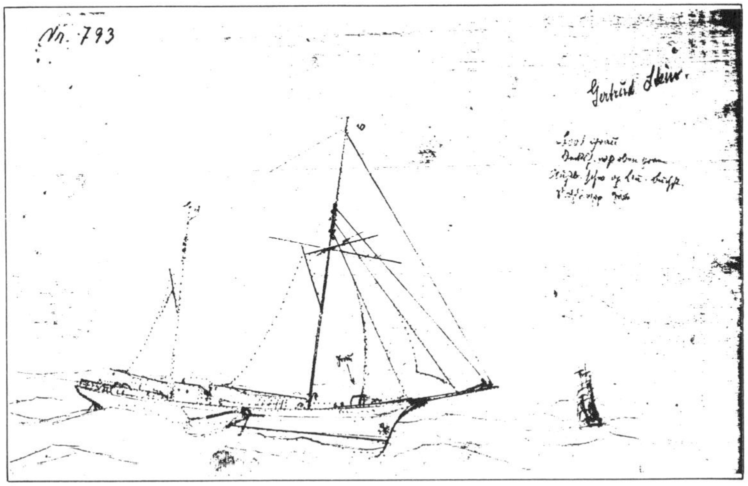

Julius Gregersens Skizze für ein Gemälde der »GERTRUD STEIN«, welches er 1921 zusammen mit zwei weiteren Bildern an die Firma Jensen & Stein zum Gesamtpreis von 1700,- lieferte.
(Original in Dansk Bibliothek, Flensburg)

Ab 4. August 1933 ist die einstige »GERTRUD STEIN« wieder im Hamburger Register zu finden. Sie heißt jetzt »OLIVA« (RIGT) und gehört *Wilhelm Friedrich Kockjey* aus Altona. *Gustav Albert Bartelt* aus Stettin fuhr den Motorsegler als Kapitän. Gleich zu Beginn seiner neuen Laufbahn machte der kleine Frachter sowohl seinem Reeder als auch der Besatzung ziemlich zu schaffen: dreimal auf einer einzigen Reise von Itzehoe nach Königsberg mußte wegen Motorschadens und Lecken des Ballasttanks Hilfe angefordert werden, so am 23. November, am 30. November und noch einmal am 4. Dezember 1933. Am 17. Juli 1934 hatte die »OLIVA« vor Cuxhaven eine Kollision mit dem schwedischen Dampfer »BELLA«, wobei beide Schiffe Schäden über der Wasserlinie davontrugen. Kpt. *Bartelt* mußte sich vorwerfen lassen, daß er durch ein unzweckmäßiges Manöver beim Ablegen vom Zollkreuzer der »BELLA« vor den Bug gelaufen war und somit den Unfall verursacht hatte.
Außer einem Schraubenschaden am 14. März 1937 sind dann weitere Havarien nicht mehr zu verzeichnen.
Im August 1942 wurde *Gustav Bartelt* Alleininhaber der »OLIVA«, nachdem er schon vorher Anteile übernommen hatte. Er fuhr sein Schiff, welches nach dem Kriege in Cuxhaven beheimatet war, bis 1951.
Nächster Eigner wurde nun Kapitän *Richard H. C. Becker,* für den das Fahrzeug als »INGRID BECKER« (DGYW) in Rendsburg eingetragen wurde. Nach einer Verlängerung im Oktober 1951 von 30,20 auf 35,63 Meter, wodurch die Tonnage auf 197 BRT bzw. 139 NRT kam, konnte man nun statt 190 Tonnen rund 300 laden. Der bald zwei Jahrzehnte alte 108 PS leistende Bohn & Kähler-Diesel von 1933 wurde gegen einen MAK-Diesel mit 180 PS ausgewechselt. Überhaupt veränderte sich das ganze Aussehen des Schiffes, und zwar nicht gerade zu seinem Vorteil:

Viel zu erkennen gab es nicht von der »OLIVA« (rechts), als sie im Sommer 1933 bei Hugo Peters in Beidenfleth auf Slip lag, um für ihren neuen Eigner aufgemöbelt zu werden. Der schön geformte Kruppsche Klippersteven kommt hier jedoch gut zur Geltung. Und von der Back schaut interessiert die Besatzung bei der Taufe des soeben fertiggestellten Schoners »GENIUS« zu.
(H. W. Peters, Wewelsfleth, Sammlung Verfasser)

»ELISABETH S« um 1965 im Nordhafen von Helsingborg mit einer vollen Ladung Schnittholz. Das stark verbaute Schiff weist keinerlei Ähnlichkeit mehr mit der ursprünglichen »GERTRUD STEIN« auf. Nur noch Teile des Hecks und des Vorstevens scheinen von der alten Bausubstanz übriggeblieben zu sein.
(Foto: C. G. Nyström, Helsingborg)

Ein zum Sterben verurteiltes Schiff wartet auf sein Ende: Die »ANNEMARIE II« ex »ELISABETH S.« ex »INGRID BECKER« ex »OLIVA« ex »VOORWAARTS« ex »GERTRUD STEIN« im Mai 1979 an ihrem Liegeplatz im Vareler Hafen. Als letzte der unter deutscher Flagge fahrenden ehemaligen Kruppschen Galioten wurde das Schiff noch im gleichen Jahr abgewrackt.
(Foto: F. R. Loomeijer, Groningen)

»ANNEMARIE II« im Mai 1979 im Hafen von Varel. Das Schiff wird als Sand- und Kiessauger eingesetzt, erkennbar an dem kräftigen Pumpenrohr, das über dem Laderaum verläuft.
(Foto: F. R. Loomeijer, Groningen)

Heck und Steven wurden modernisiert, die Ladeluke vergrößert, und von den Masten blieb nur noch einer erhalten. Mit einem auf solche Weise modernisierten Frachter ließ sich wesentlich leichter lohnende Ladung finden.
Mit dem gerade erst umgebauten Fahrzeug schien es zwei Jahre später endgültig vorbei zu sein. Am 18. April 1953 kollidierte »INGRID BECKER« mit dem deutschen Motorschiff »NORDER TILL« bei Trelleborg und ging unter. Eine Woche später allerdings hing das Schiff bereits wieder am Haken der Berger und konnte am 28. April nach Hamburg geschleppt werden. Die Reparatur wurde dann wohl in Glückstadt ausgeführt, denn hier erhielt das Schiff im Juli 1953 seine neue Klasse.
Im Oktober 1954 ging der Frachter mit unverändertem Namen an die Reederei *Edith Becker & Erben,* in deren Besitz es bis 1963 blieb.
Von 1963 bis 1967 gehörte es als »ELISABETH S.« *Heinrich Schneider* aus Eutin; der Heimathafen blieb aber Rendsburg.
1967 erwarb die *Sand- und Kiesbaggerei Poppe GmbH* in Varel die »ELISABETH S.«, verlegte den Heimathafen nach Varelerhafen und baute den Frachter zum Sandsauger um. 1968, weiterhin unter gleichem Eigner, wurde der Schiffsname ein letztes Mal in »ANNEMARIE II« geändert.
Als solche wurde die einstige Galiot im Jahre 1979 abgewrackt.

(SSR Hamburg Nr. 5531 und Nr. 7601, GL-Reg. 1923/28/33/52/60, Handbuch 1926/27/28/35/38/52/65–79, Kartei Seeamt Hamburg, Kartei Dr. R. Boman/Uppsala)

Eine der flachbodigen Galeassen, von der Werft als »Motorgaliote« bezeichnet, bei einer ihrer Probefahrten in der Kieler Bucht. Vermutlich handelt es sich hier um die »HANS ULRICH«.
(aus: Schiffbau Nr. 40/1921 Repro: Eschenburg)

Motorgaliote von 195 t Tragfähigkeit, gebaut von der Fried. Krupp A.-G. Germaniawerft, Kiel-Gaarden

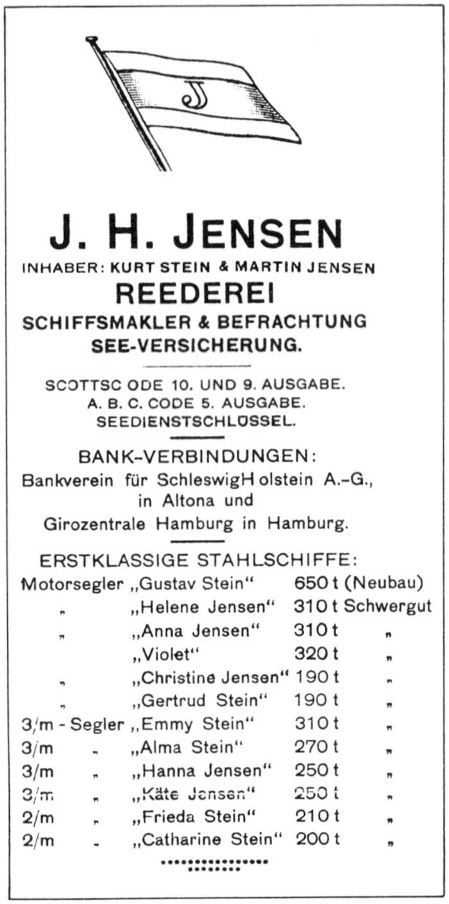

J. H. JENSEN
INHABER: KURT STEIN & MARTIN JENSEN
REEDEREI
SCHIFFSMAKLER & BEFRACHTUNG
SEE-VERSICHERUNG.

SCOTTSC ODE 10. UND 9. AUSGABE.
A. B. C. CODE 5. AUSGABE.
SEEDIENSTSCHLÜSSEL.

BANK-VERBINDUNGEN:
Bankverein für SchleswigHolstein A.-G., in Altona und
Girozentrale Hamburg in Hamburg.

ERSTKLASSIGE STAHLSCHIFFE:

Motorsegler	„Gustav Stein"	650 t	(Neubau)
„	„Helene Jensen"	310 t	Schwergut
„	„Anna Jensen"	310 t	„
	„Violet"	320 t	„
„	„Christine Jensen"	190 t	„
„	„Gertrud Stein"	190 t	„
3/m - Segler	„Emmy Stein"	310 t	„
3/m „	„Alma Stein"	270 t	„
3/m „	„Hanna Jensen"	250 t	„
3/m „	„Käte Jensen"	250 t	„
2/m „	„Frieda Stein"	210 t	„
2/m „	„Catharine Stein"	200 t	„

Baunummer 394: Galiot »Christine Jensen« / »Egberdina II« / »Dina« / »Salvatore« / »Dina Cassisa« / »Vito Barraco«

Als zweiten Neubau des Galiotentyps kaufte die Hamburger Reederei *J. H. Jensen* die Nummer 394, die als »CHRISTINE JENSEN« (RBFH) am 26. März 1921 in Hamburg registriert wurde. Das Schiff war im Dezember 1920 vom Stapel gelaufen, war am 7. März 1922 vermessen worden und hatte im April vom GL seine Klasse »+100 A4 K« erhalten. Inzwischen hatte sich die Reederei *J. H. Jensen,* die vor dem Krieg als kleine Dampferreederei in Flensburg bestanden hatte und 1920 nach Hamburg übergesiedelt war, eine beachtliche Schonerflotte aufgebaut. 1921 gehörten ihr folgende »erstklassige Segelschiffe«, wie der Firmenbriefkopf ausweist: die Dreimastschoner »EMMY STEIN« (310 t, 1912 gebaut), »ALMA STEIN« (270 t, 1901 gbt.), »HANNA JENSEN« (250 t, 1905 gbt.), »KÄTE JENSEN« (250 t, 1916 gbt.), die Zweimastschoner »FRIEDA STEIN« (210 t, 1904 gbt.) und »CATHARINE STEIN« (200 t, 1913 gbt.), ferner die Zweimastmotorschoner »HELENE JENSEN« (310 t, 1920 gbt.), »ANNA JENSEN« (310 t, 1921 gbt.) und »VIOLETT«, aus der später »ALMA STEIN« (2.) wurde (320 t, 1921 gbt.), sowie schließlich unsere beiden Galioten »GERTRUD STEIN« und »CHRISTINE JENSEN«. 1923 sollten dann noch die stählerne Motorbarkentine »GUSTAV STEIN« (650 t) und der Motordreimastschoner »CATHARINE STEIN« (2.) (580 t) hinzukommen, womit *J. H. Jensen* nicht nur eine der bekanntesten, sondern auch die größte Schonerreederei Hamburgs wurde. Ein Großteil der Segler war in der Südamerikafahrt beschäftigt, die kleineren hingegen kamen über die Grenzen der Nord- und Ostsee nicht hinaus. Die Reederei mußte ihre Flotte mit großem Verlust verkaufen, als nach dem New Yorker Börsenkrach 1928/29 die aufgenommenen amerikanischen Kredite zurückgezogen wurden.

Nach diesem Abstecher aber nun zurück zur »CHRISTINE JENSEN«, die unter Kapitän *Hans Hofmeister* aus Ratzeburg in der Europäischen Küstenfahrt beschäftigt wurde. Auch von ihr sind ein paar Meldungen aus der »Kieler Zeitung« erhalten: *»Am 24. Juli 1921 ist ›CHRISTINE JENSEN‹, unterwegs nach Rußland, mit Motorschaden in Kiel eingelaufen«.* Am 13. September 1921 wurde auf der Reise von Trangsund nach Hamburg der Kanal passiert, und am 2. Oktober 1921 wurde erneut der Kanal in Richtung Hamburg durchlaufen, nachdem das Schiff an der Bauwerft in Kiel repariert worden war.
Schon 1922 trennten sich die Hamburger Eigner von ihren beiden Galioten, die nun, wie fast alle übrigen Schwesterschiffe, nach Groningen verkauft wurden. Am 7. Juni 1922 übernahm der Rotterdam-Makler *D. C. Muhring* »CHRISTINE JENSEN«, nachdem er schon einige Tage vorher die »GERTRUD STEIN« erworben hatte.
Am 7. Juli 1922 wird die Galiot als »DINA« (NMDK) in Groningen für den Schiffer *Friedrich Boerma* registriert. Sie bleibt in dessen Besitz, bis sie 1933 nach Italien verkauft wurde.
Unter dem Namen »SALVATORE« gehört das Schiff ab April 1933 *G. Cassisa* aus Trapani. 1936 wird der Eigner *R. Cassisa,* der den Schiffsnamen 1938 wieder in »DINA« ändert.
Über die Schiffsnamen geben die zu dieser Arbeit herangezogenen Lloyds-Register keine befriedigende Auskunft. So erscheint z. B. der Name »SALVATORE« ab 1938 überhaupt nicht mehr, dafür taucht als weiterer Exname zwischen »CHRISTINE JENSEN« und »DINA« nun noch »EGBERDINA II« auf. So könnte das Schiff zwischen dem 7. Juni und 7. Juli 1922 geheißen haben.

Die »DINA« ging am 2. Juni 1943 bei der Insel Pantelleria verloren, wurde aber geborgen und wieder in Fahrt gesetzt. Eigner war zu dieser Zeit *Giuseppe Cassisa* aus Trapani. 1949 wurde *Luigi Cocco* neuer Eigner, der das Schiff den Vorbesitzern zu Ehren 1953 in »DINA CASSISA« umbenannte. 1957 wurde daraus »VITO BARRACO« (IMBL), nachdem der Frachter an *Giuseppe Barraco,* der ebenfalls aus Trapani stammte, verkauft worden war. Er ist 1963/64 noch im Lloyds-Register verzeichnet, wurde jedoch im folgenden Jahr gestrichen.

(SSR Hamburg Nr. 5532, Lloyds-Reg-1928-1964, Mitteilung von Herrn H. J. Abert/Ratzeburg)

Drei Jensen-Schoner (von oben): »HANNA JENSEN«, »KÄTHE JENSEN« und »HELENE JENSEN«.

»HANS ULRICH« unter vollen Segeln – nur die Breitfock ist nicht gesetzt – auf Erprobungsfahrt in der Kieler Bucht.
(Sammlung Dr. Jürgen Meyer)

Nr. 395: Galiot »Hans Ulrich« / »Maria« / »Charlotte Grappendorf«

Die im Februar 1921 fertiggestellte Baunummer 395 ging kurze Zeit später an die in Berlin ansässige Reederei von *Jaenecke & Co. GmbH.* Diese Firma, deren Hauptgesellschafter der in Prerow wohnende Kapitän *Diedrich* und der Berliner Kaufmann *Jaenecke* waren, hatten bekanntlich vorher den unter Baunummer 386 beschriebenen Motorschoner »GUSTAV ADOLF« besessen, der im November 1920 in schwerem Wetter bei Memel auf Strand gesetzt werden mußte. In einem aufsehenerregenden Rechtsstreit verlangte Dr. Jaenecke von der Bauwerft Schadenersatz für sein unversichert gewesenes Schiff, da die mangelnde Stabilität und sonstige Baufehler ein Verschulden der Werft seien. Wie man sich damals einigte, ist nicht überliefert, daß man es aber tat, ist durch die Übernahme der neuerbauten Galiot Nr. 395 belegt.

Das Schiff erhielt den Namen »HANS ULRICH«, wurde in Barth/Pommern registriert und kam unter Kapitän *Diedrich* in der Küstenfahrt zum Einsatz. Einzelheiten aus dieser Zeit sind nicht überliefert. Man kann davon ausgehen, daß Kpt. Diedrich als Miteigner für sorgfältige Behandlung und wirtschaftlichen Einsatz seines Motorseglers gesorgt hat. Die Zeiten in der Schiffahrt jedoch waren damals alles andere als rosig, und so entschloß man sich im Sommer 1922 zum Verkauf, nachdem man aus Holland ein günstiges Angebot erhalten hatte.

Mit neuem Namen »MARIA« wurde das Schiff nun in Groningen registriert, wo ihm das Unterscheidungssignal PKMR zugeteilt wurde. Käufer war *J. Kuipers,* der seine Neuerwerbung jedoch im nächsten Jahr an den ebenfalls aus Groningen stammenden Kapitän *Douwe Stienstra* weitergab. Das im Juli 1922 in seinem Heimathafen neuvermessene Fahrzeug hatte nun einen Raumgehalt von 133 BRT und 96 NRT, was aber an der bisherigen Tragfähigkeit von ca. 190 t nichts änderte.

Acht Jahre lang fuhr Kpt. *Stienstra* mit seiner »MARIA« in der europäischen Küstenfahrt. Wie die Registereintragungen belegen, war er in dieser Zeit häufiger Gast auf deutschen Werften, wo die notwendigen Besichtigungen zum Klassenerhalt vorgenommen wurden, z. B. 1923 in Hamburg, 1925 in Lübeck, 1926 in Harburg oder 1930 in Beidenfleth.

Im April 1929 schien »MARIA«s letztes Stündchen geschlagen zu haben, als sie während eines heftigen Frühjahrssturmes auf den Strand von Ostende geworfen wurde. Doch im Gegensatz zu einem hölzernen Schoner, der bei dieser Gelegenheit völlig zum Wrack wurde, konnte unsere stählerne Galiot später unbeschadet in tiefes Wasser gebracht werden. Im Jahr darauf wurde sie in ihr Ursprungsland zurückverkauft.

Neuer Eigner wurde Kapitän *Friedrich Wilhelm Grappendorf* aus Königsberg, der für das knapp zehn Jahre alte Schiff 34000 Reichsmark bezahlte.

»MARIA« ex »HANS ULRICH« vor Ostende gestrandet am 17. April 1929. Das Schiff scheint beide Anker mitsamt Ketten verloren zu haben, denn beide Klüsen sind leer. Die »MARIA« ist ähnlich geriggt wie die »THEA« (Nr. 392) mit nur zwei Vorsegeln, Großsegel und Spitzbesan. Der im Hintergrund links liegende hölzerne Schoner dänischer Bauart wurde bei dem Unwetter völlig zum Wrack geschlagen.
(Sammlung F. R. Loomeijer, Groningen)

»MARIA« auf dem Ostender Strand am 17. April 1929. Das stark gebaute Schiff scheint diese Havarie völlig ohne Schaden überstanden zu haben. (Sammlung F. R. Loomeijer, Groningen)

Am 21. Juli 1930 ließ er den Frachter als »CHARLOTTE GRAPPENDORF« (RHQW) ins Hamburger Register eintragen. Nachdem auf der *Peterswerft* in Beidenfleth ein neuer Bohn & Kähler-Motor von 108 PS Leistung eingebaut worden war, wurde das Fahrzeug im August 1930 neu vermessen, wobei man bei gleichen Abmessungen wie vorher die Werte 147 BRT und 96 NRT erhielt.

Kpt. *Grappendorf* führte seinen Motorsegler weiterhin im angestammten Fahrtgebiet der Nord- und Ostsee und scheint damit viele Jahre glücklich und ohne nennenswerte Unfälle gefahren zu haben. Lediglich ein Festgeraten auf einem Stack bei Uhrendorf auf der Elbe im Februar 1934 infolge Motorschadens und eine weitere leichte Havarie durch Ruderschaden auf der Elbe im Januar 1937 sind in die Unfallkartei des Seeamtes eingegangen. So wurden auch die Kriegsjahre einigermaßen heil überstanden, nach deren Beendigung sich *Grappendorf* in Wedel bei Hamburg ansiedelte. Er selbst fuhr dann noch eine Zeitlang, gab dann aber das Kommando an einen Setzschiffer.

Im September 1949 wurde das Schiff in Hamburg umgebaut, wobei ein neuer MAK-Diesel von 130 PS installiert und der bisherige Besanmast entfernt wurde. Eine abermalige Neuvermessung erbrachte nun 149 BRT und 82 NRT.

Zwei weitere Jahre sollten dem Schiff nun noch bevorstehen. Im Dezember 1951 befand sich die »CHARLOTTE GRAPPENDORF« unter Führung von Kpt. *G. Frerichs* aus Barssel auf der Reise von Pitea nach Lübeck mit einer Ladung von 67 Standart Schnittholz, wovon 27 Std. an Deck gestaut waren. Am 7. Dezember durchfuhr man die Stockholmer Schären bei gutem Wetter, und die Besatzung freute sich schon auf das bevorstehende Weihnachtsfest, als man plötzlich, um einer drohenden Kollision mit einem Gegenkommer zu entgehen, mit Hartruderlage ausweichen mußte. Bei diesem Manöver geriet man auf den Johannesgrund bei Dalarö, auf dessen Felsen das Schiff mit erheblichem Bodenschaden sitzenblieb. Es half nichts: Die Ladung mußte in Leichter gelöscht werden, wonach der Havarist nach Stockholm ins Dock zur Notreparatur geschleppt wurde. Weihnachten jedenfalls wurde in Schweden gefeiert; man schien noch einmal mit dem Schrecken davongekommen zu sein.

Nach erfolgter Neubeladung konnte Stockholm am 27. Dezember 1951 morgens verlassen werden, um die unterbrochene Reise fortzusetzen. Nach Verlassen der Schären verschlechterte sich das Wetter zusehends. Der Wind kam von Süd, also von vorn, und hatte abends Stärke 6–7 erreicht. Laufend brachen Seen über das Vorschiff, und das kleine Fahrzeug war heftigster Beanspruchung ausgesetzt. Bei Tagwerden stellte man fest, daß das Vorschiff erheblich weggesackt und Wasser in Kettenkasten, Logis und Kabelgatt gedrungen war. Auch hatte sich durch gebrochene Laschings die Deckslast gelöst, wodurch die Persenning der Vorluke zerriß, so daß nun auch Wasser in den Laderaum drang. Kpt. *Frerichs* versuchte, das Schiff vor den Wind zu bekommen, doch wollte das Manöver mit dem schwerfälligen Fahrzeug nicht glücken. Inzwischen lag das Vorschiff bereits unter Wasser, somit gelang auch das Abdichten der Vorluke nicht mehr. Als auch noch die hintere Deckslast in Bewegung geriet, wurde die Maschine gestoppt und Notsignale mit Raketen gegeben. Da mittlerweile die Brecher über das Kajütsdeck schlugen, wurde unter größten Mühen das Rettungsboot ausgesetzt und von der dreiköpfigen Besatzung bemannt. Man trieb schnell ab und sah nach kurzer Zeit nur noch den Mast des Schiffes aus dem Wasser ragen. Gegen Mittag des 28. Dezember 1951 ist die »CHARLOTTE GRAPPENDORF« in der Nähe von Blackan-Feuer in der Nordeinfahrt zum Kalmarsund gesunken. Ihre Besatzung, bestehend aus Kapitän, Matrose und Leichtmatrose, wurde nach stundenlangem Treiben bei eisiger Kälte in 45 Seemeilen Entfernung vom Unglücksort zufällig von einem passierenden Motorboot entdeckt und am Ende ihrer Kräfte bei Haraldskär an Land gebracht.

Nachzutragen wäre noch, daß das Schiff mit 75000,- DM versichert war und daß Kapitän *Frerichs* bei der Seeamtsverhandlung kein schuldhaftes Verhalten ausgesprochen bekam.

(SSR Hamburg Nr. 7371, Kartei des Seeamtes Hamburg, GL-Register 1923/28/33/52)

Baunummer 396: Galiot »S. 396« / »Wellsee« / »Zeemeeuw« / »Christian« / »Siri« / »Arvi« / »Hammerodde« / »Else Gitte«

Die Baunummer 396, der so viele Namen bevorstehen sollten, fing ihre Laufbahn ganz schlicht mit der Bezeichnung »S. 396« an. Mit diesem »Namen« wurde das Schiff, das im Februar 1921 vom Stapel lief, am 8. August 1921 als Eigentum der *Reederei Fried. Krupp A. G. Germaniawerft* ins Kieler Seeschiffsregister eingetragen. Als Unterscheidungssignal hatte es das Zeichen LCPK erhalten. Am 19. August erhielt die Galiot dann ihren ersten Namen »WELLSEE«, benannt nach einem Gewässer im Osten Kiels, wie auch schon vorher die »TRÖNDELSEE« (Baunummer 389). Nachdem das Schiff nun auch seine Klasse vom Germanischen Lloyd bekommen hatte, wurde es für Kruppsche Rechnung in der Frachtfahrt eingesetzt. Zwei Monate später erfolgte jedoch bereits die Löschung aus dem Kieler Register, da der Frachter am 22. Oktober 1921 nach Holland verkauft worden war.

Mit dem neuen Namen »ZEEMEEUW« (Seemöwe) kam die Galiot ins Groninger Register, wo sie mit dem Unterscheidungssignal QDCH für *Kapitän J. Kuipers* eingetragen wurde, dem bereits das Schwesterschiff »MARIA« (Nr. 395) gehörte. Als Korrespondentreeder wird im Lloyds Register 1923/24 die Groninger Firma *R. Eppenga* genannt. Einsatzgebiet war die große Küstenfahrt zwischen Frankreich, England und den skandinavischen Ländern. Auf einer Reise von Leith nach Nykøbing strandete *Kapt. Kuipers* mit seiner »ZEEMEEUW« am 3. Februar 1927 bei Thyborøn am Eingang des Limfjords. Die Besatzung konnte sich zwar an Land retten, doch mußte das Schiff aufgegeben werden. Das schien das Ende zu sein.

Im Laufe des Sommers jedoch gelang es dänischen Bergern, den Havaristen flottzubekommen, der dann nach erfolgter Reparatur am 29. November 1927 als »CHRISTIAN« (NGTP) ins Sønderborger Register kam. Eigner war *Schiffer Hans P.W. Belkin,* der auch die Führung übernahm. Der bereits 1923 eingebaute 100 PS starke Callesen-Zweitakter hatte die Strandung gut überstanden; er sollte noch bald zwei Jahrzehnte lang weiter treu seinen Dienst versehen.

Im August 1935 erfolgte ein nächster Eigner-, Namens- und Heimathafenwechsel, als das Schiff für 50000 dkr. an Schiffer *Svend E. Hansen* aus Kerteminde ging, der es unter dem Namen »SIRI« in Svendborg beheimatete. Elf Jahre später, der Zweite Weltkrieg war mit heiler Haut überstanden, wurde »SIRI« doch noch dessen spätes Opfer. Am 30. Oktober 1946 befand sich der Frachter, beladen mit Gemüse für Hamburg, auf der Reise von Køge zur Kieler Förde, als eine Detonation das Schiff erschütterte. Obwohl man sich auf dem geräumten Zwangsweg befunden hatte, war man auf eine Mine gelaufen. Das Rettungsboot wurde dabei über Bord geschleudert, der Besanmast brach kurz über Deck, die Schraube drehte nicht mehr, und das Schiff begann zu lecken.

M/Gl. »SIRI«, ex. »CHRISTIAN«, ex. »ZEEMEUW«, Svendborg. S. E. Hansen, Kerteminde.

»SIRI« um 1938 im Hafen von Svendborg vor dem Hauptzollamt. Wie schon bei »HANS VOSS« (Nr. 389) wurde auch hier das Kochhaus hinter den Besanmast gesetzt und die Luke vergrößert. Ein Ruderhaus ist zu dieser Zeit auf allen Küstenseglern eine Selbstverständlichkeit. Auch die Besegelung hat sich einige Veränderungen gefallen lassen müssen: der Klüverbaum wurde ganz erheblich verkürzt, der Großmast scheint neu zu sein, auf die Stenge wurde verzichtet, und als Besan wird nur noch ein Spitzsegel gefahren. Die Seitenschwerter sind ebenfalls verschwunden.
(Repro aus Danmarks Handelsflaade 1939)

Durch den umgefallenen Kohlenofen entstand auch noch ein Brand im Achterschiff, der aber schnell unter Kontrolle gebracht werden konnte. Durch ein in der Nähe stehendes Schiff konnte »SIRI« in Schlepp genommen werden. Währenddessen entstand im Achterschiff ein erneutes Feuer. Bei dessen Bekämpfung erfolgte eine weitere Explosion, die die Besatzung schleunigst das schleppende Fahrzeug erklimmen ließ. Vom Feuerschiff »KIEL« wurde per Funk Hilfe angefordert, um den Havaristen zu lenzen und gleichzeitig das Feuer zu löschen. Ein Schlepper brachte schließlich »SIRI« nach Kiel, wo man abends glücklich im Blücherhafen festmachen konnte.
Zur Reparatur wurde der Frachter anschließend nach Svendborg gebracht. In einjähriger Arbeit entstand hier ein völlig neues Schiff, dem jegliche Ähnlichkeit mit dem einstigen Motorsegler abging. Das Hauptdeck wurde ab Großmast um etwa einen halben Meter erhöht, wodurch das Schiff zum Quarterdecker wurde, gleichzeitig erhielt es einen bis an die Bordwand reichenden Poopaufbau, auf dem ein hölzernes Ruderhaus und das Rettungsboot Platz fanden. Der schöne Klipperbug mußte einem modernen Kümosteven weichen, die Holzmasten wurden durch stählerne und die klappbaren Wasserpforten durch ovale Relingsöffnungen ersetzt. Ein neuer Motor von 180 PS, der den bisherigen von 92 PS ersetzte, machte den Frachter vollends zum »Full-powered-ship«. Bei gleicher Länge und Breite wie bisher war die neue »SIRI« nun zu 165 BRT und 104 NRT (vorher 134 bzw. 98 RT) vermessen und konnte 250 t (vorher 180 t) laden.

»SIRI« während des zweiten Weltkrieges.
(Handels- og Søfartmuseet, Helsingør)

Nachdem »SIRI« 1947 zum Motorschiff umgebaut worden war, konnte man den einstigen Seglerrumpf beim besten Willen nicht wiedererkennen. Aus der Galeass war ein moderner Coaster geworden. Das Foto entstand am 31. August 1948 in Vejle.
(Handels- og Søfartmuseet, Helsingør)

Genau ein volles Jahr nach dem Unglück konnte das Schiff seine Fahrten am 16. Oktober 1947 wieder aufnehmen. Das Glück schien aber nicht auf seiner Seite zu stehen, denn 14 Monate später schlug das Schicksal ein weiteres Mal zu.
Die »SIRI« befand sich am 27. Januar 1949 auf der Reise von Aalborg nach Nysted auf Lolland und stand kurz vor der Einfahrt zum Bestimmungshafen, als sie erneut auf eine Mine lief. Das schwer mit Zement beladene Schiff ging sogleich auf Tiefe, dabei einen Mann seiner Besatzung mit sich nehmend. Die übrigen konnten mit knapper Not ihr nacktes Leben retten. Diesmal schien eine Bergung aussichtlos, und somit wurde »SIRI« als Totalverlust aus dem dänischen Register gestrichen.
Indes machte sich eine deutsche Bergungsgesellschaft über das mit seiner hartgewordenen Zementladung wie ein Fels auf dem Grund liegende Wrack her, um es doch noch zu heben. Das Unternehmen gelang, und wieder erreichte die schon totgeglaubte »SIRI« als Anhang eines Schleppers den Hafen von Svendborg. Am 26. Juli 1949 konnte das Wrack von der Versicherungsgesellschaft übernommen werden, die es ursprünglich reparieren lassen wollte, dann jedoch zum Abwracken anbot.
Werftbesitzer *A. Jørgensen* von der *»Søby Motorfabrik«* erwarb das Schiff am 2. November 1949, schleppte es nach Søby auf Aerø und machte sich an die Wiederherstellung. Diese war im November 1950 beendet.

Hier liegt das Schiff als »ARVI« am 31. August 1963 in Åhus/Schweden. (Tomas Johannesson, Viken)

Im Januar 1951 wurde das Schiff als »ARVI« (OUQF) mit Heimathafen Marstal erneut ins dänische Schiffsregister eingetragen. Eigner war die *»Interessentskabet Arvi«,* an der u. a. *A. Sørensen* aus Søby und *Hans Hermansen* aus Marstal, der gleichzeitig Korrespondentreeder war, als Eigner beteiligt waren. Die Vermessung ergab nun 174 BRT und 117 NRT. Einen Monat später wurden daraus 182 BRT und 121 NRT und 1952 schließlich 149 BRT und 96 NRT. Die Tragfähigkeit lag stets bei 230 bis 240 t. Ein neuer Alpha-Diesel von 180 PS kam 1952 zum Einbau. Als »unklassifiziertes Segelschiff mit Hilfsmotor«, so lautete die Bezeichnung trotz aller Umbauten im Register noch immer, befuhr »ARVI« ausschließlich die Häfen der westlichen Ostsee.
Am 11. Dezember 1963 änderte sich der Name in »HAMMERODDE« und wurde der Heimathafen nach Allinge auf Bornholm verlegt, nachdem die Reederei *Rederi Interessentskabet Hammerodde* den Frachter erworben hatte. Eigner waren *Kaj Otto Madsen,* Hotelier in Sandvig, und *Evan Rødgaard Jepsen,* Schiffsmakler aus Allinge. Eine Strandung bei Båstad in der Nähe von Halmstad, bei der das Schiff jedoch selbst wieder freikam, ist vom 24. Januar 1967 überliefert.
Nachdem die »HAMMERODDE« im April 1968 in Rønne aufgelegt wurde, konnte sie am 16. August 1968 vom bisherigen Setzschiffer *Carl H. Carlsen* aus Store Fuglede gekauft werden, der den Namen in »ELSE GITTE« änderte und den Heimathafen nach Kopenhagen verlegte. Auf einer seiner ersten Reisen von Larvik nach Naestved mußte er im Skagerrak bei stürmischem Wetter die Deckslast werfen, um so Schiff und Ladung zu retten. Im Mai 1969 änderte sich der Heimathafen in Faxe-Ladeplads.
Die nächsten Eignerwechsel folgten in den siebziger Jahren in schneller Reihenfolge, was als sicheres Indiz dafür gelten kann, daß Schiffe solchen Schlages wirtschaftlich kaum noch einsetzbar waren.
Im März 1973 wurde Schiffer *P. Petersen* aus Aarøsund kurzfristig Eigentümer, zwei Monate später gefolgt von Ing. *R. K. Madsen* aus Svendborg, der das Schiff wieder einen Monat später an den *»Nordjysk Kutter Service A/S«* in Skagen verkaufte. Am 20. Februar 1974 kaufte die *»K/S Steel Factory«* in Frederikshavn die »ELSE GITTE«, deren Korrespondentreeder nun Direktor *Hermann Christensen* aus Skagen wurde. Von diesem wurde das Schiff schließlich in eine Partenreederei eingebracht, deren anderer Teilhaber sein Bruder *Arne Ørskov Christensen* aus Frederikshavn war. Die Überschreibung erfolgte am 1. Oktober 1975.
Im November 1977 erwarb Mr. *Ivan Marcus Tann* von der *»Richards Shipping«* in Portsmouth die alte »ELSE GITTE« ex »WELLSEE«, angeblich, um sie zum Schoner umzubauen.
Ein Fahrzeug, welches solch einschneidende Veränderungen über sich hat ergehen lassen müssen, wie das hier beschriebene, wird sich wohl schwerlich wieder zum Segler machen lassen. Ein schöner Lebensabend sei ihm aber gern vergönnt, hat es sich doch Zeit seines bewegten Daseins als »zäh wie Kruppstahl« erwiesen.

(SSR Kiel Nr. 989, GL-Register 1923/24, Lloyds-Register 1928/29, »Maritime Studier« S. 108, »Med Sejl Damp og Motor« S. 74, Danmarks Skibsliste 1935/39/57/58/61/68-77, Kartei Dr. Boman/Uppsala), Notizen O. Kure/Assens, Frederik-Frederichsen-Register)

Segelzeichnung zur Galeass von 115 t. (Maßstab 1:100) (Zeichnung von Verfasser)

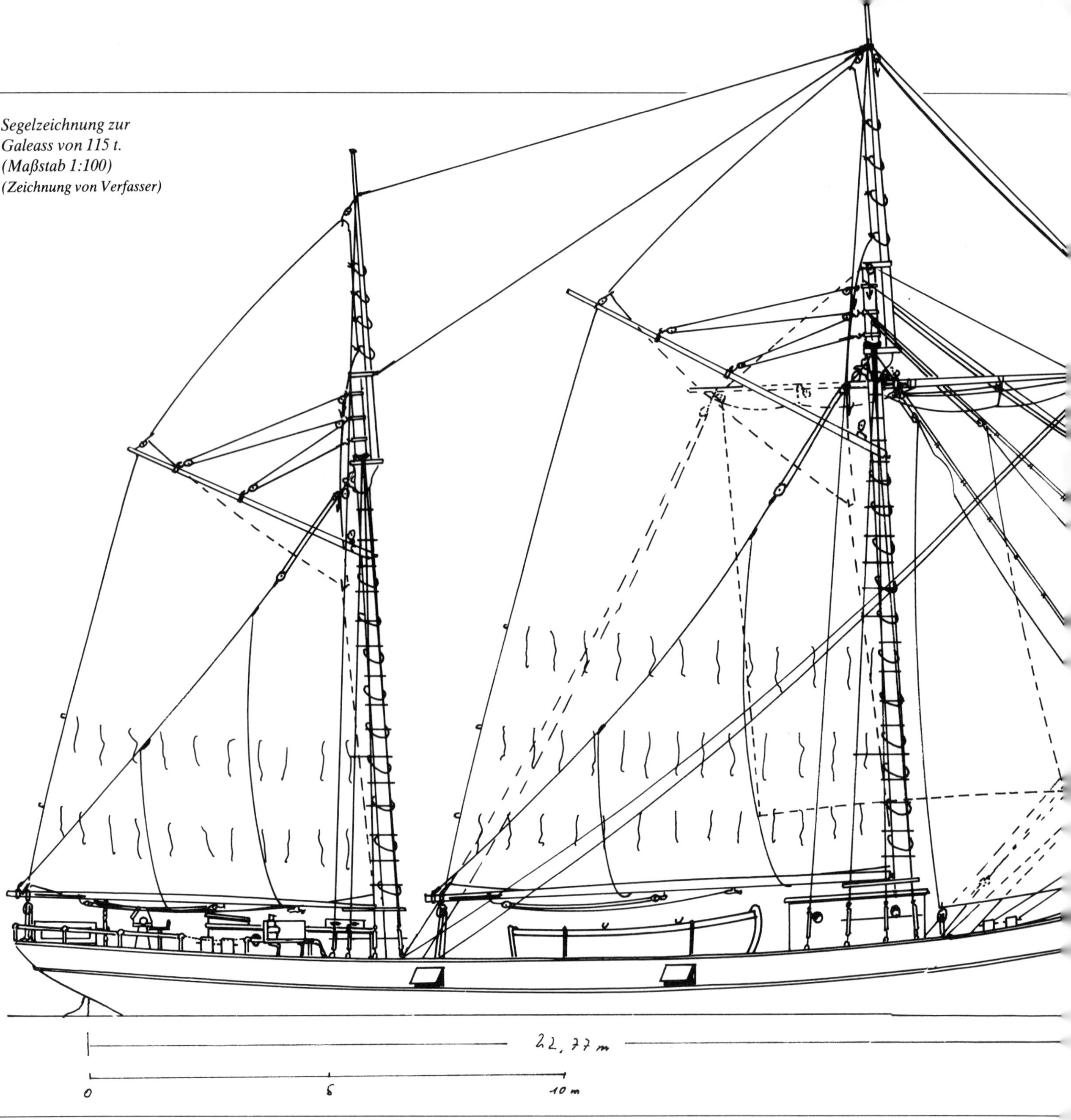

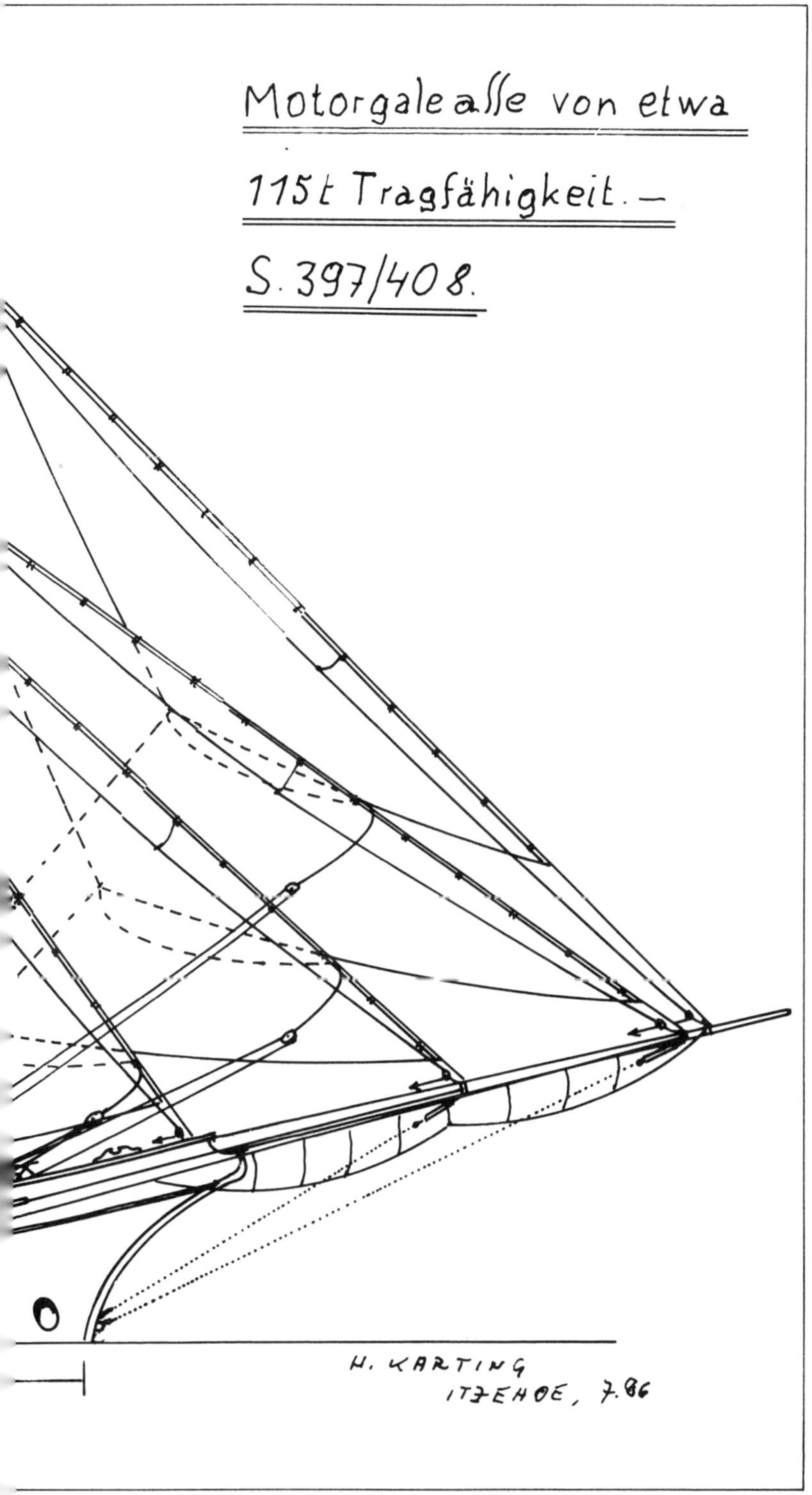

Baunummern 397 bis 408: Zwölf kleine Galeassen von 115 Tonnen.

Was schon bei den Zweimastschonern gesagt werden mußte, gilt auch für die Serie der kleinen Galeassen: auch von diesem Typ hat sich bisher keine Werftzeichnung auffinden lassen. Ich habe daher wieder versucht, anhand von Breitseitenfotos und eines Gemäldes von Julius Gregersen zumindest den Segelriß zu rekonstruieren. Ich denke, das Ergebnis ist einigermaßen repräsentativ.

Von allen Kruppschiffen hatte dieser Typ den ausgeprägtesten Sprung, der in einem besonders hohen und ausladenden Vorschiff geradezu kulminierte. Wenn in abgeladenem Zustand das Deck dieser Schiffe schon beinahe zu Wasser war, befand sich die Backspitze noch immer fast zwei Meter über der Wasserlinie. Da auch das Achterschiff gut auflief, werden die Schiffsenden relativ trocken gewesen sein. Über die Einrichtung der Decks ist wenig zu sagen. Sie wird nicht vom üblichen abgewichen sein. Somit ergab sich im Vorschiff das Kabelgatt mit Kettenkasten, hiervon abgetrennt durch das Kollisionsschott der Laderaum, der sich bis zum Maschinenschott erstreckte, dem wiederum der Maschinenraum folgte. Eine kleine Segellast wird den hinteren Abschluß gebildet haben.

Auffallendstes Bauteil an Deck dieser Schiffe war das ungewöhnlich großformatige Deckshaus, in dessen vorderem Teil der Fockmast stand. Dieses Deckshaus, dessen Länge in den GL-Registern mit 2,90 m angegeben wird, nahm fast die volle Schiffsbreite ein, an beiden Seiten nur schmale Gänge freilassend. In ihm war außer der Kombüse das Logis für die Mannschaft eingerichtet. Zugang erfolgte über zwei Türen an dessen Achterkante. In fast allen Fällen wurde dieser platzfressende Roof schon bald durch ein kleines Kochhaus ersetzt, während die Besatzung Unterkunft im ehemaligen Kabelgatt fand.

Auf dem 5,85 m langen erhöhten Quarterdeck war in üblicher Weise die Kajüte ins Deck eingelassen, die somit einen niedrigen Aufbau bildete. Auf dem relativ geräumigen Achterdeck befanden sich dann nur noch die Ruderanlage, der Kompaß sowie die Umsteuerung für die Maschine. Das Ruderboot saß, wenn es nicht geschleppt wurde, in Klampen auf der Großluke.

Gemäß der Kruppschen Devise *»ein Motorsegler hat in erster Linie ein guter Segler zu sein«,* waren diese Schiffe vollwertig für solchen Zweck getakelt. Beide Masten waren als Stengemasten gebaut, der Klüverbaum bestand aus einer einzelnen Spiere. Über beiden Gaffelsegeln konnte je ein an der Stenge fahrendes Gaffeltoppsegel gesetzt werden. An Vorsegeln waren Stagfock, Innen- und Außenklüver sowie ein Jager vorhanden. Eine an einer Rah lose gefahrene Breitfock vervollständigte die Besegelung, deren Fläche in den Werftlisten mit 225 m² angegeben wird.

Als Hilfsantrieb war ein Glühkopfmotor der Hamburger Motoren-Gesellschaft, Bergedorf, vorgesehen, dessen einer Zylinder es auf eine Leistung von stolzen 25 PS brachte. Das konnte man fürwahr nur als Hilfsmotor bezeichnen!

In den Werftangaben sind diese Galeassen mit folgenden Abmessungen aufgeführt:

Länge zwischen den Loten:	22,77 m
Breite auf Spanten:	5,60 m
Seitenhöhe:	2,30 m
Tiefgang:	2,28 m
Tragfähigkeit:	115 t

An Wasserballast konnten bescheidene 5 t gelassen werden!
Die amtliche Schiffsvermessung ergab gegenüber obigen Werten folgende Ergebnisse: 23,79×5,63×2,06 m, woraus sich ein Bruttoraumgehalt von 78 BRT und ein Nettogehalt von 57 NRT errechnete. Gefahren wurden diese Schiffe gewöhnlich von drei bis vier Mann.
Als Klasse hatten sie allesamt vom Germanischen Lloyd »+100 A4 Nord- und Ostsee« erhalten.
Mit Ausnahme zweier Schiffe (Nrn. 398 und 403) gingen alle diese kleinen Anderthalbmaster in den Besitz von Schiffern an der dänischen Küste der Flensburger Förde in Egernsund. Es ergibt sich hier eine Parallele zu den flachbodigen Galeassen, die ja fast ausschließlich nach Groningen verkauft worden waren. Man könnte meinen, die Werft habe hier ganz eindeutig auf die künftigen Eigner hingearbeitet, doch ist solches heute wohl kaum noch nachzuweisen. Es ist auch möglich, daß ganz einfach ein Schiffer den anderen mit seinem *»Krupp-Bazillus«* infiziert hat: Am Ende wollten alle solch ein Schiff besitzen!
Alle zwölf Galeassen kamen zwischen Juli und Oktober 1920 zu Wasser. Mit wiederum zwei Ausnahmen (Nr. 397 und 400) wurden sie aber alle erst ein Jahr später abgeliefert. *»Vor der ›Germaniawerft‹ schwimmen wieder fünf der Motorsegler, der Spezialbauten der Werft, deren Fertigstellung in wenigen Wochen erfolgen dürfte«,* meldete die »Kieler Zeitung« am 6. Oktober 1920.
Da die optimistische Meldung sich leider nicht bestätigen ließ, wurde auch eine der Galeassen zu jener bereits mehrfach erwähnten Vorführungsfahrt auf der Kieler Förde am 18. Juni 1921 ausgewählt. Der mitfahrende Beobachter, Kapitän *Kurt Hoffmann* aus Kiel, veröffentlichte in der »Hansa« nachstehenden Bericht:

Bericht über die Fahrt der Galeasse

Die Besatzung bestand aus Taklern der Werft, im ganzen vier Mann. Die Leute waren noch nicht eingefahren, was besonders bei dem stark arbeitenden Schiff ihre Leistungsfähigkeit verminderte. Der Wind war Nordwest Stärke acht. Östlich des Stoller Grundes stand eine grobe und steile See, die für das kleine Schiffchen besonders ungünstig war. Das Schiff war ungefähr ⅔ mit Sand beladen. Es wurde volles Großsegel, Stagfock, Klüver und der gereffte Besahn gefahren. Vielleicht wäre es richtiger gewesen, die Besahn nicht zu reffen und dafür das Großsegel zu verkleinern, aber es war nicht meine Sache, in die Schiffsführung einzugreifen. Der Motor wurde gleich hinter Friedrichsort abgestellt und erst später bei der Rückkehr in der Wiker Bucht angestellt. Das Schiff hielt sich in der hohen See vorzüglich und nahm sehr wenig Wasser über. Schon vor dem Herannahen des Begleitdampfers wurden zwei Wendungen tadellos ausgeführt, und nun wollte es das Pech, daß gerade, als wir zeigen wollten, was wir konnten, eine Wendung durch einen Bedienungsfehler versagte. Der Dampfer heißte dann das Signal »mit Motor wenden«. Wir wollten aber noch zeigen, daß wir es ohne Motor konnten und war es außerdem beim besten Willen nicht möglich, den Motor anzustellen, da der Maschinist eine regungslose Seeleiche geworden war und die Benzol- und Maschinenölkannen in der Maschine hin und her fuhren und ihren Inhalt in die Bilgen gossen. Es gelangen dann auch alle weiteren Wendungen ohne Motor tadellos, so daß wir mit Befriedigung nach Hause fuhren, als das Signal »die Galeasse einlaufen« kam. Ich habe nicht nur eine, sondern schon viele Fahrten auf der Galeasse mitgemacht und kann wohl mit Recht sagen, daß die Schiffe für den Zweck, für den sie gebaut sind, in jeder Weise geeignet sind und Wind und Wetter gut bestehen werden. **Kurt Hoffmann**
Kiel, den 22. Juni 1921

Baunummer 397
Galeasse »Hans Ulrich« / »Alpha« / »Emma« / »Ulla« / »Modig« / »Christa« / »Tim«

Als erster Vertreter des kleinsten Einheitstyps der Germaniawerft lief im Juni 1920 die Baunummer 397 vom Stapel, die einen Monat später als »HANS ULRICH« in Fahrt kam. Der erste Käufer hat sich nicht ermitteln lassen. Möglicherweise war es die Barther Reederei von *Jaenecke & Co.*, die sich nach dem Verlust des Schoners »GUSTAV ADOLF« (NB 386) nach einem Ersatzbau umgesehen hatte, sich dann später die Galiot »HANS ULRICH« (NB 395) zulegte, aber vielleicht vorher mit dem kleineren Typ geliebäugelt hatte? Da diese Reederei eine besondere Vorliebe für zusammengesetzte Namen hatte, die Zusammenstellung »HANS ULRICH« auch nicht gerade häufig ist, ist die Möglichkeit zumindest nicht abwegig.
»HANS ULRICH« jedenfalls behielt seinen Namen nicht lange. Schon nach wenigen Monaten wurde das Schiff umbenannt in »ALPHA«, doch ist auch der nächste Eigner unbekannt geblieben. Das änderte sich erst, nachdem die Galeasse Ende 1921 nach Dänemark verkauft wurde.

Am 3. Dezember 1921 ließ Schiffer *P. Petersen* aus Toft seinen neuerworbenen Motorsegler als »EMMA« (NDGL) in Egernsund registrieren. 1922 verlegte er den Heimathafen nach Graasten, bald danach aber wieder zurück nach Egernsund, wo inzwischen zehn der zwölf Schwesterschiffe beheimatet waren.
1936 wurde das Schiff nach Nørresundby am Limfjord verlegt, nachdem der dortige Schiffer *M. M. Poulsen* es gekauft und in »ULLA« (OURU) umbenannt hatte. Ab 1942/43 gehörte »ULLA« der *Danks Eternit-Fabrik A/S* in Nørre Tranders, und ab 1944/45 der *Dan-Transport-A/S* in Kopenhagen. Heimathafen blieb auch während dieser Zeit Nørresundby. Am 26. September 1946 kaufte *N. H. Larsson* aus Kopenhagen den Motorsegler, nannte ihn um in »MODIG« und ließ ihn in der Hauptstadt registrieren.

Nächster Eigner wurde am 26. Januar 1948 *N. B. Nielsen* aus Strandhuse, der die Galeasse als »CHRISTA« in Kolding eintragen ließ. Mit der Nummer »St. F. 1602« wurde das Fahrzeug nun 15 Jahre lang in der Kiesbaggerei eingesetzt. Das im Rumpf unverändert erhalten gebliebene Schiff hatte zu diesem Zweck eine kräftige Pumpeinrichtung auf dem vorderen Teil der Großluke erhalten. Der Laderaum wurde mit einer wasserdichten Wanne ausgekleidet, aus der das eingenommene Baggergut mit Greifern unproblematisch gelöscht werden konnte. Nach Entfernung dieser Wanne war das Schiff jederzeit wieder zum Frachter zurückzuver-

links:
»HANS ULRICH«
als nagelneues Schiff im Herbst 1920
auf der Kieler Förde.
(Sammlung Verfasser)

»ULLA« ex »EMMA« ex »ALPHA« ex »HANS ULRICH« um 1938. Neue Pfahlmasten, Ruderhaus und verkleinertes Deckshaus sind die wesentlichsten Veränderungen seit der Indienststellung. Auch ein neuer Motor von 59 PS Leistung gehört dazu.
(Repro aus »Danmarks Handelsflaade 1939«)

»CHRISTA« von Kolding am 5. Juli 1957 in ihrem Heimathafen. Das im Rumpf unverändert gebliebene Schiff wird nun als Steinfischer »STF 1602« in der Kiesbaggerei eingesetzt. Die Achterschiffsaufbauten wurden vollständig erneuert.
(Handels- og Søfartmuseet, Helsingør)

wandeln. Während die Takelage im Laufe der Jahre ständig verkleinert wurde, mußte gleichzeitig die Motoranlage den steigenden Anforderungen angepaßt werden. So hatte man den ersten HMG-Glühkopf bereits 1925 durch einen 30-PS-Motor ersetzt. Dieser mußte in den dreißiger Jahren einem doppelt so starken von 59 PS weichen, der zehn Jahre später gegen einen noch größeren von 90 PS ausgewechselt wurde. 1960 schließlich waren daraus 100 PS geworden.
Als Sandsauger ist die »CHRISTA« im Juni 1958 in ihrem Heimathafen Kolding gesunken, jedoch unmittelbar danach wieder gehoben worden. Ein weiterer Unfall ereignete sich am 27. Juni 1962, als das Schiff bei Tunö strandete, aber auch hier wieder flottgemacht wurde. Im Januar 1963 verkaufte Schiffer *Nielsen* sein Fahrzeug wegen Krankheit an Schiffsführer *B. Christensen* aus Snaptun, wo es auch beheimatet wurde. Sein neuer Eigner hatte schon im September 1963 das Pech, sein Schiff durch Untergang bei Hjarnø zu verlieren. Aber auch in diesem Fall glückte wieder die Bergung durch die Kopenhagener Firma *Svitzer.* »CHRISTA« wurde zur Reparatur nach Bogense geschleppt und hier für 50000 Kronen wieder hergestellt. Bis 1969 konnte sie von ihrem bisherigen Eigner weiterhin in der Kiesbaggerei eingesetzt werden.
Am 29. April 1969 wurde das Schiff von der Firma *P/f Klakksteinur* aus Klakksvik auf den Faröer-Inseln erworben und dort als »TIM« (XPPU) registriert. Diese Reederei hatte einige Monate zuvor das Schwesterschiff »ANJOBI« (siehe NB 406) gekauft, welches jedoch schon auf der Überführungsfahrt verlorengegangen war. Die »TIM« versah ihren Dienst ausschließlich zwischen den Inselhäfen der Faröer. Auf einer Reise von der Hauptstadt Tórshavn nach Klakksvik, beladen mit 50 t Salz, ist das Schiff am 16. Januar 1973 aus ungeklärter Ursache gekentert und gesunken. Als Ersatz kaufte die Reederei die 1915 in Martenshoek gebaute Galeass »MØLLENAES« aus Svanecke, die seitdem als neue »TIM« eingesetzt wurde.

(GL-Reg. 1923, Danm. Skibsl. 1925–75, Skibsregistret Kph., Notizen v. Olaf Kure/Assens, Frederik-Frederichsen-Reg.)

»INGEBORG« tief abgeladen unter vollen Segeln 1927 in der Ostsee. Der Rumpf mit seinen Aufbauten befindet sich noch im Originalzustand. Die Takelage wurde durch Entfernen beider Stengen und der Fockrah vereinfacht.
(Sammlung Dr. J. Meyer, Bremen)

Baunummer 398: Galeasse »Wiking« / »Anna« / »Ingeborg« / »Lene Reinhold« / »Franziska Drews«

Die im August 1920 vermessene Baunummer 398 lag wie die meisten ihrer Schwesterschiffe nach der Fertigstellung monatelang ohne Beschäftigung an der Werft und wartete auf einen Interessenten. Nach Ablauf eines Jahres wurde sie schließlich für die werfteigene *Reederei Krupp A. G. Germaniawerft* erstmals in Fahrt gesetzt. Die Eintragung ins Seeschiffsregister von Kiel erfolgte am 4. August 1921: als »WIKING« (LCPB) mit Heimathafen Kiel segelte sie nun für Rechnung der Erbauer in der Ostseefahrt.
Nach Erwerb durch den Berliner Kaufmann *Rudolf Pickorny,* der als Kaufpreis 600000,- Mark aufzubringen hatte, erfolgte die Verlegung nach Hamburg, wo das Schiff am 10. März 1922 eingetragen wurde. Gleichzeitig änderte sich der Name in »INGEBORG«, *»da die Werft beim Verkauf zur Bedingung gemacht hatte, dem Schiff einen anderen Namen zu geben.«* In den GL-Registern wird zwischen den Namen »WIKING« und »INGEBORG« noch »ANNA« notiert, doch ist in den Schiffsregisterakten kein Hinweis darauf zu finden.

Am 7. August 1923 trennte sich Pickorny bereits wieder von seiner »INGEBORG«. ⅝ Parten erwarb Kapitän *Hermann Paul Carl Oehring* und ⅜ Kaufmann *Hermann Nagel,* beide aus Hamburg. Kapt. Oehring wurde Korrespondentreeder der neu geschaffenen Gesellschaft. Nach dessen Tod wurde das Schiff 1926 von den Hinterbliebenen erneut zum Verkauf angeboten.
So wurde am 26. November 1926 als neuer Eigner Kapitän *Heinrich Thode* aus Breiholz notiert. 16000,- Mark hatte er für das noch relativ neue Schiff zu bezahlen gehabt. Heimathafen blieb weiterhin Hamburg. Im Winter 1931 ließ Kapt. *Thode* einen neuen Deutsche Werke Motor von 36 PS in Kiel einbauen, doch wurde am Schiff ansonsten kaum etwas verändert, wenn man von geringen Eingriffen in die Takelage absieht. Elf Jahre später gab es den nächsten Eignerwechsel.

Nachdem Schiffer *Heinrich A. Reinhold* aus Nordstrand-Morsumhafen die Galeasse am 16. November 1937 erworben hatte, erhielt sie ihren dritten Namen »LENE REINHOLD« nach der Ehefrau des neuen Eigners. Als erste Maßnahme wurde nun der kleine 36-PS-Motor von 1931 durch einen 75 PS starken Jastram-Diesel der Hamburger Motorenwerke ersetzt. Als *Reinhold* das Schiff übernahm, besaß es noch das ursprüngliche Deckshaus am Großmast. Nach und nach wurde aber auch dieses Schiff genauso umgebaut wie das Schwesterschiff »JUL« (siehe NB 403), das in der gleichen Fahrt eingesetzt war, so daß sich beide schließlich zum Verwechseln ähnlich sahen. »LENE REINHOLD« fuhr hauptsäch-

»INGEBORG« (rechts) auf Sassnitz-Reede vor Anker liegend.
(Postkarte vom E.-Rubin-Verlag, Lübeck)

rechts: Die »INGEBORG« im Schleusendwinger von Kasenort, der Mündung der Wilsterau in die Stör, um 1928.
(Foto: Kuskop/Wilster, Sammlung Verfasser)

lich auf der Strecke Husum–Hamburg, machte aber auch gelegentliche Reisen in der übrigen kleinen Küstenfahrt. Als es nach Kriegsende keine Ladung mehr zu fahren gab, betrieb Schiffer *Reinhold* mit seiner Galeasse die Hamenfischerei auf Sprott und Hering. Das Schiff hatte dafür die Fischereinummer »HUS. 36« erhalten. Nachdem er sich auch noch in der Klaffmuschelgewinnung versucht hatte, zog sich sein Eigner bald wieder aus der Fischerei zurück. Im Mai 1951 notierte der Büsumer Fischmeister in seiner Bootsliste: *»Das Fahrzeug ist zur Frachtschiffahrt zurückgekehrt, es fischt nicht mehr.«* Ob es sich für diesen Zweck je geeignet hat, darf angesichts der Abmessungen und des großen Tiefgangs, die das Maß der übrigen Küstenkutter weit überstieg, bezweifelt werden.
In die Frachtfahrt allerdings war die »LENE REINHOLD« nicht zurückgekehrt. Sie wurde vielmehr seit 1946 als privater Tonnenleger eingesetzt. Noch bis vor wenigen Jahren wurden die Fahrwassertonnen an der schleswig-holsteinischen Westküste von ortsansässigen Seeleuten betreut, die ihren Standort in Amrum, Husum und Büsum hatten. *Heinrich Reinhold* hatte dabei das gesamte Hever-Gebiet zu betreuen, und es wird ihm bescheinigt, daß er es mit großer Sorgfalt gemacht hat. Im Jahre 1957 hat er seine Arbeit aus gesundheitlichen Gründen aufgeben müssen. Nachdem sein Schiff am 11. Juli 1962 nach Helgoland verkauft wurde, ist er vier Wochen später im Alter von 52 Jahren gestorben.
Neuer Eigner wurde nun *Franz Drews,* Kohlen- und Baustoffhändler auf Helgoland, der den Heimathafen von Hamburg, wo das Schiff seit 40 Jahren ununterbrochen registriert war, auf die Nordseeinsel verlegte. *»Da ich zu dem bisherigen Namen keinerlei Beziehung habe, beantrage ich, den Namen in ›Franziska Drews‹ zu ändern«:* diesem Antrag wurde am 20. März 1963 stattgegeben. Als letzte noch weitestgehend unverändert gebliebene Krupp-Galeasse unter deutscher Flagge diente sie noch vier Jahre lang der Inselversorgung. Nach ihrem Verkauf ins Ausland wurde am 5. September 1966 die Registerakte geschlossen.
Käufer des Schiffes war ein Sylter Kapitän *Jansen,* der mit dem Fahrzeug eine abenteuerliche Reise vorhatte und diese auch ausführte. Beladen mit 75 t Zement machte er sich mit der kleinen Galeasse auf eine vieltausend Meilen lange Reise in die Südsee. Ziel war Rabaul in Neuguinea, wo man nach 13 Wochen wohlbehalten unter eigener Kraft ankam. Hier sollte das Schiff als Zubringer zu den größeren Häfen als Koprafahrer eingesetzt werden. Sehr lange kann es jedoch diesem Zweck nicht gedient haben. Nachdem der Motor seinen Geist aufgegeben hatte, wurde das Fahrzeug in einem abgelegenen Flußlauf aufgelegt, wo es langsam seinem Ende entgegendämmerte.
Ob es heute noch vorhanden ist, ist ungewiß. Nachforschungen in dieser Richtung sind bisher ohne Erfolg geblieben.
(SSR Hamburg, SSR Kiel Nr. 986, SSR Itzehoe Nr. 1528, Mitteilung von Herrn J. E. Hellmann/Nordstrand)

Baunummer 399: Galeasse »Luise« / »Ingeborg«

Die im August 1920 abgelaufene Baunummer 399 erhielt erst im September 1921 erstmals ihre Klasse, womit die endgültige Fertigstellung dokumentiert wurde, und ging am 15. Oktober 1921 als Neubau an Schiffer *C. J. J. Ohlsen* aus Graasten bei Egernsund. Graasten wurde auch der Heimathafen, wo das Schiff als »LUISE« mit Unterscheidungssignal NDCL, später OUVC, zehn Jahre lang zu Hause war.

1931 erwarb Schiffer *F. T. Hansen* aus Kopenhagen die Galeasse, änderte den Namen in »INGEBORG«, was zu etlichen Verwechslungen mit dem gleichnamigen Schwesterschiff (NB 398) führen sollte, und verlegte den Heimathafen in die dänische Hauptstadt.

Im Februar 1938 wechselte die Flagge, als das Schiff an *Berndt Andersson* aus Djupekås in Schweden verkauft wurde. Unter Beibehaltung des Namens wurde »INGEBORG« mit dem Unterscheidungssignal SLFG im Wohnort ihres neuen Eigners beheimatet. Drei Jahre später wurde sie Opfer eines Zusammenstoßes mit dem Dampfer »SAGA« aus Stockholm. »INGEBORG« befand sich auf einer Reise von Malmö nach Kalmar mit einer Ladung Öl in Fässern, als sie kurz vor Erreichen des Zielhafens dem Dampfer in die Quere kam und innerhalb weniger Minuten in die Tiefe ging. Die Besatzung hatte sich vollzählig retten können. Und auch die Galeasse wurde später gehoben, repariert und erneut in Fahrt gebracht.

Im August 1944 ging sie an *Victor Hansén* aus Burgsvik, wohin auch der Heimathafen verlegt wurde. Im September 1946 wurde daraus Fårösund, nachdem das Schiff für 53000 skr an *S. G. V. Johnsson* verkauft worden war.

Mit Verkauf an *Anders Hermann Pettersson* aus Önnered im September 1947 erfolgte der letzte Eignerwechsel. Auch dieses Schiff sollte ein spätes Opfer des Krieges werden. Am 18. Juli 1947 lief die »INGEBORG«, die mit einer Ladung Salpeter unterwegs von Menstad nach Voer war, in der Aalborg-Bucht bei Hals-Barre auf eine Mine und versank in kürzester Zeit. Von der vierköpfigen Besatzung konnten nur zwei Mann gerettet werden, unter ihnen der Kapitän.

(GL-Register 1923/28, Danm. Skibsliste 1925/27/35, Danmarks Handelsflaade 1939, »Medlemsblad« Nr. 8/1978, »Maritime Studier« S. 104/105, Kartei v. Dr. R. Boman/Uppsala
Notizen v. O. Kure/Assens, Frederik-Frederichsen-Register)

»INGEBORG« ca. 1946.
(Sammlung Dr. R. Boman, Uppsala)

»M/S HENNY af Egernsund, Kpt. Heinr. Höck«, so signierte der Flensburger Marinemaler Julius Gregersen dieses im März 1922 fertiggestellte Schiffsporträt. Das mit der laufenden Nummer 798 gekennzeichnete Ölbild lieferte der Maler seinerzeit »inkl. Rahmen« für 30 Dänische Kronen. Es hängt heute im Museum in Sønderborg.
(Repro: C. F. Blaas, Altenholz-Stift)

Baunummer 400: Galeasse »Reta« / »Mary« / »Henny«

Die lt. GL bereits im Februar 1920 vom Stapel gelaufene Galeasse Nr. 400 wurde am 18. September 1920 vom Fabrikbesitzer *Dr. Wilhelm Treitschke* aus Kiel gekauft und mit Namen »RETA« (LCJT) in Kiel beheimatet.
Am 5. Oktober gleichen Jahres fand sich in der »Kieler Zeitung« folgende Notiz: *»Der neue Motorschoner ›Reta‹ hat auf der Reise nach Schweden mit einer Ladung Salz Havarie erlitten. Die Ladung geht auf ein Schwesterschiff.«* Zehn Tage später gab es als Ergänzung: *»Zu einer neuen Probefahrt lief der Motorschoner ›Reta‹ aus. Nach Beseitigung der Schäden hat er seine Salzladung wieder an Bord genommen.«*
Die Galeasse blieb nicht lange im Besitz des Fabrikanten: bereits am 19. Februar 1921 ging sie zurück an die *Friedrich Krupp AG Germaniawerft,* um nun unter deren Flagge zu fahren. Möglicherweise wurde der Name in »MARY« geändert, doch ist im Schiffsregister keine entsprechende Eintragung erfolgt. Hier wurde das Schiff am 19. November 1921 gelöscht, nachdem es nach Dänemark verkauft worden war.
Im Register von Egernsund taucht der Motorsegler erstmals am 2. Dezember 1921 als »HENNY« (NDGK) ex »MARY« auf. Eigner ist Kapitän *Heinrich P. Hoeck* aus Egernsund, der das Schiff auch selbst fuhr. Zum hier gezeigten Gemälde der »HENNY« hatte das Museum im Schloß Sønderborg noch einige Daten über seinen Eigner gesammelt. Danach war *Heinrich Höck* 1864 in Langballigau geboren und 1952 in Sønderborg gestorben. Nach mehreren Seefahrtsjahren besuchte er die Navigationsschule in Apenrade, heiratete ein Fräulein Wilton, und fuhr danach bei der Reederei *A. Hansen* von Flensburg u. a. auf den Dampfern »VESTA« und »IRIS«. 1916 zog er nach Egernsund. In den folgenden Jahren gehörten ihm verschiedene Schiffe, die er in der Regel nach kurzer Zeit wieder verkaufte. Die »HENNY« war nach seiner jüngsten Tochter benannt. Als er sie 1928 verkaufte, schaffte er sich einen Motorewer an, der sich jedoch als unrentabel erwies und bald in Sønderborg aufgelegt wurde. Er hat danach keine weiteren eigenen Schiffe besessen.
Vom 9. Juni 1928 bis zum 10. März 1930 gehörte »HENNY« ex »MARY« ex »RETA« dem Schiffer *Anton M. A. Mortensen* aus Fruens Bøge und war in Odense beheimatet. Sie wurde anschließend nach Schweden verkauft.
Am 10. März 1930 übernahm Kapitän *Bengt Kindström* aus Kalmar die »HENNY«, deren Korrespondentreeder *Erik Gustaf Sigfrid Hellman* wurde. Ein neuer 40-PS-Glühkopfmotor der *»Norrtelje Nija A/B Pythagoras«* wurde sogleich neu eingebaut, bevor das Schiff unter Führung seines Eigners in die Küstenfahrt ging.
Im Juni 1946 wurde das Schiff von Kalmar nach Stockholm verkauft und unter verschiedenen Reedereinamen dort beheimatet. 1946/47 nannten sich die Eigner *»Rederi A/B Henny«,* 1947/48 *»Möller & Co. A/B«* und 1948/49 *»Möller & Persson A/B«,* doch war in allen drei Fällen *P. Persson* der Hauptanteilseigner.

Im Vordergrund liegt »HENNY« im Winter 1922 im Hafen von Egernsund. Dahinter der Flensburger Schoner »CLAUS«, gebaut 1911 in Nübbel von Johann Ohm.
(Foto: Städtisches Museum Flensburg, Sammlung Joachim Kaiser, Glückstadt)

Nach einer Havarie mußte das Schiff aus der aktiven Frachtfahrt genommen werden. Es wurde im Juni 1949 an den Zahnarzt *Folke Andersson* aus Vaxholm verkauft, der es zum Freizeitfahrzeug umbauen wollte. »HENNY«, die 1946 noch 37000 skr gekostet hatte, erzielte jetzt, drei Jahre später, nur noch einen Preis von 8500 skr: ein Beispiel für den rapiden Verfall des Marktes für kleine Küstensegler.
Das Schiff wurde erneut instand gesetzt und wieder in Fahrt gebracht. Am 8. September 1950 befand sich die »HENNY« auf der Reise von Vaxholm nach Örnsköldsvik, als man im Laderaum Wasser bemerkte, das durch ein Leck im obersten Plattengang auf Steuerbordseite eindrang. Innerhalb einer Stunde erhielt das Schiff eine Schlagseite von 40 Grad. Als nun auch noch die Maschine ausfiel, blieb als letzte Rettung nur noch das Beiboot. Kurz darauf sank die »HENNY« auf 23 m Tiefe sieben Seemeilen nordwestlich von Simpnäsklubb.

(SSR Kiel Nr. 943, »Kieler Zeitung« v. 5. u. 16. 10. 1920 – mitgeteilt von Herrn F. C. Blaas/Stift, GL-Register 1923/33, »Maritime Studier« S. 105, »Svensk Sjöfarts Tidning« 1949 S. 1004, Mitteilungen von Herrn Dr. R. Boman/Uppsala und O. Kure/Assens, Frederik Frederichsen-Register)

»HENNY« ex »MARY« ex »RETA« am 28. Juni 1947 vor Anker auf Reede von Lugnvik in Schweden. Das Schiff hat die üblichen Veränderungen über sich ergehen lassen: beide Masten durch Pfahlmasten ersetzt, Klüverbaum verkürzt, Deckshaus entfernt, dafür Ruderhaus und Heckdavids neu installiert.
(Foto: Dr. R. Boman, Uppsala)

»CECILIE« um 1943 im Svendburgsund unter vollen Segeln. Da während der deutschen Besetzung Dänemarks den Schiffern nur sehr geringe Mengen Brennstoff zugeteilt wurden, waren diese wieder weitgehend auf den Wind als Antriebsmittel angewiesen.
(Foto: Schleimann, Sammlung Kaj Lund)

Nr. 401: Galeasse »Cecilie«

Als einzige der zwölf kleinen Galeassen hat die Baunummer 401 alle Abenteuer ihres langen Lebens bis auf den heutigen Tag überstanden. Das Schiff lief im September 1920 vom Stapel und lag dann mehrere Monate am Werftkai, bis sich endlich ein Käufer fand. Wie fast alle ihre Schwesterschiffe ging auch diese Galeasse schließlich ins südliche Dänemark. Nachdem im September 1921 in Kiel die Klasse »+100 A4 für Nord- und Ostsee« ausgestellt worden war, wurde der Neubau als »CECILIE« (NDCM) für Schiffer *J. Knudsen* in Egernsund registriert. Nach 15 Jahren übergab er sein Schiff an *Claus Knudsen,* ebenfalls aus Egernsund. Um diese Zeit (1935) war der alte 30 PS starke Bergedorfer Glühkopf bereits durch eine neue Maschine unbekannter Bauart von 46 PS Leistung ersetzt worden. Die äußere Erscheinung jedoch hatte sich nicht wesentlich verändert. 22 weitere Jahre lang blieb die »CECILIE« im Besitz der Familie, bis sie endlich 1958 an *E. V. E. Petersen* aus Ravnshøj verkauft wurde, der den Heimathafen nach Frederikshavn verlegte. Sie wurde nun zum Steinfischer umgebaut, wobei die alten Masten verschwanden und statt dessen ein schwerer Eisenmast mit starker Winde und kräftigem Ladebaum angeschafft wurden. Die Luke und der Laderaum erhielten einen kastenförmigen Einsatz aus dicken Eichenbohlen und Stahlplatten, in den man die tonnenschweren Findlinge hineinpoltern lassen konnte, ohne schwerwiegende Beschädigungen des Schiffskörpers befürchten zu müssen. Ein herausnehmbares Stück Verschanzung an der Backbordseite erleichterte die Übernahme der gefischten Brocken. Als Steinfischer mit der Nummer »Stf. 1614« verbrachte »CECILIE« nun die nächsten zwanzig Jahre. 1968 wurde die inzwischen dritte Maschine von 89 PS ersetzt durch eine noch stärkere von 135 PS. Im Juni 1976 erwarb der Taucher *A. C. N. Andersen* unsere inzwischen als Jagt registrierte alte Galeasse und verlegte den Heimathafen nach Fredericia. Vier Jahre später verkaufte er im Juli 1980 das Schiff an die englische Firma *Messrs. Seine Limited,* die die »CECILIE« noch im selben Monat weiterverkaufte an *Evert und Gonnie Verkerk* aus Enkhuizen in Holland. Das Ehepaar *Verkerk* war bereits im Besitz zweier ehemaliger Frachtsegler, die inzwischen zu Charterseglern mit zahlenden Gästen umgebaut waren, besaß also große Erfahrung in der Restaurierung solcher Schiffe. Zu einem Umbau der »CECILIE« jedoch kam es nicht. Das Schiff wurde an einen Interessenten aus Köln weiterverkauft, dessen Aktivitäten sich darin erschöpften, den kleinen Frachter erst einmal zur Hälfte abzuwrakken. Seit etwa zwei Jahren liegt der Rumpf ohne Deck und Aufbauten, dafür aber voll Regenwasser, in Broekerhaven bei Enkhuizen und harrt der Dinge, die da wohl noch kommen sollen. Da aber besonders in Holland rege Nachfrage nach Rümpfen dieser Art besteht, darf man zuversichtlich sein, daß die letzte Kruppsche Galeasse eines Tages wieder in altem Glanz erstrahlen wird.

(GL-Register 1923, Danmarks Skibsliste 1925–1980, »Vinden er vor« Band V S. 46, Notizen von Olaf Kure/Assens, Mitteilung von F. R. Loomeijer/Groningen)

»CECILIE« im Juli 1980 auf Slip bei Ring Andersen in Svendborg zur Bodenüberholung.
(Foto: Kaj Lund, Rungsted Kyst)

»CECILIE« als Steinfischer »STF 1414« im Juli 1980 im Svendborgsund.
(Foto: Kaj Lund, Rungsted Kyst)

»SIRI« ex »ANNA« Ende der dreißiger Jahre im Stockholmer Fahrwasser. Das Schiff hat inzwischen neue hohe Pfahlmasten erhalten, der Klüverbaum wurde verkürzt, das große Deckshaus mußte einem kleinen Kochhaus weichen, und aufs Achterdeck wurde ein hölzernes Ruderhaus gesetzt.
(Foto: Statens Sjöhistoriska Museum, Stockholm, Sammlung Dr. Boman, Uppsala)

Baunummer 402: Galeasse »Anna« / »Siri« / »Lill-Pia« / »Anna«

Die im September 1920 abgelaufene Baunummer 402 erhielt ein Jahr später ihre erste Klasse und wurde einen Monat danach, am 15. Oktober 1921, als »ANNA« (NDCK, später OUOT) in Egernsund registriert. Eigner war Schiffer *H. P. Asmussen* aus Alnor, der seine Neuerwerbung selbst fuhr. 1924 brachte er das Schiff in eine Partenreederei ein, deren Hauptreeder er blieb. Miteigner waren *A. J. Asmussen* und *R. N. Asmussen;* es handelte sich also um einen reinen Familienbetrieb. 1927 schließlich wurde *A. J. Asmussen* Alleineigner der »ANNA«.
Der kleine Bergedorfer Glühkopf mit seinen 25 PS war bereits 1922 in Flensburg gegen einen 65 PS starken Zweizylinder der Apenrader Motorenfabrik von H. Callesen ausgewechselt worden.

»ANNA« blieb bis 1935 im Besitz der Familie *Asmussen* und kam dann nach Schweden an die *Rederi A/B Hamra* in Stockholm (Hauptreeder war *Karl Anchér),* wo der Motorsegler als »SIRI« registriert wurde. 1944 verlegte die Firma ihren Sitz nach Slite, wo nun *A. de Jounge* Hauptreeder wurde. 1949 änderte sich der Firmenname in *Rederi A/B Ankaret,* Hauptreeder, Schiffsname und Heimathafen blieben jedoch die gleichen. 1950 wurde »SIRI« von Slite nach Göteborg umregistriert, nachdem sie an die *A/B Rivö (HR.: Gustav Bartley)* verkauft worden war. Noch im selben Jahr ging sie weiter an die *Nya Ångbåts A/B Bohuslänska Kusten (KR.: K. Nordendorph)* in Uddevalla, wo sie von nun an als »LILL-PIA« registriert war. 1954 änderte sich der etwas lang geratene Reedereiname in *A/B Skeppsservice.*
Und weiter geht es in schnellem Eigentumswechsel: von 1957 bis 1965 war die *A/B Charles Thorburn & Co* in Uddevalla Inhaber des Schiffes mit *N. H. Wikström* bis 1960 und *Eric Jongard* bis 1965 als Hauptreedern. Und 1965/66 gehörte die »LILL-PIA« einer Partenreederei unter *Erland Johansson* in Klädesholmen.

»SIRI« am 22. November 1948 in Uppsala. Inzwischen wurde vor das erste Ruderhaus ein zweites gesetzt, das etwas höher lag, um somit bessere Sicht über die hohe Back zu haben. Das Kochhaus ist nun ganz verschwunden, und das Boot wird in Heckdavids gefahren: das scheinen die einzigen Veränderungen zu sein, die während des Krieges vorgenommen wurden.
(Foto: Dr. R. Boman, Uppsala)

»LIL-PIA« ex »SIRI« ex »ANNA« am 23. Februar 1964 in Stockholm. Von »SIRIS« schwungvollen Formen blieb nach umfassenden Umbauten nicht viel erhalten. Der Vorsteven wurde verkürzt und begradigt und das Achterschiff mit einer umlaufenden Verschanzung versehen. Da man hier nicht das schräg auslaufende Heck verlängerte, sondern senkrechte Platten anbrachte, ergab sich eine unschöne Heckform, die durch die unförmigen Aufbauten noch gesteigert wurde. Somit war aus dem Segler ein zweckmäßiger Küstenfrachter geworden.
(Foto: Bernt Fogelberg, Bandhagen (Sammlung C. G. Vyström, Helsingborg)

1966 wurde das Schiff an den Arzt *G. Anders Ekström* aus Stockholm verkauft, der ihm den ursprünglichen Namen »ANNA« zurückgab und es als Lustfahrzeug registrieren ließ. Es scheint aber weiterhin zur Frachtfahrt eingerichtet gewesen zu sein, denn am 10. Dezember 1966 versegelte »ANNA« nach Westindien, um eine Stückgutlinie zwischen Puerto la Cruz/Venezuela und Bequia auf St. Vincent einzurichten. Hier wurde der kleine Frachter vier Jahre später Opfer eines Wirbelsturms. Auf einer Reise von Puerto la Cruz nach Mustique mit einer vollen Ladung Zement schlug »ANNA« leck und sank am 12. Dezember 1970 bei Union Island. Von der Besatzung fand ein Seemann den Tod, während zwei weitere und ein Mädchen nach 19 Tagen am Ende ihrer Kräfte aus dem Rettungsfloß geborgen wurden. Eigner und Schiffsführer soll zu dieser Zeit *Preben Pedersen*, ein Amerikaner dänischer Abstammung, gewesen sein.

(GL-Register 1923/28/33, Angaben von Dr. R. Boman/Uppsala und O. Kure/Assens, Frederik-Frederichsen-Register)

»CATHRINE« ex »HENNY« um 1938. Wie bei fast allen Schwesterschiffen ist zu dieser Zeit das vordere große Deckshaus längst verschwunden. Dafür steht jetzt auf dem Achterdeck ein Ruderhaus. Die Großmaststenge hat nur noch Zierfunktion, die des Besanmastes ist ganz weggenommen; der Klüverbaum wurde auf die Hälfte seiner ursprünglichen Länge verkürzt.
(Handels- og Søfartmuseet, Helsingør)

Baunummer 403: Galeasse »Henny« / »Cathrine«

Es war vermutlich wieder die werfteigene Reederei, die den Neubau Nr. 403 anfangs als »HENNY« in Fahrt gesetzt hatte. Das im September 1920 vom Stapel gelaufene Schiff wurde lt. Bielbrief vom 22. September 1921 an den Schiffer *L. N. Christensen* aus Trappen bei Graasten verkauft. Vorher jedoch hatte es bereits als »HENNY« Fahrten unternommen. Das geht auch aus einer Meldung der »Kieler Zeitung« hervor, die am 5. Oktober 1921 notierte: *»Der Motorsegler ›Henny‹ ist nach Ekensund verkauft und macht sich am Eisenbahndamm fertig für seine Ausreise zur Flensburger Förde«.*
Am 25. Oktober 1921 ließ Schiffer *Christensen* sein neues Fahrzeug als »CATHRINE« (NDCS) in Egernsund registrieren, wo inzwischen eine ganze Flotte dieser Kieler Neubauten zu Hause war. 1924 verkaufte er das Schiff an *N. P. Lassen,* der ebenfalls aus Trappen stammte und als Schiffsführer Kapitän *A. Petersen* einsetzte. Heimathafen und Schiffsname blieben bestehen.
Ein Jahr später erfolgte der nächste Eignerwechsel, als »CATHRINE« am 19. Januar 1925 an Kapitän *Max Boye Schmidt* aus Marstal verkauft wurde. Heimathafen war ab September 1926 bis Januar 1929 Svendborg, danach wieder Marstal. Für diese Zeit wird als Eigner *E. A. Schmidt* im GL-Register geführt, während *Max Boye Schmidt* weiterhin Kapitän ist. Nach vierzehnjähriger Zugehörigkeit zur Marstaler Seglerflotte verkaufte *Schmidt* seine Galeasse am 25. Februar 1939 an Kapitän *William Svensson* aus Djupekås in Schweden, der das Schiff selbst führte.
Hier scheint die »CATHRINE« Opfer des Krieges geworden zu sein. Sie verließ am 20. Oktober 1943 beladen mit 115 t Roggen den Hafen von Karlshamn, bestimmt für Uppsala. Von der damaligen Schiffahrtskontrolle, einer Kriegseinrichtung, wurde sie am nächsten Tag noch einmal vor Kalmar beobachtet und ist seitdem mit Mann und Maus verschollen.

(GL-Reg. 1923/28/33, Danm. Skibsl. 1925/27/35/39, »Kieler Zeitung« v. 5. 10. 21, Mitteilg. v. Dr. R. Boman/Uppsala)

»CATHRINE« 1938 in Kopenhagen
(Sjøfartsmuseum Marstal)

»CATHRINE«, inzwischen ist sie hellgrau gemalt und führt wegen des Krieges die schwedischen Farben und die Bezeichnung »SVERIGE« auf der Bordwand, festgefahren im Eis vor ihrem Heimathafen.
(Sammlung T. Johannesson, Viken)

Baunummer 404: Galeasse »Liselotte« / »Jul«

Auch die Baunummer 404, im September 1920 vom Stapel gelaufen, mußte fast ein volles Jahr auf einen Käufer warten. Erst im August 1921 fand sich in *Rudolf Pockorny,* einem Kaufmann aus Berlin-Niederschönhausen, ein Interessent, der bereit war, für den Neubau 385000 Mark aufzubringen. Auf seinen Namen wurde das Schiff am 3. September 1921 als »LISELOTTE« im Seeschiffsregister von Hamburg eingetragen. Unter der Führung von Kapitän *H. Oehring* fand die Galeasse Beschäftigung in der Nord- und Ostseefahrt.

Nachdem *Pickorny* im März 1922 auch noch das Schwesterschiff »INGEBORG« ex »WIKING« (NB 398) erworben hatte, scheint er in finanzielle Schwierigkeiten gekommen zu sein. Im August 1923 trennte er sich von der »INGEBORG« ganz und verkaufte gleichzeitig einen halben Anteil der »LISELOTTE« an den Hamburger Kaufmann *Hermann Nagel,* der bei der Finanzierung beider Schiffe geholfen hatte. »LISELOTTE« wurde nun in »JUL« umbenannt, was damit begründet wurde *»daß der alte Name häufig zu Verwechslungen Anlaß gegeben hat«.* Als Setzschiffer wurde nun Kapitän *Schote* benannt.

Noch 1923 wurde der erst zwei Jahre alte HMG-Glühkopf durch einen Zweitakt-Diesel der *Deutschen Werke AG, Kiel* ersetzt, dessen zwei Zylinder eine Leistung von 60 PS auf die Welle brachten.

Um die Eigentumsrechte kam es in den folgenden Jahren zu einigen Auseinandersetzungen zwischen *Pickorny* und seinen Gläubigern, in deren Folge Kaufmann *Nagel* seinen Part am 16. Oktober 1926 an Kapitän *Johann Andreas Matzen* aus Wyk auf Föhr verkaufte. *Matzen* übernahm nun die Führung des Schiffes und konnte anläßlich einer Zwangsversteigerung im Juni 1932 auch noch die andere Hälfte der »JUL« erwerben. Für 2865 Mark hatte er den Zuschlag bekommen und war damit Alleineigner geworden.

Im GL-Register von 1928 wird das Schiff als »HELGA MATZEN« ex »JUL« ex »LISELOTTE« geführt, doch scheint es sich hierbei um die Vorwegnahme einer geplanten, aber nie ausgeführten Namensänderung zu handeln.

Kapitän *Johann Matzen,* an der Küste nur als »Janne Jul« bekannt, setzte sein Schiff ausschließlich in der Stückgutfahrt zwischen Wyk auf Föhr und Hamburg ein. Die anfangs noch vorhanden gewesene Besegelung fiel später ganz weg. An ihre Stelle trat ein stabiler stählerner Großmast mit schwerem Löschbaum und ein Besanmast, der gleichzeitig als Auspuff diente. Als dritter Motor war in den dreißiger Jahren ein 75 PS starker »Deutsche Werke« aus Kiel eingebaut worden. Inzwischen war auch das Deckshaus beim Großmast verschwunden, dafür gab es nun achtern einen Aufbau, natürlich mit Ruderhaus.

Nachdem die »JUL« glücklich und ohne besondere Vorkommnisse ihre regelmäßigen Hamburgtouren bis in die Nachkriegszeit abgefahren hatte, wurde auch sie noch ein Opfer der Treibminen.

»JUL« hatte am 5. Dezember 1947 mit 40 t Stückgut Hamburg verlassen und am 6. Dezember morgens von Cuxhaven die Reise nach Wyk fortgesetzt. Es herrschte klares und ruhiges Wetter. Gegen 10 Uhr befand man sich im »Falschen Tief«, als eine heftige Explosion das Schiff erschütterte, das sofort zu sinken begann. Alle vier Besatzungsmitglieder erlitten starke Verletzungen, konnten aber von einem hinzueilenden Büsumer Fischkutter geborgen werden. Kapitän *Matzen* zog sich einen Schädelriß und Schlüsselbeinbruch zu, sein Schwiegersohn, der Matrose *Hoffmann,* trug eine schwere Beinverletzung davon, Matrose *Herbst* hatte eine Hacke gebrochen, und Jungmann *Solger* war mit einem Beinbruch davongekommen.

Mit der Bergung des auf acht Meter Wasser liegenden Schiffes wurde *Taucher Harmstorf* aus Blankenese beauftragt, dem es aber trotz aller Bemühungen nicht gelang, die »JUL« zu heben. 1950 wurde dem Amtsgericht mitgeteilt, daß man die Bergungsversuche aufgegeben habe. Somit wurde das Schiff, dem man inzwischen die Unterscheidungssignale RBSK (1921), DIOQ (1933) und DGSG (1949) zugeteilt hatte, am 17. März 1950 aus dem Register gestrichen.

(GL-Reg. 1923/28/33, SSR Hamburg Nr. 5738, Seeamt Hamburg 1950, Mitteilung von Herrn J. E. Hellmann/Nordstrand)

Baunummer 405: Galeasse »Anne« / »Tekla«

Auch die Baunummer 405 kam bereits im September 1920 vom Stapel und mußte ein volles Jahr auf ihre Indienststellung warten. Da das Klassenzertifikat vom Germanischen Lloyd im September 1921 in Stralsund ausgestellt wurde, ist anzunehmen, daß das Schiff zu dieser Zeit in Fahrt gekommen ist und auch schon Reisen machte. Vermutlich wurde die Galeasse, wie wir es ja von einer ganzen Reihe ihrer Schwestern wissen, von der werfteigenen Reederei beschäftigt. Eine Eintragung ins Kieler Seeschiffsregister war jedoch nicht erfolgt.

Am 3. Mai 1922 wurde das Schiff als Eigentum des Schiffers *J. P. Christensen Konrad* aus Alnor in Dänemark registriert. Unter dem Namen »ANNE« mit Unterscheidungssignal NDLH war es in Egernsund beheimatet. Am 15. September 1928 verkaufte *Christensen Konrad* sein Fahrzeug an Schiffer *Peter Andersen* aus Marstal, wo es als »TEKLA« registriert wurde. Die Löschung erfolgte zwei Jahre später, am 5. November 1930. Die »TEKLA« war im September jenes Jahres mit einer Ladung Weizen unterwegs gewesen von Kopenhagen nach Vejle. Im Kattegat hatte das Schiff so heftig in schwerer Sturmsee gearbeitet, daß die Weizenladung übergegangen war und durch die entstandene Schlagseite ein Wassereinbruch erfolgte. Die dreiköpfige Besatzung konnte sich in die Jolle retten und wurde später von einem Fischkutter aufgenommen. Die »TEKLA« aber kenterte kurz nach dem Verlassen völlig und ging sogleich unter. Als erstes der zwölf Schwesterschiffe war sie nach nur neunjähriger Fahrzeit verlorengegangen.

(GL-Reg. 1923, Danm. Skibsl. 1925/27, Mitteilg. v. Skibsregistret/Kopenhagen, Frederik-Frederichsen-Register)

»ANNA« ex »VENUS« im Dezember 1935. Das Schiff führt noch beide Originalmasten und kann volle Besegelung fahren. Auch hier wurde das Deckshaus verkleinert und ein Ruderhaus eingerichtet.
(Foto: Kapitän H. O. Fabricius, Marstal)

Baunummer 406: Galeasse »Venus« / »Anna« / »Anjobi«

Nachdem die Nummer 406 im September 1920 vom Stapel gelaufen war, mußte auch diese ein volles Jahr auf einen Abnehmer warten. Endlich, am 11. Oktober 1921, konnte die »Kieler Zeitung« melden: ». . . *Die Germaniawerft hat den Motorsegler ›Venus‹ nach Ekensund verkauft. Das Schiff verholt an den Sartorikai, nimmt Brennstoff über und wird dann nach Ekensund in See gehen.«*
Käufer waren lt. Bielbrief vom 28. September 1921 die Schiffer *Hans Peter Hvid* aus Alnor und *Erik Christian Hvid* aus Skelde bei Sønderborg. Sie ließen ihre Neuerwerbung am 10. Dezember 1921 als »VENUS« mit Unterscheidungssignal NDGT in Egernsund registrieren. *Hans Peter Hvid* übernahm die Schiffsleitung, doch blieb die Galeasse nur wenige Monate unter dem Danebrog. Schon am 23. Januar 1922 wurde sie nach Schweden weiterverkauft.
Der neue Eigner war eine kleine Partenreederei aus Borgholm auf Öland. Hauptreeder, mit sechs Achtel Anteilen, war Schiffsführer *Emil Alfred Pettersån*, die beiden übrigen Achtel gehörten zwei Landwirten. Kapitän *Pettersån* fuhr seine »VENUS« drei Jahre lang, dann verkaufte er sie zurück nach Dänemark.
Am 3. März 1925 ließ Schiffer *Lauritz Johannes Fabricius* den Motorsegler in seiner Heimatstadt Marstal auf Aerø eintragen. Seiner Frau zu Ehren erhielt das Schiff nun den Namen »ANNA«. Das Unterscheidungssignal lautete anfangs NFVP, später OUOL. Auch dieser Eigner fuhr sein Fahrzeug selbst. Am 17. Juni 1940 übergab er es an seinen Sohn *Hans Olsen Fabricius,* der an diesem Tag 23 Jahre alt wurde und damit das in Dänemark notwendige Mindestalter zum Schiffsführer erreicht hatte. Obwohl Schiffer *H. O. Fabricius* auch heute noch der Meinung ist, daß die »ANNA« kein gutes Seeschiff war, hielt er ihr neun weitere Jahre lang die Treue. In den Kriegs- und Nachkriegsjahren ließen sich wohl auch mit einem weniger gelungenen Typ gute Frachten erzielen.
Fast wäre die »ANNA« im März 1949 Opfer eines Frühjahrssturms geworden. Das Schiff befand sich mit Stückgut auf der Reise von Rostock nach Kopenhagen, als es bei aufkommendem schweren Wetter einen Wassereinbruch im Maschinenraum erlitt. Nachdem der Motor bald darauf seinen Geist aufgegeben hatte, versuchte Kapitän *Fabricius,* sich durch Segeln weiterzuhelfen, was sich anfangs auch recht gut anließ. Nachdem aber in einer besonders schweren Bö der Großbaum brach und dabei das Segel zerfetzte, war »ANNA« nicht mehr zu manövrieren. Vor Fock und Klüver lenzend, entschloß sich ihr Eigner, den nächsten Strand anzusteuern, um so Besatzung, Schiff und Ladung zu retten. Am 1. März 1949 strandete die Galeasse zwei Seemeilen westlich von Warnemünde und war somit erst einmal in Sicherheit. Die Bergung jedoch sollte sich als äußerst mühsam und langwierig erweisen. Drei Monate lang versuchte man mit vielen schaufelnden Helfern, einen Kanal in tieferes Wasser zu graben. Nachdem man schließlich auch noch zwei Fischkutter dazugechartert hatte, die mit ihren Schrauben den Kanal auf der Seeseite vertieften, stellte sich endlich der Erfolg ein. Mit eigener Kraft konnte die »ANNA«

Fotos aus Hans Fabricius' Album über Strandung und Bergung der »ANNA« im Frühjahr 1949 vor Warnemünde.

»ANNA« am 31. August 1947 in Svendborg. Inzwischen hat das Schiff neue Pfahlmasten erhalten, das Deckshaus beim Fockmast ist verschwunden, ein neues Ruderhaus wurde vor das alte gesetzt, und das Rettungsboot kam in Heckdavits.
(Handels- og Søfartmuseet, Helsingør)

Kapitän Hans Olsen Fabricius als Siebzigjähriger im Mai 1987 in Marstal. Über der Schuppentür hängt das alte Namensbrett seiner »ANNA«.
(Foto: Verfasser)

Ende Mai die Strandungsstelle verlassen, um anschließend zur Reparatur nach Marstal zu dampfen. Mit dem wieder hergestellten Schiff machte Kapitän *Fabricius* noch einige Ostseereisen, bevor er sich zur Anschaffung eines größeren Fahrzeugs entschloß.
Im September 1949 erwarb Schiffer *K. A. B. Merkel* aus Bandholm den kleinen Frachter, der nun den Namen »ANJOBI« erhielt. Zwölf Jahre lang beschäftigte der neue Eigner das Schiff weiter in der Frachtfahrt. Es war nach der Strandung etwas umgebaut worden, hatte ein hohes Ruderhaus erhalten, dafür aber den Besanmast verloren und sowohl den Großmast als auch den Klüverbaum verkürzt. Ein neuer 100-PS-Alpha-Diesel hatte die Segel ohnehin überflüssig gemacht.
Nachdem die sich gut zum Steinefischen eignende »ANJOBI« im April 1961 zum Verkauf ausgeschrieben worden war, wurde sie am 17. Mai 1961 von Schiffer *Jens J. Bjerregaard Thuesen* erworben. Mit der Steinfischnummer »St.F. 1642« war »ANJOBI« von nun an in Juelsminde beheimatet. Sieben Jahre lang dauerte der Einsatz in der Sand-, Kies- und Steinbaggerei, dann schien sie sich auch dafür kaum noch zu eignen. In Dänemark fand sich kein weiterer Interessent für das betagte Fahrzeug. Auf den Faröer-Inseln jedoch schien man noch Verwendung dafür zu haben. Am 27. Dezember 1968 jedenfalls wurde das Schiff von der Reederei *P/f Klakksteinur* aus Klakksvik übernommen. In seinem neuen Heimathafen jedoch ist es nie angekommen. Auf der Überführungsfahrt von Skagen nach dort erlitt die »ANJOBI« in der nördlichen Nordsee wieder einmal einen Wassereinbruch. In sinkendem Zustand mußte sie am 12. Februar 1969 etwa 60 Seemeilen nördlich der Shetlands von der Besatzung verlassen werden. Die Leute konnten sich retten, das Schiff jedoch wurde zum Totalverlust.
Die Farörer Firma schien sich aber auf diesen Schiffstyp versteift zu haben. Sie erwarb noch im gleichen Jahr das Schwesterschiff »CHRISTA«, das dann, wie unter Baunummer 397 beschrieben, noch jahrelang in jenen rauhen Gewässern eingesetzt werden konnte.

(GL-Reg. 1923/28, Danm. Skibsliste 1925/69, »Kieler Zeitung« v. 11. 10. 1923 mitget. v. Herrn F. C. Blaas/Kiel, »Länspumpen« 1981/4, Frederik-Frederichsen-Register, Notizen v. Olaf Kure/Assens, Mitteilung v. Kpt. H. O. Fabricius/Marstal und Dr. R. Boman/Upsalla)

Gregersen-Skizze, die 1942 im Mai angefertigt wurde und sowohl für »CHARLOTTE MARIE« als auch für »CECILIE« (NB 407 bzw. NB 401) benuzt wurde. Die fertigen Kapitänsbilder wurden für RM 47,- bzw. 52,- an die Auftraggeber geliefert.
(Original in Dansk Bibliothek, Flensburg)

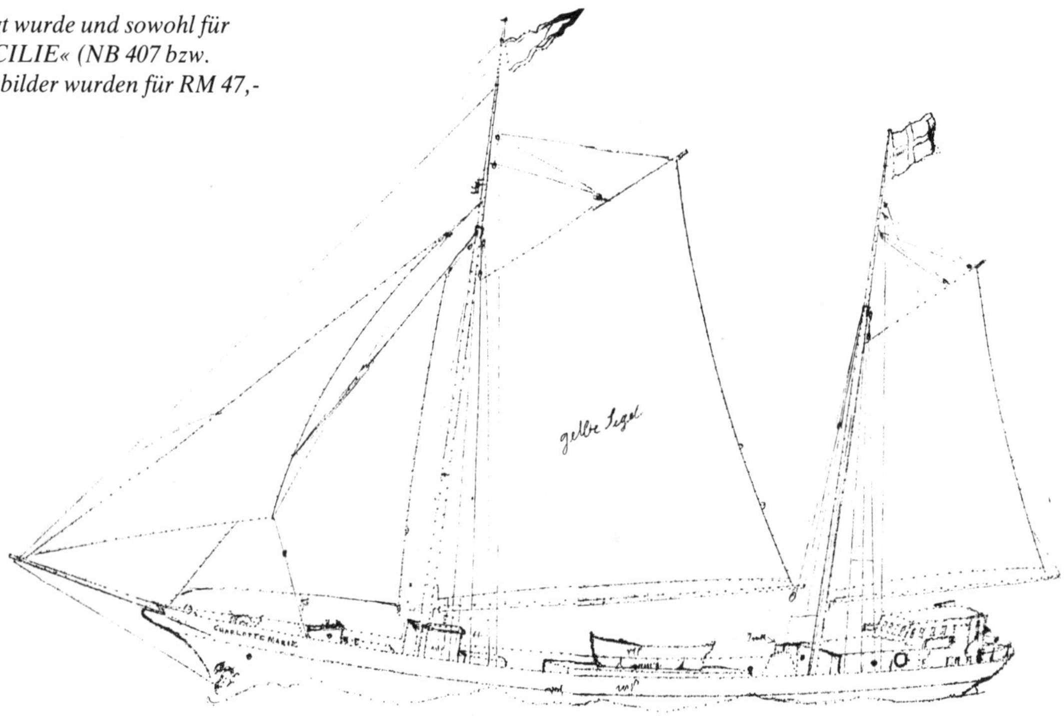

Baunummer 407: Galeasse »Mary« / »Charlotte Marie« / »Rosnaes«

Die im Oktober 1920 vom Stapel gelaufene Baunummer 408 kam erst ein Jahr später als »MARY« in Fahrt. Der erste Eigner hat nicht ermittelt werden können, vermutlich war es wieder einmal die werfteigene Reederei.

Nachdem das Schiff im Oktober 1921 seine Klasse erhalten hatte, wurde es am 14. November 1921 als Eigentum einer Partenreederei aus Egernsund im dortigen Schiffsregister eingetragen. Anteilseigner waren zu gleichen Teilen die Schiffer *Carl Friedrich Welker* aus Høruphav und *P. Pedersen* aus Dalsgaard. Der Name der Galeasse wurde in »CHARLOTTE MARIE« geändert, das Unterscheidungssignal lautete NDFV, später OUQC. (Im GL-Register von 1923 ist der Name weiterhin mit »MARY« angegeben, der Heimathafen mit Höruphaff und der Eigner *Carl Welke:* alles Angaben, die mit den tatsächlichen bzw. amtlichen nicht übereinstimmen.)

Am 6. Februar 1929 wird die »CHARLOTTE MARIE« in Sønderborg als Alleineigentum von Schiffsführer *Carl Friedrich Welker* registriert. Der kleine Glühkopf von 1921 war 1938 gegen einen etwas stärkeren von 55 PS ausgewechselt worden, der nach dem Krieg gegen einen von 77 PS ausgetauscht wurde. Bei solch geringer Motorisierung konnte auf die Hilfsbesegelung zu keiner Zeit verzichtet werden. Das Schiff hat dann auch Zeit seines Lebens seinen Charakter als Motorsegler nicht geändert. Mit seinem schwarz-weißen Anstrich bot es darüber hinaus einen stets erfreulichen Anblick. Im März 1948 geriet das Schiff bei Rønne auf Bornholm an Grund, konnte jedoch ohne große Schäden wieder abgebracht werden.

Im März 1954 kaufte Schiffer *Børge W. Jørgensen* aus Sønderburg den Motorsegler und ließ ihn als »ROSNAES« in Egernsund registrieren. Dieser Heimathafen blieb auch, als der neue Eigner im August 1954 nach Nakskov auf Lolland zog. 1959 bekam das Schiff einen neuen Motor von 100 PS, doch sollte sich diese Investition nicht gelohnt haben.

Am 14. Januar 1960 war Schiffer Jørgensen mit seiner »ROSNAES« mit einer Ladung Brikett unterwegs von Stralsund nach Kopenhagen, als er infolge schlechten Wetters an der Westküste von Hiddensee an Grund kam. Alle versuchten Manöver, das Schiff wieder freizubekommen, zeigten sich als wirkungslos. Selbst dem herbeigerufenen Schlepper »PEENE« gelang es nicht, das sich tief in den Sand gearbeitete Schiff abzubergen. Nach zweitägigen Versuchen ging die Besatzung, die nur aus dem Eigner und seinem Bestmann bestand, schweren Herzens auf den Schlepper, um sich nach Stralsund bringen zu lassen. Die »ROSNAES« wurde als Totalverlust aufgegeben und im Juli 1960 im Register gelöscht.

(GL-Reg. 1923, Danm. Skibsliste 1925/27/35/39/54/57/58, »Batologen« Nr. 5 1982 S.149, Olaf Kures Notizen, Frederik Fredrichsens Register)

»CHARLOTTE MARIE« um 1938.
(Repro aus
»Danmarks Handelsflaade 1939«)

»CHARLOTTE MARIE« am 3. Mai 1949 in Assens auf Slip.
(Foto: Olaf Kure,
Sammlung: Handels-og Søfartmuseet, Helsingør)

»KOMET« unter vollen Segeln um 1938 in dänischen Gewässern. Die Bemastung entspricht noch den Originalabmessungen. Auffallend ist das Toppsegel, dessen Kopf an einer kleinen losen Rah angeschlagen war.
(Repro aus »Danmarks Handelsflaade 1939«)

Nr. 408: Galeasse »Komet«

»KOMET«, die als letzte der kleinen Galeassen im Oktober 1920 ablief und im Oktober 1921 in Fahrt kam, scheint von allen zwölf Schwesterschiffen das ruhigste Leben geführt zu haben. Sie diente während der 25 Jahre ihres Daseins einem einzigen Eigner.
Am 17. März 1922 wurde »KOMET« als Eigentum des Schiffers *C. L. W. Marquardt* in das Register von Egernsund mit dem Unterscheidungssignal NDJV (woraus später OUWH wurde) eingetragen. Dramatische Ereignisse lassen sich in der Karriere dieses Schiffes nicht nachweisen. Es war ausschließlich in der Ostsee eingesetzt, wobei Kapt. *Marquardt,* bedingt durch die Ölknappheit der Kriegsjahre, bis zuletzt von den Segeln regen Gebrauch machte. Die erste kleine Maschine von 30 PS allerdings war schon um 1930 durch eine neue von 48 PS ersetzt worden, die bald darauf einer dritten mit 74 PS Leistung weichen mußte. Mit seinem hohen Stengemast und dem grüngemalten Rumpf mit seiner weißen Scheuerleiste war das stets wohlgepflegte Schiff eine auffallende Erscheinung. Am 16. August 1946 befand sich »KOMET« mit einer Ladung Schnittholz auf der Reise von Räfsö nach Svendborg. Nördlich von Grundkallen traf man auf schweres Wetter, in dessen Verlauf das Schiff mehrere Brecher übernahm. Die Deckslast ging über, wodurch eine Schlagseite von 40 Grad erzeugt wurde. Zwar gelang es durch Segelsetzen, die Schlagseite auszugleichen, doch fiel das Schiff bald wieder um. Nun versuchte man, sich durch Werfen der Deckslast zu retten. Währenddessen jedoch entstand im Maschinenraum ein Feuer, das sich schnell auf das Ruderhaus und die Aufbauten ausdehnte, so daß die Besatzung sich ins Boot retten mußte. Das im Sinken begriffene Schiff wurde verlassen und kam bald aus Sicht. Die drei Schiffbrüchigen konnten von einem schwedischen Fahrzeug aufgenommen werden, das sie in Lulea landete. Die »KOMET« wurde am 5. September 1946 als Totalverlust im Register gestrichen.

(GL-Reg. 1923, Danm. Skibsl. 1927/35/39, Olaf Kures Notizen, Frederik Fredrichsens Register)

Die Maschinenanlagen der Kruppschen Motorsegler

Die in die 40 Motorsegler eingebauten Maschinenanlagen wurden bereits bei den Schiffstypenbeschreibungen kurz angesprochen. Die Bauwerft hatte ihre größeren Neubauten mit Kompressordieseln zwischen 160 und 500 PS ausgestattet. Die kleinen Bauten hingegen waren mit den unproblematischen Glühkopfdieseln eingerichtet, deren Leistungen zwischen 25 und 80 PS lagen.

Die Anlagen verteilten sich wie nachstehend:

1 Viertakt-Diesel, 4 Zylinder (460 mm ∅, 630 mm Hub), 500 PS
Friedrich Krupp AG Germaniawerft, Kiel
(eingebaut in 4MBk NB 372)

5 Viertakt-Diesel, 4 Zylinder (400 mm ∅, 550 mm Hub), 350 PS
Friedrich Krupp AG Germaniawerft, Kiel
(eingebaut in 5MSr NB 420–424)

6 Viertakt-Diesel, 6 Zylinder (260 mm ∅, 360 mm Hub), 160 PS
Maschinen-Fabrik Augsburg-Nürnberg AG, Augsburg)
(eingebaut in 3MSr NB 373 und 376–380)

4 Glühkopf-Zweitakter, 2 Zylinder (300/350 mm), 80 PS
Allgemeine Elektr.-Ges. (Turbinenfabrik), Berlin
(eingebaut in 3MSr NB 381–384)

6 Glühkopf-Zweitakter, 2 Zylinder (210/250 mm), 35 PS
Apenrader Motorfabrik H. Callesen & Co., Apenrade
(eingebaut in 2MSr NB 385–388 und Gls NB 389–390)

6 Glühkopf-Zweitakter, 2 Zylinder (210/250 mm), 35 PS
Hanseatische Motoren-Gesellschaft mbH, Bergedorf
(eingebaut in Gls NB 391–396)

12 Glühkopf-Zweitakter, 1 Zylinder (240/280 mm), 25 PS
Hanseatische Motoren-Ges.mbH, Bergedorf
(eingebaut in Gls NB 397–408)

Für die Beschreibung dieser mir fremden Materie konnte ich Herrn Vicco Meyer aus Buxtehude gewinnen, der im folgenden Kapitel einen Exkurs zur Entwicklung der Schiffsdieselmotoren im allgemeinen sowie eine Beschreibung zweier in die Kruppschiffe eingebauten Maschinen im besonderen bringt. Bei letzteren handelt es sich um die Viertakter der Firma MAN, die in die großen Dreimastschoner eingebaut wurden, sowie um die Glühkopfmotoren der Firma HMG, die bei den Galeassen Verwendung fanden.

Schiffsdieselmaschinen

von Vicco Meyer, Buxtehude

1.1 Motorisierung der Schiffahrt

Die Motorisierung der Schiffahrt begann nach dem Ersten Weltkrieg. Da der rasche Ausbau des Eisenbahnnetzes bis in den kleinsten Winkel des Landes ein zuverlässiges und pünktliches Transportsystem auf dem Land geschaffen hatte, geriet die Schiffahrt unter Segeln durch ihre Abhängigkeit von Wind und Wetter ins Hintertreffen. Die Wirtschaft hatte sich schnell an die Regelmäßigkeit des Schienenverkehrs gewöhnt. Das gut ausgebaute Schienennetz erreichte den kleinsten Ort. Um konkurrenzfähig bleiben zu können, mußte sich die Schiffahrt im Küstenbereich um neue Antriebsformen bemühen, die zuverlässiger waren und die eine bessere Terminplanung gewährleisteten. Dampfmaschinen hatte man nur in größere Schiffe eingebaut, da sie erheblichen Platz erforderten und zur Bedienung viel Personal an Heizern und Maschinisten benötigten. Auch der Petroleummotor setzte sich nicht durch, denn sein großes Gewicht, der enorme Brennstoffverbrauch und die Anfälligkeit für Betriebsstörungen ließen ihn nur in der Fischerei zum Einsatz kommen. Dort kam es besonders auf schnelle Fangreisen an, da hier der Fischdampfer für die Segelkutter eine große Konkurrenz bildete. Der Benzinmotor war wegen der großen Explosionsgefahr des Brennstoffes für die Küstenschiffahrt unter Segeln völlig ungeeignet.

Die Anforderungen, die an eine wirtschaftliche und zuverlässige Antriebsanlage für die Küstenschiffahrt gestellt wurden, waren sehr verschiedenartig. Küstenschiffe der damaligen Zeit waren sehr kleine Schiffe, daher durfte die Antriebsanlage nicht viel Platz erfordern. Deshalb kamen die Dampfmaschine und der Petroleummotor nicht in Frage. Aus wirtschaftlichen Gründen durfte der zusätzliche Personalbedarf nicht groß sein. Heizer und Dampfmaschinisten waren teuer bezahltes Fachpersonal. Daher sollte die Antriebsanlage möglichst ohne zusätzliches Fachpersonal einfach und unkompliziert zu bedienen sein. Der Brennstoffverbrauch mußte sich in vertretbaren Grenzen halten. Daher setzte sich der Petroleummotor mit seinem enormen Verbrauch an teurem Petroleum nicht durch. Als Lösung dieser Problemfelder bot sich der Dieselmotor in zwei verschiedenen Ausführungen an.

Der Glühkopfdiesel, der einfach zu bedienen war, fand speziell in der Klein- und Küstenschiffahrt sowie in der Fischerei schnell seine große Verbreitung. Für größere Antriebsanlagen, die in Motorsegler und größere Küstenfrachter eingebaut wurden, eignete sich der klassische Dieselmotor nach dem Prinzip von Rudolf Diesel.

Der Glühkopfdiesel wurde in den Jahren um 1920–1930 in viele kleine Segler und Ewer nachträglich eingebaut. Seine Leistung lag bei 25–35 PS. Die Bedienung war recht einfach, so daß auch die technisch ziemlich unerfahrenen Schiffer und Kapitäne der Segler den Glühkopfdiesel fahren und warten konnten. Seine einfache Konstruktion nahm Fehler in der Bedienung nicht so schwer. So wurden Ewer und kleine Schoner zu Seglern mit Hilfsantrieb. Als die Versicherungsgilden nach zum Teil sehr heftigen und kontroversen Auseinandersetzungen in der Mitgliedschaft auch die motorisierten Schiffe in die Versicherung aufnahmen, war der Motoreneinbau in die Küstenschiffe nicht mehr aufzuhalten. Vor dem Zweiten Weltkrieg gab es kaum noch einen Ewer ohne Motor. Für den Bedarf an größeren Seglern, die auch in der großen Küstenfahrt oder in der mittleren Fahrt eingesetzt werden konnten, bauten die Werften nun Motorsegler, die schon beim Bau mit einer Maschine ausgerüstet wurden. Für diese Schiffsgrößen war der Glühkopfdiesel in der Regel von der Leistung her zu schwach, so daß hier gerne Schiffsdieselmaschinen mit höherer Leistung eingebaut wurden. Diese Maschinen waren Weiterentwicklungen der Unterseebootdiesel aus dem Ersten Weltkrieg. Die Dieselmotoren, die in der Küstenschiffahrt zum Einsatz kamen, hatten oft eine Leistung von 150 PS. Wenn der Kapitän oder der Steuermann das Befähigungszeugnis C 1 (Seemotorführer) erworben hatte, konnte er die Leitung der Motorenanlage selbst übernehmen, ohne einen von der Heuer her teuren Maschinisten anmustern zu müssen. Das C 1 war das kleinste Schiffsoffizierspatent der Maschinenlaufbahn und konnte von Inhabern der nautischen Patente zusätzlich erworben werden. Diese Regelung der Schiffsbesetzung gewährte den Motorseglern einen wirtschaftlichen Vorteil gegenüber den kleinen Frachtdampfern, die alle viel teureres Maschinenpersonal fahren mußten. Damit setzte sich in der großen Küstenschiffahrt der Dieselmotor gegenüber der Dampfmaschine als wirtschaftlicher Antrieb durch.

1. 2. Die Entwicklung des Dieselmotors

Der Dieselmotor wurde 1892 von *Rudolf Diesel* erfunden und zum Patent angemeldet. Diesel studierte an der Technischen Hochschule in Münster und war Assistent von *Prof. Linde*. Sein Motor beruhte auf einer wissenschaftlichen Verknüpfung verschiedener physikalischer Theorien. Diesel entwickelte den Motor erst rein theoretisch und veröffentlichte seine Überlegungen in einem Aufsatz. Die nun folgende praktische Realisierung der Theorie in der Praxis brauchte 5 Jahre. Sie geschah in der Maschinenfabrik Augsburg-Nürnberg (MAN), wo der erste Dieselmotor zum Laufen gebracht wurde. *»Kennzeichen des Dieselverfahrens ist die Selbstzündung des in den Verbrennungsraum eingespritzten Kraftstoffs an der Luftladung, die vorher durch Verdichtung auf eine für die Einleitung der Zündung hinreichend hohe Temperatur gebracht wurde.«* (Bauke, Herwig, Kraftmaschinen, Pumpen, Verdichter, S. 41).
Diesels erster Motor saugte reine Luft an, die im Zylinderraum auf 35 atü verdichtet wurde und sich dabei stark erwärmte. Im oberen Totpunkt des Kolbenwegs wurde mit 55 atü die von einem Kompressor erzeugte Einblaseluft zusammen mit dem Brennstroff eingeblasen. An der heißen komprimierten Luft entzündete sich der Brennstoff, und die Explosion trieb den Kolben im Zylinder nach unten. Die Einblasung des Brennstoffs durch den Kompressor erforderte eine aufwendige Konstruktion. Diesel selbst hatte versucht, Motoren ohne den Kompressor für die Brennstoffeinblasung zu bauen, aber ohne Erfolg. Außerdem war die Drehzahlregulierung problematisch, und die Düsen vertrugen keine hohen Drücke, so daß die ersten Dieselmotoren reine Langsamläufer waren. Dennoch wandelten diese Motoren etwa 32% der Energie in Leistung um, was im Vergleich zur Dampfmaschine (8%) und dem Ottomotor (15–28%) eine enorme Verbesserung der Wirtschaftlichkeit bedeutete. Heutige Dieselmotoren erreichen einen Wirkungsgrad von 35–45%. Bereits 6 Jahre nach der Entwicklung des ersten betriebsfähigen Dieselmotors wurde 1903 im Kaspischen Meer das erste Dieselschiff in Fahrt gebracht. 1911 war die dänische »SELANDIA« das erste seegehende Motorschiff mit Dieselantrieb. Der erste Dieselschlepper auf dem Rhein war die »HANIEL 28«, die 1922 in Fahrt kam. Ihre beiden Dieselmaschinen leisteten jeweils 770 PS. Sie arbeiteten noch mit der Lufteinblasung durch den Kompressor. Trotz dieser technischen Erfolge verlief die Motorisierung der Schiffahrt noch recht langsam. Die Kompressordiesel waren doch recht aufwendige und störungsanfällige Konstruktionen. Die Steuerung der Brennstoffeinspritzpumpen und des Kompressors war ein technisches Problem geblieben. Zwar hatte schon 1912 die Firma Deutz einen kompressorlosen Dieselmotor entwickelt, aber ohne durchschlagenden Erfolg. Auch *Diesel* selbst versuchte, kompressorlose Motoren zu konstruieren. Die Lufteinblasung des Brennstoffs gab der Maschine einen »weichen« Gang, und die Ingenieure befürchteten, daß der »harte« Lauf des kompressorlosen Diesels (dieseln), die Triebwerksteile beschädigen würde. Diese Befürchtung war nicht berechtigt, wie wir heute wissen. 1922 führte die Firma Deutz die direkte Strahleinspritzung des Brennstoffs ein. Damit konnte der technisch komplizierte Einblasekompressor entfallen, und der Motor war konstruktiv gesehen einfacher aufgebaut. Diese Erfindung beschleunigte die Verbreitung des Dieselmotors. Nach dem Wegfall des Kompressors kamen zwei Verfahren der Brennstoffeinspritzung zum Einsatz, das Vorkammerverfahren und die Direkteinspritzung mit Hochdruckstrahlzerstäubung.
Beim Vorkammerverfahren besitzen die Motoren im Zylinderkopf einen kleinen Verbrennungsraum, in den der Kraftstoff mit einer Düse gespritzt wird. Dieser Raum ist mit dem Zylinderraum durch einen engen Kanal verbunden. Eine kleine Menge des eingespritzen Brennstoffs entzündet sich hier, dabei entsteht eine Druckwelle, die den weiter aus der Düse austretenden Brennstoff durch den Kanal in den Zylinderraum bläst, wo dann die Hauptverbrennung stattfindet. Durch diese geteilte Verbrennung in der Vorkammer und im Zylinderraum ist der Verbrennungsablauf »weicher«, d. h. der Motor läuft ruhiger. Die Vorkammermotoren haben niedrigere Einspritzdrücke (50–150 atü), wodurch die Einspritzpumpen und die Düsen nicht so stark belastet werden. Im kalten Zustand springen diese Motoren nicht sofort an, sie müssen durch Glimmpapier (Zigaretten) oder Glühkern zum ersten Zünden gebracht werden. Später genügt dann die Motortemperatur, um den Brennstoff zu zünden.
Die Motoren mit Direkteinspritzung (Hochdruckstrahlzerstäubung) spritzen den Brennstoff mit 150–400 atü durch Mehrlochdüsen direkt in den Zylinderraum ein. Sie springen im kalten Zustand ohne Zündhilfe an. Vorkammer und Glüheinrichtung entfallen. Durch den hohen Einspritzdruck werden Düsen und Einspritzpumpe stark beansprucht.
Neben der Entwicklung der Direktstrahleinspritzung durch *Deutz* hat besonders die Erfindung der Schrägkantenregulierung bei den Einspritzpumpen den Dieselmotorenbau vorangebracht. Mit dieser Erfindung von *Robert Bosch* wurden die Probleme der Drehzahlregulierung der Motoren gelöst. 1925 erhielt der Schweizer *Dr. Büchli* das Patent auf die

Abgasturboaufladung, mit der die Motorenleistung gesteigert werden konnte, ohne den Hubraum des Motors zu vergrößern. Die Luft wurde nicht mehr vom Motor angesaugt, sondern durch die Abgasturbine mit Überdruck eingeblasen. Bei gleichem Hubraum konnte mehr Luft und damit auch mehr Kraftstoff verbrannt werden, welches die Leistung steigerte. Im selben Jahr wurden bereits zwei Seeschiffe in Ostpreußen mit der Abgasturboaufladung ausgerüstet. Nach diesen grundlegenden Erfindungen war der Schiffsdiesel im Prinzip fertig entwickelt. Es folgten dann Weiterverbesserungen der Grundlagen.

Der Kompressordiesel

Als Beispiel wird im folgenden die MAN Schiffsölmaschine, Viertaktbauart, Typ F 6 V, näher beschrieben.
Beim Kompressordiesel wird der Kraftstoff mit der Einblasluft in den Brennraum befördert. Das besondere Kennzeichen dieser Motoren ist der dreistufige Einblasekompressor mit seiner komplizierten Steuerung, durch den etwa 10 bis 15 Prozent der Motorenleistung verloren gingen.
Der MAN Schiffsdiesel wurde für die Unterseeboote des ersten Weltkrieges entwickelt. Er war sowohl für den reinen Gasölbetrieb (Diesel) als auch für den Rohölbetrieb geeignet. Für den Betrieb mit Rohöl und Steinkohlenteeröl hat MAN das Zündölverfahren entwickelt.
Es gab Motoren, die für die Direktumsteuerung eingerichtet waren. Bei diesen Motoren erfolgte die Änderung der Drehrichtung durch das Stoppen der Maschine. Sie wurde nach dem Stoppen schnell wieder rückwärts angelassen, nachdem die Nockenwelle verschoben wurde. Die SV-Baureihe und die Nachfolgereihe FC wurden in Leistungsgrößen von 100 bis 3000 PS gebaut. In den Jahren 1920–24 wurden Motoren dieser Baureihen in 23 Seeschiffe der Größe von 456 bis 7100 BRT eingebaut. Die Motorsegler der *Germania-Werft* erhielten den S6V 26/36 mit einer Leistung von 160 PS.

M.A.N-Schiffsdieselmotor Typ S6V 26/36, wie er in die Krupp-Schoner eingebaut wurde.
(V. Meyer, Buxtehude)

Das besondere Kennzeichen dieser Motoren ist die komplizierte Einspritzung des Kraftstoffs durch die Einblasluft. Zum Betrieb solcher Maschinen gehört schon ein hohes Maß an Sachkenntnis. So schreibt MAN schon zu Beginn der Betriebsanleitung, welche Eigenschaften der Maschinist benötigt. *»Größte Aufmerksamkeit und Gewissenhaftigkeit, Ordnungsliebe, Reinlichkeit, Ruhe und Nüchternheit.«* (S. 5 der Betriebsanleitung) Auch andere Motorenhersteller, wie die *Deutschen Werke* in Kiel, schrieben solche Hinweise in ihre Bedienungsanleitungen.

Der S6V 26/36 leistet 160–300 PS, je nach Ausführung und Drehzahl. Er hat sechs Zylinder. Die Einblasluft wird in einem dreistufigen Kompressor erzeugt, der auf der Abbildung vor den Zylinderblöcken zu erkennen ist. Von 2 bis 4 atü (1. Stufe) über 10 bis 18 atü (2. Stufe) wird die Luft auf 45 bis 90 atü (3. Stufe) verdichtet. Jede Pumpe der entsprechenden Stufe ist wassergekühlt. Die Luft wird dann in zwei Luftflaschen gelagert, der Einblaseflasche und der Anlaßluftflasche. Dabei wird zuerst die Einblaseflasche gefüllt, von der aus durch ein Überfüllventil die Anlaßflasche aufgefüllt wird. Da der Einblasedruck für den Brennstoff entsprechend der gefahrenen Drehzahl verschieden hoch sein muß, wird er von einem Einblasedruckregler, der ölhydraulisch arbeitet, geregelt. Bei voller Drehzahl sind es 75 atü und bei langsamer Fahrt 40 atü. Unter 35 atü darf der Druck nicht sinken, sonst läuft die Maschine nicht. Bei zu hohem Einblasedruck stößt die Maschine. Die Regulierung kann mit einem Handhebel erfolgen, der das Ventil über eine Exenterscheibe steuert. Bei der ölhydraulischen Steuerung regelt der Druck der kleinen Ölpumpe das Einblasedruckventil. Die so im Druck geregelte Luft gelangt nun über Rohrleitungen zum Brennstoffventil. Dort drückt die Luft von oben auf den im Ventil befindlichen Brennstoff. Beim Öffnen des Brennstoffventils drückt die Luft den Brennstoff durch die Düsen fein verteilt in den Brennraum. Die Düse wird durch die Brennstoffnadel geöffnet und geschlossen. Der Nadelhub kann auch noch verändert werden. Die Regulierung des Nadelhubs hat den Zweck, beim Anlassen heftige Verbrennungen zu verhindern und eine gute Zündung zu ermöglichen. Bei langsamer Fahrt wird der Nadelhub verringert, um Zündaussetzer zu verhindern. Für volle Fahrt wird der Nadelhub vergrößert. Dieses Brennstoffventil im Zylinderdeckel wurde zum Öffnen und Schließen mechanisch gesteuert. Die Brennstoffnadel war mit einer Stösselstange mit der Nockenwelle verbunden. Eine eigene Nocke auf dieser Welle bewirkte Öffnen und Schließen des Ventils. Die Brennstoffnadel, die in einer Stopfbuchsenpackung gelagert ist, war störungsanfällig und erforderte eine spezielle Wartung. Ein Klemmen oder Hängenbleiben der

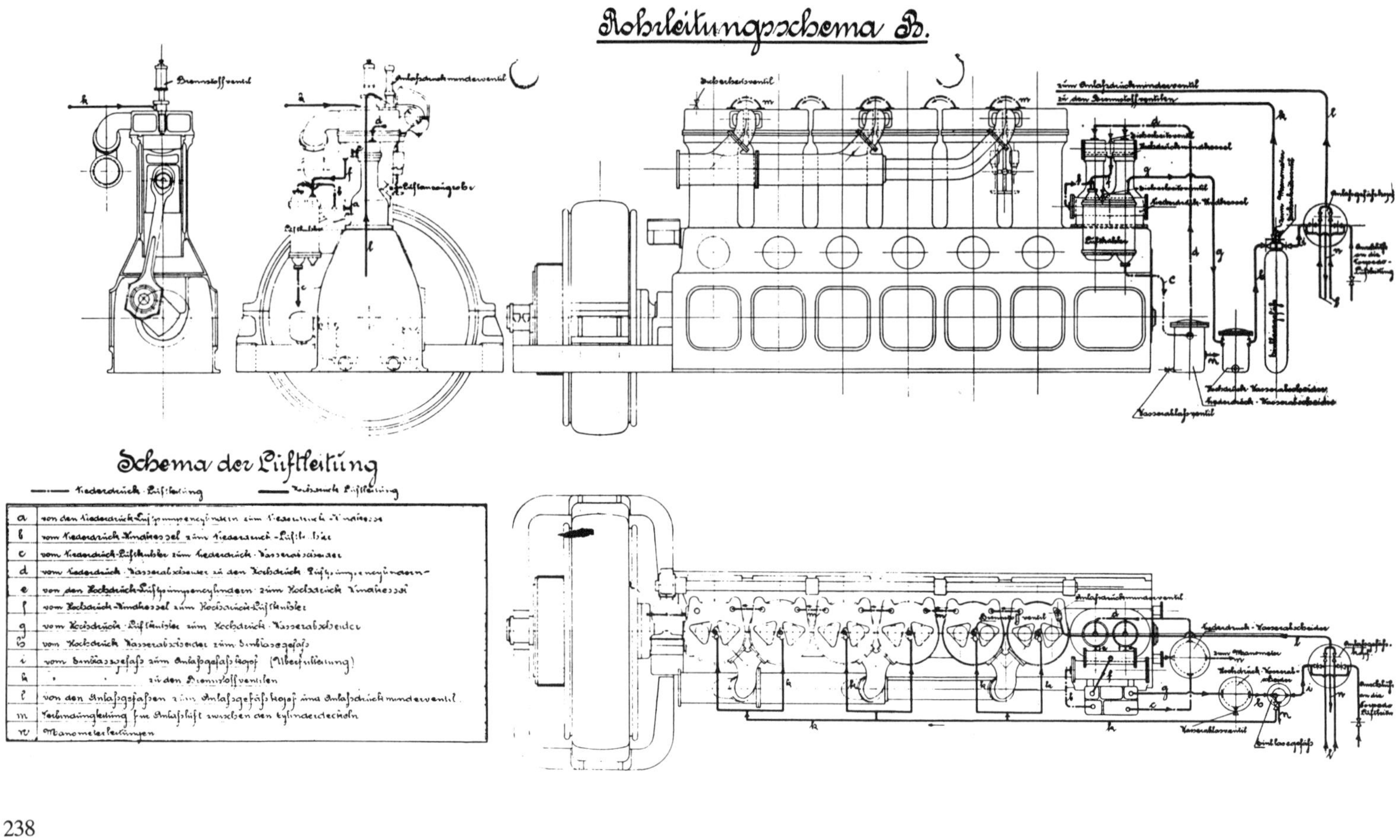

Nadel hatte heftiges Stoßen der Maschine zur Folge. Die Maschine mußte dann sofort abgestellt werden. In der Betriebsanleitung wird gefordert, daß vor jedem Anlassen die Nadel auf leichte Beweglichkeit zu kontrollieren ist. Sie muß aus dem Ventil herausgenommen werden und mit weichem Luftpumpenöl geschmiert werden. Um das Hängenbleiben der Nadel zu verhindern, gibt die Betriebsanleitung genaue Hinweise zum Festziehen und Auswechseln der Packung.

Wenn die Maschine für den Betrieb mit Teeröl oder Rohöl eingerichtet ist, so hat das Brennstoffventil einen zweiten Zulaufkanal für das Zündöl, welches reines Gasöl ist. Die Zündölmenge beträgt $1/20$ der Brennstoffmenge. Das Zündöl wird kurz vor dem Brennstoff eingeblasen und steigert durch seine Verbrennung die Temperatur im Zylinder, so daß das Teeröl mit seiner höheren Zündtemperatur sicher verbrennen kann.

Brennstoffpumpe

Jeder Zylinder hat seine eigene Brennstoffpumpe. Die Pumpe sitzt unterhalb der Nockenwelle und wird von der Nockenwelle direkt angetrieben. Der Hub des Pumpenkolbens bleibt immer gleich, da er direkt mit der Nockenwelle verbunden ist. Die Regulierung der Brennstoffmenge, die die Drehzahl steuert, erfolgt durch das Saugventil der Pumpe. Mit einer verstellbaren Exenterwelle konnte das Saugventil früher oder später geöffnet werden. Beim Öffnen sinkt der Förderdruck der Pumpe auf Null ab. Öffnete sich das Ventil früher, so wurde weniger Brennstoff gepumpt und die Drehzahl verringerte sich. Ein späteres Öffnen vergrößerte die Brennstoffmenge, so daß dadurch die Drehzahl gesteigert wurde. Ein Fliehkraftregler verhinderte das Überschreiten der maximalen Drehzahl. Diese Art der Pumpensteuerung war komplizierter als die später erfundene Schrägkantenregulierung, bei der die Saug- und Druckventile der Pumpe wegfallen.

Für den Rohölbetrieb ist eine zweite Brennstoffpumpe für das Zündöl vorgesehen. Die Exenterwellen beider Pumpen sind gekoppelt. Beim Rohölbetrieb muß das Brennstoffsystem mit Dampf beheizt werden, damit das Rohöl flüssig bleibt.

Umsteuerung

Dieser MAN Schiffsdiesel kann mit einer Direktumsteuerung ausgerüstet werden. Der Motor wird dann gestoppt, und nach Verstellung der Nockenwelle rückwärts wieder angelassen. Jeder Zylinder hat für Vorwärts- und Rückwärtsfahrt jeweils eigene Nocken. Ölhydraulisch kann die Nockenwelle axial verschoben werden, so daß dann die für die Rückwärtsfahrt vorgesehenen Nocken wirksam werden. Die Umsteuerung ist verblockt und kann nur bei gestoppter Maschine betätigt werden. Eine andere Möglichkeit ist die Umsteuerung mit einem Wendegetriebe, welches über ein Zahnradgetriebe die Drehrichtung der Schraubenwelle bewirkt. Die Motorsegler der *Krupp Germaniawerft* haben alle Verstellpropeller erhalten, sogenannte Krupp-Wendeschrauben. Durch die Verstellung der Steigerung der Schraubenflügel wurde der Schub der Schraube umgekehrt.

Schmierung und Kühlung

Der MAN-Diesel besitzt eine Druckumlaufschmierung. Eine Zahnradölpumpe drückt mit 3–4 atü Druck das Schmieröl durch die Leitungen zu den einzelnen Schmierstellen und Lagern, von dort fließt es zur Kurbelwanne. Die Pumpe saugt das Öl dann wieder aus der Kurbelwanne ab, und der Kreislauf beginnt wieder von vorn. Durch ein bewegliches Rohrgestänge (Posaune) wird jeder Kolben mit Öl gekühlt. Mit dem Boschöler werden die Zylinderlaufbuchsen geschmiert.

Der Betrieb des Diesels

Der Maschinist soll vor dem Anlassen der Maschine schon eine halbe Stunde vorher die Maschine klarmachen. Die Brennstoffanlage erfordert eine gewissenhafte Kontrolle. So müssen die Brennstoffdüsen im Brennstoffventil mit einem Messingdraht durchstoßen werden. Die Brennstoffnadeln sind sorgfältig mit Spezialöl zu schmieren und auf Leichtgängigkeit zu kontrollieren.

Dann wird der Brennstoff vorgepumpt. Nach Kontrolle aller Hähne, Ventile, Schmierstellen und der Füllung der Druckluftflaschen kann der Diesel angefahren werden. Der Umsteuerhebel wird auf Voraus gelegt, die Brennstoffregulierung wird auf volle Füllung gelegt und der Nadelhub der Brennstoffventile auf kleinen Hub gestellt. Nun wird der Anlaßhebel in die Anlaßstellung gebracht, und der Motor beginnt sich durch die Druckluft, die in die Zylinder strömt, zu drehen. Nach einigen Umdrehungen wird der Anlaßhebel in die Betriebsstellung gebracht, so daß die Zylinder statt Druckluft nun Brennstoff erhalten. Nun setzen die ersten Zündungen ein. Läuft der Motor richtig rund, wird der Nadelhub auf vollen Hub gestellt. Jetzt werden die Luftflaschen durch den Kompressor wieder aufgefüllt (75 atü). Dabei wird zuerst die Einblaseflasche aufgefüllt und von dieser dann mit dem Überfüllventil die Anlaßflasche. Der Anlaßluftdruck beträgt 16–18 atü und wird vom Flaschendruck von 30–75 atü durch ein Druckminderventil heruntergeregelt.

Im Betrieb müssen alle Drücke (Wasser, Öl, Luft) und die Abgasfärbung ständig kontrolliert werden. Besonders muß auf den entsprechenden Einblasedruck geachtet werden. Dieser wird zwar automatisch geregelt, aber Druckveränderungen können zu stoßweisem Lauf und zum Aussetzen der Maschine führen.

Umsteuern

MAN rüstet auf Wunsch den Schiffsdiesel mit einer Direktumsteuerung aus. Zum Umsteuern wird der Anlaßhebel in Stoppstellung gebracht, so daß kein Brennstoff mehr gefördert und eingeblasen wird. Gleichzeitig öffnen sich die Sicherheitsventile im Zylinderkopf, und der Druck im Zylinder sinkt ab. Dadurch kommt die Maschine schnell zum Stehen. Nun wird der Nadelhub auf kleinen Hub gestellt und die Brennstoffregulierung auf volle Füllung gelegt. Der Umsteuerhebel wird in die gewünschte Fahrtrichtung gelegt. Jetzt kann der Motor in der gewünschten Fahrtrichtung angelassen werden. Das Anlassen wurde oben bereits beschrieben.

Der HMG-Glühkopfdiesel

Von allen Glühkopfdieselmaschinen hat der HMG-Glühkopfdiesel die größte Verbreitung in der Schiffahrt gefunden. Die *»Hanseatische Motoren Gesellschaft«* in Hamburg-Bergedorf baute diese Maschinen mit Leistungen von 3,5 bis zu 240 PS. Motoren mit 1 Zylinder leisteten 3,5 bis 45 PS. Zweizylindermotoren wurden von 25 bis 100 PS Leistung gebaut. Für größere Ansprüche gab es dann eine 3- und eine 4-Zylinder-Version. Bei den Mehrzylindermotoren wurden einfach mehrere identische Zylinder hintereinander auf ein längeres Fundament gesetzt. Nur beim 25- bis 28-PS-Motor sind die beiden Zylinder in einem Block vereinigt. Die Firma bot den Werften viele Erleichterungen für den Motoreneinbau an. So waren Motor und Getriebe auf einem Fundament vereinigt und brauchten nicht erst mühsam ausgerichtet zu werden. Dieses Fundament verjüngte sich hinten, so daß der Einbau weit achtern im Schiff möglich wurde. Zum Lieferumfang gehörten auch Schraubenwelle und Stevenrohr sowie die Schraube aus Bronze oder Spezialgußeisen. Es gab eine Ausführung mit Wendegetriebe und fester Schraube und die »Drehflügelschraube«, bei der die Steigung der Schraubenflügel stufenlos verändert werden konnte. Die Firma stellte in ihrem Prospekt als besondere Vorteile des Glühkopfmotors die einfache Konstruktion ohne Ventile, Nockenwelle, Kipphebel und Stößelstangen dar sowie die Tatsache, daß der Motor mit allen billigen Schwerölen arbeitet. So konnte Rohöl, Gasöl (Diesel), Petroleum, Paraffinöl, Palmöl, Fischöl und Sojabohnenöl gefahren werden. Die einfache Bedienung der Motoren erforderte kein besonders ausgebildetes Fachpersonal, so daß auf den kleinen Schiffen kein eigener Maschinist eingestellt zu werden brauchte. Diese einfache Bedienung war es, die den »Bergedorfer« zu seiner schnellen Verbreitung gebracht hat, da die technisch ungeschulten Schiffer, die mit Navigation und Segelkunst gut vertraut waren, hier eine Maschine vorfanden, die an sie keine großen Anforderungen stellte und die auch größere Wartungsfehler gutmütig verkraftete. HMG-Diesel haben in ihrer robusten Bauweise lange Jahrzehnte zuverlässig ihren Dienst versehen. In den Erzählungen der alten Ewerschiffer haben sie einen legendenhaften Ruf.

Aufbau und Bedienung

Die Bedienung war einfach, denn es gab nur wenige Armaturen. Der Motor besaß keine Druckumlaufschmierung, sondern hatte einen Boschöler, der alle Schmierstellen versorgte. Diese Ölpumpe pumpte eine genau festgelegte Menge Frischöl aus einem kleinen Tank durch Leitungen zu den Lagern. Deutlich kann man auf der Abbildung den Öler mit den Leitungen erkennen. In den Zylinderlaufbüchsen befanden sich kleine Bohrungen, durch die das Öl gedrückt wurde, um den Kolben zu schmieren. Auch die Grundlager, die Pleuellager, und die Kolbenbolzenlager wurden ebenso wie die Brennstoffpumpe vom Boschöler geschmiert. Von den Schmierstellen lief das Öl in die Kurbelwanne und mußte dort von Zeit zu Zeit abgelassen werden. Das Öl konnte gefiltert und wieder verwendet werden. Mit einem Handrad auf dem Gehäuse der Brennstoffpumpe konnte die Brennstoffüllung und damit die Drehzahl reguliert werden. Es war eine Keilregulierung eingebaut, das heißt, es wurde zwischen die Nocken der Welle und den Pumpenkolben ein Metallkeil geschoben, der den Hub des Kolbens vergrößerte oder verringerte. So wurde mehr oder weniger Brennstoff gefördert und eingespritzt. Ein Fliehkraftregler verhinderte das »Durchgehen« des Motors. Bei zu hohen Drehzahlen zogen die Gewichte den Regelkeil heraus, so daß die Brennstoffzufuhr unterbrochen wurde. Mit einem Hebel konnte von Hand Brennstoff vorgepumpt werden. Zwei weitere Handgriffe dienten zur Unterbrechung der Brennstoffzufuhr und zum Abstellen des Motors. An der einen Seite waren die Handräder für die Drosselklappen angeordnet, mit denen sich die Luftmenge aus dem Kurbelgehäuse regulieren ließ. Das kleine Handrad am Zylinderkopf diente zum Herausschrauben der Brennstoffdüse. Mit einem weiteren Handrad konnte das Dekompressionsventil geöffnet werden, wenn der Motor von Hand gedreht (getörnt) werden sollte. Waren die Motoren mit Wendegetrieben ausgerüstet, wurde die Umsteuerung bei kleineren Motoren mit einem langen Hebel bedient oder bei den größeren mit

H·M·G Rohöl-Bootsmotoren (Semi-Diesel)

1 Zylinder mit Drehflügelschraube

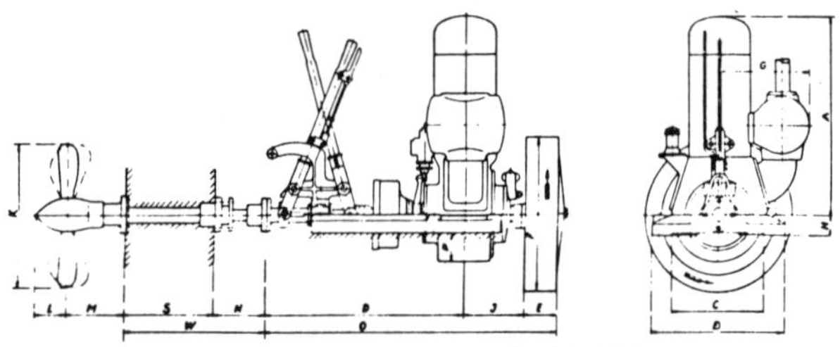

Diese Abbildung ist gültig für 6-7, 10-12 und 16-18 P. S.

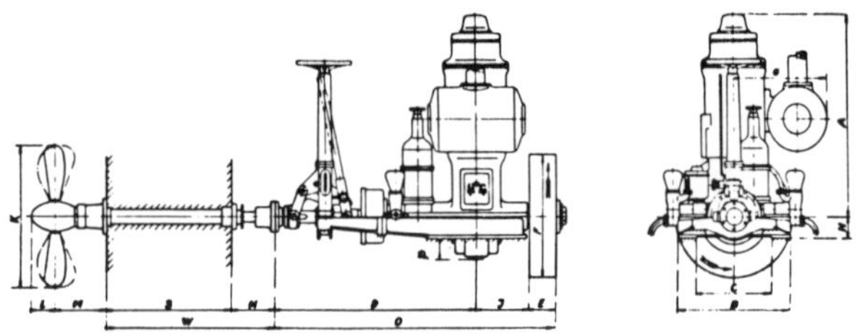

Diese Abbildung ist gültig für 30 P. S.

P. S.	Abmessungen in mm														Mindestlänge N	Normale Länge für		Anzahl der Flügel
	A	B	C	D	E	F	G	H	I	K	L	M	O	P		W	S	
6-7	620	430	300	640	105	480	288	60	192	450	105	198	937	88	170	1300	600	2
10-12	870	520	380	914	130	550	450	80	232	595	138	275	1276	98	220	1400	700	2
16-18	1075	620	450	924	120	700	470	100	245	700	138	275	1289	130	220	1500	750	2
30	1250	714	485	1280	175	750	595	130	330	860	150	325	1785	135	280	1600	800	2

Maße sind unverbindlich.
Bei Auftragserteilung wird eine genaue Einbau-Zeichnung zugesandt.
Die Maße **S** und **W** sind für die Anfertigung der Schraubenwelle und des Stevenrohres anzugeben; für größere Längen derselben, als normal, treten Überpreise ein.

HMG | HANSEATISCHE MOTOREN-GESELLSCHAFT M. B. H. HAMBURG-BERGEDORF | HMG

einem Handrad. Bei der Ausrüstung mit Verstellpropellern diente ein Hebel oder ein Handrad zur Verstellung der Schraubenflügel und ein anderer zur Bedienung der Kupplung.

Klarmachen des Motors und Anlassen

Zum Anlassen mußte der Glühkopf angeheizt werden. Dazu wurden Lötlampen mit Petroleumbetrieb verwendet. Petroleum wurde in die Lampe eingefüllt. Nun wurde mit einer Luftpumpe im Petroleumtank ein Überdruck erzeugt. Dann erfolgte das Anwärmen der Lampen. Brennspiritus wurde in eine kleine Schale am Brenner der Lötlampe gegossen und angezündet. War der Brenner warm, so wurde ein Ventil geöffnet, und das Petroleum, welches unter Druck stand, trat fein verteilt aus der Brennerdüse aus und entzündete sich am warmen Brenner. Die heiße Flamme der Lötlampe brachte den Glühkopf in 15 Minuten zur Rotglut. Beim Anheizen der Glühköpfe kam es trotz der Warnungen in der Betriebsanleitung oft zu Unfällen. Wurde aus der Kanne Spiritus auf die noch warme Lampe gegeben, kam es zu schlimmen Verbrennungen. War der Glühkopf zur Rotglut gebracht, so konnte der Motor angelassen werden. Bis 30 PS sollte das mühelos von Hand gehen. So stand es jedenfalls in der Bedienungsanleitung! An der Vorderseite des Schwungrads befanden sich 2 kurze Stangen, die mit einer Rückholfeder versehen waren und aus dem Rad hervorgezogen werden konnten. Mit diesem Griff ließ sich das Schwungrad wie eine Kurbel drehen. Nachdem Kühlwasser- und Brennstoffventile geöffnet waren, wurde das Schwungrad einige Male hin und her gedreht und dann mit einem kräftigen Ruck entgegen der Drehrichtung des Motors gegen den Kompressionsdruck bewegt. War alles in Ordnung, so sprang der Motor auch an. Es konnte aber auch passieren, daß der Motor in der falschen Drehrichtung ansprang. Das war problematisch, da der Boschöler nur richtig schmierte, wenn die Drehrichtung stimmte. Diese war mit einem großen roten Pfeil auf dem Schwungrad markiert. War der Motor falsch herum angesprungen, wurde die Brennstoffpumpe abgestellt und man wartete, bis das Schwungrad eben noch hin und her pendelte. Im richtigen Moment mußte dann die Brennstoffzufuhr wieder angestellt werden. Der Motor erhielt dann eine Gegenzündung und sprang richtig herum an. Es wird berichtet, daß einige Schiffer Tauenden mit Augspleißen oder mit speziellen Knoten auf die Handgriffe am Schwungrad steckten. Im Deck waren über dem Schwungrad zwei Öffnungen eingelassen, durch die die beiden Tauenden geführt wurden. So konnte der Motor mit den Tauenden vom Deck aus »gedümpelt« werden. Sprang der Motor an, so wurden die Tauenden sofort losgelassen und die Griffstangen wurden durch die Feder in das Schwungrad zurückgezogen. Ein fester Handgriff hätte viel Schaden anrichten können, wenn daran die Tauenden oder die Kleidung der Männer hängengeblieben wären. Die größeren Motoren wurden mit Druckluft oder mit komprimierten Auspuffgasen angelassen. Diese Gase oder die Luft waren in Stahlflaschen auf etwa 15 atü komprimiert worden. In einem Zylinder hatten diese Glühkopfdiesel ein Anlaßventil. Mit Törnstange oder mit dem Handgriff wird das Schwungrad auf die Anlaßstellung gedreht, d. h., der entsprechende Kolben steht kurz hinter dem oberen Totpunkt. An der Luftflasche wird das Ventil aufgedreht, und per Hand wird Brennstoff vorgepumpt. Ganz kurz nur wird jetzt das Anlaßventil geöffnet und gleich wieder geschlossen, wenn der Kolben den unteren Totpunkt erreicht hat. Bleibt das Ventil auch nur ein wenig zu lange offen, bewegt sich der Kolben gegen den Luftdruck nicht mehr nach oben, und der Motor springt nicht an. Nach 2 bis 3 Startversuchen war dann die Flasche leer. Nach dem Anlassen wurde die Luftflasche bei den Mehrzylindermotoren von einem Zylinder aufgepumpt, der dann keinen Brennstoff bekam und als Luftpumpe fungierte. Bei den Einzylindermotoren wurde die Luftflasche mit der Handpumpe oder mit den Motorabgasen gefüllt. Man sieht, das Anlassen der Glühkopfdiesel war eine Kunst für sich. Viele alte Schiffer erzählen darüber die abenteuerlichsten Geschichten. Aber auch im Betrieb konnte es Störungen geben. Die Drosselklappen mußten reguliert werden. Blieb die Klappe ganz offen, so war es möglich, daß bei niedrigeren Drehzahlen oder im Leerlauf zuviel Luft in den Zylinder gelangte und dadurch der Glühkopf zu kalt wurde. Dann setzte der Motor aus. War bei größerer Belastung die Klappe zu

H·M·G Rohöl-Bootsmotoren (Semi-Diesel)

2 Zylinder mit Drehflügelschraube

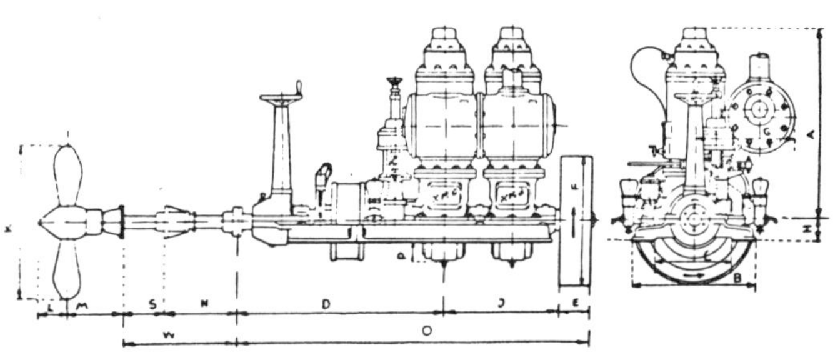

PS	Abmessungen in mm														Mindest-länge N	Normale Länge für		Anz. der Flügel
	A	B	C	D	E	F	G	H	I	K	L	M	O	P		W	S	
25-28	860	520	380	997	150	600	410	80	405	750	130	275	1552	105	220	1400	700	?
40	1075	650	410	1282	120	700	520	130	701	850	150	325	2103	100	280	1500	800	2
50	1165	810	480	1650	175	750	600	130	805	980	175	320	2630	115	440	1600	850	2
60	1230	810	485	1650	175	750	605	130	820	1000	175	320	2645	135	440	1700	900	2
80	1470	900	560	1715	225	850	770	155	865	1230	200	385	2805	135	500	1800	950	2
100	1535	1000	620	1745	250	1000	810	165	950	1320	200	385	2945	150	480	2000	1000	2

Bei dem 25-28 PS. Motor sind die beiden Zylinder in einem Block vereinigt.

Maße sind unverbindlich.
Bei Auftragserteilung wird eine genaue Einbau-Zeichnung zugesandt.
Die Maße S und W sind für die Anfertigung der Schraubenwelle und des Stevenrohres anzugeben; für größere Längen derselben, als normal, treten Überpreise ein.

HANSEATISCHE MOTOREN-GESELLSCHAFT M. B. H.
HAMBURG-BERGEDORF

weit geschlossen, konnte der Glühkopf zu heiß werden und zerspringen. Auch die Schmierung mit dem Boschöler hatte ihre Probleme. Wurde das abgetropfte Schmieröl nicht aus dem Kurbelgehäuse abgelassen, wurde es durch die Drehungen der Kurbelwelle so stark erwärmt, daß die heißen Öldämpfe mit der Spülluft in den Zylinder gelangten und dort zusätzlich verbrannten. Das konnte die Maschine so auf Touren bringen, daß die Kurbelwelle brechen und sogar das Schwungrad in Stücke springen konnte. Der Regler konnte dann die Drehzahl nicht mehr begrenzen. Dies »Durchgehen« konnte auch passieren, wenn die Keilregulierung klemmte, weshalb die Gängigkeit der Keile und des Reglers immer überprüft werden sollte. Der Autor selbst hat auf einem Fischkutter das »Durchgehen« eines dänischen Glühkopfdiesels im Hafen erlebt. Durch einen Wartungsfehler war die Schmierung ausgefallen. Ein alter Schiffer, seiner Meinung nach ein »Spezialist«, schlug vor, zur Verbesserung der Schmierung etwa 30 Liter Schmieröl in das Kurbelgehäuse zu gießen, da so ein Motor eine Tauchschmierung habe. Als die Maschine dann lief, wurde sie immer schneller, da das Öl im Kurbelgehäuse verbrannte und zur Zündung kam. Der Kutter wurde mit langen Leinen in die Mitte des Hafens gezogen, da alle Leute eine Explosion befürchteten. Nach einer halben Stunde kam der Motor zum Stillstand, da einige Lager »gefressen« hatten. War der Boschöler nicht in Ordnung, so konnte es zum Heißlaufen eines Lagers kommen, dem sogenannten »Brandenburger«. Schwere Lagerschäden konnten die Folge sein. Durch kleine Schaugläser konnte die Funktion der Schmierung kontrolliert werden. Durch unsauberen Brennstoff und schlechte Regulierung der Drosselklappe kann der Motor anfangen zu rußen und zu qualmen. Dies ist ein Zeichen für schlechte Verbrennung. Der Glühkopf setzt sich dann mit Ruß zu, und durch Frühzündungen kommt es zu stoßweisem Lauf und zum Ausfall der Maschine. Da jedem Motor aber Ersatzglühköpfe mitgegeben werden, kann duch Auswechseln der Köpfe der Motor wieder zum Laufen gebracht werden.

Die Glühkopfdiesel waren insgesamt gesehen aber sehr zuverlässige und gutmütige Motoren. In Dänemark gibt es noch heute viele Fischkutter mit Glühkopfdieselmotoren. Die Firma Greena Glühkopfdiesel soll auch noch Motoren und Ersatzteile herstellen. Das unverwechselbare laute Pochen und die Auspuffwolken, die manchmal kleine »Ringe« aus den großen Messingauspuffrohren blasen, kennt man aus jedem Hafen. Auch bei uns erinnern sich die alten Schiffer gerne an die Zeit der Glühkopfdiesel. Der Lauf der Motoren, so erinnert sich ein Schiffer aus Gauensiek, war so unruhig, daß die Rüttelbewegungen das ganze Schiff ins Schwingen brachten. Heute gibt es nur wenige Exemplare des HMG-Motors. Im Altonaer Museum steht ein aufgeschnittener Motor. Der Reeder *Wulf* in Kollmar besitzt einen funktionsfähigen HMG-Diesel. Im Besanewer »JOHANNA« lief bis vor einigen Jahren noch der Original-Glühkopfdiesel. Die Motorenwerkstatt *Schlegel* in Heiligenstedten brachte ihn wieder zum Laufen. Von der Motorenfirma *Jastram* wurde der Diesel gewartet und betreut. Da er aber im Betrieb nicht immer zuverlässig war (Jastram führt das auf Bedienungsfehler zurück), wurde er gegen einen modernen Volvo-Diesel ausgetauscht. In der Lehrwerkstatt der Firma *Carl-Baghun* wurde dieser 2-Zylinder-HMG-Glühkopf sorgfältig und liebevoll mit viel Zeit und großem Fachwissen von Meister *G. Behnke* und seinen Lehrlingen wieder zum Laufen gebracht. Frisch in Farbe, mit glänzenden Kupferleitungen und neuen Lötlampen aus der DDR (bei uns waren keine mehr zu bekommen), ist der alte Motor zu einem richtigen Schmuckstück geworden.

Arbeitsweise der Glühkopfmotoren

Der Glühkopfdiesel ist ein Zweitaktmotor. Die Maschine besteht aus dem Gestell, dem Zylinderblock und dem Zylinderkopf. Das Gestell ist gasdicht ausgeführt, da es als Spülluftpumpe dient. Der Zylinder ist mit zwei Schlitzen, die als Auslaß A für die Auspuffgase und als Einlaß E für die Spülluft dienen, versehen. Das Spülverfahren ist eine einfache Querstromspülung. Das Öffnen und Schließen dieser Schlitze E und A steuert die Oberkante des Kolbens K. Im Zylinderkopf befindet sich eine Kammer C, die oben vom Glühkopf G abgedeckt wird. In diese Kammer wird schräg gegen den Glühkopf der Brennstoff eingespritzt.

Arbeitsweise

Beim Hochgehen des Kolbens K wird die Luft durch das Ringventil L in das Kurbelgehäuse B gesaugt. Gleichzeitig wird dabei die Luft, die von der Kolbenunterseite auf etwa 0,3 atü verdichtet und durch die Einlaßöffnung E in den Zylinderraum Z gedrückt wurde, auf etwa 10–15 atü verdichtet. Kurz bevor der Kolben den oberen Totpunkt erreicht hat, wird durch die Brennstoffdüse Bd der Brennstoff schräg nach oben gegen den rotglühenden Glühkopf G gespritzt. Der Brennstoff entzündet sich an den glühenden Wänden des Glühkopfs, und es findet eine Explosion statt. Dadurch steigt der Verbrennungsdruck im Zylinderraum Z auf 20–25 atü, wodurch der Kolben mit großer Kraft nach unten gedrückt wird. Gleichzeitig wird die ins Kurbelgehäuse B eingesaugte Luft auf 0,3 atü verdichtet. Kurz vor Erreichen des unteren Totpunkts werden zuerst die Auslaßschlitze A freigegeben, so daß die Auspuffgase entweichen. Kurz darauf werden auch die Einlaßschlitze E freigegeben, so daß die vorverdichtete Luft aus dem Kurbelgehäuse B in den Zylinder Z strömen, die restlichen Auspuffgase herausdrücken und den Zylinder mit frischer Luft füllen kann. Jetzt beginnt der Ablauf wieder von vorn.

Literatur

»Motorenkunde«. F. W. Schlickmann, Binnenschiffahrtsverlag, Duisburg.
»Dieselmotoren-Praxis«. E. Baentsch, Berlin 1979, Schiele Verlag.
»Kraftmaschinen, Pumpen, Verdichter«. Baucke, Herwig, Kreymann, Hamburg 1982, Verlag Handwerk und Technik.
»Der Dieselmotor in der Binnen- und Küstenschiffahrt«. Bruns, Huster, Sonnemann. Herausgegeben von der Esso AG.
»Betriebsanleitung für HMG Rohölmotoren«, Hanseatische Motoren Gesellschaft Hamburg. Bergedorf.
»Rohöl-(Semi-Diesel)-Motoren«. Schrift der Hanseatischen Motoren Gesellschaft
»Wartungsvorschriften für MAN Schiffsölmaschinen. Typ SV«. Maschinenfabrik Augsburg-Nürnberg AG 1913.
Anleitung für das Bedienungspersonal der Boote mit Glühkopfmotoren«. Kapitän zur See (Ing. E. Maskow, 1941, Marineschule Kiel.
Lehrgangsmaterial für den Lehrgang zum Erwerb des Befähigungszeugnisses zum Seemotorführer C-Mot an der Fachhochschule für Maschinenbau in Hamburg.

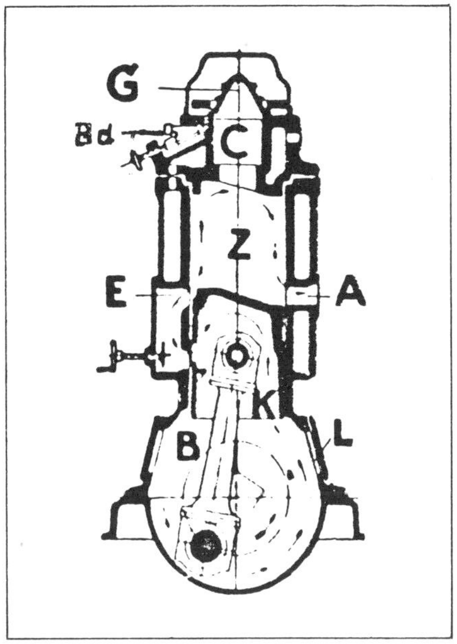

Getriebeseite. Das Handrad auf dem flaschenförmigen Reglergehäuse in der Bildmitte dient zur Regulierung der Drehzahl. Der schwarze Kasten links davon ist der Boschöler, über den alle Schmierstellen versorgt werden. Zu beiden Seiten der Getriebeflansch befinden sich die Kolbenpumpen für Kühlwasser und zum Lenzen der Bilge.
(Foto: V. Meyer, Buxtehude)

H.M.G.-Glühkopfmotor mit zwei Zylindern. Diese Maschine stand früher im Besanewer »JOHANNA« und wurde inzwischen von der Firma Baghun in Hamburg restauriert.
(Foto: V. Meyer, Buxtehude)

Auspuffseite. Das hell abisolierte Gefäß ist der Auspufftopf, der die Motorengeräusche dämpft und den richtigen Gegendruck für die Zylinderspülung herstellt. Das Gitter unter dem Firmenschild ist die Abdeckung der Luftklappen, durch die Luft in das Kurbelgehäuse gesaugt wird. Darunter eine Ölwanne, in die das verbrauchte Schmieröl aus der Kurbelwanne regelmäßig abgelassen wird.
(Foto: V. Meyer, Buxtehude)

Glühköpfe. Unter den beiden Glühhauben mit den runden Öffnungen befinden sich die Glühköpfe. Davor stehen die Lötlampen zum Anwärmen derselben. Die beiden Handräder dienen zum Herausschrauben der Brennstoffdüsen.
(Foto: V. Meyer, Buxtehude)

Detailansicht der Getriebeseite. Rechts und links die Pumpen für Bilgen- und Kühlwasser. Im oberen Bereich beidseitig des Reglergehäuses die beiden Brenstoffpumpen. Unter den schrägen Hebeln liegen die Keile für die Regulierung des Pumpenhubs. Links der Boschöler mit Kurbel zum Vorschmieren (im Betrieb wird der Öler vom Motor angetrieben).
(Foto: V. Meyer, Buxtehude)

Segelschiffsneubauten der »Schiffs- und Maschinenbau A.G. Germania«

1884 eBk
57,41×9,69×5,67 m 833/807 RT
1884 Mai Neubau für
Christian Michael Matzen, Altona
KRIEMHILD (RGQF), Hamburg
1901 Sept. vkft. nach Christiansand/No

1884 eBk
833/807 RT
1884 Sept. Neubau für
Thies Breckwoldt & Hans Stehr, Blankenese
MERCATOR (LFTH), Blankenese
1895 Feb. Totalverlust vor Costa Rica

1884 eBk
58,53×9,72×5,63 m 882/824 RT
1884 Sept. Neubau für
Christian Michael Matzen, Altona
ELISABETH (RGSD), Hamburg
1892 Dez. vkft. nach Malmö/Sw (JULIUS PALM)

1885 eBk
63,64×10,57×6,11 m 1139/1099 RT
1885 April Neubau für
Christian Michael Matzen, Altona
ANNA (RGTH), Hamburg
1891 Juli Totalverlust vor Patagonien

1885 eBk
58,04×9,73×5,66 m 848/820 RT
1885 Mai Neubau für
Wachsmuth & Krogmann, Hamburg
LUNA (RGTQ), Hamburg
1903 März Totalverlust bei Landsend

1885 eBk
1130/1058 RT
1885 Neubau für
Norddeutsche Dampfschiffahrts Act. Ges., Berlin
MÖWE (LCNW), Kiel
(K. R.: Paulsen & Ivers, Kiel)
1889 vkft. an Gebr. Hustede, Elsfleth

1886 eBk
62,62×10,48×6,10 m 1096/996 RT
1886 Neubau für
Martin Garlieb Amsinck, Hamburg
ATALANTA (RGWL), Hamburg
1904 vkft. nach Lillesand/No

1889 eBk
69,62×11,45×6,65 m 1490/1379 RT
1889 Juni Neubau für
Martin Garlieb Amsinck, Hamburg
ANTIGONE (RHNM), Hamburg
1906 vkft. nach Frederikstad/No (MARIE)

1889 eBk
69,60×11,46×6,63 m 1486/1421 RT
1889 Juli Neubau für
Christian Gustav Gabel, Hamburg
MERIDIAN (RHPF), Hamburg
1906 Okt. vkft. nach Castellano/It (LETIZIA)

1889 eBk
69,72×11,46×6,66 m 1494/1393 RT
1889 Aug. Neubau für
Eduard Holtzapfel, Hamburg
ANAKONDA (RHPN), Hamburg
1912 vkft. nach Grimstad/No

Fracht-Motorsegler der Fried. Krupp A.G. Germaniawerft, Kiel

(Zeichnungen Maßstab 1:1000)

NB 372 4MBk
100,20×14,66×8,19/8,72 m 3476/3017 RT 500 PS
1921 April Stapellauf
Sept. Probefahrt
1921 MAGDALENE VINNEN
Bremen Ge
1936 KOMMODORE JOHNSEN
Bremen Ge
1946 SEDOV
Odessa/Riga Ru
1987 noch in Fahrt

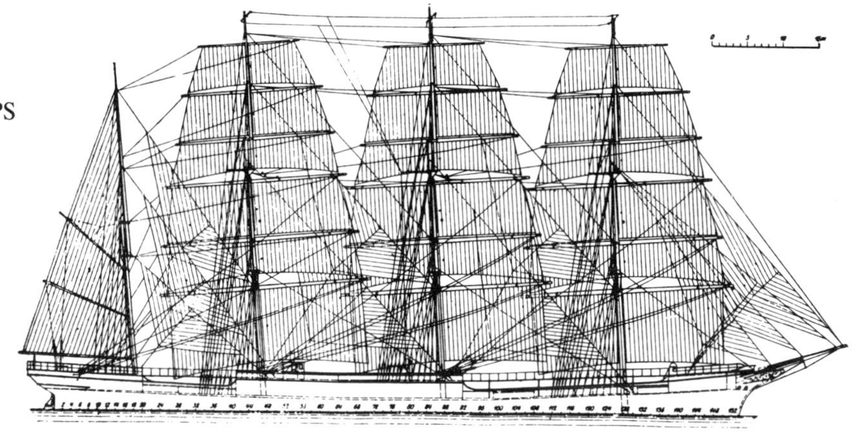

NB 373 3MSrYt
47,32×8,73×4,53/4,87 m 439/269 RT 160 PS
1920 Dez. Stapellauf
1921 Mai Probefahrt
1921 KALLISTO
Kiel Ge
1925 KALLISTO
London Br
193 FISHERMAN II
Los Angeles Am
1942 MINDORO – YAG 15
Los Angeles Am
1946 noch in Fahrt

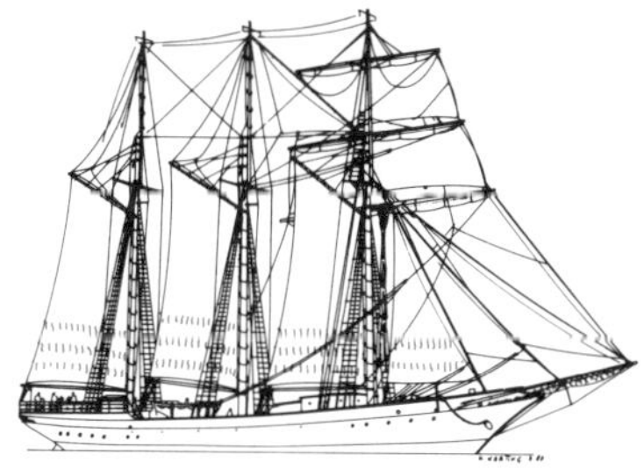

(ohne Maßstab)

NB 376 3MSr
47,48×9,03×3,80/4,10 m 456/339 RT 160 PS
1920 Aug. Stapellauf
Sept. Probefahrt
1920 ANNEN
Hamburg Ge
1925 FRATELLI GARRÉ
Viareggio It
1941 Totalverlust durch U-Boot

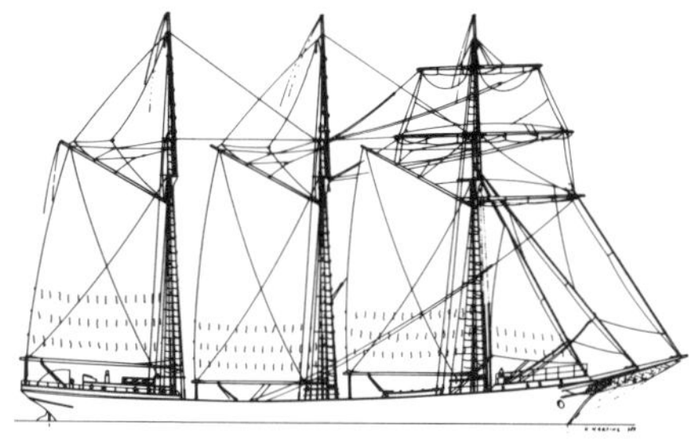

NB 377 3MSr
47,48×9,03×3,80/4,10 m 455/339 RT 160 PS
1920 Sept. Stapellauf
Okt. Probefahrt
1920 BUCKAU
Hamburg Ge
1926 BADEN-BADEN
Hamburg Ge
1928 RIO NOZARA
Panama Pa
1929 RIO NOZARA
Punta Arenas CR
1931 BADEN-BADEN
Punta Arenas CR
1931 Totalverlust

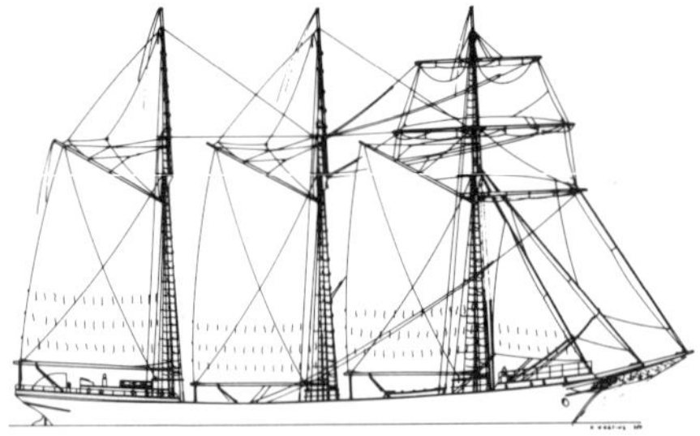

NB 378 3MSr
47,48×9,03×3,80/4,10 m 455/338 RT 160 PS
1920 Okt. Stapellauf
Dez. Probefahrt
1920 DATTELN
Hamburg Ge
1922 Totalverlust

NB 379 3MSr
47,48×9,03×3,80/4,10 m 451/334 RT 160 PS
1920 Nov. Stapellauf
1921 Jan. Probefahrt
1921 GAARDEN
Hamburg Ge
1922 Totalverlust

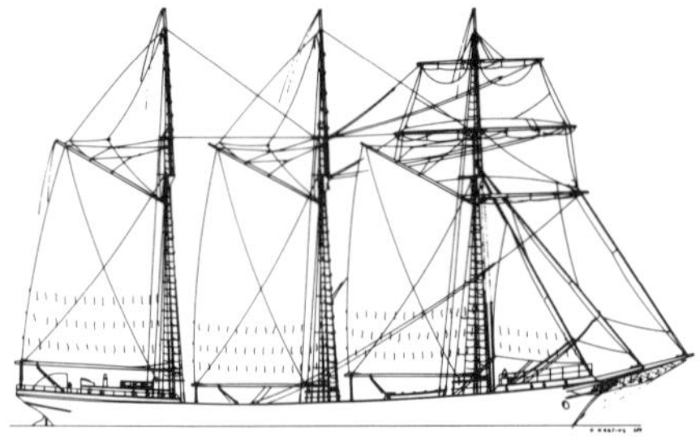

NB 380 3MSr
47,48×9,03×3,80/4,10 m 452/334 RT 160 PS
1920 Dez. Stapellauf
1921 Mai Probefahrt
1921 HAMM
Hamburg Ge
1923 PALOH
Batavia DuI
1949 PALOH
Amsterdam Du
1954 PALOH
Panama Pa

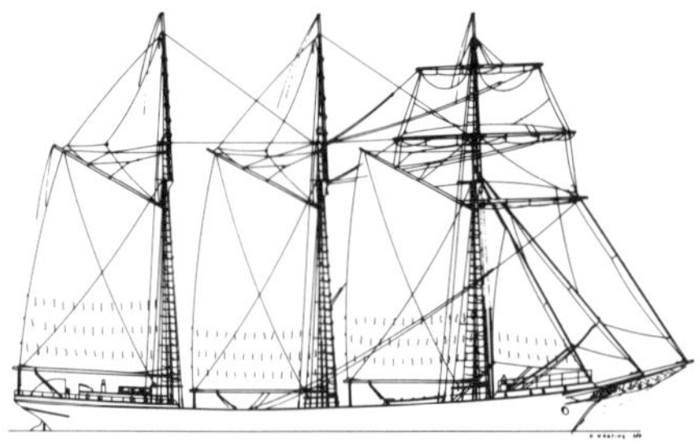

1958 HONGHAI			
Panama	Pa		
1970 DRAGON HORN			
Panama	Pa		
1976 (ca.) abgewrackt			

NB 381 3MSr			
34,20×7,52×2,59/3,35 m	196/136 RT	80 PS	
1921 Jan. Stapellauf			
Aug. Probefahrt			
1921 URD			
Kiel	Ge		
1921 Totalverlust			

NB 382 3MSr			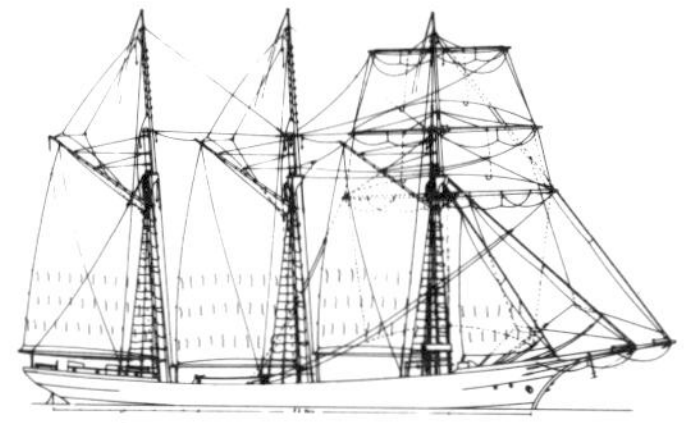
34,20×7,52×2,59/3,35 m	196/136 RT	80 PS	
1921 Jan. Stapellauf			
Aug. Probefahrt			
1921 OTTILDE			
Lübeck	Ge		
1921 Totalverlust			

NB 383 3MSr			
34,20×7,52×2,59/3,35 m	196/136 RT	80 PS	
1921 Jan. Stapellauf			
Aug. Probefahrt			
1921 EDDA			
Kiel	Ge		
1921 PALANGA			
Kiel	Ge		
1921 ANTIOPE			
Kiel	Ge		
1924 ANTIOPE			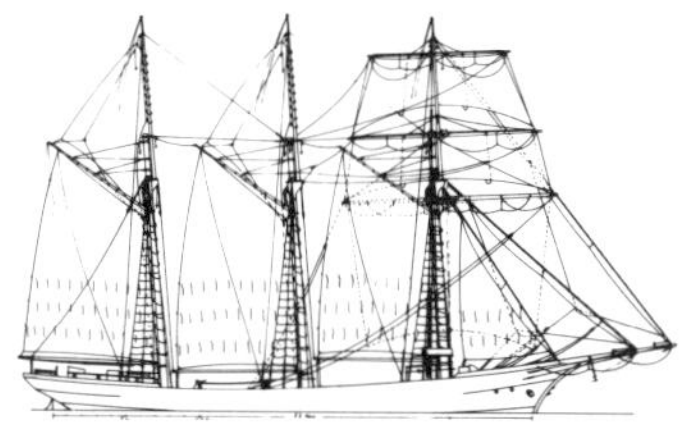
Rotterdam	Du		
1924 THERESE			
Melbourne	Au		
1925 ANTIOPE			
Melbourne	Au		
1926 GERARD			
Port Adelaide	Au		
1956 GERARD			
Adelaide	Au		
1963 GERARD			
Sydney	Au		
1965 GERARD			
Rabaul	PNG		
1976 (ca.) Totalverlust			

NB 384 3MSr			
34,20×7.52×2,59/3,35 m		80 PS	
1921 Feb. Stapellauf			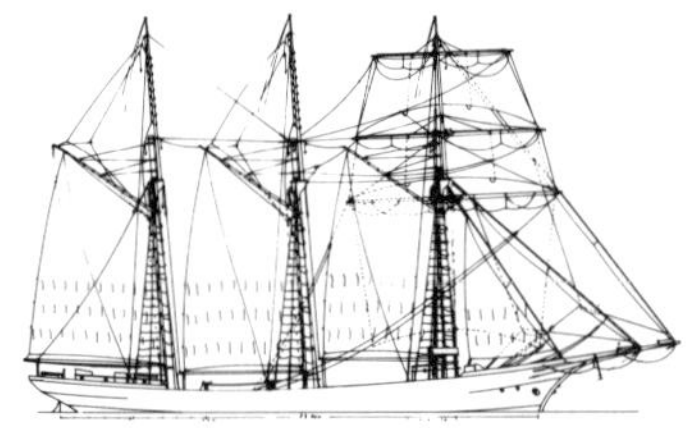
Nov. Probefahrt			
1921 ANTJE			
Groningen	Du		
1928 ANTJE			
Stettin	Ge		
1931 ANTJE			
Hamburg	Ge		
1975 abgewrackt			
NB 385 2SMr			
27,92×6,29×2,30/3,09 m	125/91 RT	35 PS	
1920 Aug. Stapellauf			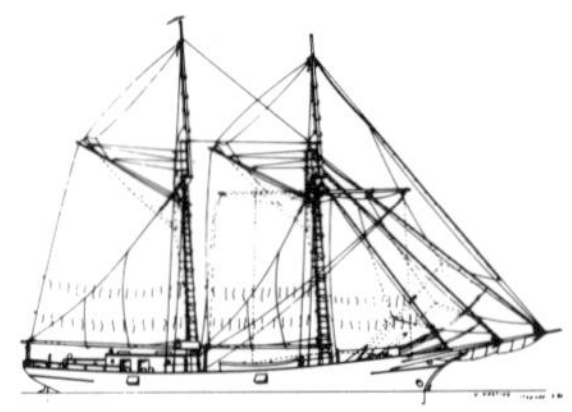
Sept. Probefahrt			
1920 CHRISTA			
Lübeck	Ge		
1920 CHRISTA			
Kiel	Ge		
1923 FULTON			
Marstal	Da		
1927 Totalverlust			
NB 386 2MSr			
27,92×6,29×2,30/3,09 m	125/91 RT	35 PS	
1920 Juli Stapellauf			
Okt. Probefahrt			
1920 GUSTAV ADOLF			
Barth	Ge		
1921 GUSTAV ADOLF			
Memel	Mem/Lit		
1924 GUSTAV ADOLF			
Lübeck	Ge		
1925 GUSTAV ADOLF			
Hamburg	Ge		
1926 METEOR			
Slite	Sw		
1959 PRINS KNUD			
Göteborg	Sw		
1965 Totalverlust			
NB 387 2MSr			
27,92×6,29×2,30/3,09 m	125/91 RT	35 PS	
1920 Juli Stapellauf			
Okt. Probefahrt			
1920 BALDUR			
Kiel	Ge		

1921 BALDUR
Rotterdam Du
1922 BALDUR
Groningen Du
1930 BIRGITTA
Degerhamn Sw
1935 BIRGITTA
Aalborg Da
1938 PRINS GEORG
Göteborg Sw
1967 BIRGITTA
Röjken No
1968 BIRGITTA
Oslo No
1978 STORM AINE
Oslo No
1987 noch als Wrack existent

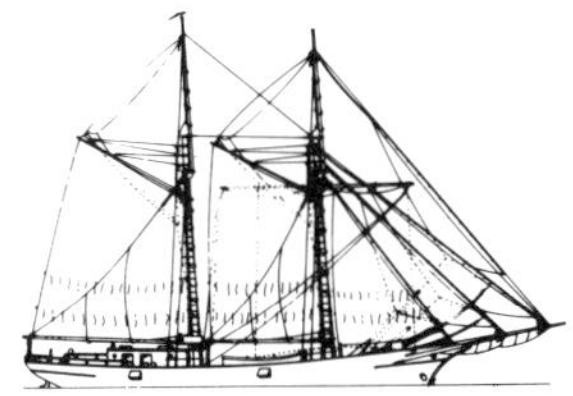

NB 388 2MSr
27,92×6,29×2,30/3,09 m 125/91 RT 35 PS
1920 Juli Stapellauf
Aug. Probefahrt
1920 MARY
Hamburg Ge
1921 FAMILIENS HAAB
Egernsund Da
1923 KOMET
Slite Sw
1950 KOMET
Trollhättan Sw
1972 CARTHAGINIAN II
Lahaina/Hawaii Am
1973 CARTHAGINIAN
Lahaina/Hawaii Am
1987 noch als Museum existent

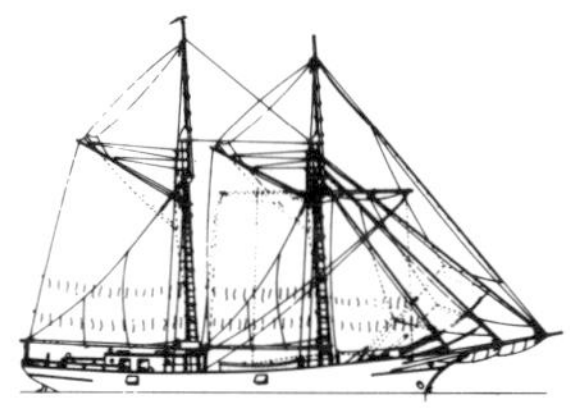

NB 389 Glt
30,20×6,78×2,22/2,40 m 139/98 RT 35 PS
1920 Sept. Stapellauf
Okt. Probefahrt
1920 TRÖNDELSEE
Kiel Ge
1921 HOLLANDIA
Groningen Du
1929 ERNESTINE
Hamburg Ge
1931 ARKONA
Hamburg Ge
1939 HANS VOSS
Hamburg Ge

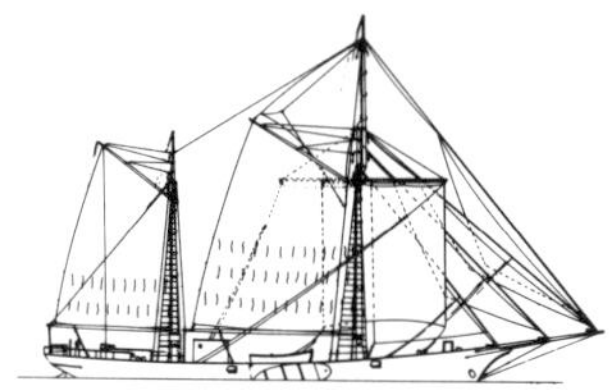

1953	ELLI	
	Hamburg	Ge
1963	GRAESHOLM	
	Frederikshavn	Da
1985	TRÖNDELSEE	
	Neustadt	Ge
1987	soll restauriert werden	

NB 390 Glt
30,20×6,78×2,22/2,40 m 139/98 RT 35 PS

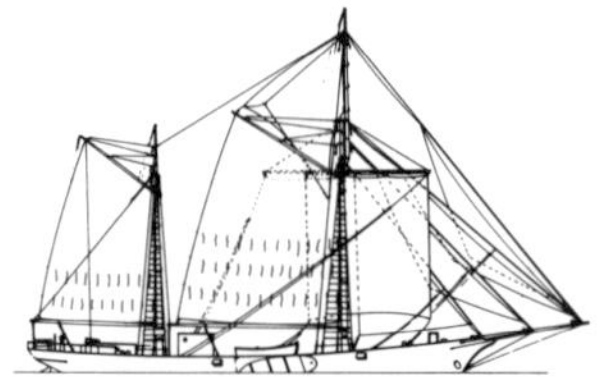

1920	Okt. Stapellauf	
	Dez. Probefahrt	
1920	ELISABETH SEUMENICHT	
	Itzehoe	Ge
1925	ROB	
	Groningen	Du
1937	TANJA	
	Oslo	No
1943	Totalverlust	

NB 391 Glt
30,20×6,78×2,22/2,40 m 139/98 RT 35 PS

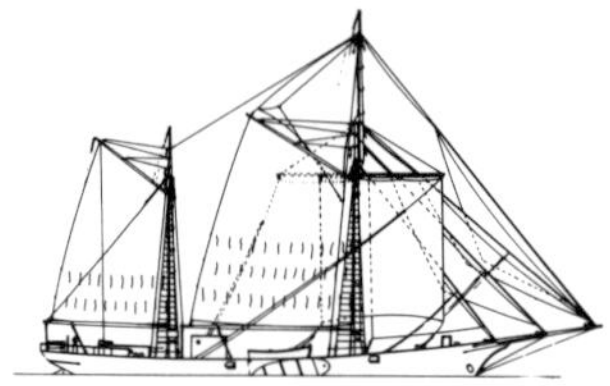

1920	Okt. Stapellauf	
1921	Jan. Probefahrt	
1921	KASTYTIS	
	Jurburgas	Lit
1925	Totalverlust	

NB 392 Glt
30,20×6,78×2,22/2,40 m 139/98 RT 35 PS

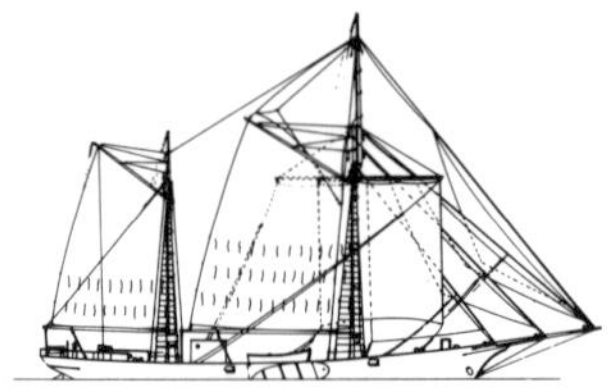

1920	Nov. Stapellauf	
1921	Jan. Probefahrt	
1921	JURATE	
	Jurburgas	Lit
1927	THEA	
	Groningen	Du
1930	THEA	
	Fort de France/Martinique	Fr
1951	aus dem Register	

NB 393 Glt
30,20×6,78×2,22/2,40 m 139/98 RT 35 PS

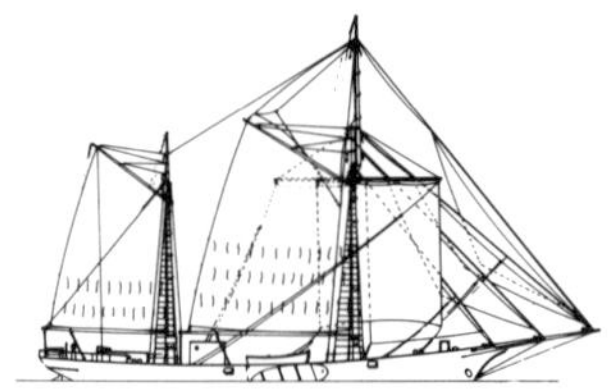

1920	Dez. Stapellauf	
1921	März Probefahrt	
1921	GERTRUD STEIN	
	Hamburg	Ge
1922	VOORWAARTS	
	Groningen	Du
1933	OLIVIA	
	Hamburg und Cuxhaven	Ge

1951 INGRID BECKER
Rendsburg Ge
1963 ELISABETH S
Varelerhafen Ge
1968 ANNEMARIE II
Varelerhafen Ge
1979 abgewrackt

NB 394 Glt
30,20×6,78×2,22/2,40 m 139/98 RT 35 PS
1920 Dez. Stapellauf
1921 März Probefahrt
1921 CHRISTINE JENSEN
Hamburg Ge
1922 EGBERDINA II
Groningen Du
1922 DINA
Groningen Du
1933 SALVATORE
Trapani It
1938 DINA
Trapani It
1953 DINA CASSIDA
Trapani It
1957 VITO BARRACO
Trapani It
1964 aus dem Register

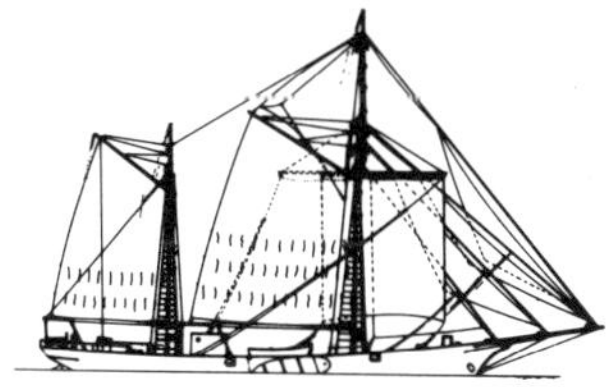

NB 395 Glt
30,20×6,78×2,22/2,40 m 139/98 RT 35 PS
1921 Feb. Stapellauf
Apr. Probefahrt
1921 HANS ULRICH
Barth Ge
1922 MARIA
Groningen Du
1930 CHARLOTTE GRAPPENDORF
Hamburg Ge
1951 Totalverlust

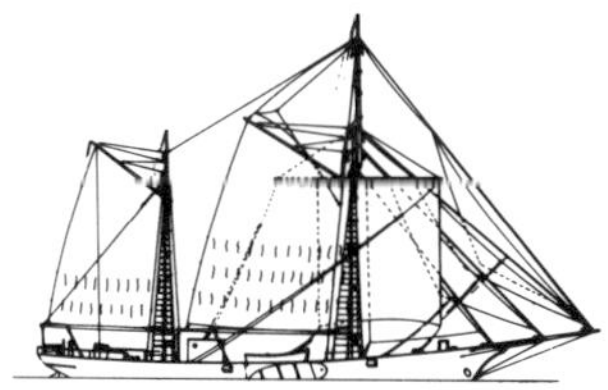

NB 396 Glt
30,20×6,78×2,22/2,40 m 139/98 RT 35 PS
1921 Feb. Stapellauf
Jul. Probefahrt
1921 WELLSEE
Kiel Ge
1921 ZEEMEEUW
Groningen Du
1927 CHRISTIAN
Sønderborg Da

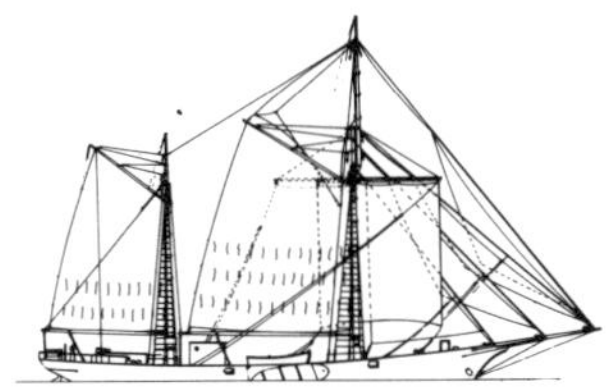

1935	SIRI	
	Svendborg	Da
1949	ARVI	
	Marstal	Da
1963	HAMMERODDE	
	Allinge	Da
1968	ELSE GITTE	
	Kopenhagen	Da
1969	ELSE GITTE	
	Faxe Ladeplads	Da
1973	ELSE GITTE	
	Aarøsund	Da
1973	ELSE GITTE	
	Svendborg	Da
1973	ELSE GITTE	
	Skagen	Da
1974	Else GITTE	
	Frederikshavn	Da
1977	Portsmouth	Br
1987	Existenz fraglich	

NB 397 Gls

23,79×5,63×2,06/2,30 m 78/57 RT 25 PS

1920	Jul. Stapellauf	
	Aug. Probefahrt	
1920	HANS ULRICH	
	Barth (?)	Ge
1920	ALPHA	
	Kiel	Ge
1921	EMMA	
	Egernsund	Da
1921	EMMA	
	Graasten	Da
1922	EMMA	
	Egernsund	Da
1936	ULLA	
	Nørresundby	Da
1946	MODIG	
	Kopenhagen	Da
1948	CHRISTA	
	Kolding	Da
1963	CHRISTA	
	Snaptun	Da
1969	TIM	
	Klakksvik	Far
1973	Totalverlust	

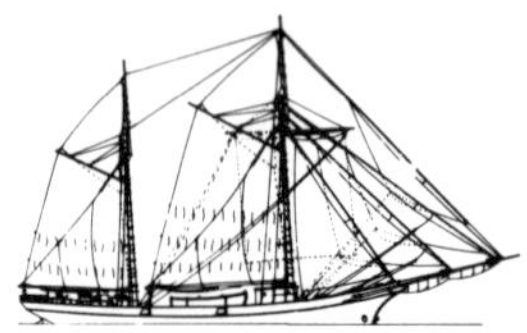

NB 398 Gls

23,79×5,63×2,06/2,30 m		78/57 RT	25 PS
1920	Jul. Stapellauf		
1921	Aug. Probefahrt		
1921	WIKING		
	Kiel	Ge	
1922	ANNA		
	Kiel(?)	Ge	
1922	INGEBORG		
	Hamburg	Ge	
1937	LENE REINHOLD		
	Hamburg	Ge	
1963	FRANZISCA DREWS		
	Helgoland	Ge	
1966	vkft. nach Rabaul		
1987	Existenz fraglich	PNG	

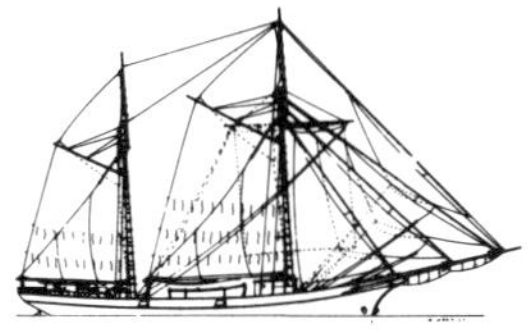

NB 399 Gls

23,79×5,63×2,06/2,30 m		78/57 RT	25 PS
1920	Aug. Stapellauf		
1921	Sep. Probefahrt		
1921	LUISE		
	Graasten	Da	
1931	INGEBORG		
	Kopenhagen	Da	
1938	INGEBORG		
	Djupekas	Sw	
1944	INGEBORG		
	Burgsvik	Sw	
1946	INGEBORG		
	Farösund	Sw	
1947	INGEBORG		
	Önnered	Sw	
1949	Totalverlust		

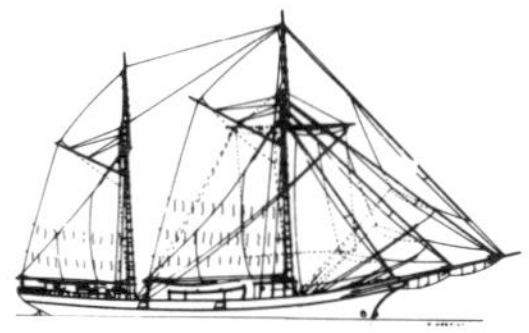

NB 400 Gls

23,79×5,63×2,06/2,30 m		78/57 RT	25 PS
1920	Juli Stapellauf		
	Sept. Probefahrt		
1920	RETA		
	Kiel	Ge	
1921	MARY		
	Kiel	Ge	
1921	HENNY		
	Egernsund	Da	
1928	HENNY		
	Odense	Da	
1930	HENNY		
	Kalmar	Sw	

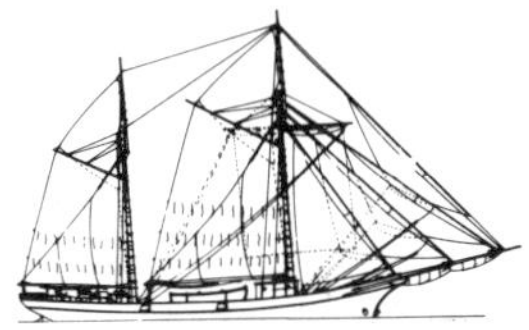

1946 HENNY
Stockholm Sw
1949 HENNY
Waxholm Sw
1950 Totalverlust

NB 401 Gls
23,79×5,63×2,06/2,30 m 78/57 RT 25 PS
1920 Juli Stapellauf
1921 Sept. Probefahrt
1920 CECILIE
Egernsund Da

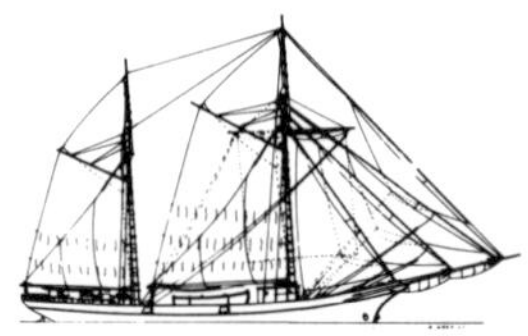

1958 CECILIE
Frederikshavn Da
1976 CECILIE
Fredericia Da
1980 CECILIE
Gibraltar Br
1980 CECILIE
Enkhuizen Du
1987 soll restauriert werden

NB 402 Gls
23,79×5,63×2,06/2,30 m 78/57 RT 25 PS
1920 Sept. Stapellauf
1921 Sept. Probefahrt
1921 ANNA
Egernsund Da
1935 SIRI
Stockholm Sw

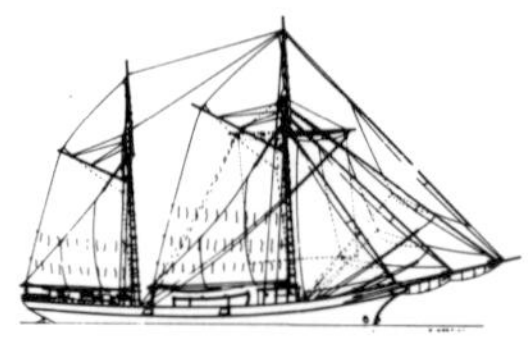

1944 SIRI
Slite Sw
1950 LILL-PIA
Göteborg Sw
1950 LILL-PIA
Uddevalla Sw
1965 LILL-PIA
Klädesholmen Sw
1966 ANNA
Stockholm Sw
1970 Totalverlust

NB 403 Gls
23,79×5,63×2,06/2,30 m 78/57 RT 25 PS
1920 Sept. Stapellauf
1921 Sept. Probefahrt
1921 HENNY
Kiel (?) Ge

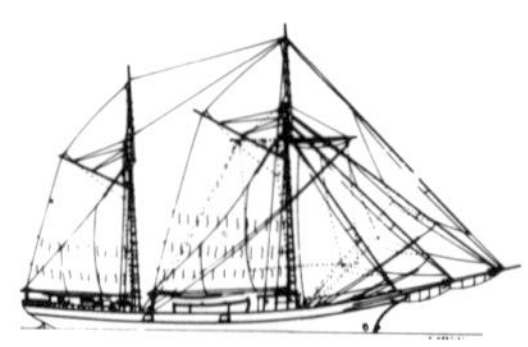

1921 CATHRINE
Egernsund Da
1925 CATHRINE
Svendborg Da

1929 CATHRINE
Marstal Da
1939 CATHRINE
Djupekas
1943 Totalverlust

NB 404 Gls
23,79×5,63×2,06/2,30 m 78/57 RT 25 PS
1920 Sept. Stapellauf
1921 Aug. Probefahrt
1921 LISELOTTE
Hamburg Ge
1923 JUL
Hamburg Ge
1947 Totalverlust

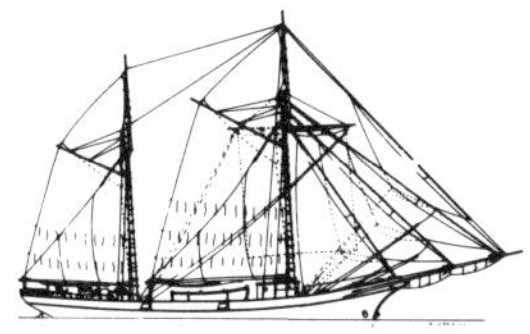

NB 405 Gls
23,79×5,63×2,06/2,30 m 78/57 RT 25 PS
1920 Sept. Stapellauf
1921 Sept. Probefahrt
1921 ANNE
Egernsund Da
1928 TEKLA
Marstal Da
1930 Totalverlust

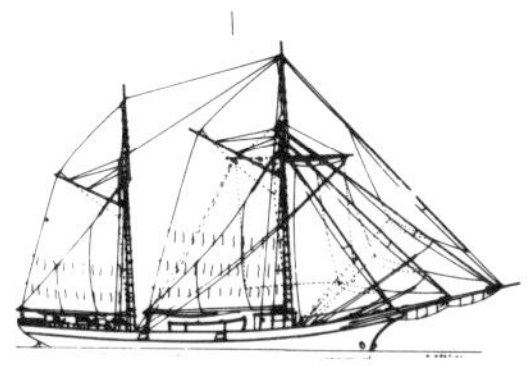

NB 406 Gls
23,79×5,63×2,06/2,30 m 78/57 RT 25 PS
1920 Sept. Stapellauf
1921 Okt. Probefahrt
1921 VENUS
Egernsund Da
1922 ANNA
Borgholm Sw
1925 ANNA
Marstal Da
1949 ANJOBI
Bandholm Da
1961 ANJOBI
Juelsminde Da
1968 ANJOBI
Klakksvik Far
1969 Totalverlust

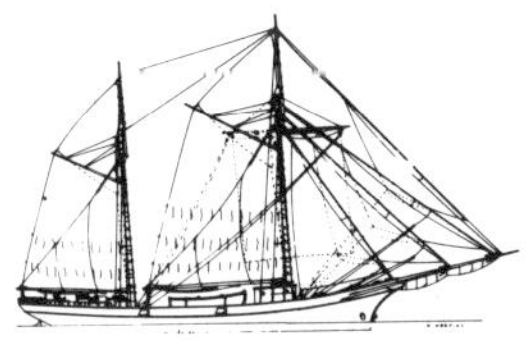

NB 407 Gls
23,79×5,63×2,06/2,30 m 78/57 RT 25 PS
1920 Okt. Stapellauf
1921 Okt. Probefahrt
1921 MARY
Kiel Ge

1921 CHARLOTTE MARIE
Egernsund Da
1929 CHARLOTTE MARIE
Sønderborg Da
1954 ROSNAES
Egernsund Da
1960 Totalverlust

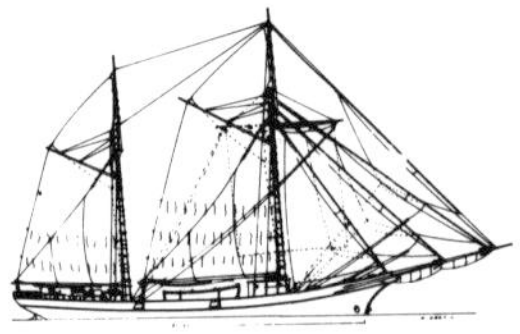

NB 408 Gls
23,79×5,63×2,06/2,30 m 78/57 25 PS
1920 Okt. Stapellauf
1921 Okt. Probefahrt
1921 KOMET
Egernsund Da
1946 Totalverlust

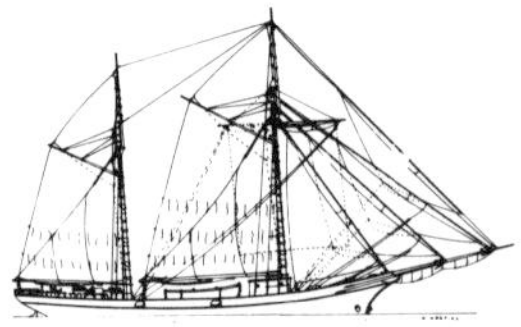

NB 420 5MSr
79,80×13,50×5,82/6,60 m 1859/1548 RT 350 PS
1922 Mai Stapellauf
Sept. Probefahrt
1922 CHRISTEL VINNEN
Bremen Ge
1944 Totalverlust

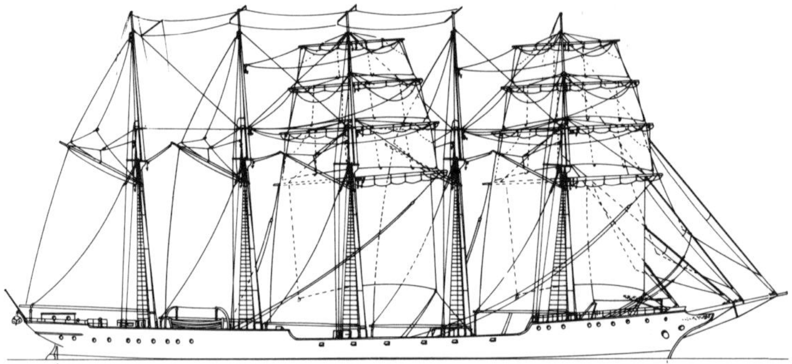

NB 421 5MSr
79,80×13,50×5,82/6,60 m 1859/1548 RT 350 PS
1922 Aug. Stapellauf
Sept. Probefahrt
1922 SUSANNE VINNEN
Bremen Ge
1932 PATRIA
Genua It
1939 IMPERATORE
Genua It
1946 IMPERATORE
Livorno It
1947 ERNESTO S
Livorno It
1967 PIOMBINO
Livorno It
1975 abgewrackt

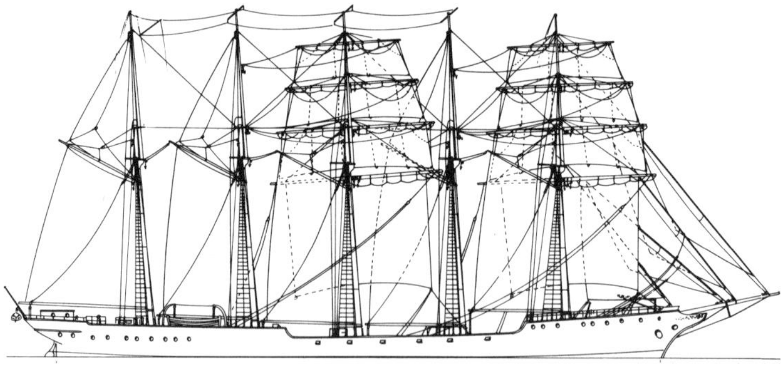

NB 422 5MSr
79,80×13,50×5,82/6,60 m 1827/1524 RT 350 PS
1922 Feb. Stapellauf
Juni Probefahrt
1922 CARL VINNEN
Bremen Ge
1946 CARL VINNEN
Gibraltar Br
1952 CARL VINNEN
Lübeck Ge
1953 abgewrackt

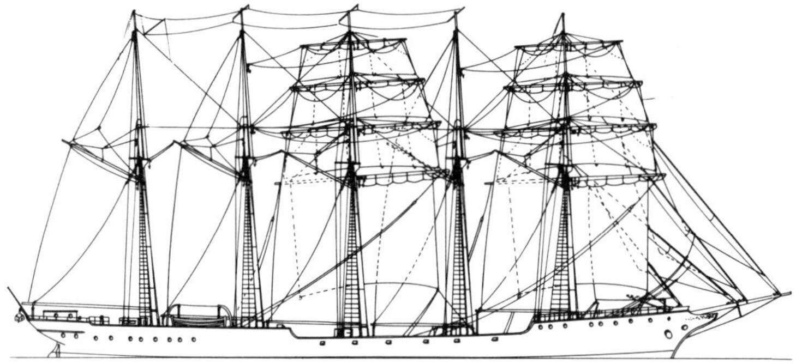

NB 423 5MSr
79,80×13,50×5,82/6,60 m 1859/1548 RT 350 PS
1922 März Stapellauf
Aug. Probefahrt
1922 WERNER VINNEN
Bremen Ge
1944 Totalverlust

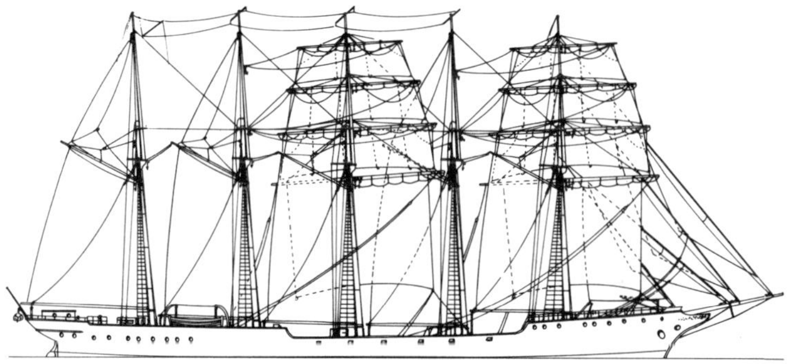

NB 424 5MSr
79,80×13,50×5,82/6,60 m 1860/1540 RT 350 PS
1922 Nov. Stapellauf
1923 Jan. Probefahrt
1923 ADOLF VINNEN
Bremen Ge
1923 Totalverlust

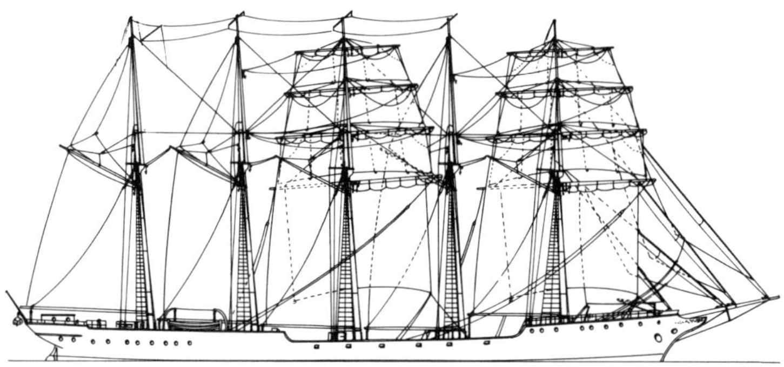

Reihenfolge der Stapelläufe

Stapellauf	Ablieferg.	NB	Typ	Name
1920 Juli	1920 Aug.	388	2Sr	MARY
1920 Juli	1920 Aug.	397	Gls	HANS ULRICH
1920 Juli	1920 Sept.	400	Gls	RETA
1920 Juli	1920 Okt.	376	2Sr	GUSTAV ADOLF
1920 Juli	1920 Okt.	387	2Sr	BALDUR
1920 Juli	1921 Aug.	398	GlS	WIKING
1920 Aug.	1920 Sept.	385	2Sr	CHRISTA
1920 Aug.	1920 Sept.	376	3Sr	ANNEN
1920 Aug.	1921 Sept.	399	Gls	LUISE
1920 Sept.	1920 Okt.	377	3Sr	BUCKAU
1920 Sept.	1920 Okt.	389	Glt	TRÖNDELSEE
1920 Sept.	1921 Sept.	401	Gls	CECILIE
1920 Sept.	1921 Sept.	402	Gls	ANNA
1920 Sept.	1921 Sept.	403	Gls	HENNY
1920 Sept.	1921 Aug.	404	Gls	LISELOTTE
1920 Sept.	1921 Sept.	405	Gls	ANNE
1920 Sept.	1921 Okt.	406	Gls	VENUS
1920 Okt.	1920 Dez.	378	3Sr	DATTELN
1920 Okt.	1920 Dez.	390	Glt	ELISABETH SEUMENICHT
1920 Okt.	1921 Jan.	391	Glt	KASTYTIS
1920 Okt.	1921 Okt.	407	Gls	MARY
1920 Okt.	1921 Okt.	408	Gls	KOMET
1920 Nov.	1921 Jan.	397	3Sr	GAARDEN
1920 Nov.	1921 Jan.	392	Glt	JURATE
1920 Dez.	1921 Mai	373	3Sr	KALLISTO
1920 Dez.	1921 Mai	380	3Sr	HAMM
1920 Dez.	1921 März	393	Glt	GERTRUD STEIN
1920 Dez.	1921 März	394	Glt	CHRISTINE JENSEN
1921 Jan.	1921 Aug.	381	3Sr	URD
1921 Jan.	1921 Aug.	382	3Sr	OTTILDE
1921 Jan.	1921 Aug.	383	3Sr	EDDA
1921 Feb.	1921 Nov.	384	3Sr	ANTJE
1921 Feb.	1921 April	395	Glt	HANS ULRICH
1921 Feb.	1921 Juli	396	Glt	WELLSEE
1921 April	1921 Sept.	372	4Bk	MAGDALENE VINNEN
1922 Feb.	1922 Juni	422	5Sr	CARL VINNEN
1922 März	1922 Aug.	423	5Sr	WERNER VINNEN
1922 Mai	1922 Sept.	420	5Sr	CHRISTEL VINNEN
1922 Aug.	1922 Sept.	421	5Sr	SUSANNE VINNEN
1922 Nov.	1923 Jan.	424	5Sr	ADOLF VINNEN

Reihenfolge der Ablieferungen

Ablieferg.	Stapell.	Monate	NB	Typ	Name
1920 Aug.	1920 Juli	1	388	2Sr	MARY
1920 Aug.	1920 Juli	1	397	Gls	HANS ULRICH
1920 Sept.	1920 Juli	2	400	Gls	RETA
1920 Sept.	1920 Aug.	1	386	3Sr	ANNEN
1920 Sept.	1920 Aug.	1	385	2Sr	CHRISTA
1920 Okt.	1920 Juli	3	386	2Sr	GUSTAV ADOLF
1920 Okt.	1920 Juli	3	387	2Sr	BALDUR
1920 Okt.	1920 Sept.	1	377	3Sr	BUCKAU
1920 Okt.	1920 Sept.	1	389	Glt	TRÖNDELSEE
1920 Dez.	1920 Okt.	2	378	3Sr	DATTELN
1920 Dez.	1920 Okt.	2	390	Glt	ELISABETH SEUMENICHT
1921 Jan.	1920 Okt.	3	391	Glt	KASTYTIS
1921 Jan.	1920 Nov.	2	379	3Sr	GAARDEN
1921 Jan.	1920 Nov.	2	392	Glt	JURATE
1921 März	1920 Dez.	4	393	Glt	GERTRUD STEIN
1921 März	1921 Dez.	4	394	Glt	CHRISTINE JENSEN
1921 April	1921 Feb.	2	395	Glt	HANS ULRICH
1921 Mai	1920 Dez.	6	380	3Sr	HAMM
1921 Mai	1920 Dez.	6	373	3Sr	KALLISTO
1921 Juli	1921 Feb.	5	396	Glt	WELLSEE
1921 Aug.	1920 Juli	13	398	Gls	WIKING
1921 Aug.	1920 Sept.	11	404	Gls	LISELOTTE
1921 Aug.	1921 Jan.	7	381	3Sr	URD
1921 Aug.	1921 Jan.	7	382	3Sr	OTTILDE
1921 Aug.	1921 Jan.	7	383	3Sr	EDDA
1921 Sept.	1920 Aug.	13	399	Gls	LUISE
1921 Sept.	1920 Sept.	12	401	Gls	CECILIE
1921 Sept.	1920 Sept.	12	402	Gls	ANNA
1921 Sept.	1920 Sept.	12	403	Gls	HENNY
1921 Sept.	1920 Sept.	12	405	Gls	ANNE
1921 Sept.	1921 April	5	372	4Bk	MAGDALENE VINNEN
1921 Okt.	1920 Sept.	13	406	Gls	VENUS
1921 Okt.	1920 Okt.	12	407	Gls	MARY
1921 Okt.	1920 Okt.	12	408	Gls	KOMET
1921 Nov.	1921 Feb.	9	384	3Sr	ANTJE
1922 Juni	1922 Feb.	4	422	5Sr	CARL VINNEN
1922 Aug.	1922 März	5	423	5Sr	WERNER VINNEN
1922 Aug.	1922 Mai	4	420	5Sr	CHRISTEL VINNEN
1922 Sept.	1922 Aug.	2	421	5Sr	SUSANNE VINNEN
1923 Jan.	1922 Nov.	2	424	5Sr	ADOLF VINNEN

Reihenfolge der Verluste bzw. Abgänge aus dem Register und Alter der Fahrzeuge

Verlust Ablieferung	Alter Jahre	NB	Typ	letzter Name erster Name	Ursache
10. 1921 8. 1921	0,2	381	3Sr	URD	verschollen
12. 1921 8. 1921	0,3	382	3Sr	OTTILDE	verschollen
8. 1922 1. 1921	1,6	379	3Sr	GAARDEN	gestrandet und gekentert
9. 1922 12. 1920	1,8	378	3Sr	DATTELN	gekentert
1. 1923 1. 1923	0,1	424	5Sr	ADOLF VINNEN	gestrandet
2. 1925 1. 1921	4,1	391	Glt	KASTYTIS	gestrandet
8. 1927 9. 1920	6,9	385	2Sr	FULTON CHRISTA	gestrandet
9. 1930 9. 1921	9,0	405	Gls	TEKLA ANNE	gesunken
11. 1931 10. 1920	11,1	377	3Sr	BADEN-BADEN BUCKAU	gesunken
6. 1941 9. 1921	19,8	376	3Sr	FRATELLI GARRÉ ANNEN	versenkt
1. 1943 12. 1920	22,2	390	Glt	TANJA ELISABETH SEUMENICHT	gestrandet
10. 1943 9. 1921	22,1	403	Gls	CATRINE HENNY	verschollen
3. 1944 9. 1922	21,5	420	MS 5Sr	CHRISTEL VINNEN	versenkt
5. 1944 8. 1922	21,8	423	MS 5Sr	WERNER VINNEN	versenkt
8. 1946 10. 1921	24,8	408	Gls	KOMET	gesunken
1946 5. 1921	25	376	MS 3Sr	MINDORO KALLISTO	aus Register
12. 1947 8. 1921	26,3	404	Gls	JUL LISELOTTE	versenkt
7. 1949 9. 1921	27,7	399	Gls	INGEBORG LUISE	versenkt
9. 1950 9. 1920	30,0	400	Gls	HENNY RETA	gesunken
1951 1. 1921	30	392	Glt	THEA JURATE	aus Register
12. 1951 4. 1921	30,7	395	Glt	CHARLOTTE GRAPPENDORF HANS ULRICH	gesunken
6. 1953 6. 1921	31,0	422	5Sr	CARL VINNEN	abgewrackt
1. 1960 10. 1921	38,3	407	Gls	ROSNAES MARY	gestrandet
1964 3. 1921	43	394	Glt	VITO BARRACO CHRISTINE JENSEN	aus Register
10. 1965 10. 1920	45,0	386	2Sr	PRINS KNUD GUSTAV ADOLF	versenkt
2. 1969 10. 1921	47,3	406	Gls	ANJOBI VENUS	gesunken
12. 1970 9. 1921	49,3	402	Gls	ANNA	gesunken
1. 1973 8. 1920	52,4	397	Gls	TIM HANS ULRICH	gesunken
3. 1975 9. 1922	52,5	421	MS 5Sr	PIOMBINO SUSANNE VINNEN	abgewrackt
5. 1975 11. 1921	53,5	384	MS 3Sr	ANTJE	abgewrackt
1976 5. 1921	55	380	3Sr	DRAGON HORN HAMM	abgewrackt
1976 8. 1921	55	383	3Sr	GERARD EDDA	Wrack
1979 3. 1921	58	393	MS Glt	ANNEMARIE II GERTRUD STEIN	abgewrackt
(1987) 8. 1921	66?	398	Gls	FRANZISCA DREWS WIKING	Existenz fraglich (1967 noch vorhanden)

(1987) 9. 1921	66?	396	MS Glt	ELSE GITTE WELLSEE	Existenz fraglich (1977 noch vorhanden)
1987 8. 1920	67	388	Bg 2Sr	CARTHAGINIAN MARY	Museumsschiff, stationär
1987 10. 1920	67	389	MS Glt	TRÖNDELSEE	soll restauriert werden
1987 10. 1920	67	387	MS 2Sr	STORM AINE BALDUR	aufgelegt als Wrack
1987 9. 1921	66	401	Gls	CECILIE	soll rest. werden
1987 9. 1921	66	372	4Bk	SEDOV MAGDALENE VINNEN	in Fahrt als Segelschulschiff

Verbleib der Fahrzeuge

gesunken in schwerem Wetter	9 = 22,5 %
gestrandet	6 = 15,0 %
versenkt durch Kriegseinwirkung	5 = 12,5 %
versenkt durch Kollision	1 = 2,5 %
verschollen	3 = 7,5 %
Verbleib unbekannt	6 = 15,0 %
abgewrackt	5 = 12,5 %
noch vorhanden	5 = 12,5 %
Gesamt	40 = 100,0 %

Erreichtes Alter der Fahrzeuge

1–10 Jahre	8 = 20,0 %	
10–20 Jahre	2 = 5,0 %	
20–30 Jahre	10 = 25,0 %	
30–40 Jahre	3 = 7,5 %	
40–50 Jahre	4 = 10,0 %	(5 = 12,5 %)
50–60 Jahre	6 = 15,0 %	(7 = 17,5 %)
60–70 Jahre	7 = 17,5 %	(5 = 12,5 %)
Gesamt	40 = 100,0 %	

Die in Klammern gesetzten Werte ergeben sich, wenn die NB Nrn. 396 und 398, deren Existenz fraglich ist, bis zu ihrem letzten Nachweis (1977 bzw. 1967) berücksichtigt werden.

Verbreitung der Fahrzeuge nach Registerländern und Heimathäfen

(Am) Vereinigte Staaten v. Nordamerika:
2 Fahrzeuge, beheimatet in:

Los Angeles/Cal.	je 1
Lahaina/Haw.	

(Au) Australien:
1 Fahrzeug, beheimatet in:
Adelaide
Melbourne
Sidney

(Br) England:
4 Fahrzeuge in:

Gibraltar	2
London	1
Portsmouth	1

(CR) Costa Rica:
1 Fahrzeug in:
Punta Arenas

(Da) Dänemark:
16 Fahrzeuge in:

Egernsund	10	Aalborg	
Marstal	5	Aarøsund	
Frederikshavn	3	Allinge	
Kopenhagen	3	Bandholm	
Graasten	2	Faxe	
Sønderborg	2	Fredericia	je 1
Svendborg	2	Juelsminde	
		Norresundby	
		Odense	
		Skagen	
		Snaptun	

(Du) Holland:
11 Fahrzeuge in:

Groningen	9
Rotterdam	2
Amsterdam	
Batavia	je 1
Enkhuizen	

(Far) Faröer-Inseln:
2 Fahrzeuge in:
Klakksvik

(Fr) Frankreich:
1 Fahrzeug in:
Fort de France/Mart.

(Ge) Deutschland:
31 Fahrzeuge in:

Hamburg	15	Cuxhaven	
Kiel	12	Itzehoe	
Bremen	6	Neustadt	je 1
Lübeck	4	Rendsburg	
Barth	3	Stettin	
		Varelerhafen	

(It) Italien:
3 Fahrzeuge in:

Genua	
Livorno	je 1
Trapani	
Viareggio	

(Lit) Litauen:
3 Fahrzeuge in:

Jurburgas	2
Memel	1

(No) Norwegen:
2 Fahrzeuge in:

Oslo	2
Röjken	1

(Pa) Panama:
2 Fahrzeuge in:
Panama City

(PNG) Papua-Neu Guinea:
2 Fahrzeuge in:
Rabaul

(Sw) Schweden:
8 Fahrzeuge in:

Slite	3	Borgholm	
Göteborg	3	Burgsvik	
Djupekas	2	Degerhamn	
Stockholm	2	Farösund	
		Kalmar	
		Klädesholmen	je 1
		Önnered	
		Trollhättan	
		Uddevalla	
		Waxholm	

(Ru) UdSSR:
1 Fahrzeug in:
Odessa
Riga

(Anm.: Dadurch, daß ein Fahrzeug in mehreren Häfen des Landes beheimatet war, ergeben sich unterschiedliche Zahlen).

Schiffsnamen-Verzeichnis

Mit Jahreszahl der ersten Erwähnung. Die Fahrzeuge der Krupp-Germaniawerft sind zusätzlich mit ihrer Baunummer verzeichnet. Die **fettgedruckte Zahl** weist auf die ausführliche Beschreibung hin. **A** bedeutet Abbildung, **Z** = Zeichnung.

Verzeichnis der Eigennamen

Mit Jahreszahl der ersten Erwähnung bzw. Lebensdaten, soweit bekannt